公路工程施工质量检验与评定档案文件编制手册

HIGHWAY ENGINEERING CONSTRUCTION QUALITY
INSPECTION AND EVALUATION FILES COMPILING HANDBOOK

李信荣　主编

西南交通大学出版社
·成都·

图书在版编目（CIP）数据

公路工程施工质量检验与评定档案文件编制手册 / 李信荣主编. -- 成都：西南交通大学出版社，2025.5.
ISBN 978-7-5774-0414-1

Ⅰ. U415.12-62

中国国家版本馆 CIP 数据核字第 20252YP550 号

Highway Engineering Construction Quality Inspection And Evaluation Files Compiling Handbook

公路工程施工质量检验与评定档案文件编制手册

李信荣　主编

策划编辑	李晓辉
责任编辑	王同晓
封面设计	吴　兵
出版发行	西南交通大学出版社 （四川省成都市金牛区二环路北一段 111 号 西南交通大学创新大厦 21 楼）
邮政编码	610031
营销部电话	028-87600564　　028-87600533
网址	https://www.xnjdcbs.com
印刷	成都蜀通印务有限责任公司
成品尺寸	210 mm × 297 mm
印张	34
字数	913 千
版次	2025 年 5 月第 1 版
印次	2025 年 5 月第 1 次
书号	ISBN 978-7-5774-0414-1
定价	500.00 元

图书如有印装质量问题　本社负责退换
版权所有　盗版必究　举报电话：028-87600562

公路工程施工质量检验与评定档案文件编制手册编委会

主　　　编： 李信荣

主要参编人员（按姓氏笔画排名）：

　　　　　　丁嘉豪　　卞恒生　　王双江　　石云龙　　史亚军
　　　　　　任长来　　刘艳杰　　闫崇沙　　何长春　　何林锋
　　　　　　何德华　　张　江　　谷永飞　　冷奇芳　　陈春卫
　　　　　　陈骏攀　　李　康　　杨　洋　　陆　续　　房艳丽
　　　　　　胡　伟　　贺新权　　唐胜刚　　雷殿勤　　蹇　波
　　　　　　蹇　涛

审　　　核（按姓氏笔画排名）：

　　　　　　刘喜英　　王静梅　　冯建平　　肖　均　　张肃正
　　　　　　殷郑海　　梁　庆

前 言

工程质量的控制是公路工程建设的一个关键环节。公路工程质量检验评定标准是工程参建各方规范质量行为、明确质量要求、落实质量责任的重要依据和强制性标准。判断工程质量合格与否，完全依赖于施工过程的质量检验和质量评定。为了规范施工质量的过程控制，统一各项检查指标的规范性填写，维护标准的权威性，避免对公路工程质量检验评定标准理解片面、操作随意，编者结合近四十年的实践经验和亲身感悟，编写了《公路工程施工质量检验与评定档案编制手册》，并已在多个高速公路工程项目实际应用。事实证明，本手册深受读者欢迎，得到一致好评。

本手册坚持问题导向，以实用性和可操作性为出发点，较好地解决了目前公路工程质量检验评定遇到的检验评定单元划分、检查项目专业分工、抽检百分比计算、结构主要尺寸、外观缺陷和质检资料扣分、试验数据数理统计方法评定、分项工程质量检验评定用表的模块化及填写的规范化、交竣工文件整理与归档顺序等技术难点和堵点。本手册在充分尊重公路工程质量检验评定标准的技术内容和操作要点的基础上，个性化地设计了一整套现场质量试验检测和现场质量检查记录表，有力地规范和促进了工程质量的源头控制、过程控制和细节控制；所附各类分项工程质量检验评定资料编制程序，实现了工程质量检验评定资料编制的标准化、模块化、程序化和信息化。

本手册有十大主要特点：

1. 把统一单位工程、分部工程和分项工程等检验评定单元的划分作为规范一个项目内业资料的"牛鼻子"，从而实现了公路工程质量检验评定单元划分的规范化、标准化、模块化。

2. 按照分项工程的种类，分门别类地编写了不同分项工程质量检验与评定的表格体系、填写要求、档案文件整理归档顺序，实现了内业资料编制的模块化管理。

3. 编写的表格充分体现工程质量的过程检测和资料的过程收集与整理，将实测项目的技术要求及准确含义，细化至每一张现场质量检查记录表中，便于现场操作和现场填写，实现了档案文件的同步收集、同步整理、同步归档。

4. 针对不同类别的分项工程分别编写了一套参考示例，编写了不同分项工程质量检验与评定的应用程序，实现了分项工程内业资料的程序化管理和菜单式管理。

5. 对每一类分项工程的各种检测资料的归档及装订顺序做出明确规定，便于检索与清理，也从另一层面实现了交竣工资料的规范化管理。

6. 为便于正确理解公路工程质量检验评定标准的技术内容和操作要点，对公路工程质量检验评定标准出现的重难点技术问题逐一进行了明确，避免了对公路工程质量检验评定标准片面理解和随意操作，使用起来更加方便清晰。

7. 在充分收集多家试验检测单位用表的基础上，按照《公路水运试验检测数据报告编制导则》(JT/T 828

—2019）的要求，结合质量检验与评定的需要，统一编写了现场检测机构质量试验检测用表，避免了同一建设项目不同试验检测单位报告格式和内容的差异。

8. 与目前公路行业流行的表格及其编写的内业资料相比，对于相同规模的公路建设项目，若按照本手册的要求编写内业资料，篇幅将减少50%以上，而自检和抽检的频率均大于验标规定的频率，实现了资料的减量化和轻量化。

9. 完全遵守了交通运输部现行公路工程质量检验评定标准的有关规定，在总结全国各地公路工程质量检验评定资料编制经验的基础上，集思广益、取长补短，较好地实现了公路工程质量档案编制的"大统一"。

10. 大幅提高了工程档案编制工作的效率和质量，大幅降低办公耗材、人工费以及一系列工程资料编制和立卷的成本，以智慧化工程建设为技术引领，借助信息化集成系统，真正做到了工程质量资料编制与实体工程进度高效同步，为工程验工计量提供坚实的基础保障，为工程建设档案一次性全系统向地方档案管理部门、建设单位顺利移交创造良好的前提条件。

本手册中所举各项示例以高速公路施工质量的检验评定为主，兼顾其他等级公路工程的质量检验和评定。公路工程质量检验评定标准未涉及的项目，以及新材料、新结构、新技术等"三新项目"，参照相关技术标准或根据实际情况编制相应的质量检验和评定标准，报主管部门批准执行。

本手册涉及的专业及分项工程种类较多，可能存在诸多遗缺之处，恳请广大读者提出宝贵意见并发至电子邮箱2253673470@qq.com，以便编者及时改正。

本手册编写过程中，得到同仁鼎力支持，得到多家施工单位的积极配合，在此一并致谢！

编 者

2023.2

目 录

第一章　公路工程质量标准构架 1
　　第一节　公路工程质量检验评定主要标准及法规性文件 1
　　第二节　公路工程其他技术规范 1

第二章　公路工程质量检验评定的基本内容 2
　　第一节　指导思想 2
　　第二节　总　则 3
　　第三节　术　语 3
　　第四节　基本规定 5

第三章　检验评定单元划分 22
　　第一节　统一划分标准的重要性 22
　　第二节　统一划分标准的基本要求 22
　　第三节　检验评定单元划分注意事项 23
　　第四节　路基工程质量检验评定单元划分 24
　　第五节　路面工程质量检验评定单元划分 26
　　第六节　桥梁工程质量检验评定单元划分 27
　　第七节　隧道工程质量检验评定单元划分 29
　　第八节　绿化工程质量检验评定单元划分 31
　　第九节　声屏障工程质量检验评定单元划分 32
　　第十节　交通安全设施工程质量检验评定单元划分 32
　　第十一节　交通机电工程质量检验评定单元划分 32

第四章　质量检验评定表格 33
　　第一节　编制依据 33
　　第二节　编制原则 34
　　第三节　本手册各类表格 35
　　第四节　表格填写 35
　　第五节　资料整理 37

附表 A　公路工程检验评定划分表示例 39

附表 B　土建工程试验数据数理统计方法评定表 81

附表 C　分项工程质量检验类表格 100

附表 D　质量评定类表格 103

附表 E　测量用表 110

附表 F　土建工程试验报告用表 120

附表 G　路基工程现场质量检查记录表 172

附表 H　路面工程现场质量检查记录表 236

附表 I-1　混凝土梁桥现场质量检查记录表 247

附表 I-2　拱桥现场质量检查记录表 348

附表 I-3　钢桥分项工程现场质量检查记录表 360

附表 I-4　斜拉桥分项工程现场质量检查记录表 371

附表 I-5　悬索桥分项工程现场质量检查记录表 386

附表 J　隧道工程现场质量检查记录表 406

附表 K　绿化工程现场质量检查记录表 431

附表 L　声屏障工程现场质量检查记录表 443

附表 M　交通安全设施现场质量检查记录表 447

附表 N-1　公路机电工程现场质量检查记录表 460

附表 N-2　公路机电分项工程质量检验评定资料构成 530

第一章　公路工程质量标准构架

《公路工程施工质量检验与评定档案文件编制手册》涵盖路基、路面、桥梁、隧道、交安、绿化、声屏障、公路机电工程的质量检验与评定文件的编写及资料整理归档，但不包括房建工程的质量检验与评定。

第一节　公路工程质量检验评定主要标准及法规性文件

本手册使用的现行公路工程质量检验评定标准主要包括：

1.《公路工程质量检验评定标准　第一册　土建工程》（JTG F80/1—2017），以下简称 2017 验标；

2.《公路工程质量检验评定标准　第二册　机电工程》（JTG 2182—2020），以下简称 2020 验标；

3.《公路工程施工监理规范》（JTG G10—2016），以下简称 2016 监理规范；

4.《公路机电工程测试规程》（JTG/T 3520—2021），以下简称机电 2021 测试规程；

本手册使用的现行规范性文件主要包括：

1.《交通运输部办公厅《关于公路工程验收执行新版公路工程质量检验评定标准有关事宜的通知》（交办公路〔2018〕136 号），以下简称交办公路〔2018〕136 号文；

2. 交通运输部《公路工程竣（交）工验收办法》（2004 年第 3 号令）

3.《关于印发公路工程竣交工验收办法实施细则的通知》（交公路发〔2010〕65 号），以下简称交公路发〔2010〕65 号文；

4. 交通运输部关于公布《公路水运工程质量检测机构资质等级条件》及《公路水运工程质量检测机构资质技术专家技术评审工作程序》的通知（交安监发〔2023〕140 号），以下简称交安监发〔2023〕140 号文；

5.《公路水运试验检测数据报告编制导则》（JT/T 828—2019）。

以上标准规范规程及法规性文件是开展公路工程质量检验和评定的主要依据。其中，交办公路〔2018〕136 号文和交公路发〔2010〕65 号文，对交工验收质量的检验和质量评定，包括外观缺陷和质量保证资料扣分做了进一步明确。

第二节　公路工程其他技术规范

公路工程施工质量检验评定还经常涉及试验检测的标准规范规程、工程测量规范、施工规范及设计规范，如：《公路工程水泥及水泥混凝土试验规程》（JTG 3420—2020）、《混凝土中钢筋检测技术标准》（JGJ/T 152— 2019）；《铁路工程测量规范》（TB10101—2018）、《国家三、四等水准测量规范》（GB/T 12898— 2009）；《公路工程技术标准》（JTG B01—2014）、《公路路基施工技术规范》（JTG/T 3610—2019）；《公路路基设计规范》（JTG D30—2015）、《公路软土地基路堤设计与施工技术细则》（JTG/T D31-02—2013）；等等。在此不一一赘述。

第二章 公路工程质量检验评定的基本内容

第一节 指导思想

为了规范公路工程质量的检验与评定，统一工程质量的检验标准和评定标准，交通运输部制定并印发了2017验标和2020验标，以及相应的规范性文件，特别是交办公路〔2018〕136号文。

为了有序开展公路工程质量的检验和评定，正确理解、合规使用上述规范和法规性文件，本手册编者在综合研究交通运输部有关规范和规范性文件的基础上，针对行业广大从业人员在开展公路工程质量检验与评定过程中普遍关注的解读与理解中的疑惑；重点对统一单位工程、分部工程和分项工程等检验评定单元的划分标准和实施细则，统一单位工程、分部工程和分项工程质量检验和质量评定用表，统一各类过程质量检查表格及填写标准，并提出自己的见解供广大从业人员参阅。尤其要统一分项工程的划分标准和检验评定用表，使其模块化、标准化，方能实现公路工程内业资料的程序化和自动化，从而实现信息化。

分项工程是公路工程质量检验和评定的基本单元，一个工程项目有成千上万个分项工程。实现分项工程的划分、用表、质量检验及质量评定的模块化和标准化，是实现分部工程、单位工程、合同段工程和整个工程项目内业资料标准化、信息化和自动化的基础。公路工程质量检验评定自下而上，逐项检查、测量、试验，逐级检验，逐级评定，逐级验收，形成典型的金字塔结构，见图2-1。

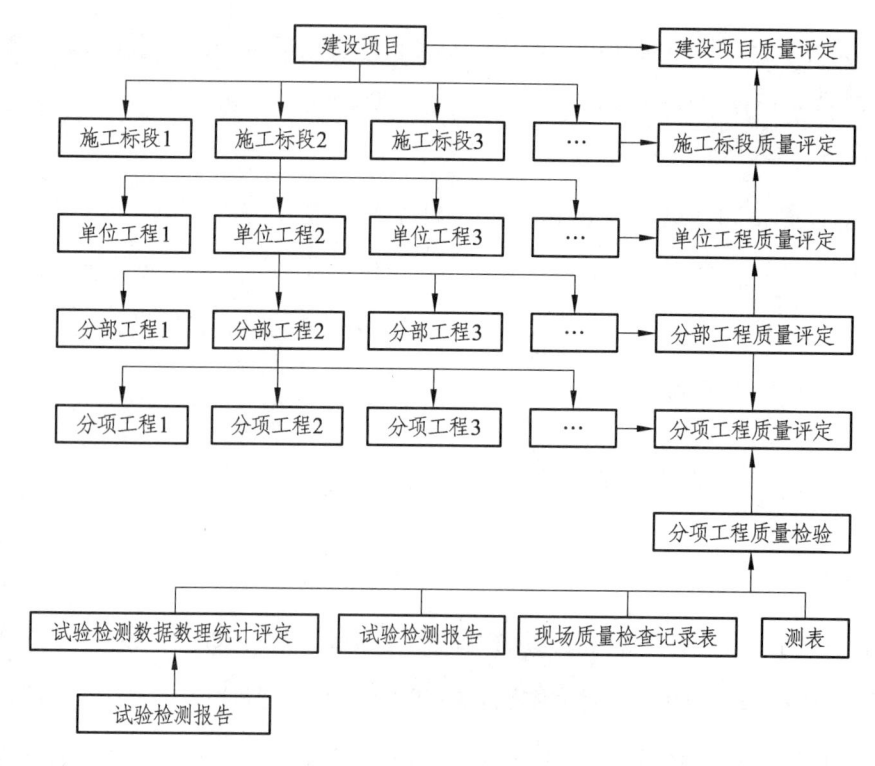

图 2-1 检验评定单元与验收单元关系图

第二节　总　则

为了统一公路工程质量的检验评定单元划分和检验评定用表，规范公路工程检验评定和质量评定文件的填写，保证工程质量，编制本手册。本手册适用于各等级公路新建与改（扩）建工程施工单位、监理单位、建设单位、质量检测机构和质量监督部门对公路工程质量的检验评定和管理监控。本手册是公路工程施工质量交竣工档案文件编写的最低限值标准，公路工程施工质量交竣工档案文件编写可以本手册为准后执行。

对特殊地区或采用新材料、新结构、新技术的工程，当本手册中缺乏适宜的质量检验评定单元划分标准和检验评定用表时，可参照相关技术标准或根据实际情况制定相应的质量检验评定单元划分标准和检验评定用表，并报主管部门批准。

公路工程质量交（竣）工档案文件编写除应符合本手册的规定外，尚应符合国家和行业现行有关标准的规定。

第三节　术　语

本手册涉及的术语介绍如下：

1　检验　inspection

对本检查项目的特征和性能进行检查、检测、量测、试验等，并将结果与行业标准规定的要求进行比较，以判定其是否合格所进行的活动。

2　评定　evaluation

对分项工程、分部工程、单位工程、合同段工程和建设项目的质量进行检验，并确定其质量等级的活动。

3　关键项目　dominant item

分项工程中对结构安全性、耐久性和主要使用功能起决定性作用的检查项目，在本手册中以"△"标识。

4　一般项目　general item

分项工程中除关键项目以外的检查项目。

5　结构主要尺寸　main dimensions of structure

分项工程中能说明结构物几何尺寸的长、宽、高、厚度、距离、直径等检查项目，在本手册中以"☆"（材试专业人员负责检测）和"★"（非材试专业人员负责检测）标识。

6　构件　member of structure

分项工程中同一结构物分段、分阶段施工的不同部位，如桩基础分段加工的钢筋笼、墩柱两系梁之间的钢筋笼、涵洞两沉降缝之间各涵台段落的钢筋工程。

7 检验评定单元 unit of inspection and evaluation

分项工程、分部工程、单位工程、合同段工程、建设项目等检验评定单元的统称。

8 外观质量 quality of appearance

通过观察和必要的量测所反映的工程外在质量及功能状态。

9 权值 weight number

对工程项目检测指标根据其重要程度所赋予的数值，分部工程评定时关键项目的权值为 2，一般项目的权值为 1，单位工程评定时分部工程的权值按表 2-1 执行。

10 2017 验标

《公路工程质量检验评定标准　第一册　土建工程》（JTG F80/1—2017）的简称。

11 2020 验标

《公路工程质量检验评定标准　第二册　机电工程》（JTG 2182—2020）的简称。

12 2016 监理规范

《公路工程施工监理规范》（JTG G10—2016）的简称。

13 交办公路〔2018〕136 号文

交通运输部办公厅《关于公路工程验收执行新版公路工程质量检验评定标准有关事宜的通知》（交办公路〔2018〕136 号）的简称。

14 交公路发〔2010〕65 号文

《关于印发公路工程竣交工验收办法实施细则的通知》（交公路发〔2010〕65 号）的简称。

表 2-1　公路建设项目分部工程权值表

单位工程		分部工程	权值
路基工程		路基土石方工程（1~3 km 路段）	2
		排水工程（1~3 km 路段）	1
		小桥及符合小桥标准的通道	2
		人行天桥，渡槽（每座）	1
		涵洞、通道（1~3 km 路段）	1
		防护支挡工程（1~3 km 路段）	1
		大型挡土墙、组合挡土墙（每处）	2
路面工程		路面工程（1~3 km 路段）	2
桥梁工程		基础及下部构造（1~3 墩台）	2
		上部构造预制和安装（1~3 跨）	2
桥梁工程		上部构造现场浇筑（1~3 跨）	2
		桥面系、附属工程及桥梁总体	1
		防护工程	1
		引道工程	1
特大斜拉桥、特大悬索桥	塔及辅助、过渡墩（每个）	塔基础	2
		塔承台	2
		索塔	2
		辅助墩	1

单位工程	分部工程	权值
特大斜拉桥、特大悬索桥	过渡墩	1
	锚碇（每个）锚碇基础	2
	锚体	2
	上部钢结构制作与防护 主缆	2
	索鞍	2
	索夹	1
	上部钢结构制作与防护 吊索	1
	加劲梁	1
	上部结构浇筑与安装 加劲梁浇筑	2
	安装	1
	桥面系、附属工程及桥梁总体 桥面系	1
	附属工程及桥梁总体	1
隧道工程	总体及装饰装修（每座或每合同段）	1
	洞口工程（每个洞口）	1
	洞身开挖（200延米）	2
	洞身衬砌（200延米）	2
	防排水（200延米）	1
	隧道路面（1~3 km 路段）	2
	辅助通道（200延米）	1
绿化工程	分隔带绿地、边坡绿地、护坡道绿地、碎落台绿地、平台绿地（每2 km路段）互通立交区与环岛绿地、管理养护设施区绿地、服务设施区绿地、取土场绿地、弃土场绿地（每处）	1
声屏障工程	声屏障工程（每处）	1
交通安全设施	标志、标线、突起路标、轮廓标（5~10 km 路段）	1
	护栏（5~10 km 路段）	2
	防眩设施、隔离栅、防落网（5~10 km 路段）	1
	里程碑和百米桩（5 km 路段）	1
	避险车道（每处）	1
交通机电工程	监控设施、通信设施、收费设施、供配电设施、照明设施、隧道机电设施	2
附属设施	管理中心、服务区、房屋建筑、收费站、养护工区等设施，按其专业工程质量检验评定标准评定	

注：本表依据交办公路〔2018〕136号文规定编制，其中隧道洞身开挖、洞身衬砌、防排水和辅助通道每个分部工程的长度按照2017验标的划分标准调整为200 m；交通机电工程分部工程的权值取自《公路工程质量检验评定标准 第二册 机电工程》（JTG F80/2-2004）。

第四节 基本规定

1 一般规定

1.1 公路工程质量检验评定应按分项工程、分部工程、单位工程逐级进行，并应符合下列规定：

在合同段中，具有独立施工条件和结构功能的工程为单位工程，同一单位工程应由同一施工合同段完成，不同施工合同段完成的工程不宜划入同一施工合同段检验评定。

在单位工程中，土建工程按路段长度、结构部位及施工特点等划分的工程为分部工程，机电工程按系统功能划分的工程为分部工程。

在分部工程中，土建工程根据施工工序、工艺或材料等划分的工程为分项工程，机电工程按设备类型、功能等划分的工程为分项工程。

1.2 单位工程、分部工程和分项工程应在施工准备阶段按本手册检验评定单元划分细则和本手册附表 A 示例进行划分。

1.3 公路工程质量检验评定应符合下列规定：

同一建设项目各施工合同段施工准备阶段未统一检验评定单元划分、未统一检验评定用表及填写要求的，不得进行工程质量的检验评定。

分项工程完工后，应根据本手册进行检验，对工程质量进行评定。隐蔽工程在隐蔽前应检查合格。

分部工程、单位工程完工后，应汇总评定所属分项工程、分部工程质量资料，检查外观质量，对工程质量进行评定。

2 工程质量检验

2.1 分项工程应按基本要求、实测项目、外观质量和质量保证资料等检验项目分别检查。

2.2 分项工程质量应在所使用的原材料、半成品、成品及施工控制要点等符合基本要求的规定，无外观质量限制缺陷且质量保证资料真实齐全时，方可进行检验评定。

2.3 基本要求检查应符合下列规定：

分项工程应对所列基本要求逐项检查，检查不符合规定时，不得进行工程质量的检验评定。

土建分项工程所使用的各种原材料的品种、规格、质量及混合料配合比和半成品、成品应符合有关技术标准规定并满足设计要求；机电分项工程所用的各种设备、配件的型号、规格、数量及质量应符合合同要求及有关技术标准要求。

2.4 监理抽检项目及抽检频率

施工单位从基准点引出的工程控制桩位复测，复测比例不少于 30%。

主要原材料独立取样平行试验，主要混合料配合比验证试验，路基填料击验验证等，一般项目抽检频率不小于施工检验频率的 10%，关键项目不少于 20%。

关键项目、结构主要尺寸和试验项目均须抽检，抽检频率不少于 20%，抽检项目及专业分工按表 2-2 执行。带☆号的由材试专业人员完成，带★号的由其他专业人员完成。

表 2-2 检查项目专业分工及监理机构抽检项目表

单位工程	分部工程	分项工程	分项工程编号	监理抽检项目		
				关键项目	结构主要尺寸	一般试验项目
路基工程	路基土石方工程	砂垫层	4.4.2-1		★砂垫层厚度 ★砂垫层宽度	☆压实度
		袋装砂井、塑料排水板	4.4.2-2	△★井(板)长	★井(板)距, ★井径	
		粒料桩	4.4.2-3	△★桩长	★桩距, ★桩径	☆地基承载力
		加固土桩	4.4.2-4	△★桩长, △☆强度	★桩距, ★桩径	☆地基承载力
		水泥粉煤灰碎石桩	4.2.2-5	△★桩长, △☆强度	★桩距, ★桩径	☆地基承载力
		刚性桩	4.2.2-6	△☆混凝土强度 △★桩长	★桩距, ★桩径	☆地基承载力
		路基土石方（上路床）	4.2.2 4.2.3	△☆压实度 △★沉降差, △☆弯沉	★宽度	☆平整度

单位工程	分部工程	分项工程		分项工程编号	监理抽检项目		
					关键项目	结构主要尺寸	一般试验项目
路基工程	路基土石方工程	加筋工程		4.5.2-1		★搭接宽度 ★搭接缝错开距离	
		隔离工程		4.5.2-2		★搭接宽度 ★搭接缝错开距离	
		过滤排水工程		4.5.2-3		★搭接宽度 ★搭接缝错开距离	
		防裂工程		4.5.2-4		★搭接宽度	☆黏结力
	排水工程	管节预制		5.2.2	△☆混凝土强度	★内径,★壁厚★长度	
		混凝土排水管安装		5.3.2	△☆混凝土强度或砂浆强度	★基础厚度 ★管座肩宽和肩高 ★抹带宽和厚度	
		检查(雨水)井砌筑		5.4.2	△☆砂浆强度	★圆井直径或方井长 ★壁厚	
		土沟		5.5.2		★断面尺寸	
		浆砌或混凝土水沟		5.6.2	△☆砂浆强度或混凝土强度	★断面尺寸 ★铺砌厚度 ★基础垫层宽度厚度	
		盲沟		5.7.2		★断面尺寸	
		排水泵站(沉井)		5.8.2	△☆混凝土强度	★几何尺寸 ★壁厚	
		沉淀池		5.9.2	△☆混凝土强度	★几何尺寸	
	小桥及符合小桥标准的通道/人行天桥/渡槽				参照桥梁工程抽检项目执行		
	涵洞通道	涵洞总体		9.2.2		★涵底铺砌厚度 ★长度 ★跨径或内径	
		涵台		9.3.2	△☆混凝土强度或砂浆强度	★断面尺寸	
		混凝土涵管安装		9.4.2	△☆管座或垫层混凝土强度	★管座或垫层宽度和厚度	
		盖板制作		9.5.2	△☆混凝土强度 △★高度	★宽度,★长度	
		盖板安装		9.6.2		★相邻板最大高差	
		波形钢管涵安装		9.7.2	△☆高强螺栓扭矩	★管涵内径	☆地基压实度
		箱涵浇筑		9.8.2	△☆混凝土强度 △★顶板厚度	★净高净宽 ★侧墙和底板厚度	
		拱涵浇筑		9.9.2	△☆混凝土或砂浆强度,△★拱圈厚度		
		倒虹吸竖井、集水井		9.10.2	△☆砂浆强度	★圆井直径或方井边长	
		一字墙、八字墙		9.11.2	△☆混凝土或砂浆强度△★断面尺寸		
		顶进施工涵洞		9.12.2	△★高程	★相邻两节高差	
		涵背填土		8.6.4	△☆压实度	★填土长度	
	防护支挡工程	浆砌挡土墙		6.2.2-1	△☆砂浆强度 △★断面尺寸		☆表面平整度
		干砌挡土墙		6.2.2-2	△★断面尺寸		☆表面平整度
		片石混凝土挡土墙		6.2.2-3	△☆混凝土强度 △★断面尺寸		☆表面平整度
		悬臂式和扶壁式挡土墙		6.3.2	△☆混凝土强度 △★断面尺寸		☆表面平整度
		锚杆、锚定板和加筋土挡土墙	筋带	6.4.2-1		★长度	
			拉杆	6.4.2-2	△★长度	★拉杆间距	
			锚杆	6.4.2-3	△★注浆强度 △☆锚杆拉拔力	★孔深,★孔径★孔间距	
		锚杆、锚定板	面板预制	6.4.2-4	△☆混凝土强度 △★厚度	★边长 ★两对角线差	
			面板安装	6.4.2-5		★相邻面板错台 ★面板缝宽	
			总体	6.4.2-6		★肋柱间距	☆墙面平整度
		墙背填土		6.5.2	△☆距面板1m以内压实度90%	★反滤层厚度	

单位工程	分部工程	分项工程	分项工程编号	监理抽检项目 关键项目	结构主要尺寸	一般试验项目
路基工程	防护支挡工程	边坡锚固防护(锚杆、锚索)	6.6.2-1	△注浆强度 △☆锚杆锚索抗拔力 △☆张拉力	★锚孔深度, ★锚孔孔径 ★锚孔位置	
		边坡锚固防护(坡面结构)	6.6.2-2	△☆混凝土强度		
		土钉支护	6.7.2	△★注浆强度 △★土钉抗拔力	★孔深;★孔距,★孔径	
		砌体坡面防护	6.8.2	△☆砂浆强度 △★厚度或断面尺寸	★框格间距	
		石笼防护	6.9.2		★长度,★宽度,★高度	
		浆砌砌体	6.10.2-1	△☆砂浆强度 △★断面尺寸		
		干砌片石砌体	6.10.2-2		★断面尺寸	☆表面平整度
		导流工程	6.11.2	△☆砂浆和混凝土强度 △☆堤(坝)体压实度	★长度 ★断面尺寸	
路面工程	1~3 km 路面工程	垫层、底基层、基层	7.6.2 7.7.2	△☆压实度 △☆强度 △★厚度	★宽度 ☆平整度	
			7.8.2 7.9.2	△☆压实度(固体体积率) △★厚度	★宽度	☆弯沉 ☆平整度
		沥青混凝土面层、沥青碎(砾)石面层	7.3.2	△☆压实度 △★厚度 △☆矿料级配 △☆沥青含量	★宽度	☆平整度 ☆弯沉 ☆渗水系数 ☆摩擦系数 ☆构造深度 ☆马歇尔稳定度
		沥青贯入式面层或上拌下贯式面层	7.4.2	△★厚度 △☆矿料级配 △☆沥青含量	★宽度	☆平整度 ☆弯沉 ☆沥青总用量
		沥青表面处置层	7.5.2	△★厚度	★宽度	☆平整度 ☆弯沉 ☆沥青用量
	1~3 km 路面工程	水泥混凝土面层	7.2.2	△☆弯拉强度 △★板厚度	★宽度	☆平整度 ☆弯沉 ☆抗滑构造深度 ☆横向力系数
		路缘石预制铺设	7.10.2		★相邻两块缝宽	
		路缘石现浇	7.10.2		★宽度	
		路肩	7.11.2		★宽度	☆压实度
		中心排水管、集水井		参照路基工程抽检项目执行		
混凝土梁桥	基础及下部结构	钢筋安装	8.3.1-1	△★受力钢筋间距 △★保护层厚度	★钢筋骨架尺寸	
		钢筋网	8.3.1-2		★网的长和宽 ★网眼尺寸	
		预制桩钢筋安装	8.3.1-3	△★保护层厚度	★主筋间距	
		钻(挖)孔灌注桩、地下连续墙钢筋安装	8.3.1-4	△★保护层厚度	★骨架长度 ★主筋间距 ★钢筋骨架外径或厚度和宽度	
		基础砌体	8.4.2-1	△☆砂浆强度	★平面尺寸	
		墩身、台身砌体	8.4.2-2	△☆砂浆强度 △★墩台顶面高程	★墩台长度和宽度	☆侧面平整度
		拱圈砌体	8.4.2-3	△☆砂浆强度 △★拱圈厚度 △★内弧线偏离设计弧线	★相邻镶面石砌块表面错位	
		侧墙砌体	8.4.2-4	△☆砂浆强度 △★宽度		☆平整度
		混凝土扩大基础	8.5.1	△☆混凝土强度	★平面尺寸	
			8.3.1-1 8.3.1-2	钢筋和钢筋网参照相应的抽检项目执行		
		钻孔灌注桩 挖孔桩	8.5.2 8.5.3	△☆混凝土强度,△★孔深,△☆桩身完整性	★孔径或边长	
		沉入桩 混凝土桩预制	8.5.4-1	△☆混凝土强度	★长度 ★横截面	
		沉入桩 钢管桩制作	8.5.4-2	△★接头尺寸 △☆焊缝探伤	★长度 ★管节外形尺寸	
		沉入桩 沉桩	8.5.4-3	△★桩尖高程 △★贯入度		
		地下连续墙	8.5.5	△☆混凝土强度	★槽深,★槽宽	

单位工程	分部工程	分项工程	分项工程编号	监理抽检项目 关键项目	监理抽检项目 结构主要尺寸	监理抽检项目 一般试验项目
混凝土梁桥	基础及下部结构	沉井	8.5.6	△☆混凝土强度 △★中心偏位	★沉井平面尺寸 ★井壁厚度	
		双壁钢围堰	8.5.7	△☆焊缝探伤	★围堰平面尺寸 ★高度 ★对接错边	
		沉井、钢围堰封底混凝土	8.5.8	△☆混凝土强度		
		承台等大体积混凝土	8.5.9	△☆混凝土强度	★平面尺寸 ★结构高度	
		灌注桩桩底压浆	8.5.10		△☆浆体强度 △★压浆量	
		现浇墩身、台身	8.6.1-1	△☆混凝土强度 △★轴线偏位	★断面尺寸 ★节段间错台	
		现浇墩帽、台帽、盖梁	8.6.1-2	△☆混凝土强度	★断面尺寸	
		预制墩身	8.6.1-3	△☆混凝土强度	★断面尺寸	☆平整度
		墩身、台身安装	8.6.2	△★轴线偏位 △☆湿接头混凝土强度	★节段间错台	
		拱桥组合桥台	8.6.3	△★架设拱圈前台后填土量,△★拱建成后桥台水平位移		
		挡块	8.12.5-1	△☆混凝土强度 △★顶面高程	★断面尺寸	
		支座垫石	8.12.5-2	△☆混凝土强度	★断面尺寸	
		台背填土	8.6.4	△☆压实度	★填土长度	
	上部构造预制安装	支座安装	8.12.6-1	△★支座中心横桥向偏位 △★支座高程	★支座中心顺桥向偏位	
		梁板预制	8.7.2-1	△☆混凝土强度 △★断面尺寸	★梁长度	
		钢丝、钢绞线先张法	8.3.2-1	△★张拉应力值 △★张拉伸长率		
		后张法	8.3.2-2	△★张拉应力值 △★张拉伸长率	★管道坐标 ★管道间距	
		预应力管道压浆及封锚	8.3.3	△☆浆体强度 △★压浆压力值		
		就地浇筑	8.7.1	△☆混凝土强度 △★断面尺寸	★长度	☆平整度
	上部构造预制安装	梁板安装	8.7.2-2		★相邻梁板顶面高差	
		逐跨拼装梁安装	8.7.2-3		★节段拼装立缝宽度 ★梁长	
		顶推施工梁	8.7.3	△★落梁反力 △★支点高差		
		悬臂拼装梁	8.7.4-2	△☆合龙段混凝土强度	★相邻梁段间错台	
		转体施工梁	8.7.5	△☆封闭转盘和合龙段混凝土强度 △★轴线偏位		
	上部构造现浇	钢筋加工及安装、预应力筋加工及安装、预应力管道压浆		同上部构造预制安装		
		就地浇筑梁、板	8.7.1	△☆混凝土强度 △★断面尺寸	★长度,★相邻梁段间错台	☆平整度
		悬臂浇筑梁	8.7.4-1	△☆混凝土强度 △★断面尺寸	★相邻梁段间错台	☆平整度
拱桥	下部构造	就地浇筑拱圈	8.8.1	△☆混凝土强度 △★内弧线偏离设计弧线 △★断面尺寸		
		拱圈节段预制	8.8.2-1	△☆混凝土强度, △★内弧线偏离设计弧线 △★断面尺寸		
		桁架拱杆件预制	8.8.2-2	△☆混凝土强度 △★断面尺寸	★杆件长度	
		拱的安装	8.8.3-1	△☆接头混凝土强度 △★轴线偏位 △★对称接头点相邻高差		

单位工程	分部工程	分项工程	分项工程编号	监理抽检项目		
				关键项目	结构主要尺寸	一般试验项目
拱桥	下部构造	悬臂拼装的桁架拱	8.8.3-2	△☆接点混凝土强度 △★轴线偏位 △★对称头点相邻高差		
		腹拱安装	8.8.3-3		★相邻块件高差	
		转体施工拱	8.8.4	△☆封闭转盘和合龙段混凝土强度 △★跨中拱顶面高程		
		劲性骨架制作	8.8.5-1	△★内弧偏离设计弧线 △☆焊缝探伤	★杆件截面尺寸 ★骨架高和宽	
		劲性骨架安装	8.8.5-2	△★对称点相对高差 △☆焊缝探伤		
		劲性骨架拱混凝土浇筑	8.8.5-3	△☆混凝土强度 △★对称点相对高差 △★断面尺寸		
		钢管拱肋节段制作	8.8.6-1	△★钢管直径 △★内弧偏离设计弧线 △☆焊缝探伤	★钢管中距	
		钢管拱肋安装	8.8.6-2	△★对称点相对高差 △☆焊缝探伤 △★高强螺栓扭矩	★拱肋接缝错边	
		钢管拱肋混凝土浇筑	8.8.6-3	△☆混凝土强度 △★混凝土脱空率 △★对称点相对高差		
		吊杆的制作与安装	8.8.7-1	△★吊杆拉力	★吊杆长度	
		柔性系杆	8.8.7-2	△★张拉力值 △★张拉伸长率		
钢桥	上部构造制作安装	钢板梁制作	8.9.1-1	△☆焊缝探伤 △★高强螺栓扭矩	★梁高，★跨度 ★梁长	
		钢桁梁节段制作	8.9.1-2	△☆焊缝探伤 △★高强螺栓扭矩	★节段长度 ★节段高度 ★节段宽度	
		梁桥钢箱梁制作	8.9.1-3	△★高度，△★腹板中心距离，△☆焊缝探伤，△★高强螺栓扭矩	★跨度，★长度	
		斜拉桥钢箱加劲梁段制作	8.9.1-4	△★端口尺寸，△★梁段匹配性，△☆焊缝探伤，△★高强螺栓扭矩	★梁长	
		组合梁斜拉桥工字梁段制作	8.9.1-5	△★梁高，△★梁段盖板、腹板对接错边 △☆焊缝探伤 △★高强螺栓扭矩	★梁长，★梁宽	
		悬索桥钢箱加劲梁段制作	8.9.1-6	△★端口尺寸，△★梁段匹配性，△☆焊缝探伤，△★高强螺栓扭矩	★梁段长 ★梁宽	
		钢梁安装	8.9.2	△☆焊缝探伤 △★高强螺栓扭矩	★梁段长 ★梁宽	
		钢梁防护涂装	8.9.3	△★除锈等级 △★粗糙度 R_S		☆附着力
斜拉桥	上部构造	斜拉桥混凝土索塔柱	8.10.1-1	△☆混凝土强度 △★塔柱轴线偏位 △★孔道位置	★壁厚 ★节段间错台	☆平整度
		斜拉桥混凝土索塔横梁	8.10.1-2	△☆混凝土强度	★壁厚	☆平整度
		索塔钢锚梁制作	8.10.2-1	△★腹板中心距 △☆焊缝探伤 △★高强螺栓扭矩	★梁长	
		索塔钢锚箱节段制作	8.10.2-2	△☆焊缝探伤 △★栓钉焊接弯曲裂纹	★节段高度 ★节段断面尺寸	
		索塔钢锚梁安装	8.10.3-1	△★钢箱梁与支撑面的接触率 △☆焊缝探伤		
		索塔钢锚箱节段安装	8.10.3-2	△★钢箱梁的断面接触率 △★高强螺栓扭矩		
		主墩上混凝土梁段浇筑	8.10.4	△☆混凝土强度 △★断面尺寸		☆平整度
		混凝土斜拉桥悬臂浇筑	8.10.5-1	△☆混凝土强度，△★断面尺寸，△☆索力，△★固定点或梁顶高程	★梁段间错台	☆平整度

单位工程	分部工程	分项工程	分项工程编号	监理抽检项目 关键项目	结构主要尺寸	一般试验项目
斜拉桥	上部构造	混凝土斜拉桥悬臂拼装	8.10.5-2	△☆合龙段混凝土强度，△☆索力，△★梁锚固点或梁顶高程	★相邻梁段间错台	
		钢斜拉桥钢箱梁段悬臂拼装	8.10.6-1	△☆索力，△★梁锚固点高程或梁顶高程 △☆焊缝探伤 △☆高强螺栓扭矩	★相邻节段对接错边	
		钢斜拉桥钢箱梁段支架安装	8.10.6-2	△★顶面高程 △☆焊缝探伤 △☆高强螺栓扭矩	★相邻节段对接错边	
		组合梁斜拉桥钢梁段悬臂拼装	8.10.7	△☆索力，△★梁锚固点高程或梁顶高程 △☆焊缝探伤 △☆高强螺栓扭矩	★相邻节段对接错边	
		组合梁斜拉桥混凝土板	8.10.8	△☆混凝土强度 △★混凝土板尺寸 △☆索力，△★高程		
		斜拉桥支座安装	8.12.6-2	△★竖向支座纵横向偏位 △★支座高程		
悬索桥	下部构造	悬索桥混凝土塔柱	8.11.1	△☆混凝土强度 △★塔柱轴线偏位 △★塔顶格栅顶面高程	★壁厚 ★节段间错台	☆平整度
		预应力锚固体系制作	8.11.2-1	△☆拉杆、连接平板、连接筒、螺母探伤		
		刚架锚固体系制作	8.11.2-2	△☆焊缝探伤	★拉杆、锚梁断面尺寸 ★拉杆长度	
		预应力锚固系统安装	8.11.3-1	△★锚面孔道中心坐标偏差 △★前锚面孔道角度		
		刚架锚固系统安装	8.11.3-2	△★锚杆坐标 △☆焊缝探伤 △☆高强螺栓扭矩		
		锚碇混凝土块体	8.11.4	△☆混凝土强度 △★平面尺寸		☆平整度
		预应力锚索张拉与压浆	8.11.5		同8.3.2和8.3.3	
		隧道锚混凝土锚塞体	8.11.6	△☆混凝土强度		
		主索鞍制作	8.11.7-1	△★平面度，△★两平面的平行，△★鞍体下平面对中心索槽竖直平面的垂直度，△★圆弧半径，△★各槽宽度深度，△★加工后鞍槽底部及侧壁厚度		
		散索鞍制作	8.11.7-2	△★平面度，△★两平面的平行，△★摆轴中心线与索鞍中心平面的垂直度，△★圆弧半径，△★各槽宽度深度，△★各槽与中心索槽的对称度，△★加工后鞍槽底部及侧壁厚度		
		主索鞍安装	8.11.8-1	△★最终偏位 △★地板高程		☆高强螺栓扭矩
		散索鞍安装	8.11.8-2	△★底板轴线纵横向偏位 △★散索鞍竖向倾斜角		
		主缆索股和锚头制作	8.11.9	△★索股基准丝长度 △★成品索股长度 △★热铸锚合金灌注率 △★索股轴线与锚头端面垂直度		
		主缆架设	8.11.10	△★索股高程		

单位工程	分部工程	分项工程	分项工程编号	监理抽检项目		
				关键项目	结构主要尺寸	一般试验项目
悬索桥	下部构造	索夹制作	8.11.11	△★壁厚 △★索夹内壁粗糙度	★索夹内径及长度	
		吊索和锚头制作	8.11.12	△★热铸锚合金灌注率 △★吊索轴线与锚头端面垂直度	★吊索调整后长度	
		索夹和吊索安装	8.11.13	△★螺杆紧固力		
		主缆防护	8.11.14	△☆缠丝张力 △★保护层厚度		
		钢加劲梁安装	8.11.15	△★相邻节段匹配高差 △☆焊缝探伤 △☆高强螺栓扭矩		
		自锚式悬索桥主缆索股锚固系统制作	8.11.16		★导管长度	
		自锚式悬索桥主缆索股锚固系统安装	8.11.17			
		自锚式悬索桥张拉和体系转换	8.11.18			△☆吊索索力
		悬索桥支座安装	8.12.6-2		同斜拉桥抽检	
桥梁工程	桥面系和附属工程	防水层	8.12.1	△☆防水涂层 △☆防水层黏结强度		
		水泥混凝土桥面铺装	8.12.2-1	△☆混凝土强度	★厚度	☆平整度 ☆抗滑构造深度
		沥青混凝土桥面铺装	8.12.2-2	△☆压实度	★厚度	☆平整度 ☆渗水系数 ☆抗滑构造深度
		复合桥面水泥混凝土铺装	8.12.2-3	△☆混凝土强度	★厚度	☆平整度
		复合桥面沥青混凝土铺装		按8.12.2-2抽检		
		钢桥面板防水黏结层	8.12.3	△★防水黏结层厚度和用量 △☆黏结层与钢桥板底漆间结合力		
		钢桥面板上摊铺式沥青混凝土铺装	8.12.4	△☆压实度 △★厚度		☆平整度 ☆渗水系数 ☆摩擦系数 ☆抗滑构造深度
		伸缩装置安装	8.12.7	△★缝宽 △☆焊缝探伤		☆横向平整度
		混凝土小型构件	8.12.8	△☆混凝土强度	★断面尺寸 ★长度	
		人行道铺设	8.12.9			☆平整度
		栏杆安装	8.12.10		★扶手高度 ★柱顶高差	
		混凝土护栏	8.12.11	△☆混凝土强度 △★断面尺寸		
		钢桥钢护栏安装	8.12.12	△☆与底座连接焊缝探伤	★横梁高度	
		桥头搭板	8.12.13	△☆混凝土强度	★枕梁尺寸 ★板尺寸	
		混凝土构件表面防护	8.12.14	△☆涂层附着力		
		桥梁总体	8.2.2		★桥面宽 ★桥长	
隧道工程	总体及装饰装修	隧道总体	10.2.2	△★内轮廓高度	★行车道宽度 ★内轮廓宽度	
		装饰装修工程	10.1.5	执行建筑行业规范		
	洞口工程	洞口边仰坡防护		分别执行路基防护和隧道工程抽检要求		
		洞门和翼墙浇筑		钢筋按8.3.1抽检，混凝土按6.2.2-3抽检		
		截水沟	5.6.2	按5.6.2抽检		
		洞口排水沟	10.17.2	按10.17.2抽检		
		明洞浇筑	10.3.2	开挖、仰拱钢筋、仰拱及回填、二衬钢筋及混凝土，按洞内有关分项工程的要求执行		

单位工程	分部工程	分项工程	分项工程编号	监理抽检项目		
				关键项目	结构主要尺寸	一般试验项目
隧道工程	洞口工程	明洞浇筑	10.3.2	△☆混凝土强度 △★混凝土厚度		☆墙面平整度
		明洞防水层	10.4.2	△★搭接长度 △★缝宽 △★焊接密实性		
		明洞回填	10.5.2		★每层回填厚度 ★回填厚度	
	洞身开挖	管棚	10.20.2		★长度，★数量 ★孔位，★孔深	
		超前锚杆	10.18.2		★长度，★数量 ★孔位，★孔深 ★孔径	
		超前小导管	10.19.2		★长度，★数量 ★孔位，★孔深	
		洞身开挖	10.6.2	△★拱部超挖	★边墙超挖 ★仰拱和隧底超挖	
		喷射混凝土支护	10.7.2	△☆喷射混凝土强度 △★喷层与围岩接触状况	★喷层厚度	
		锚杆支护	10.8.2	△★数量	★孔位，★孔深，★孔径	☆锚杆拉拔力
		钢筋网支护	10.9.2	△★网格尺寸	★搭接长度	
	洞身衬砌	钢拱架支护	10.10.2	△★榀数，△★间距	★拼装偏差 ★连接钢筋	
		仰拱钢架	10.10.2	按10.10.2抽检		
		仰拱钢筋	10.14.2	按10.13.2抽检		
		仰拱	10.11.2	△☆混凝土强度 △★厚度		
	洞身衬砌	仰拱回填	10.12.2	△☆混凝土强度		
		衬砌钢筋	10.13.2	△★主筋间距	★钢筋长度	
		混凝土衬砌	10.14.2	△☆混凝土强度 △★衬砌背部密实状况	★衬砌厚度	
	防排水	防水层	10.15.2	△★搭接长度 △★缝宽	★固定点间距	
		止水带	10.16.2	△★固定点间距		
		排水沟	10.17.2	△☆混凝土强度 △★壁厚，△★纵坡	★断面尺寸或管径	
	隧道路面	基层	7.2.2	按7.2.2抽检		
		面层	7.2.2	按7.2.2抽检		
	辅助通道			参照隧道主体工程抽检		
绿化工程	同检评标准	绿地整理	12.2.2		★有效土层厚度	
		树木栽植	12.3.2	△★苗木成活率	★苗木规格	
		草坪、草本地被及花卉种植	12.4.2	△★草坪、草本地被覆盖率，△★花卉成活率	★花卉数量	
		喷播绿化	12.5.2	△★基材混合物喷射厚度 △★植被覆盖率		
声屏障工程	声屏障工程	砌块体声屏障	13.2.2	△☆砂浆强度 △★顶面高程 △★墙体厚度	★基础外露宽度	☆表面平整度
		金属结构声屏障	13.3.2	△☆混凝土强度(含基础混凝土强度) △★顶面高程 △★屏体背板厚度		☆表面平整度
		复合结构声屏障	13.4.2	△☆混凝土强度(含基础混凝土强度) △★顶面高程 △★屏体背板厚度 △★透明屏体厚度	★基础外露厚度 ★立柱中距	

单位工程	分部工程	分项工程	分项工程编号	监理抽检项目 关键项目	结构主要尺寸	一般试验项目
交通安全设施	标志、标线、突起路标、轮廓标	交通标志	11.2.2	△☆标志面逆反射系数	★标志板下缘至路面净空高度 ★标志板内缘距土路肩边缘线距离 ★标志基础尺寸	
		交通标线	11.3.2	△☆标线厚度 △☆逆反射亮度系数	★标线线段长度 ★标线宽度 ★标线纵向间距	☆抗滑值
		突起路标	11.7.2		★纵向间距	
		轮廓标	11.8.2		★反射器中心高度	
	护栏	波形梁护栏	11.4.2	△☆波形梁板基底金属厚度 △☆立柱基底金属壁厚 △☆横梁中心高度		☆立柱中距 ☆立柱外边缘距土路肩边线距离 ☆立柱埋置深度 ☆螺栓终拧扭矩
		缆索护栏	11.6.2	△★初张力	★立柱中距 ★立柱埋置深度 ★混凝土基础尺寸	
		混凝土护栏	11.5.2	△☆护栏混凝土强度	★护栏断面尺寸，★钢筋骨架尺寸，★基础厚度	
		中央分隔带开口护栏	11.11.2	△☆涂层厚度	★高度	
	防眩设施、隔离栅、防落物网	防眩设施	11.9.2	△★安装高度	★防眩板设置间距 ★防眩网网孔尺寸	
		隔离栅和防落物网	11.10.2		★高度 ★立柱中距 ★立柱埋置深度	
	里程碑、百米桩	里程碑和百米桩	11.12.2		★外形尺寸 ★字体及尺寸	
	避险车道	避险车道	11.13.2	△★制动床长度	★避险车道宽度 ★制动床集料厚度	
机电工程		监理抽检项目为关键项目。 按照交安监发〔2023〕140号文件有关规定，所有机电检测项目均需具备检测资质胡检测机构出具检测报告。				

2.5 监理抽检频率计算基数的计算应符合下列规定：

土方路基填方和三背回填，每个自然填方段和每个结构物均须层层随机抽检，每层抽检频率计算基数为施工自检点数；石方路基沉降差每个自然填筑段均须层层抽检，每层抽检频率计算基数为施工自检断面数量，被抽断面的检查方法和频率同自检。

盲沟断面尺寸每个自然段均需抽检，抽检频率计算基数为施工自检断面数量，被抽断面的检查方法和频率同自检。

水沟抽检频率计算基数为分项工程施工自检自然段数，被抽水沟的检查方法和频率同自检。

水沟、中央排水沟、电缆沟、纵向排水沟盖板等小型构件的钢筋构件施工自检数量为分项工程钢筋构件的30%，监理抽检构件数量为施工自检构件的20%，被抽构件的检查方法和频率同自检。

涵洞、通道钢筋工程施工自检数量为每道涵洞、通道涵台节段数量和盖板现浇节段数量（预制盖板数量）的30%，监理抽检构件数量为施工自检的20%，被抽构件的检查方法和频率同自检。

桥梁支座垫石和挡块钢筋构件施工自检数量为分项工程钢筋构件的30%，监理抽检数量为施工自检构件数量的20%，被抽构件的检查方法和频率同自检；桥梁上部构造现浇钢筋构件，每个均须自检，每个均须抽检，抽检方法和频率同自检；桥梁其余钢筋构件每个均须自检，抽检数量为施工自检构件数量的20%，被抽构件的检查方法和频率同自检。桩基础钢筋笼每个加工段落为一个构件；圆柱墩每

2 个系梁之间的钢筋笼、桥台每个肋板为一个构件，薄壁空心墩或方墩每个浇筑段为一个构件；每个承台、系梁、盖梁各为一个构件；每片梁、现浇每联或每块段为一个构件，桥面铺装每联、网片每片为一个构件，护栏每连续浇筑批次、伸缩缝每道为一个构件。

隧道开挖监理抽检断面数量为分项工程施工自检断面数量的 20%，被抽断面的检查方法和频率同自检。

隧道仰拱和二衬钢筋抽检模数为分项工程施工自检模数的 20%，被抽模钢筋构件的检查方法和频率同自检。

超前锚杆、超前小导管、管棚、锚杆、钢架等，监理抽检数量为分项工程施工自检数量的 20%，被抽杆件（榀）的检查方法和频率同自检。

波形护栏、混凝土护栏、缆索护栏监理抽检自然段数量为分项工程施工自检单幅单侧自然段数量的 20%，被抽自然段的检查方法和频率同自检。

绿化工程每种分项工程监理抽检自然段数量为施工自检自然段数量的 20%，被抽自然段的检查方法和频率同自检。

其余检查项目按 2017 验标、2020 验标和 2016 监理规范规定的检查方法和频率进行施工自检和监理抽检。

2.6 检查项目数理统计方法评定

采用 2017 验标附录 B～附录 S 所列方法进行检验评定的检查项目按附表 B 统计，不满足要求时，该检查项目为不合格。数理统计方法评定以分项工程为最小评定单元，同一检查项目有不同设计值时，须分别评定，并将该检查项目"平均值/代表值"格拆分为几行分别填写评定的平均值或代表值；2017 验标附录 B～附录 S 有合格率的，以各设计值评定得出的合格率的算术平均值作为该检查项目的合格率，2017 验标附录 B～附录 S 无合格率的，如数理统计方法评定合格，则该检查项目的合格率按 100% 计算。

2.7 土建工程实测项目检验应符合下列规定：

对检查项目按规定的检查方法和频率进行检验并计算合格率。

本手册规定的检查方法为标准方法，采用其他高效检测方法应经比对确认。

本手册中以路段长度规定的检查频率为双车道路段的最低检查频率，对多车道应按车道数与双车道之比相应增加检查数量。

应按式（2.1）计算检查项目合格率：

$$检查项目合格率 = \frac{合格的点（组）数}{该检查项目的全部检查点（组）数} \times 100\% \quad (2.1)$$

按 2017 验标附录 B～附录 S 检查的项目，数理统计方法评定有合格率的，可直接引用作为检查项目的合格率；数理统计方法评定没有合格率的，合格率按 100% 计算；同一检查项目有多个设计值的，按不同设计值分别进行数理统计方法评定表，代表值（平均值）分行分别填写，合格率取其算术平均值作为该检查项目的合格率。

2.8 机电工程实测项目检验应符合下列规定：

对检查项目按规定的检查方法和频率进行检验并计算合格率。应按式（3.2.5）计算检查项目合格率。

2.9 土建工程检查项目合格判定应符合下列规定：

关键项目的合格率应不低于95%（机电土建工程为100%），否则该检查项目为不合格。一般项目的合格率应不低于80%，否则该检查项目为不合格。

有规定极值的检查项目，任一单个检测值不应突破规定极值，否则该检查项目为不合格。

2.10 机电工程检查项目合格判定应符合下列规定：

施工单位和监理单位在工程完工后进行质量检验时，所有项目合格率应为100%，否则应进行整修或返工处理直至符合要求后再进行交工质量检测。

检测单位在进行交工质量检测和竣工质量鉴定时，关键项目的合格率应为100%，否则该检查项目为不合格；一般项目的合格率应不低于90%，否则该检查项目为不合格。

2.11 外观质量应进行全面检查，并满足2017验标和2020验标规定要求，否则该检验项目为不合格。外观缺陷按表2-3标准扣分。外观缺陷扣分从分项工程检验开始，用于分部工程质量评定。

表2-3 分项工程外观缺陷检查内容及扣分标准表

单位工程	分部工程	检查内容及扣分标准	备注
路基工程	路基土石方工程	路基土石方： 1. 路基边坡坡面平顺、稳定，曲线圆滑，不得亏坡，不符合要求时，单向累计长度每50米扣1~2分。 2. 路基沉陷、开裂，每处扣2~5分	按每公里累计扣分的平均值扣分
		软土地基处置： 1. 砂垫层宽度应宽出路基边脚0.5~1.0 m，不符合要求时，每处扣1~2分。 2. 沙袋和塑料排水板不得出现扭结、断裂等现象，不符合要求时每处扣2~5分。 3. 粒料桩和加固土桩施工工艺应符合规范要求，不符合要求时，每次扣1~2分。 4. 水泥粉煤灰碎石桩混合料应拌和均匀，施工工艺应符合规范要求，不符合要求时，每次扣0.5~1分；施工工艺应符合规范要求，不符合要求时，每次扣1~2分。 5. 刚性桩施工工艺应符合规范要求，不符合要求时，每次扣1~2分	按每公里累计扣分的平均值扣分
		土工合成材料处置层： 1. 土工合成材料应无重叠、皱折，不符合要求时，每次扣1~2分。 2. 土工合成材料固定处不应松动，不符合要求时，每次扣1~2分	
	排水工程	1. 排水沟内侧及沟底应平顺，无阻水现象，外侧无脱空，不符合要求时，每处扣1~2分。 2. 砌体坚实、勾缝牢固，不符合要求时，每5米扣1分	
路基工程	小桥通道人行天桥渡槽	1. 混凝土表面粗糙，模板接缝处不平顺，有漏浆现象，扣1~3分。 2. 梁板及接缝渗、漏水，每处扣1分。 3. 混凝土蜂窝麻面面积不得超过该部位面积的0.5%，不符合要求时每超过0.5%扣3分。 4. 桥梁内外轮廓线条应顺滑清晰，栏杆、护栏应牢固、直顺、美观，不符合要求时扣1-3分。 5. 桥头路面平顺，无跳车现象，不符合要求时扣2~4分。 6. 桥下施工弃料应清理干净，不符合要求时扣1~3分	按每座累计扣分的平均值扣分
	涵洞通道	1. 涵洞进出口不顺适，洞身不直顺，帽石、八字墙、一字墙不平直，存在翘曲现象，洞内有杂物、淤泥、阻水现象时，每种病害扣1~3分。 2. 台身、涵底铺砌、拱圈、盖板有裂缝时，每道裂缝扣1~3分。 3. 涵洞处路面平顺，无跳车现象，不符合要求时扣2~4分	按每道累计扣分平均值扣分

16

单位工程	分部工程	检查内容及扣分标准	备注
路基工程	支挡防护工程	1. 砌体表面平整，砌缝完好无开裂现象勾缝平顺、无脱落现象不符合要求时扣1~3分。 2. 沉降缝垂直、整齐，上下贯通，不符合要求时，扣1~3分。 3. 泄水孔坡度向外，无阻塞现象，不符合要求时，扣1~3分。 4. 混凝土表面的蜂窝麻面不得超过该部位面积的0.5%不符合要求时，每超过0.5%扣3分。 5. 墙身裂缝，局部破损，每处扣3分	按每处累计扣分值的平均值扣分
	组合挡土墙	参照支挡防护工程的扣分标准检查扣分	
	大型挡土墙	参照支挡防护工程的扣分标准检查扣分	
路面工程	面层工程	水泥混凝土路面： 1. 混凝土板的断裂块数，高速公路和一级公路不得超过0.2%；其他公路不得超过0.4%，每超过0.1%扣2分。 2. 混凝土板表面的脱皮、印痕、裂纹、石子外露和缺边掉角等病害现象，高速公路和一级公路不得超过受检面积的0.2%；其他公路不得超过0.3%，不符合要求时，每超过0.1%扣2分。对于连续配筋的混凝土路面和钢筋混凝土路面，因干缩、温缩产生的裂缝，可不扣分。 3. 路面侧石应直顺、曲线圆滑，越位20 mm以上者，每处扣1~2分。 4. 接缝填筑应饱满密实，不污染路面。不符合要求时，累计长度每100米扣2分。 5. 胀缝有明显缺陷时，每条扣1~2分	按每公里累计扣分的平均值扣分
		沥青混凝土面层、沥青碎石面层： 1. 面层有修补现象，每处扣1~3分； 2. 表面应平整密实，不应有泛油、松散、裂缝和明显离析等现象，对于高速公路和一级公路，有上述缺陷的面积（凡属单条的裂缝，则按其实际长度乘以0.2米宽度，折算成面积）之和不得超过受检面积的0.03%，其他公路不得超过0.05%。不符合要求时每超过0.03%或0.05%扣2分；半刚性基层的反射裂缝可不计作施工缺陷，但应及时进行灌缝处理。 3. 搭接处应紧密、平顺，烫缝不应枯焦。不符合要求时累计每10米长扣1分。 4. 面层与路缘石及其他构筑物应密贴接顺，不得有积水或漏水现象，不符合要求时，每处扣1~2分	
		沥青表面处治： 1. 表面应平整密实，不应有松散、油包、波浪、泛油、封面料明显散失等现象，有上述缺陷的面积之和不得超过受检面积的0.2%，不符合要求时每超过0.2%扣2分。 2. 无明显碾压轮迹。不符合要求时，每处扣1分。 3. 面层与路缘石及其他构筑物应密贴接顺，不得有积水现象。不符合要求时，每处扣1~2分	按每公里累计扣分的平均值扣分
	垫层底基层基层	1. 表面应无松散、无坑洼、无碾压轮迹，不符合要求时，每处扣0.5~1分。 2. 表面连续离析不得超过10 m，不符合要求时，每处扣0.5~1分	
	路缘石	1. 路缘石不应破损，不符合要求时，每处扣1~2分。 2. 平缘石不应阻水，不符合要求时，每处扣1~2分	
	路肩	应无阻水、无杂物，不符合要求时，每处扣1~2分	
桥梁工程	基本要求： 1. 混凝土表面平滑，模板接缝处平顺，无漏浆现象，不符合要求时扣1~3分。 2. 混凝土表面蜂窝麻面面积不得超过该部位面积的0.5%，不符合要求时，每超过0.5%扣3分。 3. 混凝土表面出现非受力裂缝，减1~3分；结构出现受力裂缝宽度超过设计规定或设计未规定时，超过0.15 mm，每条扣2~3分，项目法人并对其是否影响结构承载力组织进行分析论证。 4. 混凝土结构有空洞或钢筋外露，每处扣2~5分，并应进行处理。 5. 施工临时预埋件、设施及建筑垃圾、杂物等未清除处理时扣1~2分		
	基础及下部构造	1. 支座位置应准确，不得有偏歪、不均匀受力、脱空及非正常变形现象，不符合要求时每个扣1分。 2. 锥、护坡按路基工程的支挡工程标准检查扣分，若沉陷每处扣1~3分并应进行处理	

单位工程	分部工程	检查内容及扣分标准	备注
桥梁工程	上部构造预制安装	1. 预制构件安装应平整，不符合要求时每处扣减1分。 2. 悬臂浇筑的各梁段之间应接缝平顺色泽一致无明显错台不符合要求时每处扣2~5分。 3. 主体钢结构外露部分的涂装和钢缆的防护防蚀层必须保护完好，不符合要求时扣1-2分，并应及时处理。 4. 拱桥主拱圈线形圆滑无局部凹凸，不符合要求时扣2~5分，拱圈无裂缝，不符合要求时扣2-5分，并对其是否影响结构承载力进行分析论证。 5. 梁板及接缝梁间湿接缝渗、漏水，每处缝扣1分	基本要求同时适用于下部结构、上部结构和桥面系
	上部构造现场浇筑	按上部构造预制安装工程的扣分标准检查扣分	
	桥面系附属总体	1. 桥梁的内外轮廓线应顺滑清晰，不符合要求时，扣1~3分。 2. 栏杆、护栏应牢固、直顺、美观，不符合要求时，扣1~2分。 3. 桥面铺装沥青混凝土表面应平整密实，不应有泛油、松散、裂缝、明显离析等现象，有上述缺陷的面积（凡属单条的裂缝，则按其实际长度乘以0.2米宽度，折算成面积）之和不得超过受检面积的0.03%，不符合要求时每超过0.03%扣1分。 4. 伸缩缝无阻塞变形开裂现象不符合要求时减1~3分；桥头有跳车现象每处扣2~4分。 5. 泄水管安装不阻水，桥面无低凹，排水良好，不符合要求时扣3~5分	基本要求同时适用于下部结构、上部结构和桥面系
	特大斜拉桥和特大悬索桥各分部工程扣分标准参照上述标准执行		
隧道工程	总体	1. 洞内没有渗漏水现象，不符合要求时，高速公路、一级公路扣5~10分，其他公路隧道扣1~5分。冻融地区存在渗漏现象时扣分取高限。 2. 洞内排水系统应畅通、无阻塞，不符合要求时扣2~5分，并应查明原因进行处理。 3. 隧道洞门按支挡工程的要求检查扣分	
	洞口工程	明洞参照洞身衬砌的扣分标准检查扣分，洞外支挡防护参照支挡防护工程的扣分标准检查扣分	
	开挖	洞顶有浮石每处扣2~4分；超挖超标每处扣1~2分	
	洞身衬砌	1. 混凝土衬砌表面密实，任一延米的隧道面积中，蜂窝麻面和气泡面积不超过0.5%，不符合要求时，每超过0.5%扣0.5~1分；蜂窝麻面深度超过5 mm时不论面积大小，每处扣1分。 2. 施工缝平顺无错台，不符合要求时每处扣1~2分。 3. 隧道衬砌混凝土表面出现裂缝，每条裂缝扣0.5-2分；出现受力裂缝时，钢筋混凝土结构裂缝宽度大于0.2 mm的或混凝土结构裂缝宽度大于0.4 mm的，每条扣2~5分，项目法人并对其是否影响结构安全组织进行分析论证	
	防排水	1. 防水层有折皱每处扣1~2分。 2. 焊缝平顺无错台，不符合要求时每处扣1~2分	
	隧道路面	按水泥混凝土路面的扣分标准检查扣分	
	辅助通道	按主洞工程的扣分标准检查扣分	
绿化工程	分隔带绿地、边坡绿地、护坡道绿地、碎落台绿地、平台绿地、各种点状绿地	1. 乔木、灌木以及球类苗木不得有烧膛，不符合要求时每处酌情扣分0.5~1分；不得有影响行车安全的偏冠苗木，不符合要求时每处酌情扣分1~2分。 2. 树木应无损伤的断枝、枯枝、严重病虫害枝，不符合要求时每处酌情扣分1~2分。 3. 草坪、草本地被及花卉不得有连续空秃，不符合要求时每处酌情扣分0.5~1分。 4. 喷播绿地不得有连续空秃、冲沟侵蚀，不符合要求时每处酌情扣分0.5~1分	
声屏障工程	每处声屏障	1. 砌体表面应无破损，不符合要求时每处酌情扣分1~2分。 2. 立柱镀（涂）层不得有剥落、气泡、漏镀（涂）刻痕、划伤，不符合要求时每处酌情扣分0.5~1分。 3. 屏体应无裂纹、划伤，不符合要求时每处酌情扣分0.5~1分	

单位工程	分部工程	检查内容及扣分标准	备注
交通安全设施	标志、标线、突起路标、轮廓标	标志： 1. 金属构件镀锌面不得有划痕、擦伤等损伤，不符合要求时，每一构件扣2分。 2. 标志板面不得有划痕、较大气泡和颜色不均匀等表面缺陷，不符合要求时，每块板扣2分	标志按每块累计扣分的平均值扣分
		标线： 1. 标线施工污染路面应及时清理，每处污染面积不超过10 cm² 不符合要求时每处减1分。 2. 标线线形应流畅，与道路线形相协调，曲线圆滑，不允许出现折线，不符合要求时，每处扣2分。 3. 反光标线玻璃珠应撒布均匀，附着牢固，反光均匀，不符合要求时，每处扣2分。 4. 标线表面不应出现网状裂缝、断裂裂缝、起泡现象，不符合要求时，每处扣1分	按每公里累计扣分的平均值扣分
		突起路标：表面无污迹，不符合要求时每处扣1分	
		轮廓标：表面无污迹，不符合要求时每处扣1分	
	防护栏	1. 波形梁线形顺适，色泽一致，不符合要求时，每处扣1~2分。 2. 立柱顶部应无明显塌边、变形、开裂等现象，不符合要求时，每处扣2分。 3. 混凝土护栏预制块不得有断裂现象，不符合要求时每处扣1分；掉边、掉角长度每处不得超过2 cm，否则每块混凝土构件扣1分；混凝土表面蜂窝、麻面、裂缝、脱皮等缺陷面积不超过该构件面积的0.5%，不符合要求时，每超过0.5%扣2分。 4. 缆索护栏各构件表面应无漏镀、露铁、擦痕，不符合要求时每处扣1分；护栏线形应无凹凸、起伏现象，不符合要求时每处扣1分。 5. 中央分隔带开口护栏使用时应易于开启、移动方便，不符合要求时每处扣1~2分	按每公里累计扣分的平均值扣分
	防眩设施、隔离栅、防落物网	防眩设施： 1. 几何尺寸及遮光角度应满足设计要求，不符合要求时，每处扣1~2分。 2. 防眩设施应安装牢固，不符合要求时，每处扣1~2分	
		隔离栅、防落物网： 1. 混凝土立柱表面无裂纹、无蜂窝，不符合要求时，每处扣1~2分。 2. 防落物网网孔应均匀，结构牢固，围封严实，不符合要求时，每处扣1~2分	
	里程碑百米桩	1. 百米桩和里程碑表面应无裂纹、蜂窝和破损，不符合要求时，每处扣1~2分。 2. 百米桩和里程碑定位为准确、安装牢固，不符合要求时，每处扣1~2分	
	避险车道	参照路基工程的扣分标准检查扣分	
交通机电工程	监控、通信、收费系统	1. 各系统基本功能齐全、运行稳定，满足设计和管理要求，每一个系统不符合要求时扣2~4分； 2. 机电设施布置安装合理，方便操作、维护；各设备表面光泽一致，保护措施得当，无明显划伤、剥落、锈蚀、积水现象；部件排列整齐、有序，牢固可靠，标识正确、清楚；不符合要求时每处扣0.5~1分。	按每系统累计扣分
	供配电和照明设施、隧道机电：参照上述标准执行		
房屋建筑工程	按其专业工程质量检验评定标准扣分		

注：表列分部工程扣分依据及标准依据交办公路〔2018〕136号文、交公路发〔2010〕65号文整理并对缺项补充完善而成。

2.12 质量保证资料应符合下列规定：

质量保证资料应满足2017验标和2020验标3.2.7条规定，资料不符合真实、准确、齐全、完整的要求时应予以扣分，每项内容对应扣分值不超过3分。施工资料和图表残缺，缺乏最基本的数据，或有伪造涂改的，不予检验和评定，应进行整改。质量保证资料扣分可从分项工程检验开始，累计值用于分部工程质量评定。

2.13 土建工程应有真实、准确、齐全、完整的施工原始记录、试验检测数据、质量检验结果等质量保证资料。质量保证资料扣分应包括下列内容：

所用原材料、半成品和成品质量检验结果；

材料配合比、拌和加工控制检验和试验数据；

地基处理、隐蔽工程施工记录和桥梁、隧道施工监控资料；

质量控制指标的试验记录和质量检验汇总图表；

施工过程中遇到的非正常情况记录及对其工程质量影响分析评价资料；

施工过程中如发生质量事故，经处理补救后达到设计要求的认可证明文件等。

2.14 机电工程应有真实、准确、齐全、完整的施工原始记录、试验检测数据、质量检验结果等质量保证资料。质量保证资料扣分应包括下列内容：

设备和材料报检资料，包括产品出厂检验合格证明和有资质的检测机构出具的合格检测报告；

所用主要原材料、设备的现场抽查质量检验结果，包括施工单位的委托送样及监理单位的抽检委托送样的检验报告；

设备和软件安装调试记录；

隐蔽工程验收记录及施工影像资料；

施工过程中的检验测试记录，包括施工单位的自检记录和监理单位的抽检记录；

施工结束后的检验测试记录；

其他应具备的资料，包括施工过程中遇到的非正常情况记录、根据工程实际情况必须具备的相关行业检测验收文件等。

2.15 检验项目评为不合格时，应进行整修或返工处理直至合格。

3 工程质量评定

3.1 分项工程质量评定为合格和不合格。分项工程质量合格应符合下列规定：

检验记录应完整。

实测项目均应合格。

外观质量应满足规定要求。

3.2 分部工程按式（2-2）采用以检查项目合格率为基础、加权平均计算的评分法，满分为 100 分，存在外观质量缺陷或质量保证资料不全等问题时应予扣分。

$$\text{分部工程实测得分} = \frac{\sum(\text{检查项目合格率} \times \text{检查项目权值})}{\sum \text{检查项目权值}} \times 100\% \qquad (2\text{-}2)$$

检查项目为分部工程中所有分项工程的实测项目，其中关键检查项目权值为 2，一般检查项目权值为 1。

分部工程评分=分部工程实得分－外观缺陷扣分－质量保证资料扣分。

外观缺陷扣分=各分项工程外观缺陷扣分累计值，总分不超过 15 分。

质量保证资料扣分=各分项工程质量保证资料扣分累计值，总分不超过 10 分。

3.3 单位工程评分按式（2-3）由相应分部工程评分和分部工程权值加权平均计算，分部工程权值按表 2-1 取值。

$$单位工程评分 = \frac{\sum(分部工程评分 \times 分部工程权值)}{\sum 分部工程权值} \qquad (2\text{-}3)$$

3.4 合同段工程

交工验收时，由项目法人组织监理单位依据 2017 验标和 2020 验标，按式（2-4）对各合同段的工程质量进行评定。合同段评分由单位工程评分和单位工程投资额加权平均计算。

$$合同段评分 = \frac{\sum(单位工程评分 \times 单位工程投资额)}{\sum 单位工程投资额} \qquad (2\text{-}4)$$

单位工程投资额原则上使用结算价，当结算价暂时无法确定时，可使用招标合同价，但各合同段、各单位工程均应统一。

3.5 建设项目

工程项目各合同段交工验收结束后，项目法人对整个工程项目按式（2-5）进行质量评定，由合同段评分和合同段投资额加权平均计算。

$$建设项目工程评分 = \frac{\sum(合同段工程评分 \times 合同段工程投资额)}{\sum 合同段工程投资额} \qquad (2\text{-}5)$$

合同段投资额原则上使用结算价，当结算价暂时无法确定时，可使用招标合同价，但各合同段均应统一计算标准。

3.6 评定为不合格的分项工程、分部工程，经返工、加固、补强或调测。满足设计要求后，可重新进行检验评定。

第三章 检验评定单元划分

统一检验评定单元划分的目的在于统一同一工程项目不同标段的检验评定单元划分标准，统一同一工程项目不同标段同类工程的检验评定单元划分标准，从而实现整个工程项目同类工程检验评定单元工程内容构成基本相同。在统一同一工程项目使用相同的质检表格的前提下，同一项目质检资料填写标准统一，档案资料组卷内容和编排顺序的统一，最终实现工程质量检验评定和交竣工档案资料的标准化、程序化。

第一节 统一划分标准的重要性

检验评定单元的划分要本着早谋划、早规范的思路，从项目开工伊始，就要统一单位工程、分部工程、分项工程等检验评定单元的划分，最大限度地避免各参建单位因检验评定单元划分不统一、质量检验和质量评定的用表不统一、用表填写标准不统一，从而导致工程结束时，验收单元不统一、交竣工资料不统一、档案资料单项验收不合格，以致大面积返工重来。统一划分标准的重要性体现在以下多方面：

检验评定单元划分表是参建各方开展工程质量检验、质量评定与质量验收的共同基础。

施工自检、监理抽检和交竣工验收都必须以审批认可的检验评定单元划分表为依据，确定不同层级的质量检验评定单元和质量验收单元。

分项工程是施工单位计算自检频率和监理机构计算抽检频率的共同基础和依据，是施工单位和监理机构开展工程质量检验与评定最基本的最小单元，是内业资料整理、交竣工资料组卷与归档的最小单元，其重要性不言而喻。

施工单位自检及监理机构（含监理试验室）抽检均应按批准的检验评定单元划分表的顺序整理内业资料及组卷归档，且不得有漏项。

完整、准确、逻辑关系清晰的检验评定单元划分表能确保在交竣工资料中数量占比超95%以上的工程质量档案的资料整理、组卷、录入、归档等后续工作的有序进行。

检验评定单元划分表不统一的后果：如果同一个建设项目各施工标段的检验评定单元划分标准不统一，则检验评定单元划分表必然不统一，将会给后续质量检验、内业资料整理、工程质量评定、档案资料组卷归档及交竣工验收造成混乱，甚至会造成长达数年施工阶段形成的海量内业资料返工。资料返工必然会造成大量的人力、物力和财力浪费，重新编写的资料的真实性也存疑。相信但凡长期从事内业资料填写和管理的从业者，对此深有体会。有的项目交工数年，还在工地现场留有一批内业资料人员，为完善工程质量检验和评定资料而留守着，这是值得我们反思与解决的痛点与点。

第二节 统一划分标准的基本要求

2017验标附录A和2020验标附录A均提供了原则性解决方案，有一个总体框架，宽泛性更强，具多解性。检验评定单元的规模过大，则施工周期长、不可能一次验收，质量数据的可比性差，造成实际操作的混乱，势必引入不必要的子分项、子分部、子单位工程，又造成资料冗长繁杂，不方便资料整理，也不方便承包人计量。分项工程规模过小，在进行试验检测数据的数理统计方法评定时，尽管单个检测点的数据都合格，因检测数据量小，导致标准差和离散系数过大，极易导致评定不合格；为了评定合格而被迫人为修改数据，有时候顾此失彼，被迫数次修改试验数据，把原本真实的试验报告修改得面目全非，直至评定合格，导致人为的数据造假。

如何划分才合理，才有利于资料整理和工程质量的检验与评定，本手册在充分尊重2017验标和2020验标的基础上，结合近四十年的实际经验总结，以公路工程质量检验、质量评定和交竣工档案资料的模块化、标准化、程序化和信息化管理为思路，提出检验评定单元划分应满足的基本要求。

1 检验评定单元的划分标准应高于或等同于验标的要求，不得低于验标的要求，在此基础上分项工程尽可能划大些，以满足某些检查项目的试验数据数理统计方法评定。

2 一个单位工程必须是由一个施工合同段施工完成，不同施工合同段完成的工程不应由同一施工合同段检验评定。某些特长隧道由2家及2家以上的施工承包单位共同完成，则只能划分为2个及2个以上的单位工程，一座特长隧道有可能按照进出口划分为2个单位工程，也有可能按照左右洞划分为2个单位工程，分段施工的还可能划分为2个以上单位工程；某些特长特大桥也可能由2家及2家以上的施工承包单位共同完成，也只能划分为2个及2个以上的单位工程。机电土建工程只能由土建单位施工、检验评定，不能划入机电施工标段；路面伸缩缝由单独的路面施工单位施工时，只能由路面施工合同段检验评定，不能交由土建施工单位检验评定。

3 检验评定单元划分不得出现子分项工程、子分部工程、子单位工程等。

4 同一建设项目各合同段的检验单元、评定单元、验收单元划分标准必须一致，不同合同段同类工程的单位工程、分部工程、分项工程的划分标准必须一致。

5 检验评定单元划分的结果形成检验评定单元划分表。划分表中单位工程和分部工程的编排顺序应与2017验标附录A和2020验标附录A的编排顺序一致；分项工程的编排顺序应结合工程内容的构成和施工工序综合考虑，统一编排顺序，先施工的在前面，后施工的排在后面。

6 工程内容不重复、不漏项，符合项目施工实际，满足2017验标和2020验标的要求。

7 因重大工程变更与实际不符的应据实修订，并经监理工程师签字确认。

8 验标没有评定标准的施工项目，如跌水、急流槽、水簸箕、隧道装饰装修等，以及新材料、新结构、新技术等三新项目，参照相关技术标准或根据实际情况编制相应的质量检验评定标准和检验评定单元，报主管部门批准执行。

9 同一施工合同段，施工单位、监理单位和监理试验室单位使用的检验评定单元划分表必须相同。

10 检验评定单元划分表的设计和编码，应有利于交竣工档案的标准化、信息化和程序化管理。

第三节 检验评定单元划分注意事项

为方便合同段质量评定加权评分，结构单元划分表应附单位工程投资额统计表，采用合同价、结算价均可，但计算口径须统一。

结构单元划分应尽可能在开工前一次性完成，尽可能避免中途修改，以免给资料整理带来困难。

2017验标附录A关于路基分部工程长度，对于山区公路，应理解为除桥隧结构物外上路床的累计长度，并且不得将一个自然填方段人为分为几段。尤其对于山区高速公路而言，桥隧结构物较多，在计算路基工程的长度时，应扣除桥隧结构物的长度，仅计算上路床的长度。

为方便资料收集和整理，更是为了方便内业资料的程序化和自动化管理，在对应备注栏注明本分项工程检验评定所需设计参数。

路基工程结构单元划分完成后，应按填方自然段，结合试验路段的施工参数，计算每个自然填方段的填筑层数、每层（填土）压实度自检检查点数和抽检点数；计算各填石自然段的层数和每层的自检断面数、抽检断面数，形成系统的表格式资料台账，方便日后的自检和抽检资料管理和资料整理。

结构单元划分完成后，应逐点对三背回填的回填层数、每层自检和抽检点数进行计算，形成系统的表格式资料台账，方便日后的自检和抽检资料管理和资料整理。

桥梁横隔板和湿接缝作为结构缝处理，不单独划分分项工程，在对应的梁板安装分项工程资料后面附钢筋工程检验资料和混凝土强度报告。

没有斜井、竖井、导洞等辅助通道的隧道正洞的人通、车通、风机房、变电所等，统一放在左洞结构单元划分表最后位置；有斜井的隧道，其斜井的人通、车通、风机房、变电所等，统一放在斜井左洞结构单元划分划分表最后位置。

桥隧结构物之间长度小于50 m的路基以及桥梁搭板与路基之间过渡段、隧道洞口与路基之间过渡段，一般都设计有水泥混凝土基层，该结构层可以不划分检验评定单元，但应附质量合格的试验报告及其几何尺寸等资料。路面工程横向排水管可以不划分检验评定单元。

桥隧结构物一般只有沥青混凝土中上面层，分部工程划分宜在此处断开。上一个分部工程终点与断点之间的长度不足一个分部工程的长度时，宜将断点前的2~3个分部工程重新均分长度并以此长度调整上述2~3个分部工程的长度和起止桩号。

第四节 路基工程质量检验评定单元划分

1 单位工程

单位工程每10 km左右或每标段（标段长度不足10 km时）划分一个单位工程。"10 km"指除桥隧工程以外的路基工程累计长度（含挖方段和填方段），"左右"表示（山区公路）不得将同一自然填方段人为划分为两段。当每10 km左右划分一个单位工程时，剩余长度不足10 km的重新调整为几个长度基本相同且路基工程量相当的单位工程。

当每10 km左右划分一个单位工程时，各单位工程首尾桩号应连续且桩号起于合同段起点止于合同段终点，因此各单位工程以起止桩号计算的长度包含了桥隧结构物的长度，有的单位工程的长度可能大于10 km，有的可能小于10 km。划分为几个单位工程时，各单位工程的编排顺序先小桩号后大桩号。

2 路基土石方分部工程

上路床累计长度1-3 km左右为一个分部工程。1-3 km指（山区高速公路）除桥隧结构物外的路基工程累计长度，左右表示（山区公路）不得将同一自然填方段人为划分为两段。当按照1-3 km左右标准划分分部工程时，如剩余不足1 km时，重新调整为几个长度基本相同且土石方工程量相当的几个分部工程。当每1-3 km左右划分一个分部工程时，各分部工程起止桩号应包括桥隧结构物且连续且桩号起于合同段起点止于合同段终点，分部工程的总长度可能大于3 km，也可能小于3 km。各分部工程的编排先小桩号后大桩号。

3 排水分部工程

起止桩号与路基土石方工程的划分桩号及分部工程的数量一一对应。与隧道洞口有关的排水工程划入隧道洞口工程，不应划入路基排水工程。与桥梁有关的排水工程划入桥梁工程，不应划入路基排水工程。

4 小桥及符合小桥标准的通道、人行天桥、渡槽

每座划分为一个分部工程。

5 涵洞及通道分部工程

按类型，每 5~10 道涵洞划为一个分部工程，某一类型的涵洞或通道数量不足 5 道的划为一个分部工程。每个分部工程的起止桩号与路基土石方工程的划分桩号及分部工程的数量一一对应。涵洞工程以中心桩号作为划分的分界点，当某涵洞的中心桩号位于两分部工程的分界点时，以前后两分部工程的涵洞道数大致一致为划分原则。

6 防护支挡工程分部工程

每个分部工程的起止桩号与路基土石方工程的划分桩号及分部工程的数量一一对应。不可把同一防护支挡工程人为划为两段。与隧道洞口有关的防护支挡工程应划入隧道工程，与桥梁有关的防护支挡工程应划入桥梁工程。

7 大型挡土墙和组合挡土墙分部工程

每处大型挡土墙划为一个分部工程，每处组合挡土墙划为一个分部工程。当某挡土墙既是大型挡土墙又是组合挡土墙时，优先划为组合挡土墙。

8 分项工程划分

同一分部工程同类型的软土地基处置、土石方路基、同类型的土工合成材料处置，各自划分为一个分项工程。（山区公路）不应将同一个自然填方段或自然软基处置段人为分为几段。每个分项工程在划分表中自上而下，按照软土地基处置→土石方路基→土工合成材料处置层的顺序排序，软土地基处置和土工合成材料处置按照 2017 验标的顺序排序。

同一分部工程不同类型的排水工程，各自划分为一个分项工程。（山区公路）不宜将同一个自然段的排水沟人为分为几段。在划分表中不同类型的排水沟的编排顺序，自上而下按照 2017 验标的顺序排序。

涵洞及通道的分项工程同时按照结构形式和结构部位进行划分。同一分部工程同一结构形式的涵洞工程，各自划分为一类分项工程。在划分表中不同结构形式的涵洞工程自上而下，按照混凝土管涵→钢波纹管涵→盖板涵→箱涵→拱涵→倒虹吸竖井和集水井→顶进施工涵洞的顺序排序。

混凝土管涵划分为（编排自上而下）管节钢筋加工与安装→管节预制→管节安装→进出口混凝土浇筑→回填→总体等分项工程。如管节为外购，管节视为产品并按外购产品检验其质量，则无管节钢筋加工与安装、预制分项工程。

钢波纹管涵划分为（编排自上而下）安装→进出口混凝土浇筑→回填→总体等分项工程。

盖板涵划分为（编排自上而下）涵台钢筋加工与安装→涵台浇筑→盖板钢筋加工与安装→盖板预

制→盖板安装→进出口混凝土浇筑→回填→总体等分项工程。如盖板为现浇，将盖板预制和盖板安装合并为盖板现浇。涵台包括基础和涵身。

箱涵划分为（编排自上而下）底板侧墙顶板钢筋加工安装→底板侧墙顶板混凝土浇筑→进出口混凝土浇筑→回填→总体等分项工程。

拱涵、倒虹吸竖井、集水井砌筑和顶进施工的涵洞分项工程划分需视设计图纸进行划分。

支挡工程，同一分部工程中类型相同的挡土墙各自划分为一类分项工程。在划分表中自上而下，按照浆砌挡土墙→干砌挡土墙→片石混凝土挡土墙→悬臂式挡土墙→扶壁式挡土墙的顺序编排。每类挡土墙划分为墙体浇筑（砌筑）和回填2个分项工程。不应将同一支挡防护工程人为划分为几段。

坡面防护工程，同一分部工程中类型相同的坡面防护工程各自划分为一类分项工程。在划分表中自上而下按照锚杆锚索→坡面结构（按坡面结构的类型划分）→土钉支挡→砌体坡面防护→石笼防护→浆砌砌体→干砌片石砌体→导流工程的顺序编排。不应将同一坡面防护工程人为划分为几段。

同时满足高度≥6 m和面积≥1200 m^{2}的大型挡土墙，分项工程划分同支挡类挡土墙。

组合挡土墙因设计不同，其组合形式不同，其划分也不同。

常见的锚杆锚垫板加筋土组合挡土墙每处划分为筋带拉杆锚杆→面板钢筋加工及安装（如有钢筋）→面板预制→面板安装→总体→墙背填土等分项工程。

常见的抗滑桩组合挡土墙每处划分为抗滑桩钢筋加工及安装→抗滑桩混凝土浇筑→面板钢筋加工及安装（如有钢筋）→面板预制→面板安装→总体→墙背填土等分项工程。

9 划分示例及备注栏

备注栏的内容见本手册附表 A-1。备注栏的作用一是细化每个分项工程的主要设计工程量和需要检验评定项目的设计参数以方便后续检验评定资料的整理，二是方便内业资料的信息化和程序化处理。

路基工程检验评定单元划分示例，见本手册附表 A-1。

第五节　路面工程质量检验评定单元划分

1 单位工程

高速公路和一级公路单幅先左后右，单幅每10 km左右或每标段（标段长度不足10 km时）划分一个单位工程。其他等级公路每10 km左右或每标段（标段长度不足10 km时）划分一个单位工程。高速公路和一级公路单幅每10 km（其他等级公路10 km，下同）的计算以主线面层的长度为准，不计算互通区、服务区、收费站以及连接线等设施的长度。当每10 km左右划分一个单位工程时，如剩余长度不足10 km的重新调整为几个长度基本相同的单位工程。同一施工标段划分为几个单位工程时，各单位工程的编排顺序先小桩号后大桩号。

2 分部工程

一般情况下，填方路段、挖方路段、隧道、桥梁的路面结构层设计是不同的，为方便资料整理，宜分别划为不同的分部工程。

高速公路和一级公路先左幅后右幅，上面层半幅累计长度1~3 km左右为一个分部工程。当半幅累计长度1~3 km左右划分一个分部工程时，剩余长度不足1 km的重新调整为几个长度基本相同的分部工程。划分为几个分部工程时，各分部工程的编排顺序先小桩号后大桩号。高速公路互通区、服务区、收费站、连接线各自划为一个分部工程。

其他等级的公路每1~3 km左右划分一个分部工程,剩余长度不足1 km的重新调整为几个长度基本相同的分部工程。

3 分项工程

同一分部工程在划分表中自上而下划分为垫层、底基层、基层、沥青混凝土面层、路缘石、路肩、集水井、纵向排水沟等分项工程。

因桥隧结构物路面结构层的构成与土路基(包括路基长度小于50 m的段落)的路面结构层的构成不一定完全相同，垫层、底基层、基层等结构层的长度不一定与面层的长度相同，应在备注栏注明每个分项工程的各结构层自然段落的起止桩号。

横向排水管的施工较为简单，可以不单独划分分项工程，但需做好施工记录。

4 划分示例

路面工程检验评定单元划分示例，见本手册附表A-2。

第六节 桥梁工程质量检验评定单元划分

1 混凝土梁桥施工质量检验评定单元划分

1.1 混凝土梁桥施工质量检验评定单元划分

混凝土梁桥以常见的桩基础、墩台、墩帽台帽盖梁下部构造和预制梁、就地现浇或悬浇结构形式为主，其余结构形式的混凝土梁桥的划分参照执行。

1.1.2 单位工程

一般情况下，一座桥梁即为一个单位工程。当某座桥梁为几个不同施工合同段施工时，应相应的划为几个不同的单位工程。

1.1.3 分部工程

先左幅后右幅，左右幅不交叉。每半幅划分为基础及下部构造、上部构造预制与安装、上部构造现场浇筑、桥面系附属工程及总体等四类分部工程。

高速公路和一级公路基础及下部构造单幅每3~4个墩台划为一个分部工程，最后剩下一排墩的，最后四个墩台划为1个分部工程，最后剩下二排墩台的，最后八个墩台平均划为2个分部工程。

其他等级公路基础及下部构造每3~4个墩台划为一个分部工程，最后剩下一排墩的，最后四个墩台划为1个分部工程，最后剩下二排墩台的，最后八个墩台平均划为2个分部工程。

单幅每联即两伸缩缝之间的上部构造预制与安装划为一个分部工程，就地浇筑每联化为一个分部工程，悬臂浇筑每个块段为一个分部工程。

桥面系附属工程及总体，左右幅各自划为一个分部工程。每一座桥的防护工程划为1个分部工程。每一座桥的引道工程划为1个分部工程。

1.1.4 分项工程

基础及下部构造分项工程划分：每个基础及下部构造分部工程依次划为桩基钢筋加工及安装、桩基混凝土浇筑、扩大基础、承台钢筋钢筋网(如有钢筋网)加工及安装、承台浇筑、系梁(含地系梁和中系梁)钢筋加工及安装、系梁(含地系梁和中系梁)混凝土浇筑、墩柱台身(包括肋板、背墙、耳墙等)钢筋加工及安装、墩柱台身(包括肋板、背墙、耳墙等)混凝土浇筑、台帽墩帽盖梁钢筋钢筋网(如有钢筋网)加工及安装、台帽墩帽盖梁混凝土浇筑、台帽墩帽盖梁预应力筋加工与张拉(如有)、台帽墩帽盖梁预应力管道压浆封锚(如有)、挡块钢筋加工及安装、挡块混凝土浇筑、支座垫石钢筋加工及安装、支座垫石混凝土浇筑等分项工程。桥背回填划为一个分项工程。

实际划分时，应结合每座桥梁的设计文件简化上述分项工程名称。例如，当承台设计没有钢筋网时，"承台钢筋钢筋网(如有钢筋网)加工及安装"应修改为"承台钢筋加工及安装"；"系梁(含地系梁和中系梁)钢筋加工及安装"可修改为"系梁钢筋加工及安装"，并在备注栏注明系梁的组成和数量即可；"系梁(含地系梁和中系梁)混凝土浇筑"可修改为"系梁混凝土浇筑"，并在备注栏注明系梁的组成和数量即可；"墩柱台身(包括肋板、背墙、耳墙等)钢筋加工及安装"可修改为"墩柱钢筋加工及安装"(没有桥台时)；同一个分项工程中，"台帽墩帽盖梁"也不一定同时存在，应根据每个分项工程所在的墩、台部位命名。

上部构造预制与安装分项工程划分：每个基础及下部构造分部工程依次划分为支座安装、梁板钢筋加工及安装、梁板混凝土浇筑、梁板预应力筋加工及安装、梁板预应力管道压浆封锚、预制梁安装等分项工程。

就地浇筑分项工程划分：就地浇筑每联依次划分为支座安装、钢筋加工及安装、混凝土浇筑、预应力筋加工及安装、预应力管道压浆封锚等分项工程。

悬臂浇筑分项工程划分：悬浇单幅交接墩的支座安装划为一个分项工程，每块段钢筋加工及安装、混凝土浇筑、预应力筋加工及安装(所有方向)、预应力管道压浆封锚(所有方向)各自划分为一个分项工程。

桥面系附属工程及总体的分项工程划分：单幅两伸缩缝之间的桥面铺装钢筋(钢筋网)和混凝土浇筑各自划分为一个分项工程。单幅两伸缩缝之间的护栏(左右侧)钢筋和混凝土浇筑各自划分为一个分项工程。单幅伸缩缝(不分类型)安装划为一个分项工程。单幅桥头搭板(首尾)钢筋和混凝土浇筑各自划分为一个分项工程。单幅锥坡防护(首尾，如有)划分为一个分项工程。左右幅的桥梁总体各自划为一个分项工程。

防护工程的分项工程划分同路基工程，引道工程的分项工程划分路基工程和路面工程。

备注栏注明该分项工程的各检查评定项目的设计参数。

1.2 混凝土梁桥施工质量检验评定单元划分示例表（附表 A-3）。

2 特殊结构桥梁施工质量检验评定单元划分

2.1 特殊结构桥梁施工质量检验评定单元划分

2.1.1 特殊结构桥梁检验评定单元划分说明

拱桥的检验评定单元划分与混凝土梁桥类似，就地浇筑拱圈、拱圈预制及安装、转体施工拱、劲性骨架混凝土拱、钢管混凝土拱，吊杆、拱上结构等，可划为桥梁基础及下部构造分部工程。

钢桥的基础及下部构造检验评定单元划分同混凝土梁桥，钢梁制作、钢梁安装、钢梁防护划为桥梁上部构造制作及安装分部工程。

拱桥、钢桥、悬索桥和斜拉桥的桥面系附属工程及总体的检验评定单元划分同混凝土梁桥，相应的分项工程的检验评定用表参见混凝土梁桥用表。

本手册仅编写了斜拉桥施工质量检验评定单元划分示例，悬索桥施工质量检验评定单元划分可按本手册的要求执行。

2.1.2 斜拉桥和悬索桥的单位工程划分

一般情况下，一座桥梁即为一个单位工程。当某座桥梁为几个不同施工合同段施工时，应相应的划为几个不同的单位工程。

2.1.3 斜拉桥和悬索桥的分部工程划分

先左幅后右幅，左右幅不交叉。按左幅小桩号引桥基础及下部构造→主跨分部工程→左幅大桩号引桥基础及下部构造→右幅小桩号引桥基础及下部构造→右幅大桩号引桥基础及下部构造的顺序，划分分部工程。

主桥分部工程严格执行 2017 行标附录 A-2 的分部工程划分。当过渡墩与大小桩号引桥基础及下部构造的划分有冲突时，优先满足主跨分部工程的划分要求。

引桥基础及下部构造的划分同混凝土梁桥，桥面系附属工程及总体的划分同混凝土梁桥。

2.1.4 分项工程

引桥分项工程划分同混凝土梁桥。主跨分项工程划分严格执行行标 2017 附录 A-2 的划分。桥面系附属工程及总体的分项工程划分同混凝土梁桥。

防护工程的分项工程划分同路基工程，引道工程的分项工程划分同路基工程和路面工程。

2.2 斜拉桥施工质量检验评定单元划分示例表（附表 A-4）。

第七节 隧道工程质量检验评定单元划分

1 单位工程

一般情况下，每座隧道为一个单位工程，特长隧道可左右洞各划分为一个单位工程，也可进出口各自划分为一个单位工程。当一座隧道分别由几个施工合同段分别施工时，应按标段各自划分为一个单位工程。

2 洞口分部工程分项工程

2.1 每座隧道划分 1 个总体及装饰装修分部工程。每个总体及装饰装修分部工程划分为隧道总体和装饰装修 2 个分项工程。

2.2 每座隧道的进口工程和出口工程各自划分为一个分部工程（不分左右洞）。设计有斜井的隧道，斜井洞口工程的划分同主洞的洞口工程。设计有平行导坑的隧道，平行导坑进出口各自划分为一个分部工程。

2.3 洞口工程的分项工程，因设计内容的不同差异较大。主要包括三部分：一是隧道主体如明洞左洞或右洞的开挖、仰拱钢筋、仰拱浇筑、仰拱回填、二衬钢筋、二衬混凝土浇筑、防水层、止水带、排水沟等分项工程；二是洞口边仰坡防护，如截水沟、边仰坡钢筋网、边仰坡喷射混凝土、边仰坡钢花管、边仰坡砂浆锚杆、抗滑桩组合挡土墙、挡土墙、坡面锚索锚杆、坡面结构等分项工程；三是洞门和明洞钢筋工程、洞门和明洞混凝土浇筑、明洞回填等分项工程。

洞口工程（包括斜井、平行导坑、竖井等辅助通道的洞口工程）的分项工程划分需结合设计内容具体分析。

3　洞身开挖分部工程分项工程

高速公路和一级公路隧道洞身开挖分部工程先左洞后右洞，单洞每 200 m 划分为一个分部工程，同时也是一个分项工程。最后不足 200 m 的，视剩余长度返算平均摊入最后 2~5 个分项工程。

其他等级公路隧道洞身开挖参照左洞或右洞洞身开挖的划分方案进行分部工程划分。

4　防排水分部工程分项工程

高速公路和一级公路隧道洞身衬砌分部工程先左洞后右洞，单洞每 200 m 划分为一个分部工程，最后不足 200 m 的，视剩余长度返算平均摊入最后 2~5 个分项工程。

其他等级公路隧道洞身衬砌参照左洞或右洞洞身衬砌的划分方案进行分部工程划分。

每一个分部工程依次划分为喷射混凝土、钢筋网、钢架、锚杆、仰拱钢筋、仰拱混凝土浇筑、仰拱回填、二衬钢筋、二衬混凝土浇筑等分项工程。划分隧道仰拱分项工程时，须结合设计文件及围岩级别，隧道仰拱分项工程不一定连续。

5　横通道及其他附属工程分部工程分项工程

高速公路和一级公路隧道防排水分部工程先左洞后右洞，单洞每 200 m 划分为一个分部工程，最后不足 200 m 的，视剩余长度返算平均摊入最后 2~5 个分项工程。每一个分部工程依次划分为防水层、止水带和排水沟等 3 个分项工程。

6　正洞路面分部工程分项工程

正洞的人通、车通、风道、地下风机房、地下变电所等，划为洞身开挖、洞身衬砌、防排水等 3 个分部工程，编排顺序上，可放在左洞最后。分项工程的划分同正洞。

正洞的人通、车通、风道、地下风机房、地下变电所等附属工程的路面（如有）不单独划分分项工程，有关检测参数纳入正洞路面工程一并检验评定。

7　正洞路面分部工程分项工程

高速公路和一级公路隧道正洞路面分部工程先左洞后右洞，单洞每 1~3 km 划分为一个分部工程，最后不足 1 km 的，视剩余长度返算平均摊入最后 2~5 个分项工程。每一个分部工程划分为基层和面层 2 个分项工程。设计有钢筋工程的，钢筋加工与安装划分为一个分项工程。

8　斜井、竖井和导洞分部工程分项工程划分

斜井、竖井和导洞的总体及装饰装修、洞口分部工程和分项工程的划分同正洞的检验评定单元划分。

斜井、竖井和导洞的洞身开挖、洞身衬砌和防排水，分部工程和分项工程的划分同正洞。

斜井、竖井和导洞的人通、车通、风道、地下风机房、地下变电所等附属工程的分部工程和分项工程的划分同正洞。

9　分部工程分项工程编排

编排顺序，总体及装饰装修自上而下按隧道总体→装饰装修工程编排。

洞口工程按洞口支挡防护工程（抗滑桩、挡土墙、坡面防护等）→边仰坡防护工程[截水沟、边仰坡钢筋网、边仰坡锚杆、超前小导管（钢花管）、边仰坡喷射混凝土]→明洞工程（明洞开挖、明洞仰拱钢筋安装、明洞仰拱混凝土浇筑、明洞仰拱回填、明洞二衬钢筋安装、明洞二衬混凝土浇筑、明洞防水层、止水带、排水沟）→洞门工程（洞门和端墙钢筋安装、洞门和端墙钢筋混凝土浇筑）→明洞回填编排。

洞身开挖分部工程自上而下按照施工顺序依次编排，或由大桩号至小桩号，或由小桩号至大桩号。

洞身衬砌分部工程自上而下按照施工顺序依次编排，或由大桩号至小桩号，或由小桩号至大桩号。分项工程自上而下按照管棚→超前小导管→超前锚杆→钢筋网→钢架→锚杆→喷射混凝土→仰拱钢筋→仰拱→仰拱回填→衬砌钢筋→混凝土衬砌顺序排列。实际施工过程中因每个分部工程的工程内容构成不一定完全相同，可按工序编排，先施工的先排后施工的顺序排在后面，平行施工的按照示例提供的顺序编排。

防排水分部工程自上而下按照施工顺序依次编排，或由大桩号至小桩号，或由小桩号至大桩号。分项工程自上而下按照防水层→止水带→排水沟的顺序编排。

隧道路面自上而下按照基层→面层的顺序编排。

10　隧道工程检验评定单元划分示例详见附表 A-4。

第八节　绿化工程质量检验评定单元划分

1　单位工程

每 10 km 左右或每合同段（标段长度不足 10 km 时）划为一个单位工程，10 km 指除隧道外的路基工程和桥梁工程的累计长度，左右表示（山区公路）同一自然段的绿化工程不宜人为划分为两段。当每 10 km 左右划分一个单位工程时，如剩余长度不足 10 km 的重新调整为几个长度基本相同的单位工程。划分为几个单位工程时，各单位工程的编排顺序先小桩号后大桩号。

2　分部工程

同一单位工程的分隔带绿地、边坡绿地、护坡道绿地、碎落台绿地、平台绿地等带状绿地每 2 km 左右各自划分为一个分部工程。2 km 指除隧道外的路基工程和桥梁工程的各绿化自然段的累计长度，左右表示（山区公路）同一自然段的绿化工程不宜人为划分为两段。

同一单位工程的互通式立体交叉区与环岛绿地、管理养护设施区绿地、服务设施区绿地、取土场绿地、弃土场绿地等点状绿地每处划分为一个分部工程；连接线划入对应的点状绿地分部工程，每处划为一个分部工程。

3　分项工程

每个分部工程的绿地整理、树木栽植、草坪草本地被及花卉种植、喷播绿化各自划分为一个分项工程。

4　绿化工程检验评定单元划分的重点是各分项工程工程量的统计，特别是树木种类、株高、冠径、胸径、主蔓长、主蔓径、地径统计，应设计专用表格进行统计并作为附件资料附于划分表之后。

5　绿化工程检验评定单元划分示例，详见附表 A-5。

第九节　声屏障工程质量检验评定单元划分

按 2017 验标的规定划分，每个合同段的声屏障为一个单位工程，每处为一个分部工程，砌块体声屏障、金属结构声屏障、复合结构声屏障各自为一个分项工程。

第十节　交通安全设施工程质量检验评定单元划分

1　单位工程

每 10 km 左右或每合同段（标段长度不足 10 km 时）划为一个单位工程，左右表示（山区公路）同一自然段的交通安全设施不宜人为划分为两段。当每 10 km 左右划分一个单位工程时，如剩余长度不足 10 km 的重新调整为几个长度基本相同的单位工程。划分为几个单位工程时，各单位工程的编排顺序先小桩号后大桩号。

2　分部工程和分项工程

每 5~10 km 的标志、标线、突起路标、轮廓标划为一个分部工程，每个分部工程之标志、标线、突起路标、轮廓标各自划分为一个分项工程。

每 5~10 km 的波形梁护栏划为一个分部工程，每个分部工程之波形梁护栏、缆索护栏、混凝土护栏、中央分隔带开口护栏各自划分为一个分项工程。

每 5~10 km 的防眩设施、隔离栅、防落物网划为一个分部工程，每个分部工程之防眩设施、隔离栅、防落物网各自划分为一个分项工程。

每 5~10 km 的里程碑和百米桩划为一个分部工程，每个分部工程之里程碑、百米桩各自划分为一个分项工程。

每个合同段的避险车道每处划分为一个分部工程，也是一个分项工程。

3　互通区、服务区、收费站、连接线的交通安全设施，划入对应的主线桩号所在的单位工程、分部工程和分项工程。

4　交通安全设施质量检验评定单元划分示例，详见附表 A-6。

第十一节　交通机电工程质量检验评定单元划分

按 2020 验标附录 A.0.1 的层次结构和抽样单位的规定划分单位工程、分部工程和分项工程。

交通机电工程质量检验评定单元划分示例，详见附表 A-7。

第四章 质量检验评定表格

检验评定用表与检验评定单元划分密不可分。质量检验评定用表之检表和评表主要依据 2017 验标和 2020 验标，以及交办公路〔2018〕136 号文。表格编制的重点是记录类表格，包括现场质量检查记录表、测表和试验用表三大类。记录类表格的编制人员不仅需要熟悉设计文件和检验评定标准，更需要熟悉各类工程的施工工艺过程，能把施工工艺流程与检评标准紧密结合。编制设计的记录表现场技术人员能直接使用，可以促进质检数据的现场直接填报，实现了档案文件的同步收集、同步整理、同步归档，方能规范和促进了工程质量的源头控制、过程控制和细节控制；同时也维护了标准的权威性，避免对质量检验评定标准片面理解和随意操作性。

第一节 编制依据

1 数理统计类表格

包括试验数据数理统计方法评定表和现场检查数据合格率数理统计表两类，见本手册附表 B。试验数据数理统计方法评定表依据 2017 验标附录 B～附录 M 编制，现场检查数据合格率数理统计表依据 2017 验标对应的检查项目的规定值或允许偏差值、检查方法和频率的要求编制。

现场检查数据合格率数理统计表包括边坡锚固防护锚杆锚索抗拔力合格率数理统计表、喷射混凝土喷层厚度合格率数理统计表、钢梁防护涂装总干膜厚度合格率数理统计表、钢桥面板防水黏结层厚度合格率数理统计表、混凝土桥面板桥面防水层防水涂层合格率数理统计表、混凝土构件表面防护涂层干膜厚度合格率数理统计表。

2 质量检验类表格

包括分项工程质量检验表和分项工程监理抽检记录，见附表 C。

分项工程质量检验表依据交办公路〔2018〕136 号文、2017 验标和 2020 验标第 3.2 条规定，以及各分项工程对应的条目要求。3.2 条规定分项工程质量检验项目为基本要求、实测项目、外观质量和质量保证资料。其中，基本要求、实测项目和外观质量涉及每一个分项工程的具体条目要求，质量保证资料主要按照 3.2.7 条的项目和每项内容对应扣分，外观质量缺陷按照交办公路〔2018〕136 号文及（即交公路发〔2010〕65 号）的标准扣分。

分项工程抽检记录等同于分项工程质量检验表，每个分项工程填写一张抽检记录，不同之处是抽检记录的检查项目仅为关键项目和结构主要尺寸。分项工程抽检记录是在 2016 监理规范附录 B.3 基础上改编的。

3 质量评定类表格

包括分项工程质量评定表、分部工程质量评定表、单位工程质量评定表、合同段工程质量评定表、建设项目质量评定表。依据交办公路〔2018〕136 号文、2017 验标和 2020 验标第 3.3 条规定，以及各分项工程对应的条目的实测项目编制，见本手册附表 D。

2017验标和2020验标3.3.3条规定分项工程质量评定合格的条件为检验记录完整、实测项目合格、外观质量满足规定。

2017验标和2020验标3.3.4条规定分部工程质量评定需评定资料完整、所含分项工程及实测项目合格、外观质量满足规定，交办公路〔2018〕136号文要求对实测项目按权值加权计算实测项目分值，并减去外观质量缺陷和质量保证资料扣分。

单位工程质量评定表、合同段工程质量评定表、建设项目质量评定表主要依据交办公路〔2018〕136号文规定编制。

4 现场质量检测表格

按照专业分工，包括测量用表、试验用表和现场质量检查记录表三类。试验用表为满足合同要求具有试验检测资格证书的试验检测人员专用表格，测量用表即测量技术人员使用的表格，现场质量检查记录表为除材试和测量专业以外的其他技术人员使用的表格。

5 测量用表

包括平面位置测量通用记录表和水平位置测量通用记录表，以及为个别检查项目设计的专用记录表，见本手册附表E。

6 试验用表

依据《公路水运试验检测数据报告编制导则》（JT/T 828—2019）和《公路机电工程测试规程》（JTG/T 3520—2021），结合近年来10余家试验检测机构编制的试验报告和公路工程质量检验评定单元编制的，主要用于现场质量试验检测报告的编写。飞行检测、盲样检测、交竣工检测以及其他第三方机构的检测报告，可参照执行，使用时分项、分部和单位工程项目应尽可能填写，不能填写的可空置不填，见本手册附表F。

7 现场质量检查记录表

依据2017验标和2020验标各分项工程中，除试验检测人员和测量人员以外的其他技术人员或监理人员用表设计的。

在充分尊重验标基础上，现场质量检查记录表的设计最大限度结合了施工工序过程，充分体现工程质量的过程检测和资料的过程收集与整理，真正做到了工程质量资料编制与实体工程进度高效同步，为工程验工计量提供坚实的基础保障，有力地规范和促进了工程质量的源头控制、过程控制和细节控制。

现场质量检查记录表将实测项目的技术要求及准确含义，细化至每一张现场质量检查记录表中，便于现场操作和现场填写。绝大部分情况下每个分项工程只需一张记录表，监理机构无需抽检的项目在对应的检查项目空格处填写"/"，见本手册附表G～附表N。

第二节 编制原则

1 本着节约、环保和轻量化、减量化的原则充分利用现代测量仪器设备的计算与存储功能,1个分项工程的水准测量数据尽可能集中填写在1张测表上,1个分项工程的平面位置测量数据尽可能集中填写在1张测表上。

1个分项工程的现场质量检查数据也尽可能集中填写在1张现场质量检查记录表上,1个分项工程的检验数据尽可能汇总填写在1张分项工程质量检验表上,1个分项工程的质量评定内容尽可能汇总填写在1张分项工程质量评定表上,1个分部工程的检验评定内容尽可能汇总填写在1张表格上,1个单位工程的检验评定内容尽可能汇总填写在1张评定表格上。

2 不交叉、不重复

现场质量检测涉及材试、测量和其他专业等三类专业人员,三类专业人员分别使用试验报告用表、测量用表和现场质量检查记录表,三类人员检测的数据不重复、不交叉。

3 验标中理解容易发生歧义的检查项目,应在编制现场质量检查记录表时予以更正和清晰化,方便现场技术人员使用,避免对验标理解的片面性和操作的随意性。

4 设计的试验报告用表、测表和现场质量检查记录表的检查频率不得低于验标规定的最低频率,监理抽检不得低于2016监理规范规定的抽检频率。

5 设计编制的记录表有利于规范和促进工程质量的源头控制、过程控制和细节控制,维护验标的权威性。

第三节 本手册各类表格

数理统计类样表,见附表B;

分项工程质量检验类样表,见附表C;

质量评定类样表,见附表D;

测量样表,见附表E;

土建工程试验报告样表,见附表F;

路基工程现场质量检查记录表,见附表G;

路面工程现场质量检查记录表,见附表H;

桥梁工程现场质量检查记录表,见附表I;

隧道工程现场质量检查记录表,见附表J;

绿化工程现场质量检查记录表,见附表K;

声屏障工程现场质量检查记录表,见附表L;

交通安全设施现场质量检查记录表,见附表M;

交通机电工程现场质量检查记录表,见附表N。

第四节 表格填写

1 页边距设置

页边距设置应符合档案管理的有关规定,通常为上页边距1.5cm、下页边距1.5cm、左页边距2.0cm、右页边距2.0cm。

2 表格填写

① 建设项目名称打印填写该项目政府有关部门批复的项目全称。

② 施工单位、监理单位和试验检测单位名称打印填写合同签订时的单位全称并在"（   ）"内注明合同段编号。

③ 路基工程单位工程名称打印填写"单位工程起止桩号+路基工程"。

④ 路面工程单位工程名称打印填写"单位工程起止桩号+路面工程"。

⑤ 桥梁工程单位工程名称打印填写，一座桥梁即为一个单位工程的，填写"中心桩号+地名（如有或需要）+大桥、特大桥、中桥、小桥"。同一座桥梁分为几段由几家施工单位共同完成或左右幅各自划为一个单位工程的，填写"中心桩号+地名（如有或需要）+（各段起止桩号）+大桥、特大桥、中桥、小桥"或"中心桩号+地名（如有或需要）+左幅或右幅+大桥、特大桥、中桥、小桥"工程。左右幅中心桩号不同的，中心桩号填写"左幅中心桩号/右幅中心桩号"。

⑥ 隧道工程单位工程名称打印填写，一座隧道即为一个单位工程的，填写"中心桩号+地名（如有或需要）+隧道、特长隧道、中隧道、短隧道"。同一座隧道分为几段由几家施工单位共同完成或左右洞各自划为一个单位工程的或进出口各自划为一个单位工程的，填写"中心桩号+地名（如有或需要）+（各段起止桩号）+隧道、特长隧道、中隧道、短隧道"，或"中心桩号+地名（如有或需要）+左洞或右洞+隧道、特长隧道、中隧道、短隧道"，或"中心桩号+地名（如有或需要）+隧道、特长隧道、中隧道、短隧道+进口段或出口段"。

⑦ 绿化工程、声屏障工程、交安设施、机电工程的单位工程名称的填写同路基工程。

⑧ 路基土石方分部工程名称打印填写"分部工程起止桩号+路基土石方工程"。

⑨ 路基土石方分项工程名称打印填写"分部工程起止桩号+软土地基处置名称或土石方填筑或土工合成材料处置层名称"。

⑩ 排水分部工程名称打印填写"分部工程起止桩号+排水工程"。

⑪ 排水分项工程名称打印填写"分部工程起止桩号+分项工程名称"，分项工程名称及排序参考示例。

⑫ 路基工程其他分部工程名称和分项工程名称的填写同排水工程。

⑬ 路面工程、桥梁工程、隧道工程、绿化工程、声屏障、交安设施及机电工程的分部工程名称和分项工程名称填写，参考路基分部工程和分项工程名称填写，排序参考示例。

⑭ 分部工程名称和分项工程名称涉及左右幅的应填写左右幅的桩号。

⑮ 分项工程质量检验表检验依据打印填写"2017 验标（机电工程填写 2020 验标）第 3.2 条和分项工程条目编号（如第 7.6.2 条），交办公路〔2018〕136 号文"。

⑯ 分项工程抽检记录抽检依据打印填写"2017 验标（机电工程填写 2020 验标）第 3.2 条和分项工程条目编号（如第 7.6.2 条），2016 监理规范 5.2.3 条"。

⑰ 分项工程质量评定表评定依据打印填写"2017 验标（机电工程填写 2020 验标）第 3.3.3 条和分项工程条目编号（如第 7.6.2 条）"。

⑱ 分部工程质量评定表评定依据打印填写"2017 验标（机电工程填写 2020 验标）第 3.3.3 条和分项工程条目编号（如第 7.6.2 条）"。

⑲ 单位工程质量评定表评定依据单元打印填写"交办公路〔2018〕136 号文和 2017 验标（机电工程填写 2020 验标）3.3.5 条"。

⑳ 合同段工程质量评定表评定依据打印填写"交办公路〔2018〕136 号文和 2017 验标（机电工程填写 2020 验标）"。

㉑ 建设项目工程质量评定表评定依据打印填写"交办公路〔2018〕136 号文、2017 验标和 2020 验标（无机电工程时填写 2017 验标）"。

㉒ 试验报告检测依据打印填写，内容从其规定。

㉓ 测量用表测量依据打印填写"2017 验标+分项工程条目编号（如第 7.6.2 条）"。

㉔ 现场质量检查记录表检查依据打印填写"2017 验标（机电工程填写 2020 验标）+分项工程条目编号（如第 7.6.2 条）"。

㉕ 质量检验表、监理抽检记录、质量评定表、试验数据数理统计方法评定表和试验检测报告，除签名外其余内容均应打印。试验报告原始记录均须手写。

㉖ 表头均用楷体五号，表内内容均用楷体小五号，极个别可用楷体六号。手工填写除外。

㉗ 凡测量仪器设备具备编程、储存、编辑功能的，测量用表除签名外，其余均应打印。

㉘ 现场质量检查记录表除检查人签名必须手写外，其余均可打印。其中，部分设计值应根据图纸换算后方可打印填写。

㉙ 设计参数，主要填写与表中检查项目有关的设计参数，便于现场检测时计算自检、抽检的频率是否满足验标要求。

㉚ 机电工程现场质量检查记录表

机电工程因工程的特殊性，除少数检查项目可以现场直接量测外，绝大部分检测项目均需较为特殊且造价昂贵的专用仪器设备，施工单位项目经理部和现场监理机构都难于现场直接检测。

现场不能直接检测的检查项目，施工单位除直接量测的数据外，可利用项目业主委托的第三方检测机构的数据，包括交工质量检测和竣工质量鉴定时的检测数据并附检测报告，包括报告复印件。

监理单位除填写少量直接检测的数据外，可采用监理人员现场旁站或见证检测的数据，但应附旁站或见证检测报告的复印件并签署检测日期和署名。监理单位无法获得的其他检查项目的数据可以空置不填。

第五节　资料整理

1　一般规定

先土建工程后交通机电工程。土建工程自上而下，按照路基工程→路面工程→桥梁工程→隧道工程→绿化工程→声屏障工程→交通安全设施的顺序整理资料、归档组卷。分部工程和分项工程按照附表 A 示例表的顺序整理资料、归档组卷。

2　施工单位分项工程资料整理

施工单位同一分项工程各种质检资料自上而下，按照分项工程质量评定表→分项工程质量检验表→试验数据数理统计方法评定表及试验检测报告附件→试验报告（无需进行数理统计方法评定的试验报告）→检查项目现场测量表格→现场检查数据合格率数理统计表→现场质量检查记录表的顺序编排整理。

无需进行数理统计方法评定的试验检测报告、测量表格和现场质量检查记录表按检表中的项次大小依次序编排，项次小的在上，项次大的在下。

需要进行数理统计方法评定的试验检测报告，试验报告作为数理统计方法评定表的附件，附于其后并按报告的时间顺序编排，时间早的在上，时间晚的在下。

如果多个测量检查项目的测量资料填写在同一张测量用表中，以首次出现在测量用表中的项次为准编排；如果多个现场质量检查项目的检查记录填写在同一张现场质量检查记录表中，以首次出现在现场质量检查记录表中的项次为准编排。

3 监理机构分部工程资料整理

监理机构同一分部工程各种抽检资料自上而下按照分部工程质量评定表→分项工程抽检记录 1→分项工程抽检记录 1 对应的试验检测数据数理统计方法评定表及试验检测报告附件→分项工程抽检记录 1 对应的各抽检项目的试验检测报告、测量表格和现场质量检查记录表→分项工程抽检记录 2→分项工程抽检记录 2 对应的试验检测数据数理统计方法评定表及试验检测报告附件→分项工程抽检记录 2 对应的各抽检项目的试验检测报告、测量表格和现场质量检查记录表……的顺序编排整理。

试验检测报告、测量用表和现场质量检查记录表的编排顺序同自检。

4 试验检测机构检测资料整理

4.1 施工单位自检试验室

原材料类和混合料配合比，如对砂、碎石、钢筋、水泥、沥青、石灰等原材料的检验资料，以及水泥混凝土、沥青混合料和无机结合料稳定材料等混合料配合比资料，按路基工程、路面工程、桥梁工程…工程类别整理、单独组卷，同一工程类别时间早的在上，时间晚的在下。施工过程检测形成的资料随分项工程一并整理。

4.2 监理机构监理试验室

监理试验室与监理机构为同属一个委托合同的，检测资料编排顺序参照施工单位自检试验室的资料整理。监理试验室为项目业主单独委托、与监理单位没有所属关系的，原材料类和混合料配合比，以及施工过程抽检形成的检测报告原件和原始记录均须单独整理、单独组卷，向档案验收和接收单位独立提交项目交竣工资料档案；同时提供一套报告原件交监理机构用于分项工程抽检及分项工程试验检测数据数理统计方法评定。

4.3 第三方检测机构

项目业主委托的第三方检测机构，参照项目业主单独委托的监理试验室的资料整理和组卷归档执行。

5 公路机电工分项工程资料整理

公路机电分项工程的资料按照附表 N-2 的顺序整理。

附表 A 公路工程检验评定划分表示例

公路工程检验评定划分表示例是在各专业工程划分细则的基础上，结合多个实际案例综合编写的。示例已将检评单元划分和检验评定资料的整理与组卷归档顺序结合起来考虑，单位工程、分部工程组卷的先后顺序与划分表一致。

附表 A-1　路基工程检验评定单元划分示例表

单位工程		分部工程		分项工程		
名称	编号	名称	编号	名称	编号	备注
K64+527.6～K83+269路基工程		K64+527.6～K66+870.5路基土石方工程		K64+527.6～K66+870.5 砂垫层换填		包含3段累计112m，换填厚度1.2m、宽度20～24m 第一段：K64+690～K64+780（90m） 第二段：K64+848～K64+858（10m） 第三段：K64+864～K64+876（12m）
				K64+527.6～K66+870.5 袋装砂井		备注各自然段落的起止桩号和长度、每段袋装砂井的数量、井距、井长、井径等
				K64+527.6～K66+870.5 塑料排水板		备注各自然段落的起止桩号和长度、每段塑料排水板的数量、板距、板长等
				K64+527.6～K66+870.5 粒料桩		包含2段累计313 m，桩距1.5 m（涵洞1.4 m）等边三角形布置、桩径0.5 m、桩长6～9 m、地基承载力设计值>0.2 MPa、复合地基载荷试验承载力设计值≥150KPa 第一段：K65+654～K65+840（186 m） 第二段：K66+093～K66+220（127 m）
				K64+527.6～K66+870.5 加固土桩		备注各自然段落的起止桩号和长度、每段加固土桩的数量、桩距、桩径、桩长、强度和地基承载力等设计值
				K64+527.6～K66+870.5 水泥粉煤灰碎石桩		备注各自然段落的起止桩号和长度、每段水泥粉煤灰碎石桩的数量、桩距、桩径、桩长、设计强度和设计地基承载力
				K64+527.6～K66+870.5 刚性桩		备注各自然段落的起止桩号、长度和混凝土强度、每段的数量、桩距、桩径、桩长、设计单桩承载力
				K64+527.6～K66+870.5 路基土石方工程		包含6个填方自然段累计518 m 第一段：K64+550～K64+615填土（65 m，24层） 第二段：K64+648.2～K64+853填石（205 m，130层） 第三段：K65+457～K65+468.7填土（11.7 m，6层） 第四段：K65+604.5～K65+689右幅填土（84.5 m，31层） 第五段：K66+088.5～K66+220填土（131.5 m，98层） 第六段：K66+220～K66+240右幅填土（20 m，18层）
				K64+527.6～K66+870.5加筋工程土工合成材料处置层		备注各自然段落的起止桩号和长度、各自然段落的下承层平整度或拱度、搭接宽度、搭接缝错开距离、锚固长度设计值
				K64+527.6～K66+870.5隔离工程土工合成材料处置层		备注各自然段落的起止桩号和长度、各自然段落的下承层平整度或拱度、搭接宽度、搭接缝错开距离设计值
				K64+527.6～K66+870.5过滤排水工程土工合成材料处置层		备注各自然段落的起止桩号和长度、每段下承层平整度或拱度、搭接宽度、搭接缝错开距离设计值
				K64+527.6～K66+870.5防裂工程土工合成材料处置层		包含2段累计336 m，搭接宽度：横向≥50 mm，纵向≥150 mm，黏结力≥20N 第一段：K64+648.2～K64+853填石（205 m） 第二段：K66+088.5～K66+220填土（131 m）
				该分项工程上路床共计2段： 第一段：K64+527.6～K64+853（325.4 m） 第二段：K65+457～K66+870.5（1413.5 m）		
		K64+527.6～K66+870.5排水工程		K64+527.6～K66+870.5 排水管安装		备注每道排水管的中心桩号、混凝土或砂浆强度、基础厚度、管座肩宽和肩高、摸带宽度和厚度的设计值
				K64+527.6～K66+870.5 排水管进出口		备注同涵洞
				K64+527.6～K66+870.5 排水管回填		备注同涵洞
				K64+527.6～K66+870.5 检查井砌筑		备注每个检查井的中心桩号、砂浆强度、圆井的直径或方井的长和宽、壁厚等设计值
				K64+527.6～K66+870.5 土沟		备注每段土沟的起止桩号和长度、断面尺寸、边坡坡度等设计值

单位工程		分部工程		分项工程		
名称	编号	名称	编号	名称	编号	备注
K64+527.6~K83+269 路基工程		K64+527.6~K66+870.5 排水工程		K64+527.6~K66+870.5 浆砌或混凝土水沟（路堑Ⅰ型）		包含9段累计726 m，高80 cm×宽60 cm，C20 ZK64+631~ZK64+690 左侧浆砌Ⅰ型边沟 ZK64+724~ZK64+826 左侧浆砌Ⅰ型边沟 ZK64+907~ZK65+073 左侧浆砌Ⅰ型边沟 ZK65+222~ZK65+289 左侧浆砌Ⅰ型边沟 ZK65+537~ZK65+621 左侧浆砌Ⅰ型边沟 ZK65+833~ZK65+895 左侧浆砌Ⅰ型边沟 K65+944~K65+990 右侧浆砌Ⅰ型边沟 K66+133~K66+243 右侧浆砌Ⅰ型边沟 K66+576~K66+606 右侧浆砌Ⅰ型边沟
				K64+527.6~K66+870.5 浆砌或混凝土水沟（路堤Ⅱ型）		包含10段累计670 m，高120 cm×宽80 cm，C20 ZK64+568~ZK64+599 左侧浆砌Ⅱ型边沟 ZK64+692~ZK64+718 左侧浆砌Ⅱ型边沟 ZK64+830~ZK64+877 左侧浆砌Ⅱ型边沟 ZK65+091~ZK65+165 左侧浆砌Ⅱ型边沟 ZK65+333~ZK65+386 左侧浆砌Ⅱ型边沟 ZK65+405~ZK65+472 左侧浆砌Ⅱ型边沟 K65+634~K65+680 右侧浆砌Ⅱ型边沟 K66+033~K66+091 右侧浆砌Ⅱ型边沟 K66+312~K66+476 右侧浆砌Ⅱ型边沟 K66+735~K66+839 右侧浆砌Ⅱ型边沟
				K64+527.6~K66+870.5 浆砌或混凝土水沟盖板钢筋加工与安装		
				K64+527.6~K66+870.5 浆砌或混凝土水沟盖板预制		备注盖板钢筋笼的几何尺寸、受力钢筋的排数和排间距、每排受力钢筋的根数及间距
				K64+527.6~K66+870.5 浆砌或混凝土水沟盖板安装		
				K64+527.6~K66+870.5 盲沟		备注每段盲沟的起止桩号和长度、断面尺寸设计值
				K64+527.6~K66+870.5 排水泵站沉井		备注每个排水泵站沉井的中心桩号、混凝土强度、高度、几何尺寸和壁厚等设计值
				K64+527.6~K66+870.5 沉淀池		备注每个沉淀池的中心桩号、混凝土强度、长度宽度高度壁厚等几何尺寸设计值
		小桥1				
		小桥2				
		…	…	…	…	K64+527.6~K83+269 范围内的每座小桥、通道、人行天桥、渡槽即为一个分部工程。分项工程的划分参照桥梁工程的划分，备注内容参照桥梁工程的备注。
		通道1				
		通道2				
		…	…	…	…	
		人行天桥1				
		人行天桥2				
		…	…	…	…	
		渡槽1				
		渡槽2				
		…	…	…	…	
		K64+527.6~K66+870.5 盖板涵		K64+527.6~K66+870.5 盖板涵涵台钢筋加工安装		备注每道盖板涵的中心桩号、基础和涵身节段数及其长宽高几何尺寸、受力钢筋的排数和排间距、每排受力钢筋的根数及间距，备注涵台基础和台身混凝土或砂浆强度
				K64+527.6~K66+870.5 盖板涵涵台混凝土浇筑		
				K64+527.6~K66+870.5 盖板涵盖板钢筋加工安装		备注每道盖板涵盖板钢筋笼的几何尺寸、受力钢筋的排数和排间距、每排受力钢筋的根数及间距

单位工程		分部工程		分项工程		
名称	编号	名称	编号	名称	编号	备注
K64+527.6～K83+269路基工程				K64+527.6～K66+870.5盖板预制		备注每道盖板涵盖板几何尺寸、混凝土标号。如盖板为现浇则将盖板钢筋加工安装与预制合并为"K64+527.6～K66+870.5盖板现浇"一个分项工程。
				K64+527.6～K66+870.5盖板安装		
				K64+527.6～K66+870.5盖板涵进出口		备注每道盖板涵砂浆或混凝土标号、断面尺寸
				K64+527.6～K66+870.5盖板涵涵背回填		备注每道盖板涵回填层数、每层自检和抽检点数，反滤层厚度
				K64+527.6～K66+870.5盖板涵涵洞总体		备注每道盖板涵涵底铺砌厚度、长度、跨径或内径、净高等设计值
		K64+527.6～K66+870.5箱涵		K64+527.6～K66+870.5箱涵底板侧墙顶板钢筋加工安装		同盖板涵
				K64+527.6～K66+870.5箱涵底板侧墙顶板混凝土浇筑		备注混凝土强度、净高和净宽、底板和侧板厚度、顶板厚度
				K64+527.6～K66+870.5箱涵进出口浇筑		同盖板涵
				K64+527.6～K66+870.5箱涵涵背回填		同盖板涵
				K64+527.6～K66+870.5箱涵涵洞总体		同盖板涵
		K64+527.6～K66+870.5混凝土管涵		K64+527.6～K66+870.5涵管安装		备注管座或垫层混凝土强度、管座或垫层宽度和厚度
				K64+527.6～K66+870.5混凝土管涵进出口		同盖板涵
		K64+527.6～K66+870.5混凝土管涵		K64+527.6～K66+870.5管涵涵背回填		同盖板涵
				K64+527.6～K66+870.5管涵总体		同盖板涵
		K64+527.6～K66+870.5波形钢管涵		K64+527.6～K66+870.5涵管安装		备注每道涵洞的钢管内径、高强螺栓扭矩、工地防腐等设计要求
				K64+527.6～K66+870.5波形钢管涵进出口		同盖板涵
				K64+527.6～K66+870.5波形钢管涵涵背回填		同盖板涵
				K64+527.6～K66+870.5波形钢管涵总体		同盖板涵
		K64+527.6～K66+870.5拱涵		…	…	备注每道拱涵的中心桩号、混凝土或砂浆强度、拱圈厚度等设计值
		K64+527.6～K66+870.5倒虹吸集水井		…	…	备注每处倒虹吸集水井的中心桩号、砂浆强度、拱圆井直径或方井边长等设计值
		K64+527.6～K66+870.5顶进施工涵洞		…	…	备注同管涵或箱涵，视设计而定

单位工程		分部工程		分项工程		
名称	编号	名称	编号	名称	编号	备注
K64+527.6～K83+269 路基工程		K64+527.6～K66+870.5 支挡防护工程		K64+527.6～K66+870.5 浆砌挡土墙砌筑		备注每处挡土墙的起止桩号和长度、砂浆强度、断面尺寸等设计值
				K64+527.6～K66+870.5 浆砌挡土墙回填		备注每处挡土墙墙背回填的反滤层厚度和压实度设计值
				K64+527.6～K66+870.5 干砌挡土墙砌筑		备注每处挡土墙的起止桩号和长度、断面尺寸等设计值
				K64+527.6～K66+870.5 干砌挡土墙回填		备注每处挡土墙墙背回填的反滤层厚度和压实度设计值
				K64+527.6～K66+870.5 片石混凝土挡土墙浇筑		备注每处挡土墙的起止桩号和长度、混凝土强度、断面尺寸等设计值
				K64+527.6～K66+870.5 片石混凝土挡土墙回填		备注每处挡土墙墙背回填的反滤层厚度和压实度设计值
				K64+527.6～K66+870.5 悬臂式挡土墙浇筑		备注每处挡土墙的起止桩号和长度、混凝土强度、断面尺寸等设计值
				K64+527.6～K66+870.5 悬臂式挡土墙回填		备注每处挡土墙墙背回填的反滤层厚度和压实度设计值
				K64+527.6～K66+870.5 扶壁式挡土墙浇筑		备注每处挡土墙的起止桩号和长度、混凝土强度、断面尺寸等设计值
				K64+527.6～K66+870.5 扶壁式挡土墙回填		备注每处挡土墙墙背回填的反滤层厚度和压实度设计值
				K64+527.6～K66+870.5 锚杆锚索坡面防护		备注每处锚杆锚索坡面防护的起止桩号和长度、砂浆强度、锚孔深度、锚孔孔径、锚孔位置、锚杆锚索抗拔力、张拉力、张拉伸长率等设计值
				K64+527.6～K66+870.5 坡面结构		备注每处坡面结构的起止桩号和长度、混凝土强度、喷层厚度、锚墩尺寸、框格梁地梁和边梁的断面尺寸等设计值
				K64+527.6～K66+870.5 土钉支护坡面防护		备注每处土钉支护坡面防护的起止桩号和长度、注浆强度、土钉孔深、土钉倾角、土钉孔距、土钉孔径和土钉抗拔力等设计值
				K64+527.6～K66+870.5 砌体坡面防护		备注每处砌体坡面防护自然段的起止桩号和长度、注浆强度、厚度或断面尺寸、框格间距等设计值
				K64+527.6～K66+870.5 浆砌砌体坡面防护		备注每处砌砌体防护自然段的起止桩号和长度、砂浆强度、断面尺寸等设计值
				K64+527.6～K66+870.5 干砌片石砌体坡面防护		备注每处干砌片石砌体防护自然段的起止桩号、长度和断面尺寸
				K64+527.6～K66+870.5 石笼防护		备注每处石笼防护自然段的起止桩号和长度、宽度和高度等设计值
				K64+527.6～K66+870.5 导流工程		备注每处导流工程自然段的起止桩号和长度、砂浆和混凝土强度、堤（坝）体压实度、断面尺寸等设计值

单位工程		分部工程		分项工程		
名称	编号	名称	编号	名称	编号	备注
K64+527.6~K83+269路基工程		K?+?大型挡土墙		K?+?大型挡土墙墙体浇筑		本单位工程即K64+527.6~K83+269范围内每处大型挡土墙为一个分部工程（既是大型挡土墙又是组合挡土墙时，划为组合挡土墙，桩号填写中心桩号），备注内容因设计类型而定
				K?+?大型挡土墙墙背回填		
		K??+??大型挡土墙		…	…	
		…		…	…	
		K?+?锚杆锚定板加筋土组合挡土墙（本单位工程即K64+527.6~K83+269范围内，下同）		K?+?锚杆锚定板加筋土组合挡土墙筋带拉杆锚杆加工与安装		备注筋带的长度、筋带与面板连接、筋带与筋带连接、筋带铺设等设计值；备注拉杆长度、拉杆间距、拉杆与面板和拉杆与锚定板连接等设计值；备注锚杆的砂浆强度、锚孔深度、锚孔直径、锚孔轴线倾斜、锚孔间距、锚杆抗拔力、锚杆与面板连接等设计值
				K?+?锚杆锚定板加筋土组合挡土墙墙体浇筑		备注挡土墙的起止桩号和长度、混凝土强度和断面尺寸
				K?+?锚杆锚定板加筋土组合挡土墙面板钢筋加工及安装		备注面板受力钢筋的排数、每排水平和垂直方向受力钢筋的根数及间距
				K?+?锚杆锚定板加筋土组合挡土墙面板预制		备注面板混凝土强度、边长、厚度、预埋件等设计值
				K?+?锚杆锚定板加筋土组合挡土墙面板安装		备注面板层数及每层面板长度
				K?+?锚杆锚定板加筋土组合挡土墙墙背回填		备注回填层数、每层自检和抽检点数及反滤层厚度
				K?+?锚杆锚定板加筋土组合挡土墙总体		备注肋柱间距
		K??锚杆锚定板加筋土组合挡土墙		…	…	…（本单位工程即K64+527.6~K83+269范围内）
		…	…	…	…	…（本单位工程即K64+527.6~K83+269范围内）
		K?+?抗滑桩挡土板组合挡土墙（本单位工程范围内，下同）		K?+?抗滑桩挡土板组合挡土墙抗滑桩钢筋加工与安装		备注每根抗滑桩受力钢筋的排数、每排受力钢筋的根数或束数以及间距或间距范围
				K?+?抗滑桩挡土板组合挡土墙抗滑桩混凝土浇筑		备注组合挡土墙混凝土标号
				K?+?抗滑桩挡土板组合挡土墙挡土板钢筋加工与安装		备注挡土板受力钢筋的排数、每排水平和垂直方向受力钢筋的根数及间距
				K?+?抗滑桩挡土板组合挡土墙挡土板预制		备注挡土板混凝土强度、边长、厚度、预埋件等设计值
				K?+?抗滑桩挡土板组合挡土墙挡土板安装		备注面板层数及每层面板长度
				K?+?抗滑桩挡土板组合挡土墙墙背回填		备注回填层数、每层自检和抽检点数及反滤层厚度
				K?+?抗滑桩挡土板组合挡土墙总体		备注抗滑桩间距
		K??+??抗滑桩挡土板组合挡土墙		…	…	…（本单位工程即K64+527.6~K83+269范围内）
		…	…	…	…	…（本单位工程即K64+527.6~K83+269范围内）

单位工程		分部工程		分项工程		
名称	编号	名称	编号	名称	编号	备注
K64+527.6~K83+269路基工程		K66+870.5~K??+??分部工程（下一个桩号段落的各类分部工程，其分部工程和分项工程的编排顺序同上一个桩号段落分部工程）	…	…	…	下一个路基土石方分部工程对应的分项工程划分同第一个路基土石方分部工程，编排顺序与K64+527.6~K66+870.5相同
				…	…	
			…	…	…	下一个排水分部工程对应的分项工程划分同第一个排水分部工程
				…	…	
			…	…	…	下一个盖板涵水分部工程对应的分项工程划分同第一个盖板涵分部工程
				…	…	
			…	…	…	下一个箱涵分部工程对应的分项工程划分同第一个箱涵分部工程
				…	…	
			…	…	…	下一个混凝土管涵分部工程对应的分项工程划分同第一个混凝土管涵分部工程
				…	…	
			…	…	…	下一个波形钢管涵分部工程对应的分项工程划分同第一个波形钢管涵分部工程
				…	…	
			…	…	…	下一个拱涵分部工程对应的分项工程划分同第一个拱涵分部工程
				…	…	
			…	…	…	下一个倒虹吸集水井分部工程对应的分项工程划分同第一个倒虹吸集水井分部工程
				…	…	
			…	…	…	下一个顶进施工涵洞分部工程对应的分项工程划分同第一个顶进施工涵洞分部工程
				…	…	
			…	…	…	下一个支挡防护分部工程对应的分项工程划分同第一个支挡防护分部工程
				…	…	
			…	…	…	下一个大型挡土墙分部工程对应的分项工程划分同第一个大型挡土墙分部工程
				…	…	
			…	…	…	下一个组合挡土墙分部工程对应的分项工程划分同第一个组合挡土墙分部工程
				…	…	
		…	…	…	…	再下一个桩号段落的分部工程，直至第一个单位工程各分部工程段落的分项工程划分完毕
…	…	…	…	…	…	下一个路基单位工程

使用说明：
1. 路基检评单元划分表示例是在某实际工程基础上扩展生成的，使用时需据实填写，具体工程项目设计文件中没有的分部工程或分项工程应删除。
2. 设计文件所使用的分项工程名称，部分可能与验标不一致，应视工程内容具体化，可加括号说明。
3. 本案例每个单位工程的分部工程是按照2017验标的顺序编排，每个分部工程之分项工程按此表的顺序逐个编排完毕后，再编排下一个分部工程。此表分项工程按工序排列，并兼顾2017验标的编排顺序。
4. 每个单位工程之小桥、通道、人行天桥、渡槽等各划为一个分部工程。
5. 每个路基土石方工程分项工程划分结束后，应统计该分项工程对应的挖方和填方自然段落的起止桩号和长度（除桥隧结构物外），以方便分项工程的检验评定。
6. 同一分部工程之排水管数量不多时，可将各类排水管合并划为一个分项工程；同一分部工程之排水管数量和类型较多、自然段落较多时，可按类型划分分项工程。
7. 考虑到路基工程类型的多样性，为方便资料整理，排水工程、涵洞通道和防护支挡工程的分部工程，均按类型划分分项工程。
8. 分部工程和分项工程的编排顺序应严格按照本案例的顺序编排，案例中没有的分项工程或分部工程须删除；新增的分部工程和分项工程顺序编排在对应的分部工程或分项工程之后，新增分部工程和分项工程的编号紧接2017验标对应章节最后一个编号续编续排。
9. 盖板涵涵台各部位的受力钢筋的排数和每排的根数可能不相同，应分排、每排按不同方向的受力钢筋备注其长度、排距、每排受力钢筋的根数和间距；盖板钢筋通常为双排，纵横两个方向均为受力钢筋；有的设计图纸墙身只有一排接茬钢筋（而非通常的2排），现场质量检查时，宜据实填写。
10. 通常情况下，箱涵底板、侧墙和顶板均为双排钢筋，底板和顶板每排每个方向均为受力钢筋，两侧墙两排竖向钢筋均为受力钢筋，现场质量检查记录表编制和填写时应区别对待。
11. 混凝土管涵和波形钢管涵一般为外购，厂家应提供生产许可证和出厂合格证等质量合格的证明材料，现场质量检查的主要内容是地基基础合格情况、安装和回填。如设计量大须自行生产时，须划分钢筋加工及安装和混凝土浇筑分项工程。
12. 水沟盖板钢筋通常只有1层（1排），纵横两个方向均为受力钢筋，均应备注其根数及间距。
13. 锚杆锚定板加筋土组合挡土墙之筋带、拉杆和锚杆在同一个挡墙中可以单独出现，也可以同时出现，故将其划为同一个分项工程，现场质量检查时分别填写不同的现场质量检查记录表即可（没有的不填）。
14. 桩板墙之抗滑桩受力钢筋一般有2~3排，每排有的为单根钢筋，有的为钢筋束/组；挡土板通常有两排、每排有水平和垂直两个方向的受力钢筋，划分时应分别备注，现场质量检查表格编制和填写时应分别编制分开填写。

附表 A-2　路面工程检验评定单元划分示例表

单位工程		分部工程		分项工程		
名称	编号	名称	编号	名称	编号	备注
ZK68+610~ZK78+596 路面工程		ZK68+610~ZK71+947 左幅路面工程		ZK68+610~ZK71+947 左幅级配碎石垫层		填方段落：设计压实度96%、厚度150 mm、宽度14.43 m，4段累计1065 m： ZK68+610.000~ZK68+620.000（10 m） ZK68+898.000~ZK69+520.000（622 m） ZK69+848.000~ZK69+935.000（87 m） ZK70+163.000-ZK70+509.000（346 m）
				ZK68+610~ZK71+947 左幅级配碎石底基层		设计压实度97%、厚度360 mm、宽度12.25 m，4段累计1065 m： ZK68+610.000~ZK68+620.000（10 m） ZK68+898.000~ZK69+520.000（622 m） ZK69+848.000~ZK69+935.000（87 m） ZK70+163.000-ZK70+509.000（346 m）
				ZK68+610~ZK71+947 左幅级配碎石基层		设计压实度98%、厚度200 mm、宽度11.55 m，4段累计1065 m： ZK68+610.000~ZK68+620.000（10 m） ZK68+898.000~ZK69+520.000（622 m） ZK69+848.000~ZK69+935.000（87 m） ZK70+163.000-ZK70+509.000（346 m）
				ZK68+610~ZK71+947 左幅沥青混凝土面层		设计面层压实度98%、中下面层97%、厚度上面层40 mm、总厚度160 mm、宽度面层11.25 m、中下面层11.15 m、弯沉21.7(0.01 mm)，1段累计3337 m： ZK68+610.000-ZK71+947.000（3337 m）
				ZK68+610~ZK71+947 左幅路缘石		设计高190 mm、宽150 mm，4段累计1065 m： ZK68+610.000~ZK68+620.000（10 m） ZK68+898.000~ZK69+520.000（622 m） ZK69+848.000~ZK69+935.000（87 m） ZK70+163.000-ZK70+509.000（346 m）
				ZK68+610~ZK71+947 左幅路肩		设计宽度990 mm、高度110-140 mm、横坡3%，4段累计1065 m： ZK68+610.000~ZK68+620.000（10 m） ZK68+898.000~ZK69+520.000（622 m） ZK69+848.000~ZK69+935.000（87 m） ZK70+163.000-ZK70+509.000（346 m）
				ZK68+610~ZK71+947 左幅集水井		设计基础：长度1340 mm、宽度520 mm、高度200 mm；设计壁厚120 mm、高1360 mm、净空1000 mm×180 mm；共计6个： ZK70+189，ZK70+239，ZK70+289 ZK70+339，ZK70+389，ZK70+439
				ZK68+610~ZK71+947 左幅纵向排水沟		设计基础宽度420 mm、高度120 mm；设计壁厚120 mm、高540 mm、净空430 mm×180 mm，4段累计772 m： ZK68+610.000~ZK68+620.000（10 m） ZK70+173.000~ZK70+439.000（266 m） ZK69+024~ZK69+520.000（496 m）
				ZK68+610~ZK71+947 左幅纵向排水沟盖板钢筋加工与安装		备注盖板钢筋笼的几何尺寸、受力钢筋的排数和排间距、每排受力钢筋的根数及间距
				ZK68+610~ZK71+947 左幅纵向排水沟盖板预制		
				ZK68+610~ZK71+947 左幅纵向排水沟盖板安装		
		ZK71+947~ZK73+366 左幅路面工程		ZK71+947~ZK73+366 左幅级配碎石垫层		挖方段落：设计压实度96%、厚度150 mm、宽度12.75 m，3段累计11 m： ZK71+947.000~ZK71+950.000（3 m） ZK73+110.000~ZK73+112.000（2 m） ZK73+360.000~ZK73+366.000（6 m）
				ZK71+947~ZK73+366 左幅沥青混凝土面层		设计压实度面层98%、中下面层97%；设计厚度上面层40 mm、总厚度160 mm;设计宽度面层11.25 m、中下面层11.15 m；设计弯沉21.7（0.01 mm），1段累计1419 m： ZK71+947.000~ZK73+366.000（1419 m）
				ZK71+947~ZK73+366 左幅路缘石		设计高190 mm、宽150 mm，3段累计11 m： ZK71+947.000~ZK71+950.000（3 m） ZK73+110.000~ZK73+112.000（2 m） ZK73+360.000~ZK73+366.000（6 m）

单位工程		分部工程		分项工程		
名称	编号	名称	编号	名称	编号	备注
ZK68+610~ZK78+596路面工程		ZK71+947~ZK73+366左幅路面工程		ZK71+947~ZK73+366左幅路肩		设计宽度740 mm、高度120-140 mm、横坡3%，3段累计11 m： ZK71+947.000~ZK71+950.000（3 m） ZK73+110.000~ZK73+112.000（2 m） ZK73+360.000~ZK73+366.000（6 m）
		...	...	...	...	下一个路面分部工程，直至第一个路面单位工程划分完毕
		XXXX停车区路面工程（注：该停车区位于ZK68+610~ZK78+596桩号范围）		XXXX停车区级配碎石垫层		停车区：设计压实度96%、厚度150 mm、宽度10.68 m-11.87 m；2段累计567.2 m： AK0+113.682~AK0+431.901（318.219 m） BK0+155.881~BK0+404.848（248.967 m）
				XXXX停车区级配碎石底基层		设计压实度97%、厚度360 mm、宽度8.5 m-9.69 m；2段累计567.2 m： AK0+113.682~AK0+431.901（318.219 m） BK0+155.881~BK0+404.848（248.967 m）
				XXXX停车区级配碎石基层		设计压实度98%、厚度200 mm、宽度7.8 m-8.99 m；2段累计567.2 m： AK0+113.682~AK0+431.901（318.219 m） BK0+155.881~BK0+404.848（248.967 m）
				XXXX停车区沥青混凝土面层		设计面层压实度98%、中面层97%；厚度上面层40 mm、总厚度100 mm；宽度7.5 m-8.69 m、中面层7.4 m-8.59 m；弯沉：21.7（0.01 mm））；2段累计567.2 m： AK0+113.682~AK0+431.901（318.219 m） BK0+155.881~BK0+404.848（248.967 m）
				XXXX停车区路肩		设计宽度990 mm、高度110-140 mm、横坡3%，2段累计567.2 m： AK0+113.682~AK0+431.901（318.219 m） BK0+155.881~BK0+404.848（248.967 m）
ZK78+596~ZK88+512路面工程		ZK78+596~K82+705 XXXX隧道左洞路面工程		ZK78+596~ZK82+705隧道左洞沥青混凝土面层		隧道段落：设计面层压实度98%、中面层97%；厚度上面层40 mm、总厚度100 mm；宽度面层8.25 m、中面层8.25 m；1段累计4109 m： ZK78+596.000~ZK82+705.000（4109 m）
		ZK82+705~ZK85+475左幅路面工程		ZK82+705~ZK85+475左幅级配碎石垫层		填方段落：设计压实度96%、厚度150 mm、宽度14.43 m，4段累计1315 m： ZK82+930.000~ZK83+635.000（705 m） ZK84+277.000~ZK84+694.000（417 m） ZK84+721.000~ZK84+759.000（38 m） ZK85+320.000-ZK85+475.000（155 m）
				ZK82+705~ZK85+475左幅级配碎石底基层		设计压实度97%、厚度360 mm、宽度12.25 m，4段累计1315 m： ZK82+930.000~ZK83+635.000（705 m） ZK84+277.000~ZK84+694.000（417 m） ZK84+721.000~ZK84+759.000（38 m） ZK85+320.000-ZK85+475.000（155 m）
				ZK82+705~ZK85+475左幅级配碎石基层		设计压实度98%、厚度200 mm、宽度11.55 m，4段累计1315 m： ZK82+930.000~ZK83+635.000（705 m） ZK84+277.000~ZK84+694.000（417 m） ZK84+721.000~ZK84+759.000（38 m） ZK85+320.000-ZK85+475.000（155 m）
				ZK82+705~ZK85+475左幅沥青混凝土面层		设计面层压实度98%、中下面层97%、厚度上面层40 mm、总厚度160 mm、宽度面层11.25 m、中下面层11.15 m、弯沉21.7（0.01 mm），1段累计2770 m： ZK82+705.000-ZK85+475.000（2770 m）
				ZK82+705~ZK85+475左幅路缘石		设计高190 mm、宽150 mm，4段累计1315 m： ZK82+930.000~ZK83+635.000（705 m） ZK84+277.000~ZK84+694.000（417 m） ZK84+721.000~ZK84+759.000（38 m） ZK85+320.000-ZK85+475.000（155 m）
				ZK82+705~ZK85+475左幅路肩		设计宽度990 mm、高度110-140 mm、横坡3%，4段累计1315 m： ZK82+930.000~ZK83+635.000（705 m） ZK84+277.000~ZK84+694.000（417 m） ZK84+721.000~ZK84+759.000（38 m） ZK85+320.000-ZK85+475.000（155 m）
				ZK82+705~ZK85+475左幅集水井		设计基础：长度1340 mm、宽度520 mm、高度200 mm；设计壁厚120 mm、高1360 mm、净空1000 mm×180 mm；共计6个：ZK82+796，ZK82+846，ZK82+896，ZK82+946，ZK82+996，ZK83+046

单位工程		分部工程		分项工程		
名称	编号	名称	编号	名称	编号	备注
ZK88+512~ZK98+499 路面工程		ZK82+705~ZK85+475 左幅 路面工程		ZK82+705~ZK85+475 左幅纵向排水沟		设计基础宽度420 mm、高度120 mm；设计壁厚120 mm、高540 mm、净空430 mm×180 mm，4段累计562 m： ZK83+213.000~ZKK83+471.000（258 m） ZK84+175.000~ZK84+436.000（261 m） ZK85+424~ZK85+467.000（43 m）
		XXX互通路面工程（注：该停车区位于ZK82+705~ZK85+475桩号范围）		XXX互通级配碎石垫层		互通区：设计压实度96%、厚度150 mm、宽度10.68 m-37.48 m；连接线设计压实度96%、厚度150 mm、宽度11.2 m；9段累计5493.7 m： AK0+260.600~AK0+452.000（192 m） AK0+570.000~AK0+695.176（125.176 m） BK0+000.000~BK0+327.302（327.302 m） CK0+121.128~CK0+371.269（250.141 m） DK0+097.776~DK0+306.000（208.224 m） DK0+402.000~DK0+581.028（179.028 m） EK0+000.000~EK0+211.532（211.532 m） LK0+000.000~LK1+266.000（1266 m） LK1+474.000~LK4+209.044（2735.044 m）
ZK88+512~ZK98+499 路面工程		XXX互通路面工程（注：该停车区位于ZK82+705~ZK85+475桩号范围）		XXX互通级配碎石底基层		设计压实度97%、厚度360 mm、宽度8.5 m-35.28 m；连接线设计压实度97%、厚度200 mm、宽度9.5 m；9段累计5493.7 m： AK0+260.600~AK0+452.000（192 m） AK0+570.000~AK0+695.176（125.176 m） BK0+000.000~BK0+327.302（327.302 m） CK0+121.128~CK0+371.269（250.141 m） DK0+097.776~DK0+306.000（208.224 m） DK0+402.000~DK0+581.028（179.028 m） EK0+000.000~EK0+211.532（211.532 m） LK0+000.000~LK1+266.000（1266 m） LK1+474.000~LK4+209.044（2735.044 m）
				XXX互通级配碎石基层		设计压实度98%、厚度200 mm、宽度7.8 m-34.6 m；连接线设计压实度98%、厚度200 mm、宽度8.8 m；9段累计5493.7 m： AK0+260.600~AK0+452.000（192 m） AK0+570.000~AK0+695.176（125.176 m） BK0+000.000~BK0+327.302（327.302 m） CK0+121.128~CK0+371.269（250.141 m） DK0+097.776~DK0+306.000（208.224 m） DK0+402.000~DK0+581.028（179.028 m） EK0+000.000~EK0+211.532（211.532 m） LK0+000.000~LK1+266.000（1266 m） LK1+474.000~LK4+209.044（2735.044 m）
				XXX互通沥青混凝土面层		设计压实度面层98%、中面层97%；设计厚度上面层40 mm、总厚度100 mm；设计宽度面层7.5 m-34 m、中面层7.4 m-33.9 m、弯沉：21.7（0.01 mm）；连接线设计压实度面层98%、中面层97%；设计厚度上面层40 mm、总厚度100 mm；设计宽度面层8.5 m、中面层8.4 m、弯沉21.7（0.01 mm），6段累计5964.734 m： AK0+121.600~AK0+695.176（573.576 m） BK0+000.000~BK0+327.302（327.302 m） CK0+121.128~CK0+371.269（250.141 m） DK0+097.776~DK0+306.000（483.252 m） EK0+000.000~EK0+037（37 m） EK0+127~K0+211.532（84.532 m） LK0+000.000~LK4+209.044（4209.044 m）
				XXX互通水泥混凝土面层		设计厚度280 mm、宽度34 m、弯拉强度5.0 MPa，1段累计90 m： EK0+037~EK0+127（90 m）
		ZK85+475~ZK88+512 XX桥梁左幅路面工程		ZK85+475~ZK88+512 XX桥梁左幅沥青混凝土面层		桥梁段落：设计面层压实度98%、中面层97%；厚度上面层40 mm、总厚度100 mm；宽度面层11.4 m、中面层11.25 m；1段累计3037 m： ZK85+475.000-ZKZK88+512.000（3037 m）
		ZK88+512~ZK91+270 左幅路面工程		ZK88+512~ZK91+270 左幅级配碎石垫层		设计压实度96%、厚度150 mm、宽度12.75 m；5段累计1069 m： ZK88+512.000~ZK88+794.000（282 m） ZK88+957.000~ZK89+326.000（369 m） ZK90+318.000~ZK90+665.000（347 m） ZK90+777.000~ZK90+793.000（16 m） ZK91+215.000~ZK91+270.000（55 m）

单位工程		分部工程		分项工程		
名称	编号	名称	编号	名称	编号	备注
ZK88+512~ZK98+499路面工程		ZK88+512~ZK91+270左幅路面工程		ZK88+512~ZK91+270左幅沥青混凝土面层		设计压实度96%、厚度150 mm、宽度12.75 m；5段累计1069 m： ZK88+512.000~ZK88+794.000（282 m） ZK88+957.000~ZK89+326.000（369 m） ZK90+318.000~ZK90+665.000（347 m） ZK90+777.000~ZK90+793.000（16 m） ZK91+215.000~ZK91+270.000（55 m）
				ZK88+512~ZK91+270左幅路缘石		设计压实度96%、厚度150 mm、宽度12.75 m；5段累计1069 m： ZK88+512.000~ZK88+794.000（282 m） ZK88+957.000~ZK89+326.000（369 m） ZK90+318.000~ZK90+665.000（347 m） ZK90+777.000~ZK90+793.000（16 m） ZK91+215.000~ZK91+270.000（55 m）
				ZK88+512~ZK91+270左幅路肩		设计压实度96%、厚度150 mm、宽度12.75 m；5段累计1069 m： ZK88+512.000~ZK88+794.000（282 m） ZK88+957.000~ZK89+326.000（369 m） ZK90+318.000~ZK90+665.000（347 m） ZK90+777.000~ZK90+793.000（16 m） ZK91+215.000~ZK91+270.000（55 m）
		XX服务区路面工程（注：该服务区位于ZK88+512~ZK91+270桩号范围）		XX服务区级配碎石垫层		服务区段落：设计压实度96%、厚度150 mm、宽度10.68 m；连接线设计压实度96%、厚度150 mm、宽度7.7 m；3段累计1251.2 m： AK0+114.788~AK0+511.331（396.543 m） BK0+150.449~BK0+525.069（374.620 m） LK0+000.000~LK0+480.109（480.109 m）
				XX服务区级配碎石底基层		设计压实度97%、厚度360 mm、宽度8.5 m；连接线设计压实度97%、厚度200 mm、宽度6.0 m；3段累计1251.2 m： AK0+114.788~AK0+511.331（396.543 m） BK0+150.449~BK0+525.069（374.620 m） LK0+000.000~LK0+480.109（480.109 m）
				XX服务区级配碎石基层		设计压实度98%、厚度200 mm、宽度7.8 m；连接线设计压实度98%、厚度200 mm、宽度5.3 m；3段累计1251.2 m： AK0+114.788~AK0+511.331（396.543 m） BK0+150.449~BK0+525.069（374.620 m） LK0+000.000~LK0+480.109（480.109 m）
				XX服务区沥青混凝土面层		设计压实度面层98%、中面层97%；设计厚度上面层40 mm、总厚度100 mm；设计宽度面层7.5 m、中面层7.4 m；弯沉21.7（0.01 mm）；连接线设计面层压实度98%、中面层97%；设计厚度上面层40 mm、总厚度100 mm、宽度面层5.0 m、中面层4.9 m；弯沉21.7（0.01 mm），3段累计1251.2 m： AK0+114.788~AK0+511.331（396.543 m） BK0+150.449~BK0+525.069（374.620 m） LK0+000.000~LK0+480.109（480.109 m）
				XX服务区沥青混凝土路肩		设计宽度990 mm、高度110-140 mm、横坡3%；连接线设计宽度750 mm、高度120-140 mm、横坡3%，3段累计1251.2 m： AK0+114.788~AK0+511.331（396.543 m） BK0+150.449~BK0+525.069（374.620 m） LK0+000.000~LK0+480.109（480.109 m）
		…	…	…	…	左幅下一个路面分部工程直至左幅划分结束
…	…	…	…	…	…	右幅路面工程，划分方式同左幅

使用说明：
1. 示例是某实际工程项目的某一个单位工程，使用时需据实填写，具体工程项目设计文件中没有的分部工程或分项工程应删除；设计文件所使用的分项工程名称，部分可能与验标不一致，应对照设计文件和验标划分分部工程和分项工程，所划分的每一个分项工程都要有与验标对应的检评标准（三新项目除外）。
2. 划分单位工程和分部工程时，先左幅后右幅，左右幅不交叉。每个单位工程的分部工程按照2017验标的顺序编排，每个分部工程之分项工程按此表的顺序逐个编排完毕后，再编排下一个分部工程。
3. 连接线、服务区、停车区等，顺序放在对应的路面分项工程之后，也可以放在每个对应的单位工程之后。

附表 A-3　混凝土梁桥检验评定单元划分示例表

单位工程		分部工程		分项工程		
名称	编号	名称	编号	名称	编号	备注
K106+360/ZK106+340 XX特大桥		左幅 0#~2#墩基础及下部构造		左幅 0#台 1#墩 2#墩桩基钢筋加工及安装		备注每根桩受力钢筋的长度、根数及间距
				左幅 0#台 1#墩 2#墩桩基混凝土浇筑		备注桩基混凝土标号
				左幅 0#台台身 1#墩 2#墩墩柱钢筋加工及安装		备注台身及墩柱的结构形式，台身各部位受力钢筋的排数及排距、每排长度、根数及间距，每个墩柱各节段受力钢筋的排数及排距、长度、根数及间距
				左幅 0#台台身 1#墩 2#墩墩柱混凝土浇筑		备注台身及墩柱的混凝土标号
				左幅 1#墩 2#墩系梁钢筋加工及安装		备注每个系梁受力钢筋的长度、根数及间距
				左幅 1#墩 2#墩系梁混凝土浇筑		备注每个系梁的混凝土标号
				左幅 0#台台帽 1#墩 2#墩墩帽盖梁钢筋加工及安装		备注台帽、墩帽和盖梁受力钢筋的长度、根数及间距
				左幅 0#台台帽 1#墩 2#墩墩帽盖梁混凝土浇筑		备注台帽墩帽盖梁混凝土标号
				左幅 0#台背墙耳墙 1#墩 2#墩挡块钢筋加工及安装		备注背墙和耳墙每排不同受力方向受力钢筋的排距、长度、根数及间距，挡块受力钢筋的长度、根数及间距
				左幅 0#台背墙耳墙 1#墩 2#墩挡块混凝土浇筑		备注挡块背墙耳墙混凝土标号
				左幅 0#台 1#墩 2#墩支座垫石钢筋加工及安装		备注支座垫石每排受力钢筋的长度、根数及间距
				左幅 0#台 1#墩 2#墩支座垫石混凝土浇筑		备注支座垫石混凝土标号
				左右幅 0#台 22#台台背填土		备注每个台背填土长度和层数，每层自检和抽检点数
		左幅 3#~5#墩基础及下部构造		左幅 3#墩 4#墩 5#墩桩基钢筋加工及安装		备注每根桩受力钢筋的长度、根数及间距
				左幅 3#墩 4#墩 5#墩桩基混凝土浇筑		备注桩基混凝土标号
				左幅 3#墩 4#墩 5#墩墩柱钢筋加工及安装		备注墩柱的结构形式，每个墩柱各节段受力钢筋的排数及排距、每排长度、根数及间距
				左幅 3#墩 4#墩 5#墩墩柱混凝土浇筑		备注墩柱混凝土标号
				左幅 3#墩 4#墩 5#墩系梁钢筋加工及安装		备注每个系梁受力钢筋的长度、根数及间距
				左幅 3#墩 4#墩 5#墩系梁混凝土浇筑		备注每个系梁的混凝土标号
				左幅 3#墩 4#墩 5#墩盖梁钢筋加工及安装		备注每个盖梁受力受力钢筋的长度、根数及间距
				左幅 3#墩 4#墩 5#墩盖梁混凝土浇筑		备注每个盖梁的混凝土标号
				左幅 3#墩 4#墩 5#墩挡块钢筋加工及安装		备注每个挡块受力钢筋的根数、根数及间距
				左幅 3#墩 4#墩 5#墩挡块混凝土浇筑		备注挡块混凝土标号
				左幅 3#墩 4#墩 5#墩支座垫石钢筋加工安装		备注支座垫石受力钢筋的排数、每排不同方向长度、根数及间距
				左幅 3#墩 4#墩 5#墩支座垫石混凝土浇筑		备注支座垫石混凝土标号
		左幅 6#~8#墩…		结构同左幅 3#~5#墩，划分同 3#~5#墩基础及下部构造的划分		备注同左幅 3#~5#墩
		左幅 9#~12#墩…		结构同左幅 3#~5#墩，划分同 3#~5#墩基础及下部构造的划分		备注同左幅 3#~5#墩
		左幅 13#~16#墩…		结构同左幅 3#~5#墩，划分同 3#~5#墩基础及下部构造的划分		备注同左幅 3#~5#墩
		左幅 17# T型刚构墩…		17#薄壁空心墩桩基钢筋加工及安装		备注群桩每根桩受力钢筋的根数及间距和长度
				17#薄壁空心墩桩基混凝土浇筑		备注桩基混凝土标号
				17#薄壁空心墩承台钢筋钢筋网加工及安装		备注承台断面尺寸、受力钢筋排数及排距、每排不同方向受力钢筋根数及间距或钢筋网层数及规格
				17#薄壁空心墩承台混凝土浇筑		备注承台混凝土标号
				17#薄壁空心墩预应力系梁钢筋钢筋网加工及安装		备注每个系梁受力钢筋的根数及间距、钢筋网的长和宽及网眼尺寸
				17#薄壁空心墩预应力系梁混凝土浇筑		备注系梁混凝土标号
				17#薄壁空心墩预应力系梁预应力筋加工及张拉		备注预应力钢丝长度、设计张拉应力值和张拉伸长率
				17#薄壁空心墩预应力系梁预应力管道压浆		备注压浆压力值、稳压时间和浆体强度等设计值

单位工程		分部工程		分项工程		
名称	编号	名称	编号	名称	编号	备注
K106+360/ZK106+340 XX特大桥		左幅17#T型刚构墩…		17#薄壁空心墩墩柱钢筋钢筋网加工及安装		备注墩柱每节段每排受力钢筋的排距、长度、根数（束数）及间距或间距范围，备注墩柱钢筋网的长和宽以及网眼尺寸（如节段数量多可另表备注）
				17#薄壁空心墩墩柱混凝土浇筑		备注墩柱各节段混凝土标号
		左幅18#T型刚构墩…		结构同左幅17#墩，划分同17#墩基础及下部构造的划分		备注同左幅17#墩
		左幅19#~21#墩22#台基础及下部构造		左幅19#20#21#墩桩基钢筋加工安装		备注每根桩受力钢筋的长度、根数及间距
				左幅19#20#21#墩桩基混凝土浇筑		备注桩基混凝土标号
				22#台混凝土扩大基础		备注扩大基础尺寸及混凝土标号
				左幅 19#20#21#墩承台钢筋钢筋网加工及安装		备注承台断面尺寸、受力钢筋的排数及排距、每排不同方向根数及间距，或钢筋网层数及规格
				左幅19#20#21#墩承台混凝土浇筑		备注承台混凝土标号
				左幅19#20#21#墩系梁钢筋加工安装		备注每个系梁受力钢筋的长度、根数及间距
				左幅19#20#21#墩系梁混凝土浇筑		备注系梁混凝土标号
				左幅19#20#21#墩22#台台身墩柱钢筋加工及安装		备注同左幅 0#~2#墩基础及下部构造
				左幅19#20#21#墩22#台台身墩柱混凝土浇筑		备注台身及墩柱的混凝土标号
				左幅19#20#21#墩22#台台帽墩帽盖梁钢筋加工及安装		备注台帽、墩帽和盖梁受力钢筋排数和每排受力钢筋根数及间距
		左幅19#~21#墩22#台基础及下部构造		左幅 19#20#21#墩 22#台台帽墩帽盖梁混凝土浇筑		备注台帽墩帽盖梁混凝土标号
				左幅19#20#21#墩 22#台挡块背墙耳墙钢筋加工及安装		备注同左幅0#~2#墩基础及下部构造
				左幅19#20#21#墩 22#台挡块背墙耳墙混凝土浇筑		备注挡块背墙耳墙混凝土标号
				左幅19#20#21#墩 22#台支座垫石钢筋加工及安装		备注同左幅0#~2#墩基础及下部构造
				左幅19#20#21#墩22#台支座垫石混凝土浇筑		备注支座垫石混凝土标号
		左幅第1联（1~3跨）箱梁预制和安装		左幅第1联（1~3跨）支座安装		备注支座型号
				左幅第1联（1~3跨）箱梁钢筋加工及安装		备注每跨箱梁数量及梁的长度、受力钢筋排数及排距、每排受力钢筋根数及间距
				左幅第1联（1~3跨）预制箱梁混凝土浇筑		备注箱梁混凝土标号、梁长、断面尺寸等
				左幅第1联（1~3跨）箱梁预应力筋加工和张拉		备注预应力钢丝长度、设计张拉应力值和张拉伸长率
				左幅第1联（1~3跨）箱梁预应力管道压浆		备注压浆压力值、稳压时间和浆体强度等设计值
				左幅第1联（1~3跨）箱梁安装		
		左幅第2联（4~6跨）箱梁…		结构形式同第1联，划分同第1联		结构形式同第1联，备注同第1联
		左幅第3联（7~9跨）箱梁…		结构形式同第1联，划分同第1联		结构形式同第1联，备注同第1联
		左幅第4联（11~13跨）箱梁…		结构形式同第1联，划分同第1联		结构形式同第1联，备注同第1联
		左幅第5联（14~16跨）箱梁…		结构形式同第1联，划分同第1联		结构形式同第1联，备注同第1联
		左幅17#墩T型刚构悬臂浇筑		左幅16#19#墩交接墩悬臂浇筑盆式支座安装		钢筋加工安装备注每个块段底板、顶板、腹板、横隔梁等各部位受力钢筋的排数、排距及每排受力钢筋的根数及间距混凝土现浇备注每个块段的断面尺寸、长度、横坡等（可另表备注）及混凝土强度预应力备注不同方向的预应力管道数量、钢丝长度、设计张拉应力值和张拉伸长率管道压浆备注压浆压力值、稳压时间和浆体强度等设计值以上指标建议另表备注
				左幅17#墩0号块钢筋加工及安装		
				左幅17#墩0号块现场浇筑		
				左幅17#墩0号块预应力筋加工及张拉		
				左幅17#墩0号块预应力管道压浆		
				…	…	
				左幅17#墩22号块钢筋加工及安装		
				左幅17#墩22号块现场浇筑		
				左幅17#墩22号块预应力筋加工及张拉		
				左幅17#墩22号块预应力管道压浆		

单位工程		分部工程		分项工程		
名称	编号	名称	编号	名称	编号	备注
K106+360/ZK106+340 XX特大桥		左幅17#墩T型刚构悬臂浇筑		左幅17#18#墩23号块合拢段钢筋加工及安装		合拢段，备注同左幅17#墩T型刚构悬臂浇筑
				左幅17#18#墩23号块合拢段现场浇筑		
				左幅17#18#墩23号块合拢段预应力筋加工及张拉		
				左幅17#18#墩23号块合拢段预应力管道压浆		
		左幅18#墩T型刚构悬臂浇筑		左幅18#墩0号块钢筋加工及安装		备注同左幅17#墩T型刚构悬臂浇筑
				左幅18#墩0号块现场浇筑		
				左幅18#墩0号块预应力筋加工及张拉		
				左幅18#墩0号块预应力管道压浆		
				…	…	
				左幅18#墩22号块钢筋加工及安装		
				左幅18#墩22号块现场浇筑		
				左幅18#墩22号块预应力筋加工及张拉		
				左幅18#墩22号块预应力管道压浆		
		左幅第7联（20~22跨）箱梁现浇		左幅第7联（20~22跨）箱梁就地浇筑支座安装		本联为就地现浇箱梁，钢筋加工安装备注每联底板、顶板、腹板、每道横梁等各部位受力钢筋的排数、排距、每排受力钢筋的根数及间距 混凝土现浇备注每联的断面尺寸、长度、横坡等及混凝土强度 预应力备注不同方向的预应力管道数量、钢丝长度、设计张拉应力值和张拉伸长率 管道压浆备注压浆压力值、稳压时间和浆体强度等设计值 以上指标建议另表备注
				左幅第7联（20~22跨）箱梁就地浇筑钢筋加工及安装		
				左幅第7联（20~22跨）箱梁就地浇筑混凝土浇筑		
				左幅第7联（20~22跨）箱梁就地浇筑预应力筋加工及张拉		
				左幅第7联（20~22跨）箱梁就地浇筑预应力管道压浆		
		左幅桥面系附属工程及桥梁总体		左幅第1联（1~3跨）桥面铺装钢筋钢筋网加工及安装		钢筋备注横桥向和顺桥向受力钢筋的根数和间距，钢筋网备注网片的长和宽以及网眼尺寸 备注混凝土类型及标号
				左幅第1联（1~3跨）水泥混凝土桥面铺装		
				…	…	
				左幅第7联（20~22跨）桥面铺装钢筋网加工及安装		
				左幅第7联（21~22跨）水泥混凝土桥面铺装		
				左幅第1联（1~3跨）混凝土护栏钢筋加工及安装		备注受力钢筋数量和间距，混凝土类型及标号
				左幅第1联（1~3跨）护栏混凝土浇筑		
				…	…	
				左幅第7联（19~22跨）混凝土护栏钢筋加工及安装		
				左幅第7联（19~22跨）护栏混凝土浇筑		
				左幅0#22#台桥头搭板钢筋加工及安装		备注受力钢筋数量和间距，混凝土标号
				左幅0#22#台桥头搭板混凝土浇筑		
				左幅伸缩缝安装		备注伸缩缝类型，混凝土标号
				左幅伸缩缝混凝土浇筑		
				左幅桥梁总体		
		防护工程		左幅0#台19#台锥坡护坡		
				砌体坡面护坡		
				护岸		
				导流工程		
		引道工程		…	…	
		右幅	…	…	…	分部分项划分同左幅

使用说明：
1. 示例为四川宜宾至云南彝良某高速公路混凝土梁桥，主桥为T型刚构，引桥为就地浇筑连续梁+简支箱梁。桥梁主墩基础为群桩+大体积混凝土承台，其余桥墩以群桩+承台+变截面薄壁空心墩为主，少部分单桩+地系梁+圆柱墩，小桩号桥台为桩基础+肋板式桥台，大桩号桥台为大体积承台；主墩为变截面薄壁空心墩，薄壁空心墩设双层钢筋或钢筋束，四周设钢筋网，系梁及盖梁均为预应力结构。上部构造主桥为T型钢构共24个号块，左幅小桩号引桥为5×40°m预制箱梁，大桩号引桥为就地现浇箱梁。
2. 在对同时包含有桥台和桥墩的分部工程（如左幅0~2#墩基础及下部构造）进行分项工程的检评单元划分时，可将桩基础钢筋和混凝土各划为一个分项工程（桥台设计为扩大基础的，扩大基础须单独划为一个分项工程），台身及墩身的钢筋和混凝土各划为一个分项工程（台身和墩身使用功能相同），台帽墩帽盖梁的钢筋和混凝土各划为一个分项工程（台帽墩帽盖梁使用功能相同），挡块背墙耳墙的钢筋和混凝土各划为一个分项工程（挡块背墙耳墙使用功能相同或类同）。
3. 需要注意，台身的结构形式因设计而异（须结合图纸分析），需要根据设计及台身各构件受力钢筋的排数和每排受力钢筋的方向而使用不同的钢筋检查记录表，因此需要备注台身的结构形式，台身各部不同方向受力钢筋排数、每排受力钢筋根数及间距。如承台一般有多层受力钢筋，每层受力钢筋顺桥向和横桥向的根数和间距可能不同；又如肋板，每个肋板一般有 2 层受力钢筋，每层有垂直和水平两个方向的受力钢筋，两个方向受力钢筋的根数和间距须分别备注；墩柱也是类似的，有圆柱墩、薄壁空心墩（一般有 2 层受力钢筋，而且经常设计有钢筋束，钢筋间距或钢筋束的间距也可能是一个范围值）。

4. 左幅 17#墩和 18#墩上部构造为 T 型刚构，基础均为群桩+大体积混凝土承台，下部结构与前面 1#-16#墩差异较大，17#和 18#墩柱设计为变截面薄壁空心墩外有钢筋网片，系梁和盖梁均为预应力结构，考虑其重要性，故将 17#墩和 18#墩基础及下部构造各自单独划为一个分部工程。

5. 按照本手册拟定的划分细则，左幅 17#前面最后 8 个墩位平均划为 2 个分部工程，即左幅 9#~12#墩基础及下部构造、左幅 13#~16#墩基础及下部构造。右幅最后 19#~21#墩 22#台上部构造为一联现浇箱梁，划为一个分部工程。

   本案例小桩号和大桩号桥台左右幅同桩号，0#台左右幅回填时应一并拉通回填，22#台左右幅回填时也应一并拉通回填，故将 0#台左右幅和 22#台左右幅桥背回填划为一个分项工程。台背填土分项工程备注栏可填写左右幅总的填筑长度和左右幅总的填筑层数。

6. 为方便日后现场质量检查，17#18#薄壁空心墩钢筋工程宜另表分节段备注，设计钢筋为几根一束的，可备注束间距，根间距或束间距为范围的，应备注范围值。钢筋检查应分节段分层检查记录，设计为钢筋束的，应量测束间距（非根间距）。

7. 就地浇筑和悬臂浇筑的钢筋工程备注应按照顶板、底板、腹板、每道横梁的顺桥向和横桥向或水平方向和垂直方向的受力钢筋排数、排间距、每排长度、每排受力钢筋根数及间距分别备注，检查时也应分部位和方向逐排、逐方向、逐个断面分别检查和填写现场检查记录表。同理，承台钢梁、背墙和耳墙钢筋、支座垫石钢筋，均应按排和受力钢筋不同方向备注受力钢筋的根数和间距。

8. 为节约篇幅，本手册中部分与前面结构形式相同的分部工程和分项工程均未详细划分，而采用"结构同左幅 3#~5#墩，划分同 3#~5#墩基础及下部构造的划分"形式标注，实际应用时务必一一补充完善。

9. 设计文件所使用的分项工程名称，部分可能与验标不一致，应对照设计文件和验标划分分部工程和分项工程，所划分的每一个分项工程都要有与验标对应的检评标准（三新项目除外）。

10. 每个单位工程的分部工程按照 2017 验标的顺序编排，分部工程先左幅后右幅，左右幅不交叉；每个分部工程之分项工程按此表的顺序逐个编排完毕后，再编排下一个分部工程。左右幅主体工程划分完毕之后，再依次划分防护工程和引道工程，同一座桥梁的防护工程和引道工程分别划分为一个分部工程。

11. 备注台身和墩柱受力钢筋设计参数时，一般来说，不同结构形式的台身其受力钢筋的排数（层数）和每排受力钢筋的根数及间距不同；方墩的受力钢筋也会有多排（多层），可能同时设计有钢筋网，应分别备注分开填写；盖梁和系梁还会设计预应力和钢筋网。所以，检评单元的划分和备注栏的填写，应在充分熟悉设计图纸的基础上进行。

12. 防护工程和引导工程均统一放在左幅最后。

附表 A-4　斜拉桥施工质量检验评定单元划分示例表

单位工程		分部工程		分项工程		
名称	编号	名称	编号	名称	编号	备注
K4+453.5/YK4+438.5新市镇金沙江特大桥		左幅1#台2#墩基础及下部构造		左幅1#台2#墩桩基钢筋加工及安装		左幅1#台？左幅重力式桥台
				左幅1#台2#墩桩基混凝土浇筑		左幅1#台基础混凝土？
				左幅1#台台身2#墩墩柱钢筋加工及安装		左幅1#台台身钢筋？
				左幅1#台台身2#墩墩柱混凝土浇筑		左幅1#台台身混凝土？
				左幅1#台台帽2#墩盖梁钢筋加工及安装		备注台帽盖梁受力钢筋的根数及间距
				左幅1#台台帽2#墩盖梁混凝土浇筑		备注台帽盖梁混凝土标号
				左幅2#墩盖梁预应力筋加工及安装		备注预应力钢丝长度、设计张拉应力值和张拉伸长率
				左幅2#墩盖梁预应力管道压浆		备注压浆压力值、稳压时间和浆体强度等设计值
				左幅1#台背墙耳墙2#墩挡块钢筋加工及安装		备注背墙耳墙不同方向受力钢筋的层数、每层受力钢筋的根数和间距
				左幅1#台背墙耳墙2#墩挡块混凝土浇筑		备注背墙耳墙挡块的混凝土编号
				左幅1#台2#墩支座垫石钢筋加工及安装		备注垫石不同方向受力钢筋的层数、每层受力钢筋的根数和间距
				左幅1#台2#墩支座垫石混凝土浇筑		备注垫石的混凝土编号
				左右幅1#台24#台台背填土		备注每个台背填土长度和层数,每层自检和抽检点数
		3#过度墩基础及下部构造		3#过度墩桩基钢筋加工及安装		备注左右幅桩基根数、每根桩基受力钢筋根数及间距
				3#过度墩桩基混凝土浇筑		备注混凝土编号
				3#过度墩承台钢筋加工及安装		备注左右幅承台受力钢筋的层数、每层受力钢筋的根数和间距
				3#过度墩承台混凝土浇筑		备注左右幅承台混凝土标号
				3#过度墩墩身钢筋加工及安装		备注墩身钢筋(钢筋束)层数、每层受力钢筋(钢筋束)的根数(束数)及间距(间距范围)
				3#过度墩墩身混凝土浇筑		备注混凝土标号
				3#过度墩盖梁钢筋加工及安装		备注盖梁受力钢筋的根数及间距
				3#过度墩盖梁混凝土浇筑		备注盖梁混凝土标号
				3#过度盖梁预应力筋加工和张拉		备注预应力钢丝长度、设计张拉应力值和张拉伸长率
				3#过度盖梁预应力管道压浆		备注压浆压力值、稳压时间和浆体强度等设计值
				3#过度墩挡块钢筋加工及安装		备注受力钢筋的根数和间距
				3#过度墩挡块混凝土浇筑		备注混凝土编号
				3#过度墩支座垫石钢筋加工及安装		备注不同方向受力钢筋的层数、每层受力钢筋的根数和间距
				3#过度墩支座垫石混凝土浇筑		备注混凝土编号
		4#辅助墩基础及下部构造		4#辅助墩桩基钢筋加工及安装		结构形式同3#过度墩,备注同3#过度墩
				4#辅助墩桩基混凝土浇筑		
				4#辅助墩承台钢筋加工及安装		
				4#辅助墩承台混凝土浇筑		
				4#辅助墩墩身钢筋加工及安装		
				4#辅助墩墩身混凝土浇筑		
				4#辅助墩盖梁钢筋加工及安装		
				4#辅助墩盖梁混凝土浇筑		
				4#辅助墩盖梁预应力筋加工和张拉		
				4#辅助墩盖梁预应力管道压浆		
				4#辅助墩挡块钢筋加工及安装		
				4#辅助墩挡块混凝土浇筑		
				4#辅助墩支座垫石钢筋加工及安装		
				4#辅助墩支座垫石混凝土浇筑		

单位工程		分部工程		分项工程		
名称	编号	名称	编号	名称	编号	备注
K4+453.5/YK4+438.5新市镇金沙江特大桥		5#索塔基础		5#索塔桩基钢筋加工及安装		备注同引桥
				5#索塔桩基混凝土		
		5#索塔承台		5#承台钢筋加工及安装		备注同引桥
				5#承台混凝土		
		5#索塔		5#混凝土索塔钢筋加工及安装		备注同引桥
				5#混凝土索塔混凝土浇筑		备注同引桥
				5#混凝土索塔劲性骨架制作及防护		备注同引桥
				5#混凝土索塔劲性骨架安装		备注同引桥
				5#混凝土索塔预应力筋加工和张拉		备注同引桥
				5#混凝土索塔预应力管道压浆		备注同引桥
				5#索塔挡块钢筋加工及安装		备注同引桥
				5#索塔挡块混凝土浇筑		备注同引桥
				5#横梁支座垫石钢筋加工及安装		备注同引桥
				5#横梁支座垫石混凝土浇筑		备注同引桥
				5#索塔钢锚梁节段制作		备注同引桥
				5#索塔钢锚梁节段安装		备注同引桥
				5#索塔下横梁钢筋加工及安装		备注同引桥
				5#索塔下横梁混凝土浇筑		备注同引桥
				5#索塔下横梁预应力筋加工和张拉		备注同引桥
				5#索塔下横梁预应力管道压浆		备注同引桥
				5#索塔中横梁钢筋加工及安装		备注同引桥
				5#索塔中横梁混凝土浇筑		备注同引桥
				5#索塔中横梁预应力筋加工和张拉		备注同引桥
				5#索塔中横梁预应力管道压浆		备注同引桥
				5#索塔上横梁钢筋加工及安装		备注同引桥
				5#索塔上横梁混凝土浇筑		备注同引桥
				5#索塔上横梁预应力筋加工和张拉		备注同引桥
				5#索塔上横梁预应力管道压浆		备注同引桥
				5#索塔横向连系板钢筋加工及安装		备注同引桥
				5#索塔横向连系板混凝土		备注同引桥
				5#索塔横向连系板预应力筋加工和张拉		备注同引桥
				5#索塔横向连系板预应力管道压浆		备注同引桥
		6#索塔基础		…	…	备注同5#索塔
		6#索塔承台		…	…	备注同5#索塔
		6#索塔		…	…	备注同5#索塔
		7#辅助墩基础及下部构造		…	…	备注同4#辅助墩
		8#过度墩基础及下部构造		…	…	备注同3#过度墩
		斜拉索制作安装		左侧J1~J24斜拉索和锚头制作与防护		斜拉桥中跨大里程侧
				右侧J1~J24斜拉索和锚头制作与防护		斜拉桥中跨大里程侧
				左侧J1′~J24′斜拉索和锚头制作与防护		斜拉桥中跨小里程侧
				右侧J1′~J24′斜拉索和锚头制作与防护		斜拉桥中跨小里程侧
				左侧A1~A24斜拉索和锚头制作与防护		斜拉桥边跨大里程侧

单位工程		分部工程		分项工程		
名称	编号	名称	编号	名称	编号	备注
K4+453.5/YK4+438.5新市镇金沙江特大桥		斜拉索制作安装		右侧A1~A24斜拉索和锚头制作与防护		斜拉桥边跨大里程侧
				左侧A1'~A24'斜拉索和锚头制作与防护		斜拉桥边跨小里程侧
				右侧A1'~A24'斜拉索和锚头制作与防护		斜拉桥边跨小里程侧
				左侧J1~J24斜拉索张拉		斜拉桥中跨大里程侧
				右侧J1~J24斜拉索张拉		斜拉桥中跨大里程侧
				左侧J1'~J24'斜拉索张拉		斜拉桥中跨小里程侧
				右侧J1'~J24'斜拉索张拉		斜拉桥中跨小里程侧
				左侧A1~A24斜拉索张拉		斜拉桥边跨大里程侧
				右侧A1~A24斜拉索张拉		斜拉桥边跨大里程侧
				左侧A1'~A24'斜拉索张拉		斜拉桥边跨小里程侧
				右侧A1'~A24'斜拉索张拉		斜拉桥边跨小里程侧
		左幅9#10#11#墩基础及下部构造		左幅9#10#11#墩桩基钢筋加工及安装		备注同左幅1#台2#墩
				左幅9#10#11#墩桩基混凝土浇筑		
				左幅9#10#11#墩承台钢筋加工及安装		
				左幅9#10#11#墩承台混凝土浇筑		
				左幅9#10#11#墩墩身钢筋加工及安装		
				左幅9#10#11#墩墩身混凝土浇筑		
				左幅9#10#11#墩系梁钢筋加工及安装		
				左幅9#10#11#墩系梁混凝土浇筑		
				左幅9#10#11#墩盖梁钢筋加工及安装		
				左幅9#10#11#墩盖梁混凝土浇筑		
				左幅9#10#11#墩盖梁预应力加工及张拉		
				左幅9#10#11#墩盖梁预应力管道压浆		
				左幅9#10#11#墩挡块钢筋加工及安装		
				左幅9#10#11#墩挡块混凝土浇筑		
				左幅9#10#11#墩支座垫石钢筋加工及安装		
				左幅9#10#11#墩支座垫石混凝土浇筑		
		左幅12#13#14#墩基础及下部构造		…	…	备注同左幅1#台2#墩
		左幅15#16#17#墩基础及下部构造		…	…	备注同左幅1#台2#墩
		左幅18#19#20#墩基础及下部构造		…	…	备注同左幅1#台2#墩
		左幅21#22#23#墩左右幅24#台基础及下部构造		…	…	备注同左幅1#台2#墩(24#台为左右幅整体重力式桥台)
		右幅0#台1#2#墩基础及下部构造		右幅0#台1#2#墩桩基钢筋加工及安装		0#台基础钢筋？右幅重力式桥台
				右幅0#台1#2#墩桩基混凝土浇筑		0#台基础混凝土？
				右幅0#台台身1#2#墩墩柱钢筋加工及安装		
				右幅0#台台身1#2#墩墩柱混凝土浇筑		
				右幅0#台台帽1#2#墩盖梁钢筋加工及安装		
				右幅0#台台帽1#2#墩盖梁混凝土浇筑		
				右幅1#2#墩盖梁预应力加工及安装		
				右幅1#2#墩盖预应力管道压浆		
				右幅0#台背墙耳墙1#2#墩挡块钢筋加工及安装		
				右幅0#台背墙耳墙1#2#墩挡块混凝土浇筑		
				右幅0#台1#2#墩支座垫石钢筋加工及安装		
				右幅0#台1#2#墩支座垫石混凝土浇筑		

单位工程		分部工程		分项工程		
名称	编号	名称	编号	名称	编号	备注
K4+453.5/YK4+438.5新市镇金沙江特大桥		右幅9#10#11#墩基础及下部构造		…	…	备注同左幅9#10#11#墩基础及下部构造
		右幅12#13#14#墩基础及下部构造		…	…	备注同左幅 12#13#14#墩基础及下部构造
		右幅15#16#17#墩基础及下部构造		…	…	备注同左幅 15#16#17#墩基础及下部构造
		右幅18#19#20#墩基础及下部构造		…	…	备注同左幅 18#19#20#墩基础及下部构造
		右幅21#22#23#墩基础及下部构造		…	…	备注同左幅 21#22#23#墩基础及下部构造(24#台为左右幅整体重力式桥台,右幅24#台已划入左幅)
		左幅第1联(第2~3跨)T梁预制和安装		左幅第1联(第1~2跨)支座安装		
				左幅第1联(第1~2跨)T梁钢筋加工及安装		
				左幅第1联(第1~2跨)T梁预制混凝土浇筑		
				左幅第1联(第1~2跨)T梁预应力筋加工和张拉		
				左幅第1联(第1~2跨)T梁预应力管道压浆		
				左幅第1联(第1~2跨)T梁安装		
		钢桁梁制作安装		Z0~Z25钢桁架梁制作		斜拉桥主跨大里程侧
				Z0~Z25钢桁架梁安装		斜拉桥主跨大里程侧
				Z0′~Z24′钢桁架梁制作		斜拉桥主跨小里程侧
				Z0′~Z24′钢桁架梁安装		斜拉桥主跨小里程侧
				B0~B22钢桁架梁制作		斜拉桥边跨大里程侧
				B0~B22钢桁架梁安装		斜拉桥边跨大里程侧
				B0′~B22′钢桁架梁制作		斜拉桥边跨小里程侧
				B0′~B22′钢桁架梁安装		斜拉桥边跨小里程侧
		钢桁梁制作安装		Z0~Z25钢桁架梁防护		斜拉桥主跨大里程侧
				Z0′~Z24′钢桁架梁防护		斜拉桥主跨小里程侧
				B0~B22钢桁架梁防护		斜拉桥边跨大里程侧
				B0′~B22′钢桁架梁防护		斜拉桥边跨小里程侧
		左幅第3联(第9~12跨)T梁…		…	…	备注同左幅第1联(第1~2跨)T梁预制和安装
		左幅第4联(第13~16跨)T梁…		…	…	备注同左幅第1联(第1~2跨)T梁预制和安装
		左幅第5联(第17~20跨)T梁…		…	…	备注同左幅第1联(第1~2跨)T梁预制和安装
		左幅第6联(第21~24跨)T梁…		…	…	备注同左幅第1联(第1~2跨)T梁预制和安装
		右幅第1联(1~3跨)T梁…		…	…	备注同左幅第1联(第1~2跨)T梁预制和安装

单位工程		分部工程		分项工程		
名称	编号	名称	编号	名称	编号	备注
K4+453.5/YK4+438.5新市镇金沙江特大桥		右幅第3联(第9～12跨)T梁…		…	…	备注同左幅第1联(第1～2跨)T梁预制和安装
		右幅第4联(第13～16跨)T梁…		…	…	备注同左幅第1联(第1～2跨)T梁预制和安装
		右幅第5联(第17～20跨)T梁…		…	…	备注同左幅第1联(第1～2跨)T梁预制和安装
		右幅第6联(第21～24跨)T梁梁…		…	…	备注同左幅第1联(第1～2跨)T梁预制和安装
		左幅桥面系附属工程及桥梁总体		左幅第1联(第2～3跨)桥面铺装钢筋加工及安装		
				左幅第1联(第2～3跨)桥面铺装混凝土浇筑		
				左幅第2联(第4～8跨)钢桥16cm厚钢-混凝土组合桥面板		
				左幅第3联(第9～12跨)桥面铺装钢筋加工及安装		
				左幅第3联(第9～12跨)桥面铺装混凝土浇筑		
		左幅桥面系附属工程及桥梁总体		左幅第4联(第13～16跨)桥面铺装钢筋加工及安装		
				左幅第4联(第13～16跨)桥面铺装混凝土浇筑		
				左幅第5联(第17～20跨)桥面铺装钢筋加工及安装		
				左幅第5联(第17～20跨)桥面铺装混凝土浇筑		
				左幅第6联(第21～24跨)桥面铺装钢筋加工及安装		
				左幅第6联(第21～24跨)桥面铺装混凝土浇筑		
				左幅第1联(第2～3跨)桥面防水层		
				左幅第2联(第4～8跨)桥面防水层		
				左幅第3联(第9～12跨)桥面防水层		
				左幅第4联(第13～16跨)桥面防水层		
				左幅第5联(第17～20跨)桥面防水层		
				左幅第6联(第22～24跨)桥面防水层		
				左幅第1联(第2～3跨)桥面沥青混凝土铺装		
				左幅第2联(第4～8跨)桥面沥青混凝土铺装		
				左幅第3联(第9～12跨)桥面沥青混凝土铺装		
				左幅第4联(第13～16跨)桥面沥青混凝土铺装		
				左幅第5联(第17～20跨)桥面沥青混凝土铺装		
				左幅第6联(第21～24跨)桥面沥青混凝土铺装		
				左幅第1联(第2～3跨)混凝土护栏钢筋加工及安装		
				左幅第1联(第2～3跨)混凝土护栏混凝土浇筑		
				左幅第2联(第4～8跨)混凝土护栏钢筋加工及安装		
				左幅第2联(第4～8跨)混凝土护栏混凝土浇筑		
				左幅第3联(第9～12跨)混凝土护栏钢筋加工及安装		
				左幅第3联(第9～12跨)混凝土护栏混凝土浇筑		

单位工程		分部工程		分项工程		
名称	编号	名称	编号	名称	编号	备注
K4+453.5/YK4+438.5新市镇金沙江特大桥				左幅第4联(第13~16跨)混凝土护栏钢筋加工及安装		
				左幅第4联(第13~16跨)混凝土护栏混凝土浇筑		
				左幅第5联(第17~20跨)混凝土护栏钢筋加工及安装		
				左幅第5联(第17~20跨)混凝土护栏混凝土浇筑		
				左幅第6联(第21~24跨)混凝土护栏钢筋加工及安装		
				左幅第6联(第21~24跨)混凝土护栏混凝土浇筑		
				左幅伸缩缝安装		
				左幅伸缩缝混凝土浇筑		
				左幅桥头搭板钢筋加工及安装		
				左幅桥头搭板混凝土浇筑		
				左幅桥梁总体		
		右幅桥面系附属工程及桥梁总体		…	…	同左幅(右幅第1联的起止跨编号为1~3跨,右幅其余各联的起止跨编号同左幅)
		抗滑桩组合挡土墙位置?		抗滑桩钢筋加工及安装		
				抗滑桩混凝土浇筑		
				挡土板钢筋加工及安装		
				挡土板混凝土浇筑		
				挡土板安装		
				抗滑桩组合挡土墙回填		
				抗滑桩组合挡土墙总体		
		四川岸墩位边坡锚固防护		锚杆锚索加工及安装		
				坡面结构		

使用说明:

1. 本案例为G4216成丽高速新市镇金沙江特大斜拉桥,中心桩号K4+453.5/YK4+438.5,起止桩号YK3+505（K3+535）~YK5+372,全长1867 m。主桥为钻孔灌注桩基础、H型混凝土主塔、52.4m+251.6 m+680 m+251.6 m+52.4 m双塔双索面钢桁梁斜拉桥,两岸各布置1个辅助墩和1个过渡墩,主梁纵向半漂浮体系,在缩塔位置设置竖向和横向支座,顺桥向设阻尼器。主桁梁采用N型桁架,桁高6.8 m,主跨间长6.8 m共Z0~Z25共52个节段,边跨间长6.8 m和6.2 m共B1~B22共22个节段,主桁片横向中心间距28m;钢砼组合桥面板;斜拉索共192根,采用环氧喷涂钢绞线成品索,黑色高密度聚乙烯材料四层防护,斜拉索梁端锚固采用双拉板整体式锚箱。
2. 补充主桥结构设计内容

   5#6#主塔基础两岸均为整体式棱台承台+桩基础,每岸20根直径3 m桩基,主承台横桥向37 m×纵桥向×6 m×台高6 m,塔座顶面横桥向31.75 m×顶面纵桥向20.5 m×台高2m。

   4#7#辅助墩基础上下游均为分离式布置,4#墩为方桩基础5×5 m布置,7#墩为承台+桩基础,承台桩基4×4 m布置,承台9.6×9.6×4 m,桩直径2.5 m。5×5 m矩形薄壁空心墩,壁厚0.6 m,设置1道横隔板。

   3#8#过渡墩基础上下游均为分离式布置,3#墩为方桩基础4×5 m布置,8#墩为承台+桩基础,承台桩基4×4m布置,承台9.6×9.6×4 m,桩直径2.5 m,4×5 m矩形薄壁空心墩,壁厚0.6 m,设置1道横隔板,墩顶为6.5 m高短柱+T型盖梁。

   5#6#主塔柱为宝瓶型C50钢筋混凝土结构,由上中下塔柱、上中下横梁和下塔柱横隔板组成。下横梁为预应力结构。斜拉索塔上锚固采用钢锚梁和钢混齿块混合形式,全桥钢锚梁168个,钢混齿块24个。
3. 四川岸引桥:左幅2跨右幅3跨,左幅台墩编号为1#台、2#墩,右幅台墩编号为0#台、1#墩、2#墩;左幅1#台为重力式桥台,2#墩为挖孔方桩基础+独柱墩形式,3#墩为过渡墩,上部构造为一联2×30 m T 梁;右幅0#台为重力式桥台,1#墩和2#墩为挖孔方桩基础+独柱墩形式,3#墩为过渡墩,上部构造为一联3×30 m T 梁。
4. 云南岸引桥:左右幅均为16跨,8号墩为过渡墩,9#~23#墩左右幅各为2×4根φ1.5 m桩基+5.7×5.7×2.5m承台+双柱形式,24#桥台为左右幅整体重力式桥台;上部构造为四联4×30 m T梁。

   两岸引桥左右半幅各由6片间距2.17 m T 梁+湿接缝组合而成。引桥宽度布置为0.6 m（防撞护栏）+11.15 m（行车道宽度）+2.0 m（中分带）+11.15 m（行车道宽度）+0.6 m（防撞护栏）=25.5 m。
5. 设计文件所使用的工程名称,部分可能与验标不一致（如本划分表中的过渡墩在设计图纸中为交界墩）,应视工程内容具体化,可加括号说明。
6. 本案例将整座桥划为一个单位工程,主桥分部工程采用《公路工程质量检验评定标准 第一册 土建工程》JTG F80/1—2017）附录A-2的标准进行划分。每个分部工程之分项工程按此表的顺序逐个编排。

附表A-5 隧道工程检验评定单元划分示例表

单位工程		分部工程		分项工程		
名称	编号	名称	编号	名称	编号	备注
ZK129+070/K129+138某某隧道		隧道总体及装饰装修		隧道总体		
				隧道装饰装修		
		进口洞口工程（左右洞）		进口抗滑桩钢筋安装		备注同路基工程有关内容
				进口抗滑桩混凝土浇筑		备注同路基工程有关内容
				进口抗滑桩挡土板钢筋安装		备注同路基工程有关内容
				进口抗滑桩挡土板浇筑		备注同路基工程有关内容
				进口抗滑桩挡土板安装		备注同路基工程有关内容
				进口挡土墙浇筑		备注同路基工程有关内容
				进口挡土墙回填		备注同路基工程有关内容
				进口截水沟		备注同路基工程有关内容
				进口边仰坡钢筋网		备注同洞内钢筋网
				进口边仰坡砂浆锚杆		备注同洞内锚杆
				进口边仰坡Φ42钢花管（超前小导管）		备注同洞内超前小导管
				进口边仰坡喷射混凝土		备注同洞内喷射混凝土
				进口洞门和端墙钢筋安装		备注受力钢筋的排数及排间距、每排受力钢筋的根数和间距，钢筋骨架尺寸，保护层面积，混凝土标号
				进口洞门和端墙浇筑		
				进口洞口排水沟		备注同洞内中央排水管
				进口洞门和端墙回填		备注回填厚度、层数、压实度要求和坡度
		出口洞口工程（左右洞）		出口挡土墙浇筑		出口左洞洞口结构形式为端墙式 出口右洞洞口结构形式为削竹式
				出口挡土墙回填		
				出口左洞左侧边坡锚杆锚索		
				出口左洞左侧边坡坡面结构		
				出口截水沟		
				出口边仰坡钢筋网		
				出口边仰坡砂浆锚杆		
				出口边仰坡Φ42钢花管（超前小导管）		
				出口边仰坡喷射混凝土		
				出口左洞洞门和端墙钢筋安装		出口左洞洞口结构形式为端墙式 出口右洞洞口结构形式为削竹式
				出口左洞洞门和端墙浇筑		
				出口左洞洞门和端墙回填		
				出口K135+138~K135+157明洞开挖		
				出口K135+138~K135+157明洞仰拱钢筋安装		出口洞口工程备注内容类同进口 明洞备注内容同洞内有关分项工程
				出口K135+138~K135+157明洞仰拱混凝土浇筑		
				出口K135+138~K135+157明洞仰拱回填		
				出口K135+138~K135+157明洞二衬钢筋安装		
				出口K135+138~K135+157明洞二衬混凝土浇筑		
				出口K135+138~K135+157明洞防水		
		出口洞口工程（左右洞）		出口K135+138~K135+157止水带		
				出口K135+138~K135+157排水沟		
				出口右洞明洞回填		
				出口洞口排水沟		
		ZK123+025~ZK123+225洞身开挖		ZK123+025~ZK123+225洞身开挖		共1段：ZK123+025~ZK123+225（200 m Ⅴ5）
		ZK123+225~ZK123+425洞身开挖		ZK123+225~ZK123+425洞身开挖		共3段：ZK123+225~ZK123+240（15 m Ⅴ5）ZK123+240~ZK123+300（60 m Ⅳ4）ZK123+300~ZK123+425（125 m Ⅳ3）

单位工程		分部工程		分项工程		
名称	编号	名称	编号	名称	编号	备注
ZK129+070/K129+138某某隧道		ZK123+425～ZK123+625洞身开挖		ZK123+425～ZK123+625洞身开挖		共7段： ZK123+425～ZK123+536（111 mⅣ3） ZK123+536～ZK123+548（12 mⅣ4） ZK123+548～ZK123+554（6Ⅳ3） ZK123+554～ZK123+569（15 mⅤJ） ZK123+569～ZK123+589（20 mⅤJQ） ZK123+589～ZK123+604（15 mⅤJ） ZK123+604～ZK123+625（21 mⅤ1）
		…	…	…	…	下一个洞身开挖分部工程
		ZK123+025～ZK123+225洞身衬砌		ZK123+025～ZK123+225管棚		管棚长度40 m，共计36根，环向间距40 cm，孔深40 m。
				ZK123+025～ZK123+225钢筋网		钢筋网保护层度4 cm，网格尺寸20×20 cm，补充，搭接长度24 cm
				ZK123+025～ZK123+225钢架		共333榀，间距0.6 m，保护层厚度内侧20 mm，外侧40 mm，连接钢筋HRB400Φ22的38根环向间距1 m。
				ZK123+025～ZK123+225超前小导管		φ42小导管长4 m，共3797根，环向间距40 cm，孔深4 m。
				ZK123+025～ZK123+225喷射混凝土		共1段：C25喷射混凝土，ZK123+025～ZK123+225（Ⅴ5，厚度26 cm）
				ZK123+025～ZK123+225仰拱钢筋		共1段：ZK123+025～ZK123+225（Ⅴ5，主筋Φ22，间距200 mm，两层钢筋间距312 mm），箍筋间距20 cm，主筋长度25.722 m，钢筋保护层厚度58 mm。
				ZK123+025～ZK123+225仰拱		共1段：C35钢筋混凝土ZK123+025～ZK123+225（Ⅴ5，厚度60 cm），钢筋保护层58 mm。
				ZK123+025～ZK123+225仰拱回填		共1段：ZK123+025～ZK123+225（Ⅴ5）混凝土强度C15。
				ZK123+025～ZK123+225衬砌钢筋		共1段：ZK123+025～ZK123+225（Ⅴ5，主筋Φ22，间距200 mm，两层钢筋间距312 mm），箍筋间距20 cm，主筋长度25.722 m，钢筋保护层厚度58 mm。
				ZK123+025～ZK123+225混凝土衬砌		共1段：混凝土标号C35，ZK123+025～ZK123+225（Ⅴ5，厚度60 cm）
		ZK123+225～ZK123+425洞身衬砌		ZK123+225～ZK123+425锚杆		共3段：φ22砂浆锚杆，共2100根；锚杆拉拔力50 kN； 孔位：ZK123+225～ZK123+240（Ⅴ5，厚度26 cm）设计无锚杆、ZK123+240～ZK123+300（Ⅳ4，厚度22 cm）环向1 m×纵向0.8 m，ZK123+300～ZK123+425（Ⅳ3，厚度22 cm）环向2 m×纵向1 m 孔深：ZK123+240～ZK123+300（Ⅳ4，厚度22 cm）2.5 m，ZK123+300～ZK123+425（Ⅳ3，厚度22 cm）2.5 m； 孔径：37 mm。
				ZK123+225～ZK123+425钢筋网		钢筋网保护层度4 cm，ZK123+225～ZK123+240网格尺寸20×20 cm，K123+240～ZK123+425网格尺寸25×25 cm，搭接长度24 cm
				ZK123+225～ZK123+425钢架		共3段225榀： ZK123+225～ZK123+240（Ⅴ5）钢架间距0.6 m，HRB400Φ22的38根环向间距1 m保护层厚度内侧20 mm，外侧40 mm，连接钢筋 ZK123+240～ZK123+300（Ⅳ4）钢架间距0.8 m ZK123+300～ZK123+425（Ⅳ3）钢架间距1 m，HRB400Φ22的28根环向间距1 m。
		ZK123+225～ZK123+425洞身衬砌		ZK123+225～ZK123+425超前小导管		φ42小导管，共计2995根，环向间距40 cm，共4段： ZK123+225～ZK123+240（Ⅴ5）长度4 m，孔深4 m ZK123+240～ZK123+300（Ⅳ4）长度4 m、孔深4 m ZK123+300～ZK123+425（Ⅳ3）长度3 m、孔深3 m ZK123+225～ZK123+240（Ⅴ5）长度4 m，孔深4 m

单位工程		分部工程		分项工程		
名称	编号	名称	编号	名称	编号	备注
ZK129 +070/ K129+ 138 某某 隧道		ZK123+225 ~ ZK123+425 洞身衬砌		ZK123+225~ZK123+425 喷射混凝土		共3段，C25： ZK123+225~ZK123+240（Ⅴ5，厚度26 cm） ZK123+240~ZK123+300（Ⅳ4，厚度22 cm） ZK123+300~ZK123+425（Ⅳ3，厚度22 cm）
				ZK123+225~ZK123+425 仰拱钢筋		共2段，ZK123+225~ZK123+240（Ⅴ5，主筋Φ22，主筋150根，间距200 mm，两层钢筋间距312 mm，箍筋间距200 mm，主筋长25.722 m） ZK123+240~ZK123+300（Ⅳ4，主筋Φ20，主筋480根，间距250 mm，两层钢筋间距314 mm，箍筋间距200 mm，主筋长24.889 m）
				ZK123+225~ZK123+425 仰拱		共3段：混凝土标号采用C30 ZK123+225~ZK123+240（Ⅴ5，厚度60 cm） ZK123+240~ZK123+300（Ⅳ4，厚度45 cm） ZK123+300~ZK123+425（Ⅳ3，厚度45 cm），保护层厚度58 mm。
				ZK123+225~ZK123+425 回填		共3段：混凝土标号采用C15。 ZK123+225~ZK123+240 ZK123+240~ZK123+300 ZK123+300~ZK123+425
				ZK123+225~ZK123+425 衬砌钢筋		共含2段： ZK123+225~ZK123+240（Ⅴ5，主筋Φ22，主筋150根，间距200 mm，两层钢筋间距312 mm，箍筋间距200 mm，主筋长25.722 m） ZK123+240~ZK123+300（Ⅳ4，主筋Φ20，主筋480根，间距250 mm，两层钢筋间距314 mm，箍筋间距200 mm，主筋长24.889 m）
				ZK123+225~ZK123+425 混凝土衬砌		共3段：混凝土标号采用C30， ZK123+225~ZK123+240（Ⅴ5，厚度60 cm） ZK123+240~ZK123+300（Ⅳ4，厚度45 cm） ZK123+300~ZK123+425（Ⅳ3，厚度45 cm）
		ZK123+425 ~ ZK123+625 洞身衬砌		ZK123+425~ZK123+625 锚杆		Φ22砂浆锚杆，共计3335根，锚杆拉拔力50KN， ZK123+425~ZK123+536（Ⅳ3，环向2 m×纵向1 m，孔深2.5 m） ZK123+536~ZK123+548（Ⅳ4，环向2 m×纵向0.8 m，孔深2.5 m） ZK123+548~ZK123+554（Ⅳ3，环向2 m×纵向1 m，孔深2.5 m） ZK123+554~ZK123+569（ⅤJ，环向1.6 m×纵向0.6 m，孔深3.5 m） ZK123+569~ZK123+589（ⅤJQ，环向1.6 m×纵向0.5 m，孔深2.5 m） ZK123+589~ZK123+604（ⅤJ，环向1.6 m×纵向0.6 m，孔深3.5 m） ZK123+604~ZK123+625（Ⅴ1，环向1.6 m×纵向1 m，孔深3 m），孔径37 mm。
				ZK123+425~ZK123+625 钢筋网		钢筋网保护层厚度4 cm，ZK123+425~ZK123+554网格尺寸25×25 cm，ZK123+554~ZK123+625网格尺寸20×20 cm，搭接长度24 cm
				ZK123+425~ZK123+625 钢架		共243榀 ZK123+425~ZK123+536（Ⅳ3，间距1 m，连接钢筋HRB400Φ22的38根环向间距1 m） ZK123+536~ZK123+548（Ⅳ4，间距0.8 m，连接钢筋HRB400Φ22的25根环向间距1 m） ZK123+548~ZK123+554（Ⅳ3，间距1 m，连接钢筋HRB400Φ22的38根环向间距1 m） ZK123+554~ZK123+569（ⅤJ，间距0.6 m连接钢筋HRB400Φ22的45根环向间距1 m） ZK123+569~ZK123+589（ⅤJQ，间距0.5 m，连接钢筋HRB400Φ22的38根环向间距1 m） ZK123+589~ZK123+604（ⅤJ，间距0.6 m连接钢筋HRB400Φ22的45根环向间距1 m） ZK123+604~ZK123+625（Ⅴ1，间距1 m保连接钢筋HRB400Φ22的25根环向间距1 m）

单位工程		分部工程		分项工程		
名称	编号	名称	编号	名称	编号	备注
ZK129+070/K129+138 某某隧道		ZK123+425~ZK123+625 洞身衬砌		ZK123+425~ZK123+625 超前小导管		φ42小导管共计3050根, 环向间距40 cm, 共7段 ZK123+425~ZK123+536（Ⅳ3, 长3.5 m, 孔深3.5 m） ZK123+536~ZK123+548（Ⅳ4, 长4 m, 孔深4 m） ZK123+548~ZK123+554（Ⅳ3, 长3.5 m, 孔深3.5 m） ZK123+554~ZK123+569（ⅤJ, 长4 m, 孔深4 m） ZK123+569~ZK123+589（ⅤJQ, 长4 m, 孔深4 m） ZK123+589~ZK123+604（ⅤJ, 长4 m, 孔深4 m） ZK123+604~ZK123+625（Ⅴ1, 长3.5 m, 孔深3.5 m）
				ZK123+425~ZK123+625 喷射混凝土		共7段标号为C25 ZK123+425~ZK123+536（Ⅳ3, 厚度22 cm） ZK123+536~ZK123+548（Ⅳ4, 厚度22 cm） ZK123+548~ZK123+554（Ⅳ3, 厚度22 cm） ZK123+554~ZK123+569（ⅤJ, 厚度26 cm） ZK123+569~ZK123+589（ⅤJQ, 厚度26 cm） ZK123+589~ZK123+604（ⅤJ, 厚度26 cm） ZK123+604~ZK123+625（Ⅴ1, 厚度24 cm）
				ZK123+425~ZK123+625 仰拱钢筋		共5段, 保护层厚度58 mm ZK123+536~ZK123+548（Ⅳ4, 主筋Φ20 长度24.889 m 96根 间距250 mm, 两层钢筋间距314 mm） ZK123+554~ZK123+569（ⅤJ, 主筋Φ25, 长度29.785 m 150根 间距200 mm, 两层钢筋间距459 mm） ZK123+569~ZK123+589（ⅤJQ, 主筋200根, 间距20 cm, 两层钢筋间距456 mm, 箍筋间距200 mm, 主筋长度29.785 m） ZK123+589~ZK123+604（ⅤJ, 主筋Φ25, 主筋150根, 间距20 cm, 两层钢筋间距459 mmm, 箍筋间距200 mm, 主筋长度29.785 m） ZK123+604~ZK123+625（Ⅴ1, 主筋Φ22, 主筋168根, 间距250 mm, 两层钢筋间距312 mm, 箍筋间距250 mm, 主筋长度4.883 m）
				ZK123+425~ZK123+625 仰拱		共7段混凝土标号C30保护层厚度58 mm ZK123+425~ZK123+536（Ⅳ3, 厚度45 cm）, ZK123+536~ZK123+548（Ⅳ4, 厚度45 cm）, ZK123+548~ZK123+554（Ⅳ3, 厚度45 cm）, ZK123+554~ZK123+569（ⅤJ, 厚度60 cm）, ZK123+569~ZK123+589（ⅤJQ, 厚度60 cm）, ZK123+589~ZK123+604（ⅤJ, 厚度60 cm）, ZK123+604~ZK123+625（Ⅴ1, 厚度45 cm）,
				ZK123+425~ZK123+625 仰拱回填		混凝土标号C15
				ZK123+425~ZK123+625 衬砌钢筋		共5段： ZK123+536~ZK123+548（Ⅳ4, 主筋Φ20, 主筋96根, 间距250 mm, 两层钢筋间距314 mm, 箍筋间距250 mm, 主筋长度24.889 m, 保护层厚度58 mm） ZK123+554~ZK123+569（ⅤJ, 主筋Φ25, 主筋150根, 间距200 mm, 两层钢筋间距459 mm, 箍筋间距200 mm, 主筋长度29.785 m, 保护层厚度58 mm） ZK123+569~ZK123+589（ⅤJQ, 主筋Φ28, 主筋200根, 间距20 cm, 两层钢筋间距456 mm, 箍筋间距200 mm, 主筋长度29.785 m, 保护层厚度58 mm） ZK123+589~ZK123+604（ⅤJ, 主筋Φ25, 主筋150根, 间距20 cm, 两层钢筋间距459 mmm, 箍筋间距200 mm, 主筋长度29.785 m, 保护层厚度58 mm） ZK123+604~ZK123+625（Ⅴ1, 主筋Φ22, 主筋168根, 间距250 mm, 两层钢筋间距312 mm, 箍筋间距250 mm, 主筋长度24.883 m, 保护层厚度58 mm）

单位工程		分部工程		分项工程		
名称	编号	名称	编号	名称	编号	备注
ZK129+070/K129+138某某隧道		ZK123+425~ZK123+625洞身衬砌		ZK123+425~ZK123+625 混凝土衬砌		共7段：混凝土标号C30 ZK123+425~ZK123+536（Ⅳ3，厚度45 cm） ZK123+536~ZK123+548（Ⅳ4，厚度45 cm） ZK123+548~ZK123+554（Ⅳ3，厚度45 cm） ZK123+554~ZK123+569（ⅤJ，厚度60 cm） ZK123+569~ZK123+589（ⅤJQ，厚度60 cm） ZK123+589~ZK123+604（ⅤJ，厚度60 cm） ZK123+604~ZK123+625（Ⅴ1，厚度45 cm）
		...	...	...	...	下一个洞身衬砌分部工程
		ZK123+025~ZK123+225防排水		ZK123+025~ZK123+225 防水层		搭接长度10 cm，焊缝宽度1 cm，固定点间距拱部50-80 cm，边墙80-100 cm。
				ZK123+025~ZK123+225 止水带		
				ZK123+025~ZK123+225 排水		混凝土标号C30，水沟截面尺寸60×65 cm，纵坡2.91%，基础厚15 cm。
		ZK123+225~ZK123+425防排水		ZK123+225~ZK123+425 防水层		搭接长度10 cm，焊缝宽度1 cm，固定点间距拱部50-80 cm，边墙80-100 cm。
				ZK123+225~ZK123+425 止水带		
				ZK123+225~ZK123+425 排水		混凝土标号C30，水沟截面尺寸60×65 cm，纵坡2.91%，基础厚15 cm。
		ZK123+425~ZK123+625防排水		ZK123+425~ZK123+625 防水层		搭接长度10 cm，焊缝宽度1 cm，固定点间距拱部50-80 cm，边墙80-100 cm。
				ZK123+425~ZK123+625 止水带		
				ZK123+425~ZK123+625 排水		混凝土标号C30，水沟截面尺寸60×65 cm，纵坡2.91%，基础厚15 cm。
		...	...	...	...	下一个防排水分部工程
		ZK123+025~ZK126+225混凝土路面		ZK123+025~ZK123+225 沥青混凝土面层		厚度11 cm
				ZK123+025~ZK123+225 水泥混凝土基层		厚度26 cm，弯拉强度5 MPa且混凝土强度C40。
		ZK126+225~ZK129+225混凝土路面		ZK126+225~ZK129+225 沥青混凝土面层		厚度11 cm
				ZK126+225~ZK129+225 水泥混凝土基层		厚度26 cm，弯拉强度5 Mpa且混凝土强度C40。
		ZK129+225~ZK132+225混凝土路面		ZK129+225~ZK132+225 沥青混凝土面层		厚度11 cm
				ZK129+225~ZK132+225 水泥混凝土基层		厚度26 cm，弯拉强度5 Mpa且混凝土强度C40。
		...	...	...	...	下一个隧道混凝土路面分部工程
		人行横通道				人行通道划为一个分部工程
		车行横通道		...		车行通道划为一个分部工程
		ZKXX洞内变压所		...		洞内变电所划为一个分部工程
		右洞		...		划分同左洞
		1#斜井隧道总体及装饰装修		...		划分同主洞
		1#斜井洞口工程		...		划分同主洞
		1#斜井ZK1+973~ZK1+773分部工程		1#斜井ZK1+973~ZK1+943 管棚		共1段： 1#斜井ZK1+973~ZK1+943，管棚长40 m，共计24根，环向间距40 cm，孔深40 m。
				1#斜井ZK1+973~ZK1+773 洞身开挖		共2段： 1#斜井ZK1+973~ZK1+803（170 m，Ⅴ土） 1#斜井ZK1+803~ZK1+773（30 m，XJⅤ仰）
				1#斜井ZK1+973~ZK1+773 超前小导管		φ42共2420根，环向间距40 cm，共2段： 1#斜井ZK1+973~ZK1+803（170 mXJⅤ土，长度3.5 m，孔深3.5 m） 1#斜井ZK1+803~ZK1+773（30 mXJⅤ仰，长度4 m，孔深4 m）
				1#斜井ZK1+973~ZK1+773 锚杆		φ22砂浆锚杆，孔径37 mm，环向1.2 m×纵向1 m，孔深2.5 m拉力50KN，共467根 1#斜井ZK1+803~ZK1+773（30 mXJⅤ仰）

单位工程		分部工程		分项工程		
名称	编号	名称	编号	名称	编号	备注
ZK129+070/K129+138某某隧道		1#斜井 ZK1+973 ～ ZK1+773 分部工程		1#斜井 ZK1+973～ZK1+773 钢筋网		钢筋网保护层厚度4 cm, 网格尺寸25×25 cm, 搭接长度24 cm。
				1#斜井 ZK1+973～ZK1+773 钢架		共2段213榀: 1#斜井 ZK1+973～ZK1+803（170 m, 间距0.8 m, 连接钢筋19根, 环向间距1 m） 1#斜井 ZK1+803～ZK1+773（30 m, 间距0.8 m, 连接钢筋19根, 环向间距1 m）
				1#斜井 ZK1+973～ZK1+773 喷射混凝土		共2段, 混凝土标号C25: 1#斜井 ZK1+973～ZK1+803（XJⅤ土, 厚24 cm） 1#斜井 ZK1+803～ZK1+773（XJⅤ仰, 厚度24 cm）
				1#斜井 ZK1+973～ZK1+773 仰拱钢筋		共1段: 1#斜井 ZK1+973～ZK1+803（Ⅴ土, 主筋Φ18, 主筋1360根, 间距250 mm, 两层钢筋层间距217 mm）, 主筋长26.58 m, 钢筋保护层58 mm。
				1#斜井 ZK1+973～ZK1+773 仰拱		共2段: 1#斜井 ZK1+973～ZK1+803（1XJⅤ土, 厚度40 cm, C35） 1#斜井 ZK1+803～ZK1+773（XJⅤ仰, 厚度40 cm, C35）
				1#斜井 ZK1+973～ZK1+773 仰拱回填		C15
				1#斜井 ZK1+973～ZK1+773 衬砌钢筋		共1段: 1#斜井 ZK1+973～ZK1+803（Ⅴ土, 主筋Φ18共1360根, 间距250 mm, 两层钢筋层间距217 mm）, 主筋长26.58 m
				1#斜井 ZK1+973～ZK1+773 混凝土衬砌		共2段: 混凝土标号C35 1#斜井 ZK1+973～ZK1+803（XJⅤ土, 厚度40 cm） 1#斜井 ZK1+803～ZK1+773（XJⅤ仰, 厚度40 cm）
				1#斜井 ZK1+973～ZK1+773 防水层		搭接长度10 cm, 焊缝宽度1 cm, 固定点间距拱部50-80 cm, 边墙80-100 cm。
				1#斜井 ZK1+973～ZK1+773 止水带		搭接长度10 cm, 焊缝宽度1 cm, 固定点间距拱部50-80 cm, 边墙80-100 cm。
				ZK1+973～ZK1+773 排水		
		...	...	...	...	1#斜井左洞下一个分部工程
		1#斜井 ZK1+373 ～ ZK1+173		1#斜井 ZK1+373～ZK1+173 洞身开挖		共2段: 1#斜井 ZK1+373～ZK1+205（168 m, XJⅣ复） 1#斜井 ZK1+205～ZK1+173（32 m, XJⅤ底）
				1#斜井 ZK1+373～ZK1+173 超前小导管		φ42, 共2200根, 2段: 1#斜井 ZK1+373～ZK1+205（XJⅣ复, 长度3.5 m, 环向40 cm、孔深3.5 m） 1#斜井 ZK1+205～ZK1+173（XJⅤ底, 长度3.5 m、环向40 cm、孔深3.5 m）
				1#斜井 ZK1+373～ZK1+173 锚杆		φ22砂浆锚杆, 共2636根, 锚杆拉拔力50KN, 共计467根2段: 1#斜井 ZK1+373～ZK1+205（XJⅣ复, 环向1.2 m×纵向1。2 m, 孔深3 m） 1#斜井 ZK1+205～ZK1+173（XJⅤ底, 环向1.2 m×纵向1 m, 孔深3.5 m）, 孔径37 mm
				1#斜井 ZK1+373～ZK1+173 钢筋网		钢筋网保护层厚度4 cm, 网格尺寸25×25 cm, 搭接长度24 cm。
				1#斜井 ZK1+373～ZK1+173 钢架		共200榀2段: 1#斜井 ZK1+373～ZK1+205（XJⅣ复, 钢架间距1 m、内侧保护层20 mm, 外侧保护层40 mm, 连接钢筋18根环向间距1 m） 1#斜井 ZK1+205～ZK1+173（XJⅤ底, 钢架间距1 m、内侧保护层20 mm, 外侧保护层40 mm, 连接钢筋19根环向间距1 m）

单位工程		分部工程		分项工程		
名称	编号	名称	编号	名称	编号	备注
ZK129+070/K129+138 某某隧道		1#斜井 ZK1+373～ZK1+173		1#斜井 ZK1+373～ZK1+173 喷射混凝土		共2段，C25： 1#斜井 ZK1+373～ZK1+205（XJⅣ复，厚度22 cm） 1#斜井 ZK1+205～ZK1+173（XJⅤ底，厚度24 cm
				1#斜井 ZK1+373～ZK1+173 底板		共2段，C30： 1#斜井 ZK1+373～ZK1+205（XJⅣ复，厚度55 cm） 1#斜井 ZK1+205～ZK1+173（XJⅤ底，厚度55 cm
				1#斜井 ZK1+373～ZK1+173 混凝土衬砌		共2段，C30： 1#斜井 ZK1+373～ZK1+205（XJⅣ复，厚度30 cm） 1#斜井 ZK1+205～ZK1+173（XJⅤ底，厚度40 cm）
				1#斜井 ZK1+373～ZK1+173 防水层		搭接长度10 cm，焊缝宽度1 cm，固定点间距拱部50-80 cm，边墙80-100 cm
				1#斜井 ZK1+373～ZK1+173 止水带		搭接长度10 cm，焊缝宽度1 cm，固定点间距拱部50-80 cm，边墙80-100 cm。
				1#斜井 ZK1+373～ZK1+173 排水		
		...	...	...	...	下一个1#斜井左洞分部工程
		1#斜井人行横通道		类同主洞		类同主洞
		1#斜井车行横通道		类同主洞		类同主洞
		1#斜井洞内变压所		类同主洞		类同主洞
		1#斜井右洞		类同1#斜井左洞		类同1#斜井左洞
		2#斜井		类同1#斜井		类同1#斜井

使用说明：

1. 示例是在某实际存在的特长隧道基础上扩展生成的，该特长隧道设计有1#斜井和2#斜井，每个斜井设计左右洞，使用时需据实填写，具体工程项目设计文件中没有的分部工程或分项工程应删除；
2. 设计文件所使用的工程名称，部分可能与验标不一致，应视工程内容具体化，可加括号说明；
3. 每个单位工程的分部工程按照2017验标的顺序编排，每个分部工程之分项工程按此表的顺序逐个编排完毕后，再编排下一个分部工程。

附表 A-6 绿化工程检验评定单元划分示例表

单位工程		分部工程		分项工程		
名称	编号	名称	编号	名称	编号	备注
K94+020~K107+850绿化工程		K94+020~K107+850分隔带绿地		K94+020~K107+850分隔带绿地绿地整理		包含3段,累计长度785 m、面积/m²,回填厚度10 cm 详见工程数量统计表
				K94+020~K107+850分隔带绿地树木栽植		包含55段,累计长度5753 m,其中: 乔木(女贞):1036株、株高2500 mm、冠径/mm、胸径60~80 mm 灌木(红叶石楠):765株、株高1500 mm、冠径80 mm 球类(皮球柏):992株、株高1200 mm、冠径1200 mm 藤本(爬藤蔷薇):1024株,主蔓长1500 mm、主蔓径3年生藤本 藤本(爬藤椒植):856株,主蔓长1500 mm、主蔓径3年生藤本 棕榈类(油棕):374株、株高2400 mm、地径150 mm 详见工程数量统计表
				K94+020~K107+850分隔带绿地草坪草本地被及花卉种植		1. 备注每个分隔带的起止桩号、长度和花卉设计数量; 2. 草坪、草本地被的设计长度和面积。
				K94+020~K107+850分隔带绿地喷播绿化		撒播植草,包含55段;累计长度5753 m,面积17258 m²。 详见工程数量统计表
		本分部工程设计绿地整理工程数量统计表				
		序号	段落桩号		长度(m)	面积(m²)
		1	K94+589~K94+891		302	/
		2	K96+074~K96+496		422	/
		3	K106+064~K106+125		61	/
		本分部工程设计树木工程数量统计表				
		序号	段落桩号	树木种类及数量		长度(m)
		1	K94+400~K94+445	女贞26株,爬藤蔷薇87株		45
		2	K95+645~K95+720	女贞62株,爬藤蔷薇22株		75
		3	K96+520~K96+590	红叶石楠53株,爬藤椒植189株		70
		4	K96+790~K96+915	红叶石楠98株,爬藤椒植126株		125
		5	K97+710~K97+810	皮球柏106株,爬藤蔷薇88株		100
		6	K98+210~K98+365	女贞133株,爬藤蔷薇41株		155
		7	K99+245~K99+330	皮球柏78株,爬藤蔷薇104株		85
		…	…	…		…
		…	…	…		…
		…	…	…		…
		…	…	…		…
		54	K107+265~K107+350	油棕82株,爬藤椒植331株		85
		55	K107+550~K107+721	油棕163株爬藤蔷薇47株		171
		本分部工程设计喷播绿化工程数量统计表				
		喷播绿化形式	序号	段落桩号	长度(m)	面积(m²)
		挂三维网喷播植草	/	/	/	/
		液压喷播植草	/	/	/	/
		撒播植草	1	K94+400~K94+445	45	135
			2	K95+645~K95+720	75	225
			3	K96+520~K96+590	70	210
			4	K96+790~K96+915	125	360
			5	K97+710~K97+810	100	300
			6	K98+210~K98+365	155	465
			…	…	…	…
			54	K107+265~K107+350	85	255
			55	K107+550~K107+721	171	511.5
		喷混植生	/	/	/	/

单位工程		分部工程		分项工程		
名称	编号	名称	编号	名称	编号	备注
K94+020~K107+850绿化工程		K94+020~K107+850边坡绿地		K94+020~K107+850边坡绿地 绿地整理		本项目设计无此内容
				K94+020~K107+850边坡绿地 树木栽植		包含48段，累计长度5311 m，其中： 乔木（女贞）：1062株、株高2500 mm、冠径/mm、胸径60-80 mm 灌木（红叶石楠）：765株、株高1500 mm、冠径80 mm 球类（皮球柏）：992株、株高1200 mm、冠径1200 mm 藤本（爬藤蔷薇）：8022株，主蔓长1500 mm、主蔓径10 mm 藤本（爬藤椒植）：2856株，主蔓长1500 mm、主蔓径10 mm 详见工程数量统计表
				K94+020~K107+850边坡绿地 草坪草本地被及花卉种植		本项目设计无此内容
				K94+020~K107+850边坡绿地 喷播绿化		挂三维网喷播植草：包含76段，累计长度3153 m，面积42891 m²； 液压喷播植草：包含49段，累计长度1216 m，面积5664 m²； 撒播植草：包含139段，累计长度9026 m，面积109453 m²； 喷混植生：包含69段，累计长度5176 m，面积65775 m² 详见工程数量统计表
		本分部工程设计树木工程数量统计表				
		序号	段落桩号		树木种类及数量	长度（m）
		1	ZK95+050~ZK95+102左侧		女贞10株，爬藤蔷薇147株	52
		2	K96+143~K96+352右侧		女贞42株，爬藤蔷薇362株	209
		3	ZK96+157~ZK96+377左侧		红叶石楠36株，爬藤椒植144株	220
		4	ZK96+590~ZK96+915左侧		红叶石楠58株，爬藤椒植226株	325
		5	ZK97+315~ZK97+810左侧		皮球柏112株，爬藤蔷薇788株	495
		6	K98+210~K98+365右侧		女贞33株，爬藤蔷薇245株	155
		7	K99+246~K99+330右侧		皮球柏38株，爬藤蔷薇104株	84
		…	…		…	…
		…	…		…	…
		…	…		…	…
		47	K106+945~K107+365右侧		红叶石楠53株，爬藤椒植288株	420
		48	ZK107+446~ZK107+763左侧		女贞66株，爬藤蔷薇516株	317
		本分部工程设计喷播绿化工程数量统计表				
		喷播绿化形式	序号	段落桩号	长度（m）	面积（m²）
		挂三维网喷播植草	1	ZK95+010~ZK95+050	40	636
			2	ZK95+050~ZK95+100	50	414
			…	…	…	…
			76	K107+700~K107+710	10	178
		液压喷播植草	1	K94+948~K95+035	87	348
			2	K95+080~K95+100	20	96
			…	…	…	…
			49	K107+040~K107+060	20	136
		撒播植草	1	K97+243~K97+253	10	82
			2	ZK94+943~ZK94+978	35	419
			…	…	…	…
			139	K107+455~K107+465	10	45
		喷混植生	1	ZK95+050~ZK95+100	50	807
			2	ZK97+243~ZK97+260	17	190
			…	…	…	…
			69	K106+120~K106+214.	94	768

单位工程名称：K94+020~K107+850绿化工程

单位工程		分部工程		分项工程		
名称	编号	名称	编号	名称	编号	备注
K94+020~K107+850绿化工程		K94+020~K107+850护坡道绿地		K94+020~K107+850护坡道绿地 绿地整理		包含13段,累计长度641.5 m,面积/m²,回填50 cm；详见工程数量统计表
				K94+020~K107+850护坡道绿地 树木栽植		包含13段,累计长度641.5 m,其中：乔木(女贞)128株、株高300 cm、冠径150 cm、胸径6-8 cm、间距5 m/株 藤本(爬藤蔷薇)1923株,主蔓长120 cm、主蔓径3年生苗、间距3株/m 详见工程数量统计表
				K94+020~K107+850护坡道绿地 草坪草本地被及花卉种植		设计无此内容
				K94+020~K107+850护坡道绿地 喷播绿化		包含13段,累计长度641.5 m,黑麦草：白三叶：红花酢浆草=6：3：1, 15-20g/m² 详见工程数量统计表
				本分部工程设计绿地整理段落分类统计表		
				序号	段落桩号	长度（m）	面积（m²）

本分部工程设计绿地整理段落分类统计表

序号	段落桩号	长度（m）	面积（m²）
1	ZK94+140~ZK94+263 左侧	123	/
2	ZK94+675~ZK94+682 左侧	7	/
3	K96+130~K96+190 右侧	60	/
4	ZK99+170~ZK99+216 左侧	46	/
5	ZK99+697~ZK99+725 左侧	28	/
...	...	...	...
...	...	...	...
...	...	...	...
...	...	...	...
...	...	...	...
...	...	...	...
12	K106+245~K106+350 右侧	105	/
13	K106+650~K106+665 右侧	15	/

本分部工程设计树木分类统计表

序号	段落桩号	树木种类及数量	长度（m）
1	ZK94+140~ZK94+263 左侧	女贞26株,爬藤蔷薇387株	123
2	ZK94+675~ZK94+682 左侧	女贞1株,爬藤蔷薇22株	7
3	K96+130~K96+190 右侧	女贞13株,爬藤蔷薇189株	60
4	ZK99+170~ZK99+216 左侧	女贞8株,爬藤蔷薇126株	46
5	ZK99+697~ZK99+725 左侧	女贞6株,爬藤蔷薇88株	28
...	...	...	...
...	...	...	...
...	...	...	...
...	...	...	...
...	...	...	...
...	...	...	...
12	K106+245~K106+350 右侧	女贞22株,爬藤蔷薇331株	105
13	K106+650~K106+665 右侧	女贞3株,爬藤蔷薇47株	15

本分部工程设计喷播绿化分类统计表

喷播绿化形式	序号	段落桩号	长度（m）	面积（m²）
撒播植草	1	ZK94+140~ZK94+263 左侧	123	90.4
	2	ZK94+675~ZK94+682 左侧	7	5.2
	3	K96+130~K96+190 右侧	60	44.1
	4	ZK99+170~ZK99+216 左侧	46	29.4
	5	ZK99+697~ZK99+725 左侧	28	20.6
	6	ZK103+878~ZK103+891 左侧	13	9.6
	7	ZK104+245~ZK104+330 左侧	85	62.5
	8	ZK104+655~ZK104+665 左侧	10	7.4
	9	K105+200~K105+284.5 右侧	84.5	62.2
	10	K105+690~K105+695 右侧	5	3.7
	11	K105+800~K105+835 右侧	35	25.7
	12	K106+245~K106+350 右侧	105	77.2
	13	K106+650~K106+665 右侧	15	11

单位工程		分部工程		分项工程		
名称	编号	名称	编号	名称	编号	备注
K94+020~K107+850 绿化工程		K94+020~K107+850 碎落台绿地		K94+020~K107+850 碎落台绿地 绿地整理		本项目设计无此内容
				K94+020~K107+850 碎落台绿地 树木栽植		包含53段，累计长度6244 m，其中： 灌木（木槿）：462株、株高1500 mm、冠径80 mm-100 mm 藤本（爬藤蔷薇）：3136株、主曼长1200 mm、主曼径3年生藤本 详见工程数量统计表
				K94+020~K107+850 碎落台绿地 草坪草本地被及花卉种植		本项目设计无此内容
				K94+020~K107+850 碎落台绿地 喷播绿化		撒播植草：包含53段，累计长度6244 m；面积12528 m²，详见工程数量统计表
		本分部工程设计树木工程数量统计表					
		序号	段落桩号		树木种类及数量		长度（m）
		1	K94+948~K95+006 右侧		木槿5株，爬藤蔷薇29株		58
		2	K94+948~K95+050 右侧		木槿11株，爬藤蔷薇56株		102
		3	ZK95+070~ZK95+140 左侧		木槿6株，爬藤蔷薇34株		70
		4	ZK97+252~ZK97+269 左侧		木槿2株，爬藤蔷薇10株		17
		5	ZK99+955~ZK100+070 左侧		木槿12株，爬藤蔷薇61株		115
		6	K100+445~K100+595 右侧		木槿16株，爬藤蔷薇75株		150
		…	…		…		…
		…	…		…		…
		…	…		…		…
		…	…		…		…
		…	…		…		…
		…	…		…		…
		…	…		…		…
		52	ZK107+470~ZK107+720.5 左侧		木槿23株，爬藤椒植133株		250.5
		53	K107+555~K107+720.5 右侧		木槿14株，爬藤蔷薇91株		165.5
		本分部工程设计喷播绿化工程数量统计表					
		喷播绿化形式	序号	段落桩号		长度（m）	面积（m²）
		撒播植草	1	K94+948~K95+006 右侧		58	104
			2	K94+948~K95+050 右侧		102	204
			3	ZK95+070~ZK95+140 左侧		70	140
			4	ZK97+252~ZK97+269 左侧		17	14
			5	ZK99+955~ZK100+070 左侧		115	230
			6	K100+445~K100+595 右侧		150	300
			…	…		…	…
			…	…		…	…
			…	…		…	…
			…	…		…	…
			…	…		…	…
			…	…		…	…
			…	…		…	…
			52	ZK107+470~ZK107+720.5 左侧		250.5	501
			53	K107+555~K107+720.5 右侧		165.5	331

单位工程		分部工程		分项工程		
名称	编号	名称	编号	名称	编号	备注
K94+020~K107+850绿化工程		K94+020~K107+850平台绿地		K94+020~K107+850平台绿地 绿地整理		包含16段，累计长度553 m，面积/m²，回填50 cm；详见工程数量统计表
				K94+020~K107+850平台绿地 树木栽植		包含16段，累计长度553 m，其中：灌木（云南黄馨）1116株、株高/cm、冠径/cm、枝长100 cm，5分枝以上，单排种植，2株/m 详见工程数量统计表
				K94+020~K107+850平台绿地 草坪草本地被及花卉种植		本项目设计无此内容
				K94+020~K107+850平台绿地 喷播绿化		本项目设计无此内容
				本分部工程设计绿地整理段落分类统计表			
				序号	段落桩号	长度（m）	面积（m²）
				1	ZK94+115~ZK94+123.5 左侧	8.5	/
				2	K94+123.5~K94+134 右侧	10.5	/
				3	ZK94+575~ZK94+583 左侧	8	/
				4	ZK96+583~K96+640 左侧	57	/
				5	ZK97+658.875~ZK97+670 左侧	11.1	/
				6	K97+725~K135+972 右侧	147	/
				7	K99+811~K99+867 右侧	56	/
				...	...	...	...
				...	...	...	...
				...	...	...	...
				...	...	...	...
				15	ZK106+197~ZK106+233 左侧	26	/
				16	K106+341~K106+499 右侧	158	/
				本分部工程设计树木工程数量统计表			
				序号	段落桩号	树木种类及数量	长度（m）
				1	ZK94+115~ZK94+123.5 左侧	云南黄馨17株	8.5
				2	K94+123.5~K94+134 右侧	云南黄馨22株	10.5
				3	ZK94+575~ZK94+583 左侧	云南黄馨16株	8
				4	ZK96+583~K96+640 左侧	云南黄馨55株	57
				5	ZK97+658.875~ZK97+670 左侧	云南黄馨23株	11.1
				6	K97+725~K135+972 右侧	云南黄馨294株	147
				7	K99+811~K99+867 右侧	云南黄馨92株	56
				...	...	...	...
				...	...	...	...
				...	...	...	...
				...	...	...	...
				...	...	...	...
				15	ZK106+197~ZK106+233 左侧	云南黄馨52株	26
				16	K106+341~K106+499 右侧	云南黄馨316株	158

单位工程		分部工程		分项工程		
名称	编号	名称	编号	名称	编号	备注
K94+020~K107+850 绿化工程		K94+020~K107+850 XX互通式立体交叉区与环岛绿地		K94+020~K107+850 XX互通式立体交叉区与环岛绿地 绿地整理		设计无此内容
				K94+020~K107+850 XX互通式立体交叉区与环岛绿地 树木栽植		包含31段，累计长度7509.8 m，其中： 乔木（女贞）：813株、株高2500 mm、冠径/mm、胸径60~80 mm 灌木（火棘）：864株、株高1200 mm、冠径800 mm 球类（小果蔷薇）：757株、株高1200 mm、冠径800 mm 藤本（爬藤蔷薇）29760株，主曼长1200 mm、3年生藤本 详见工程数量统计表
				K94+020~K107+850 XX互通式立体交叉区与环岛绿地 草坪草本地被及花卉种植		设计无此内容
				K94+020~K107+850 XX互通式立体交叉区与环岛绿地 喷播绿化		挂三维网喷播植草：包含28段，累计长度1537 m，面积19529 m² 液压喷播植草：包含14段，累计长度2267.5 m，面积7140 m² 撒播植草：包含48段，累计长度4862 m，面积41069 m² 喷混植生：包含35段，累计长度2830 m，面积38909 m² 撒播草花：包含17段，累计长度3442 m，面积9883.9 m² 详见工程数量统计表
		本分部工程设计树木工程数量统计表					
		序号	段落桩号		树木种类及数量		长度（m）
		1	AK0+070~AK0+250.5 左侧		女贞23株，爬藤蔷薇721株		180.5
		2	AK0+080~AK0+250.5 右侧		火棘31株，爬藤蔷薇721株		180.5
		3	BK0+230~BK0+313 左侧		小果蔷薇90株，爬藤蔷薇335株		83
		4	CK0+165.612~CK0+225 左侧		小果蔷薇62株，爬藤蔷薇240株		59.4
		5	DK0+116.974~DK0+428.577 右侧		火棘42株，爬藤蔷薇1237株		311.6
		6	DK0+210~DK0+275 右侧		女贞8株，爬藤蔷薇263株		65
		7	DK0+390~DK0+428.577 右侧		小果蔷薇39株，爬藤蔷薇174株		38.6
		…	…		…		…
		30	EK0+816.5~EK1+536.23 右侧		火棘93株，爬藤蔷薇3056株		719.7
		31	CPK0+000~CPK0+694.47 左侧		女贞67株，爬藤蔷薇2809株		694.5
		本分部工程设计喷播绿化工程数量统计表					
		喷播绿化形式	序号	段落桩号		长度（m）	面积（m²）
		挂三维网喷播植草	1	AK0+070~AK0+250.5 左侧		180.5	635
			2	BK0+230~BK0+313 左侧		83	314
			…	…		…	…
			28	CPK0+000~CPK0+294.47 左侧		294.5	1786
		液压喷播植草	1	CK0+165.612~CK0+225 左侧		59.4	248
			2	DK0+210~DK0+275 右侧		65	296
			…	…		…	…
			14	EK0+816.5~EK1+136.23 右侧		319.7	1038
		撒播植草	1	BK0+230~BK0+313 左侧		83	482
			2	DK0+390~DK0+428.577 右侧		38.6	219
			…	…		…	…
			48	EK0+000~EK0+220 右侧		220	945
		喷混植生	1	EK0+340~EK0+498.5 右侧		258.5	1307
			2	DK0+210~DK0+275 右侧		65	390
			…	…		…	…
			35	EK0+000~EK0+340 左侧		340	1768
		撒播草花	1	CK0+165.612~CK0+225 左侧		59.4	248
			2	BK0+230~BK0+313 左侧		83	482
			…	…		…	…
			17	EK0+816.5~EK1+336.23 右侧		519.7	2456

单位工程		分部工程		分项工程		
名称	编号	名称	编号	名称	编号	备注
K94+020~K107+850 绿化工程		K94+020~K107+850 XX管理养护设施区绿地		K94+020~K107+850 XX管理养护设施区绿地绿地整理		本项目设计无此内容
				K94+020~K107+850 XX管理养护设施区绿地树木栽植		包含11段，累计长度455.5 m，其中： 乔木（女贞）84株、株高250 cm、冠径150 cm、胸径6~8 cm 藤本（爬藤蔷薇）323株、主蔓长120 cm、主蔓径3年生苗 详见工程数量统计表
				K94+020~K107+850 XX管理养护设施区绿地草坪草本地被及花卉种植		本项目设计无此内容
				K94+020~K107+850 XX管理养护设施区绿地喷播绿化		撒播植草包含11段，累计长度641.5 m，面积2207 m² 黑麦草：白三叶：红花酢浆草=6:3:1，15~20 g/m² 详见工程数量统计表
				本分部工程设计树木分类统计表				
				序号	段落桩号	树木种类及数量	长度（m）
				1	CPK0+000~CPK0+084 左侧	女贞13株，爬藤蔷薇70株	84
				2	CPK0+006~CPK0+113.5 右侧	女贞19株，爬藤蔷薇93株	107.5
				...	...	...	...
				...	...	...	...
				...	...	...	...
				...	...	...	...
				...	...	...	...
				...	...	...	...
				...	...	...	...
				...	...	...	...
				...	...	...	...
				11	CPK1+003~CPK1+037 右侧	女贞7株，爬藤蔷薇26株	34
				本分部工程设计喷播绿化工程数量统计表				
				喷播绿化形式	序号	段落桩号	长度（m）	面积（m²）
				挂三维网喷播植草	/	/	/	/
					/	/	/	/
					/	/	/	/
				液压喷播植草	/	/	/	/
					/	/	/	/
					/	/	/	/
					/	/	/	/
				撒播植草	1	CPK0+000~CPK0+084 左侧	84	236
					2	CPK0+006~CPK0+113.5 右侧	107.5	321
					...	...	...	...
					11	CPK1+003~CPK1+037 右侧	34	109
				喷混植生	/	/	/	/
					/	/	/	/
					/	/	/	/
					/	/	/	/
				撒播草花	/	/	/	/
					/	/	/	/
					/	/	/	/
					/	/	/	/

单位工程		分部工程		分项工程		
名称	编号	名称	编号	名称	编号	备注
K94+020~K107+850 绿化工程		K94+020~K107+850 XX服务设施区绿地		K94+020~K107+850 XX服务设施区绿地绿地整理		本项目设计无此内容
				K94+020~K107+850 XX服务设施区绿地树木栽植		包含14段，累计长度1770 m，其中：乔木（云南松）：1920株、株高500 mm、冠径/mm、胸径60~80 mm 灌木(红叶石楠):896株、株高1500 mm、冠径80 mm 详见工程数量统计表
				K94+020~K107+850 XX服务设施区绿地草坪草本地被及花卉种植		包含1段，服务区内累计长度262 m，撒播草籽，黑麦草：白三叶：红花酢浆草=6：3：1，15~20 g/m²
				K94+020~K107+850 XX服务设施区绿地喷播绿化		1. 挂三维网喷播植草：包含6段，累计长度553 m，面积6585 m²； 2. 液压喷播植草：包含7段，累计长度436 m，面积4644 m²； 3. 喷混植生：包含9段，累计长度405 m，面积2976 m² 详见工程数量统计表
				本分部工程设计树木工程数量统计表			
				序号	段落桩号	树木种类及数量	长度（m）
				1	K102+430~K102+505 左侧	云南松76株，红叶石楠38株	75
				2	CPBK0+003~CPBK0+175 左侧	云南松173株，红叶石楠87株	172
				3	CPBK0+014~CPBK0+077 右侧	云南松64株，红叶石楠35株	63
				...	...	...	...
				...	...	...	...
				...	...	...	...
				...	...	...	...
				...	...	...	...
				...	...	...	...
				...	...	...	...
				...	...	...	...
				...	...	...	...
				13	CPBK0+195~CPBK0+269 右侧	云南松75株，红叶石楠38株	74
				14	CPBK0+175~CPBK0+320 左侧	云南松146株，红叶石楠73株	145
				本分部工程设计喷播绿化工程数量统计表			
				喷播绿化形式	序号	段落桩号	长度（m）	面积（m²）
				挂三维网喷播植草	1	CPBK0+009~CPBK0+075 左侧	66	736
					2	CPBK0+014~CPBK0+097 右侧	83	814
					...	...	...	...
					6	CPBK0+137~CPBK0+279 左侧	132	1486
				液压喷播植草	1	K102+430~K102+505 左侧	75	790
					2	CPBK0+014~CPBK0+077 右侧	63	655
					...	...	...	...
					7	CPBK0+195~CPBK0+269 右侧	74	836
				喷混植生	1	K102+330~K102+405 左侧	75	377
					2	CPBK0+175~CPBK0+320 左侧	145	733
					...	...	...	...
					9	CPBK0+133~CPBK0+256 右侧	123	615

单位工程		分部工程		分项工程			
名称	编号	名称	编号	名称		编号	备注
K94+020~K107+850 绿化工程		K94+020~K107+850 1#取土场绿地		K94+020~K107+850 1#取土场 绿地整理			包含2段，累计长度140 m，面积10560 m²，回填厚度10 cm；详见工程数量统计表
				K94+020~K107+850 1#取土场 树木栽植			包含2段，累计长度140 m，其中：乔木（女贞）：462株、株高2500 mm、冠径/mm、胸径60-80 mm 灌木（红叶石楠）：186株、株高1500 mm、冠径80 mm 藤本（爬藤蔷薇）：804株，主蔓长1500 mm、主蔓径10 mm 详见工程数量统计表
				K94+020~K107+850 1#取土场 草坪草本地被及 花卉种植			包含1段，1#取土场内累计长度70 m，面积8960 m² 撒播草籽，黑麦草：白三叶：红花酢浆草＝6:3:1，15~20 g/m²
				K94+020~K107+850 1#取土场 喷播绿化			撒播植草：包含2段，长度140 m；面积2896 m² 详见工程数量统计表
				本分部工程设计绿地整理工程数量统计表			
				序号	段落桩号	长度（m）	面积（m²）
				1	ZK104+700-ZK104+750左侧	50	3860
				2	K104+700-K104+790右侧	90	6700
				本分部工程设计树木工程数量统计表			
				序号	段落桩号	树木种类及数量	长度（m）
				1	ZK104+700-ZK104+750左侧	女贞172株，红叶石楠74株，爬藤蔷薇306株	50
				2	K104+700-K104+790右侧	女贞290株，红叶石楠112株，爬藤蔷薇498株	90
				本分部工程设计喷播绿化工程数量统计表			
				喷播绿化形式	序号	段落桩号	长度（m）	面积（m²）
				撒播植草	1	ZK104+700-ZK104+750左侧	50	1016
					2	K104+700-K104+790右侧	90	1780
					…	…	…	…

75

单位工程		分部工程		分项工程		
名称	编号	名称	编号	名称	编号	备注
K94+020~K107+850 绿化工程		K94+020~K107+850 1#弃土场绿地		K94+020~K107+850 1#弃土场 绿地整理		包含2段，累计长度180 m，面积18990 m²，回填厚度50 cm；详见工程数量统计表
				K94+020~K107+850 1#弃土场 树木栽植		包含2段，累计长度140 m，其中：乔木（女贞）：808株、株高2500 mm、冠径/mm、胸径60-80 mm 灌木(红叶石楠):346株、株高1500 mm、冠径80 mm 藤本（爬藤蔷薇）:2144株，主曼长1500 mm、主曼径10 mm 详见工程数量统计表
				K94+020~K107+850 1#弃土场 草坪草本地被及花卉种植		包含1段，1#取土场内累计长度70 m，面积8960 m²,撒播草籽，黑麦草：白三叶：红花酢浆草=6:3:1,15~20 g/m²
				K94+020~K107+850 1#弃土场 喷播绿化		撒播植草：包含2段，长度140 m；面积面积18990 m²，详见工程数量统计表

本分部工程设计绿地整理工程数量统计表

序号	段落桩号	长度（m）	面积（m²）
1	ZK101+377-ZK101+467 左侧	90	9495
2	ZK101+377-ZK101+467 右侧	90	9495

本分部工程设计树木工程数量统计表

序号	段落桩号	树木种类及数量	长度（m）
1	ZK101+377-ZK101+467 左侧	女贞404株，红叶石楠173株，爬藤蔷薇1072株	90
2	ZK101+377-ZK101+467 右侧	女贞404株，红叶石楠173株，爬藤蔷薇1072株	90

本分部工程设计喷播绿化工程数量统计表

喷播绿化形式	序号	段落桩号	长度（m）	面积（m²）
撒播植草	1	ZK101+377-ZK101+467 左侧	90	9495
	2	ZK101+377-ZK101+467 右侧	90	9495
	...	...	...	...

使用说明：
1. 示例是在某实际存在的高速公路工程项目检验评定都有划分表的基础上扩展生成的，使用时需据实填写，具体工程项目设计文件中没有的分部工程或分项工程应删除；
2. 设计文件所使用的工程名称，部分可能与验标不一致，应视工程内容具体化，可加括号说明；
3. 每个单位工程的分部工程按照2017验标的顺序编排，每个分部工程之分项工程按此表的顺序逐个编排完毕后，再编排下一个分部工程。

附表 A-7　交通安全设施检验评定单元划分示例表

单位工程		分部工程		分项工程		
名称	编号	名称	编号	名称	编号	备注
K20+000 ~ K39+976 交通安全设施		K20+000~ K24+999 标志、标线、突起路标、轮廓标		K20+000~ K24+999 标志		备注本分项工程包含标志板设计数量及基础尺寸
				K20+000~ K24+999 标线		备注标线设计长度、宽度、厚度及纵向间距
				K20+000~ K24+999 突起路标		备注突起路标设计纵向间距
				K20+000~ K24+999 轮廓标		备注轮廓标反射器设计中心高度
		...	...	...	...	...
		K35+000~ K39+976 标志、标线、突起路标、轮廓标		K35+000~ K39+976 标志		备注本分项工程包含标志板设计数量及基础尺寸
				K35+000~ K39+976 标线		备注标线设计长度、宽度、厚度及纵向间距
				K35+000~ K39+976 突起路标		备注突起路标设计纵向间距
				K35+000~ K39+976 轮廓标		备注轮廓标反射器设计中心高度
		K20+000~ K24+999 护栏		K20+000~ K24+999 波形梁护栏		备注波形梁护栏设计金属厚度、立柱基底金属壁厚及横梁中心高度
				K20+000~ K24+999 缆索护栏		备注设计初张力值、立柱中距、竖直度、埋置深度及混凝土基础尺寸
				K20+000~ K24+999 混凝土护栏		备注护栏断面尺寸、钢筋骨架尺寸、基础厚度及护栏混凝土强度
				K20+000~ K24+999 中央分隔带开口护栏		备注开口护栏设计高度及涂层厚度
		...	...	...	...	...
		K35+000~ K39+976 护栏		K35+000~ K39+976 波形梁护栏		备注波形梁护栏设计金属厚度、立柱基底金属壁厚及横梁中心高度
				K35+000~ K39+976 缆索护栏		备注设计初张力值、立柱中距、竖直度、埋置深度及混凝土基础尺寸
				K35+000~ K39+976 混凝土护栏		备注护栏断面尺寸、钢筋骨架尺寸、基础厚度及护栏混凝土强度
				K35+000~ K39+976 中央分隔带开口护栏		备注开口护栏设计高度及涂层厚度

单位工程		分部工程		分项工程		
名称	编号	名称	编号	名称	编号	备注
K20+000 ~ K39+976 交通安全设施		K20+000 ~ K24+999 防眩设施、隔离栅、防落物网		K20+000 ~ K24+999 防眩板		备注防眩板设计安装高度及设置间距
				K20+000 ~ K24+999 防眩网		备注防眩网设计安装高度及网孔尺寸
				K20+000 ~ K24+999 隔离栅		备注隔离栅设计高度、立柱中距及立柱埋置深度
				K20+000 ~ K24+999 防落物网		备注防落物网设计高度、立柱中距及立柱埋置深度
		…	…	…	…	…
		K35+000 ~ K39+976 防眩设施、隔离栅、防落物网		K35+000 ~ K39+976 防眩板		备注防眩板设计安装高度及设置间距
				K35+000 ~ K39+976 防眩网		备注防眩网设计安装高度及网孔尺寸
				K35+000 ~ K39+976 隔离栅		备注隔离栅设计高度、立柱中距及立柱埋置深度
				K35+000 ~ K39+976 防落物网		备注防落物网设计高度、立柱中距及立柱埋置深度
		K20+000 ~ K24+999 里程碑和百米桩		K20+000 ~ K24+999 里程碑		备注里程碑外形尺寸（高度、宽度、厚度）、设计字体及尺寸
				K20+000 ~ K24+999 百米桩		备注百米桩外形尺寸（高度、宽度、厚度）、设计字体及尺寸
		…	…	…	…	…
		K35+000 ~ K39+976 里程碑和百米桩		K35+000 ~ K39+976 里程碑		备注里程碑外形尺寸（高度、宽度、厚度）、设计字体及尺寸
				K35+000 ~ K39+976 百米桩		备注百米桩外形尺寸（高度、宽度、厚度）、设计字体及尺寸
		1#避险车道（每处）		1#避险车道		备注避险车道设计宽度及坡度、制动床长度及制动床集料厚度
		2#避险车道（每处）		2#避险车道		备注避险车道设计宽度及坡度、制动床长度及制动床集料厚度
		…	…	…	…	…
…	…	…	…	…	…	下一个交通安全设施单位工程

使用说明：

1. 交通安全设施检验评定单元划分表示例是在某实际存在的高速公路工程项目基础上扩展生成的，使用时需据实填写，具体工程项目设计文件中没有的分部工程或分项工程应删除；
2. 设计文件所使用的工程名称，部分可能与验标不一致，应视工程内容具体化，可加括号说明；
3. 每个单位工程的分部工程按照2017验标的顺序编排，每个分部工程之分项工程按此表的顺序逐个编排完毕后，再编排下一个分部工程。

附表A-8 机电工程检验评定单元划分示例表

单位工程		分部工程		分项工程		
名称	编号	名称	编号	名称	编号	备注
XX标段机电工程		监控设施		气象检测器		桩号及部位：ZK5+660、ZK14+670、ZK20+890、ZK38+825、ZK49+130、ZK57+840
				闭路电视监视系统		桩号及部位：K0+387.735~K72+050
				可变标志		收费站前可变标志（XX、XX、XXX）；悬臂式可变标志（ZK16+020、ZK18+300、YK20+110、ZK49+550、YK71+730）；服务区全彩LED屏（XX停车区、XXX服务区、XX停车区）
				道路视频交通事件检测系统		XX分中心
				监控（分）中心设备及软件		XX分中心
				大屏幕显示系统		XX分中心
				监控系统计算机网络		XX分中心
		通信设施		通信管道工程		桩号及部位：K0+387.735~K72+050
				通信光缆、电缆线路工程		桩号及部位：K0+387.735~K72+050
				IP网络系统		XX分中心、XX收费站、XXX收费站
				固定电话交换系统		XX分中心、XX收费站、XXX收费站
				通信电源系统		XX分中心、XX收费站、XXX收费站
				波分复用（WDM）光纤传输系统		XX分中心、XX收费站、XXX收费站
		收费设施		入口混合车道设备及软件		XX收费站、XX收费站、XXX收费站
				出口混合车道设备及软件		XX收费站、XX收费站、XX收费站
				ETC专用车道设备及软件		XX收费站、XX收费站、XXX收费站
				ETC门架系统		桩号及部位：K4+350、ZK4+420、K12+440 ZK12+520、K18+550、ZK18+600 K71+250、ZK71+300
				收费站设备及软件		XX收费站、XX收费站、XXX收费站
				收费分中心设备及软件		XX分中心
				IC卡发卡编码系统		XX分中心
				内部有线对讲及紧急报警系统		XX收费站、XX收费站、XXX收费站
				超限检测系统		XX收费站、XX收费站、XXX收费站
				闭路电视监视系统		XX收费站、XX收费站、XXX收费站
名称	编号					

单位工程		分部工程		分项工程		
名称	编号	名称	编号	名称	编号	备注
XX标段机电工程		收费设施		收费站区光缆、电缆线路		XX收费站、XX收费站、XXX收费站
				收费系统计算机网络		XX分中心、XX收费站、XX收费站、XXX收费站
		供配电设施		中压配电设备		XX收费站变电所、XX收费站变电所、XXX收费站变电所
				中压设备电力电缆		XX收费站变电所、XX收费站变电所、XXX收费站变电所
				中心（站）内低压配电设备		XX收费站变电所、XX收费站变电所、XXX收费站变电所
				低压设备电力电缆		XX收费站变电所、XX收费站变电所、XXX收费站变电所
				电力监控系统		XX分中心
		照明设施		路段照明设施		自救匝道（ZK9+540、ZK18+130、ZK23+050）
				收费广场照明设施		XX收费站、XX收费站、XXX收费站
		隧道机电设施		闭路电视监视系统		K0+387.735～K72+050范围为全线隧道（除和XX1号、2号隧道、XXX4号隧道、XXX2号隧道）
				闭路电视监视系统		K0+387.735～K72+050范围为全线隧道（除XXX1、2号隧道、XXX4号隧道、XXX1、2号隧道、XX隧道）
				环境检测设备		K0+387.735～K72+050范围为全线隧道（除XXX1、2号隧道、XXX4号隧道、XXX2号隧道）
				手动火灾报警系统		K0+387.735～K72+050范围为全线隧道（除XXX1.2号隧道、XXX4号隧道、XXX1.2号隧道、XX隧道）
				自动火灾报警系统		K0+387.735～K72+050范围为全线隧道（除XXX1.2号隧道、XXX4号隧道、XXX1、2号隧道、XX隧道）
				电光标志		K0+387.735～K72+050范围为全线隧道
				发光诱导设施		K0+387.735～K72+050范围为全线隧道
				可变标志		K0+387.735～K72+050范围为全线隧道
				隧道视频交通事件检测系统		XX分中心
				射流风机		K0+387.735～K72+050范围为全线隧道（除XXX1、2号隧道、XXX4号隧道、XXX2号隧道）
				轴流风机		XXX隧道
				照明设施		K0+387.735～K72+050范围为全线隧道
				消防设施		K0+387.735～K72+050范围为全线隧道
				本地控制器		K0+387.735～K72+050范围为全线隧道（除XXX1号隧道、XXX2号隧道）
				隧道管理站设备及软件		XX分中心、XX隧道管理站、XXX隧道管理站
				隧道管理站计算机网络		XX分中心、XX隧道管理站、XXX隧道管理站
				供配电设施		K0+387.735～K72+050范围为全线隧道

使用说明：
1. 交通机电工程检验评定单元划分表示例为乐西高速公路某机电工程合同段的划分表，使用时需据实填写，具体工程项目设计文件中没有的分部工程或分项工程应删除，示例中没有的分部工程或分项工程应据实增加；
2. 设计文件所使用的工程名称，部分可能与验标不一致，应视工程内容具体化，可加括号说明；
3. 每个单位工程的分部工程按照2020验标的顺序编排，每个分部工程之分项工程按此表的顺序逐个编排完毕后，再编排下一个分部工程。

附表 B 土建工程试验数据数理统计方法评定表

部分试验数据须首先进行数理统计方法评定，评定合格方可进行分项工程的检验和评定，否则，该分项工程为不合格。本手册依据 2017 验标附录 B～附录 J 和附录 M 编写了统一的试验检测数据数理统计方法评定表。

除部分试验数据需要进行数理统计方法评定外，部分现场直接量测的检测数据也需进行数理统计评定，方可获得检查项目的合格率。本手册依据 2017 验标 6.4.2-3、6.6.2-1、6.7.2 条，编写了锚杆、锚索、土钉抗拔力合格率数理统计表，依据 2017 验标 6.6.2-2 条，编写了锚杆锚索框格梁坡面结构喷层厚度合格率数理统计表，依据 2017 验标 8.9.3 条，编写了钢梁防护涂装总干膜厚度合格率数理统计表，依据 2017 验标 8.12.1、8.12.3 条，编写了混凝土桥面板防水涂层厚度合格率和钢桥面板防水黏结层厚度合格率数理统计表，依据 2017 验标 8.12.14 条，编写了混凝土构件表面防护涂层干膜厚度合格率数理统计表，依据 2017 验标 10.7.2 条，编写了隧道喷射混凝土喷层厚度合格率数理统计表，依据 2017 验标 10.8.2 条，编写了隧道锚杆抗拔力合格率数理统计表，依据 2017 验标 10.14.2 条，编写了隧道混凝土衬砌厚度合格率数理统计表。

_____公路项目

☐ 施工自检
☐ 监理抽检

压实度试验数据数理统计方法评定表

施工单位		试验室名称（专用章）	
监理单位		单位工程	
分部工程		分项工程	
压实度规定值	K₀≥　　　%	评定日期	年　月　日

实测压实度（%）

1	2	3	4	5	6	7	8	9	10	11	12	13	14	15

评定标准：1、路基、基层和底基层：K≥K₀，且单点压实度 Kᵢ 全部大于等于规定值减 2 个百分点时，评定路段的压实度合格率为 100%；当 K≥K₀，且单点压实度全部大于等于规定极值时，按测定值不低于规定值减 2 个百分点的测点数计算合格率；K<K₀ 或某一单点压实度 Kᵢ 小于规定极值时，该评定路段压实度为不合格，相应分项工程评为不合格。2、沥青面层：当 K≥K₀ 且全部测点大于等于规定值减 1 个百分点时，评定路段的压实度合格率为 100%；当 K≥K₀ 时，按测定值不低于规定值减 1 个百分点的测点数计算合格率。K<K₀ 时，评定路段的压实度为不合格，相应分项工程评为不合格。

检测点数			
系数 $t_a/\sqrt{n}$（查表）			
均方差 S			
代表值 $K=\bar{k}-t_a/\sqrt{n} \times S$			

路基、垫层、底基层和基层评分		沥青混凝土评分	
Kᵢ≥标准值-2 的检测点数		Kᵢ≥标准值-1 的检测点数	
规定极值	单点最小值	合格率（%）	评定结果
合格率（%）	评定结果		
检测工程师		试验室技术负责人	

_____公路项目　　□ 施工自检
弯拉强度试验数据数理统计方法评定表　　□ 监理抽检

施工单位		试验室名称（专用章）	
监理单位		单位工程	
分部工程		分项工程	
弯拉强度规定值	$f_r=$ MPa	评定日期	年 月 日

实测弯拉强度（MPa）

1	2	3	4	5	6	7	8	9	10	11	12	13	14	15

评定标准：当 n>10 时，$f_{cs} \geq f_r + K\delta$，$f_{min} \geq 0.85 f_r$；当 n≤10 时，$f_{cs} \geq 1.15 f_r$，$f_{min} \geq 0.85 f_r$，评定为合格。

合格判定系数

n	11-14	15-19	≥20
K	0.75	0.70	0.65

混凝土弯拉强度评定：n>10 时		混凝土弯拉强度评定：n≤10 时	
取样组数 n		取样组数 n	
平均弯拉强度 f_{cs}（MPa）		平均弯拉强度 f_{cs}（MPa）	
最小弯拉强度 f_{min}（MPa）		最小弯拉强度 f_{min}（MPa）	
强度标准差 δ（MPa）		$1.15 f_r$	
K		0.95R	
$f_r + K\delta$		$0.85 f_r$	
$0.85 f_r$		$f_{cs} \geq 1.15 f_r$	$f_{min} \geq 0.85 f_r$
$f_{cs} \geq f_r + K\delta$	$f_{min} \geq 0.85 f_r$	评定结果	评定结果
评定结果	评定结果		
检测工程师		试验室技术负责人	

_____公路项目　　□施工自检　□监理抽检

水泥混凝土抗压强度试验数据数理统计方法评定表

施工单位		试验室名称（专用章）	
监理单位		单位工程	
分部工程		分项工程	
水泥混凝土抗压强度设计值	$f_{cu,k}=$　MPa	评定日期	年　月　日

实测水泥混凝土抗压强度（Mpa）

1	2	3	4	5	6	7	8	9	10	11	12	13	14	15

评定标准：当 n≥10 时，$m_{fcu} \geq f_{cu,k}+\lambda_1 S_n$，$f_{cu,min} \geq \lambda_2 f_{cu,k}$；当 n＜10 时，$m_{fcu} \geq \lambda_3 f_{cu,k}$，$f_{cu,min} \geq \lambda_4 f_{cu,k}$，评定为合格。

	λ_1、λ_2 的值				λ_3、λ_4 的值	
n	10-14	15-19	≥20	混凝土强度等级	＜C60	≥C60
λ_1	1.15	1.05	0.95	λ_3	1.15	1.10
λ_2	0.9	0.85		λ_4	0.95	

水泥混凝土抗压强度评定：n≥10 时		水泥混凝土抗压强度评定：n＜10 时	
取样组数 n		取样组数 n	
同批平均强度 m_{fcu}（MPa）		同批平均强度 m_{fcu}（MPa）	
同批最小强度 $f_{cu,min}$（MPa）		同批最小强度 $f_{cu,min}$（MPa）	
同批强度标准差 S_n（MPa）		λ_3	
当 S_n＜2.5 MPa，S_n（MPa）		λ_4	
λ_1		$\lambda_3 f_{cu,k}$	
λ_2		$\lambda_4 f_{cu,k}$	
本次 S_n 取值		$m_{fcu} \geq \lambda_3 f_{cu,k}$		$f_{cu,min} \geq \lambda_4 f_{cu,k}$	
$f_{cu,k}+\lambda_1 S_n$					
$\lambda_2 f_{cu,k}$		评定结果		评定结果	
$f_{cu,min}$					
$m_{fcu} \geq f_{cu,k}+\lambda_1 S_n$		$f_{cu,min} \geq \lambda_2 f_{cu,k}$			
评定结果		评定结果			

检测工程师		试验室技术负责人	

公路项目													☐ 施工自检 ☐ 监理抽检
喷射混凝土抗压强度试验数据数理统计方法评定表													

施工单位		试验室名称 (专用章)	
监理单位		单位工程	
分部工程		分项工程	
喷射混凝土抗压强度设计值	R= MPa	评定日期	年 月 日

实测喷射混凝土抗压强度（MPa）														
1	2	3	4	5	6	7	8	9	10	11	12	13	14	15

评定标准：当 n≥10 时，R_n≥R，R_{min}≥0.85R；当 n＜10 时，R_n≥1.05R，R_{min}≥0.9R，评定为合格。

喷射混凝土抗压强度评定：n≥10 时		喷射混凝土抗压强度评定：n＜10 时	
取样组数 n		取样组数 n	
同批平均强度 R_n（MPa）		同批平均强度 R_n（MPa）	
同批最小强度 R_{min}（MPa）		同批最小强度 R_{min}（MPa）	
0.85R		1.05R	
^		0.9R	
R_n≥R	R_{min}≥0.85R	R_n≥1.05R	R_{min}≥0.9R
评定结果	评定结果	评定结果	评定结果
检测工程师		试验室技术负责人	

_____公路项目

水泥砂浆强度试验数据数理统计方法评定表

☐ 施工自检　☐ 监理抽检

施工单位		试验室名称（专用章）	
监理单位		单位工程	
分部工程		分项工程	
砂浆强度规定值	MPa	评定日期	年　月　日

实测砂浆强度（MPa）

1	2	3	4	5	6	7	8	9	10	11	12	13	14	15

评定标准：$R_n \geq 1.1R$，$R_{min} \geq 0.85R$，评定为合格。

取样组数 n	
水泥砂浆平均强度 R_n（MPa）	
水泥砂浆最小强度 R_{min}（MPa）	
0.85R	

$R_n \geq 1.1R$		$R_{min} \geq 0.85R$	
评定结果		评定结果	
检测工程师		试验室技术负责人	

		_____公路项目	☐ 施工自检
		无机结合料稳定材料强度试验数据数理统计方法评定表	☐ 监理抽检

施工单位		试验室名称（专用章）	
监理单位		单位工程	
分部工程		分项工程	
无侧限抗压强度规定值	MPa	评定日期	年 月 日

实测无侧限抗压强度（MPa）														
1	2	3	4	5	6	7	8	9	10	11	12	13	14	15

评定标准：当 $\bar{R} \geq R_d/(1-Z_aC_v)$ 时，评定合格。

实测点数		系数 Z_a		偏差系数 C_v	
平均值 $\bar{R}$		$R_d/(1-Z_aC_v)$		评定结果	
检测工程师		试验室技术负责人			

_____公路项目 ☐施工自检 ☐监理抽检

路面结构层厚度试验数据数理统计方法评定表

施工单位		试验室名称 (专用章)	
监理单位		单位工程	
分部工程		分项工程	
厚　　度	代表值 X_L　　　mm，合格值　　　mm	评定日期	年　月　日

厚度实测值（MPa）														
1	2	3	4	5	6	7	8	9	10	11	12	13	14	15

评定标准：当 $X_L \geq$ 设计厚度-代表值允许偏差时，则按单个检查值的偏差不超过单点合格值来计算合格率；当 $X_L <$ 设计厚度-代表值允许偏差时，评定为不合格。

设计厚度（mm）		检测点数（n）		设计厚度-代表值偏差			
		系数 $t_a/\sqrt{n}$（查表）		设计厚度-合格值偏差			
		厚度平均值-x		<设计厚度-合格值偏差的测点数			
保证率%		均方差 S		合格率（%）		评定结果	
		代表值 $X_L = X - t_a/\sqrt{n} \times S$					
检测工程师				试验室技术负责人			

_____公路项目														□施工自检
粒料类基层和底基层弯沉值试验数据数理统计方法评定表														□监理抽检

施工单位		试验室名称（专用章）	
监理单位		单位工程	
分部工程		分项工程	
回弹弯沉值设计值	（0.01 mm）	评定日期	年　月　日

实测回弹弯沉值（0.01 mm）

1	2	3	4	5	6	7	8	9	10	11	12	13	14	15

评定标准：代表值 lr<设计值时 6，评定为合格；代表值 lr>设计值时，评定为不合格；对于弯沉特异值（l>-l±（2~3）S）的点舍弃，并找出周围界限进行局部处理。

实测点数		系数 Za		标准差 S	
弯沉平均值 l̄		弯沉代表值 lr=-l+ZaS		评定结果	
检测工程师			试验室技术负责人		

			公路项目	☐ 施工自检
			路基、沥青路面弯沉值试验数据数理统计方法评定表	☐ 监理抽检

施工单位		试验室名称（专用章）	
监理单位		单位工程	
分部工程		分项工程	
回弹弯沉值设计值	（0.01 mm）	评定日期	年 月 日

实测回弹弯沉值（0.01 mm）

1	2	3	4	5	6	7	8	9	10	11	12	13	14	15

评定标准：代表值 lr<设计值时，评定为合格；代表值 lr>设计值时，评定为不合格；对于弯沉特异值（l>－l±（2~3）S）的点舍弃，并找出周围界限进行局部处理。

实测点数		目标可靠指标β		标准差 S	
弯沉平均值 －l		弯沉代表值 lr=（－l+βS）K₁K₃		评定结果	
检测工程师			试验室技术负责人		

		_____公路项目		☐ 施工自检
		水泥基浆体抗压强度试验数据数理统计方法评定表		☐ 监理抽检

施工单位		试验室名称（专用章）	
监理单位		单位工程	
分部工程		分项工程	
浆体强度设计值	MPa	评定日期	年 月 日

实测浆体强度（MPa）														
1	2	3	4	5	6	7	8	9	10	11	12	13	14	15

评定标准：$R_n \geq R$，$R_{min} \geq 0.85R$ 时，评定为合格。

取样组数 n			
水泥浆平均强度 R_n（MPa）			
水泥浆最小强度 R_{min}（MPa）			
0.85R			
$R_n \geq R$		$R_{min} \geq 0.85R$	
评定结果		评定结果	
检测工程师		试验室技术负责人	

_____公路项目	☐施工自检
锚杆锚索土钉抗拔力合格率数理统计表	☐监理抽检

施工单位		监理单位	
单位工程		分部工程	
分项工程		计算依据	☐2017 验标第 6.4.2-3 条 ☐2017 验标第 6.6.2-1 条 ☐2017 验标第 6.7.2 条
抗拔力设计值	kN	统计日期	

实测锚杆锚索土钉抗拔力（kN）

1	2	3	4	5	6	7	8	9	10	11	12	13	14	15

统计标准：抗拔力满足设计要求。设计未要求时，抗拔力平均值≥设计值；80%抗拔力≥设计值；最小抗拔力≥0.9设计值时，统计为合格。

检测点数		平均抗拔力（kN）		最小抗拔力（kN）	
0.9倍设计抗拔力（kN）		检测点抗拔力≥设计抗拔力点数		合格率（%）	
平均抗拔力≥设计抗拔力		80%抗拔力≥设计抗拔力		最小抗拔力≥0.9倍设计抗拔力	
统计结果		统计结果		统计结果	
检查人/现场监理		质检负责人/专业监理工程师			

_____公路项目	☐施工自检
	☐监理抽检

锚杆锚索框格梁坡面结构喷层厚度合格率数理统计表

施工单位		监理单位	
单位工程		分部工程	
分项工程		计算依据	☐2017验标第6.6.2-2
设计厚度	mm	评定日期	

实测喷层厚度（mm）

1	2	3	4	5	6	7	8	9	10	11	12	13	14	15

评定标准：平均厚度≥设计厚度；80%测点的厚度≥设计厚度；最小厚度≥0.6倍设计厚度且≥设计最小值，评定为合格。

检测点数		平均厚度（mm）		最小厚度（mm）	
0.6倍设计厚度		检测点厚度≥设计厚度的点数		合格率（%）	
平均厚度≥设计厚度		80%测点的厚度≥设计厚度		最小厚度≥0.6倍设计厚度且≥设计最小值	
评定结果		评定结果		评定结果	
检查人/现场监理		质检负责人/专业监理工程师			

公路项目　□施工自检　□监理抽检

钢梁防护涂装总干膜厚度合格率数理统计表

施工单位			监理单位	
单位工程			分部工程	
分项工程			计算依据	2017验标第8.9.3条
设计干膜厚度	μm		统计日期	

实测总干膜厚度（μm）

1	2	3	4	5	6	7	8	9	10	11	12	13	14	15

统计标准：满足设计要求。设计未要求时，干膜厚度小于设计值的测点数量≤10%；任意测点的干膜厚度≥设计值的90%时，统计为合格。

检测点数		小于设计值的测点数量		小于设计值的测点数量/检测点数	
0.9倍设计干膜厚度（μm）		最小干膜厚度（μm）		合格率（%）	
小于设计值的测点数量/检测点数≤10%			最小干膜厚度≥0.9倍设计干膜厚度		
统计结果			统计结果		
检查人/现场监理			质检负责人/专业监理工程师		

_____公路项目 ☐施工自检 ☐监理抽检

防水层防水涂层、钢桥面板防水黏结层厚度合格率数理统计表

施工单位		监理单位	
单位工程		分部工程	
分项工程		计算依据	☐2017 验标第 8.12.1 条 ☐2017 验标第 8.12.3 条
设计厚度	mm	统计日期	

实测防水涂层、防水粘结层厚度（mm）

1	2	3	4	5	6	7	8	9	10	11	12	13	14	15

统计标准：满足设计要求；设计未要求时，平均厚度≥设计厚度，85%检查点的厚度≥设计厚度，最小厚度≥80%设计厚度时，统计为合格。

检查点数		平均厚度（mm）		最小厚度（mm）	
80%设计厚度（mm）		检查点厚度≥设计厚度点数		合格率（%）	
平均厚度≥设计厚度		85%检查点的厚度≥设计厚度		最小厚度≥80%设计厚度	
统计结果		统计结果		统计结果	
检查人/现场监理		质检负责人/专业监理工程师			

_____公路项目　□施工自检　□监理抽检

混凝土构件表面防护涂层干膜厚度合格率数理统计表

施工单位		监理单位	
单位工程		分部工程	
分项工程		计算依据	□2017验标第8.12.14条
设计厚度	mm	统计日期	

实测涂层干膜厚度（μm）

1	2	3	4	5	6	7	8	9	10	11	12	13	14	15

统计标准：平均厚度≥设计厚度，80%点的厚度≥设计厚度，最小厚度≥80%设计厚度时，统计为合格。

检测点数		平均厚度（mm）		最小厚度（mm）	
80%设计厚度（mm）		检测点厚度≥设计厚度点数		合格率（%）	
平均厚度≥设计厚度		80%点的厚度≥设计厚度		最小厚度≥80%设计厚度	
统计结果		统计结果		统计结果	
检查人/现场监理			质检负责人/专业监理工程师		

96

		公路项目	☐ 施工自检
			☐ 监理抽检

喷射混凝土喷层厚度合格率数理统计表

施工单位		监理单位	
单位工程		分部工程	
分项工程		计算依据	☐2017验标第10.7.24条
设计厚度	mm	评定日期	

实测喷层厚度（mm）

1	2	3	4	5	6	7	8	9	10	11	12	13	14	15

评定标准：平均厚度≥设计厚度；60%检查点的厚度≥设计厚度；最小厚度≥0.6倍设计厚度时，评定为合格。

检查点数		平均厚度（mm）		最小厚度（mm）	
0.6倍设计厚度（mm）		检查点厚度≥设计厚度的点数		合格率（%）	
平均厚度≥设计厚度		60%检查点的厚度≥设计厚度		最小厚度≥0.6倍设计厚度	
评定结果		评定结果		评定结果	
检查人/现场监理		质检负责人/专业监理工程师			

_____公路项目

锚杆抗拔力合格率数理统计表

☐ 施工自检
☐ 监理抽检

施工单位		监理单位	
单位工程		分部工程	
分项工程		计算依据	2017验标第10.8.2条
抗拔力设计值	kN	统计日期	

实测锚杆抗拔力（kN）														
1	2	3	4	5	6	7	8	9	10	11	12	13	14	15

统计标准：28 d抗拔力平均值≥设计值，最小抗拔力≥0.9设计值时，统计为合格。

检测点数		平均抗拔力（kN）		最小抗拔力（kN）	
设计抗拔力（kN）		0.9倍设计抗拔力（kN）		合格率（%）	
平均抗拔力≥设计抗拔力				最小抗拔力≥0.9倍设计抗拔力	
统计结果			统计结果		
检查人/现场监理			质检负责人/专业监理工程师		

98

_____公路项目　　　☐施工自检　☐监理抽检

混凝土衬砌厚度合格率数理统计表

施工单位		监理单位	
单位工程		分部工程	
分项工程		计算依据	2017验标第10.14.2条
桩号部位		统计日期	

实测衬砌厚度（mm）														
1	2	3	4	5	6	7	8	9	10	11	12	13	14	15

统计标准：90%检查点的厚度≥设计厚度，且最小厚度≥0.5设计厚度时，统计为合格。

检查点数		设计厚度（mm）		最小厚度（mm）	
0.5设计厚度（mm）		检查点厚度≥设计厚度的点数		合格率（%）	
90%检查点的厚度≥设计厚度			最小厚度≥0.5设计厚度		
统计结果			统计结果		
检查人/现场监理			质检负责人/专业监理工程师		

附表 C 分项工程质量检验类表格

按照 2017 验标、2020 验标 3.2 和 2016 监理规范要求，以稳定土垫层、底基层和基层分项工程为例，编写了一个分项工程质量检验表和抽检记录作为模板使用，其余分项工程的质量检验表和抽检记录按照本模版的格式和每一种分项工程的自检项目和抽检项目编制。

表中"检验依据"后面的"7.6.2"需根据所检验或抽检的分项工程对应的验标及其条文号修订；需要进行数理统计方法评定的检查项目，应修订对应的"组"为"点"及 2017 验标附录的英文代码。

_____公路项目 　　施工自检

稳定土□垫层□底基层□基层分项工程质量检验表

施工单位					监理单位	
单位工程					分部工程	
分项工程					检验依据	2017 验标第 3.2 条和第 7.6.2 条，交办公路〔2018〕136 号文

检验基本条件	□是否满足分项工程基本要求　　□是否满足分项工程外观质量规定 □是否满足质量保证资料要求

实测项目是否合格		规定值或允许偏差				检测点数及合格率	是否合格
		高速公路一级公路		其他公路			
1△☆ 压实度 (%)	代表值	□垫层 □底基层	≥95	□垫层 □底基层	≥93	应检?点，实检?点，合格?点，合格率?%，平均值?%，满足附录B的要求，合格率?%，详见试验数据数理统计方法评定表	□合格 □不合格
	极值		≥91		≥89		
	代表值	□基层	—	□基层	≥95		
	极值		—		≥91		
2☆平整度（mm）		□垫层 □底基层	≤12	□垫层 □底基层	≤15	应检?点，实检?点，合格?点，合格率?%，详见试验检测报告	□合格 □不合格
		□基层	—	□基层	≤12		
3 纵断高程（mm）		□垫层 □底基层	+5, -15	□垫层 □底基层	+5, -20	应检?点，实检?点，合格?点，合格率?%，详见测表	□合格 □不合格
		□基层	—	□基层	-5, -15		
4★宽度（mm）		满足设计要求				应检?点，实检?点，合格?点，合格率?%，详见现场质量检查记录表	□合格 □不合格
5△☆ 厚度 (mm)	代表值	□垫层 □底基层	-10	□垫层 □底基层	-12	应检?点，实检?点，合格?点，合格率?%，代表值?mm，满足附录H的要求，详见试验数据数理统计方法评定表	□合格 □不合格
	合格值		-25		-30		
	代表值	□基层	—	□基层	-10		
	合格值		—		-20		
6 横坡（%）		□垫层 □底基层	±0.3	□垫层 □底基层	±0.5	应检?点，实检?点，合格?点，合格率?%，详见测表	□合格 □不合格
		□基层	—	□基层	±0.5		
7△☆强度（MPa）		满足设计要求				应检?组，实检?组，合格?组，合格率?%，平均值?MPa，满足附录G的要求，详见试验数据数理统计方法评定表	□合格 □不合格

分项工程施工自检意见：	自检是否合格　□是　□否		
	检查人签名：	质检负责人签名：	日期：年 月 日
分项工程监理审查意见：	自检是否合格　□是　□否		
	现场监理签名：	专业监理工程师签名：	日期：年 月 日

_____公路项目 | 监理抽检

稳定土垫层底基层基层抽检记录

施工单位		监理单位	
抽检人		抽检依据	2017 验标 3.2 条、7.6.2 条 2016 监理规范 5.2.3 条
分项工程		抽检时间	年 月 日~月 日
抽检项目		7.6.2 稳定土□垫层□底基层□基层	

检查结果	检验基本条件	□是否满足分项工程基本要求 □是否满足质量保证资料要求		□是否满足分项工程外观质量规定			
	实测项目是否合格	规定值或允许偏差				检测点数及合格率	是否合格
		高速公路 一级公路		其他公路			
	1△☆压实度(%)	代表值	□垫层 □底基层	≥95 ≥91	□垫层 □底基层	≥93 ≥89	应抽?点,实抽?点,合格?点,合格率?%,平均值?%,满足附录B的要求,合格率?%,详见试验数据数理统计方法评定表	□合格 □不合格
		极值						
		代表值	□基层	-	□基层	≥95 ≥91		
		极值						
	2☆平整度（mm）		□垫层 □底基层	≤12	□垫层 □底基层	≤15	应抽?点,实抽?点,合格?点,合格率?%,详见试验检测报告	□合格 □不合格
			□基层	-	□基层	≤12		
	4★宽度（mm）		满足设计要求				应抽?点,实抽?点,合格?点,合格率?%,详见现场质量检查记录表	□合格 □不合格
	5△☆厚度(mm)	代表值	□垫层 □底基层	-10 -25	□垫层 □底基层	-12 -30	应抽?点,实抽?点,合格?点,合格率?%,代表值?mm,满足附录H的要求,合格率?%,详见试验数据数理统计方法评定表	□合格 □不合格
		合格值						
		代表值	□基层	- -	□基层	-10 -20		
		合格值						
	7△☆强度（MPa）		满足设计要求				应抽?组,实抽?组,合格?组,合格率?%,平均值?MPa,满足附录G的要求,合格率?%,详见试验数据数理统计方法评定表	□合格 □不合格

检查结论	□合格	□不合格	
处理意见	□无	□有（简述）：	
审核人		审核日期	年 月 日

附表 D　质量评定类表格

按照交办公路〔2018〕136 号文的要求，结合 2017 验标，以承台等大体积混凝土浇筑分项工程为例，编写了一个分项工程质量评定表作为模板使用，其余分项工程的质量评定表按照本模版的格式和每一种分项工程的检查项目编制。

表中"评定依据"后面的"8.5.9"需根据所评定的分项工程对应的验标及其条文号修订；需要进行数理统计方法评定的检查项目，应修订对应的"组"为"点"及 2017 用表附录的英文代码。

同时，按照交办公路〔2018〕136 号文的要求，以路基土石方分部工程为例，编写了一个分部工程质量检验评定表作为模板使用，其余分部工程的质量检验评定表按照本模版的格式和每一种分部工程的分项工程和检查项目编制。

单位工程和合同段工程，以及建设项目质量评定表均依据交办公路〔2018〕136 号文的要求编制。

_____公路项目 　　施工自检

分项工程质量评定表

施工单位		监理单位	
单位工程		分部工程	
分项工程		评定依据	2017验标第3.3.3条和第8.5.9条

评定基本条件	□分项工程检验记录是否完整 □分项工程外观质量是否满足规定				

实测项目		规定值或允许偏差	实测值或实测偏差值	质量评定		
				平均值、代表值	合格率（%）	合格判定
1△☆混凝土强度（MPa）		在合格标准内	应检?组，实检?组，合格?组，合格率?%，平均值?MPa，详见检表			□合格 □不合格
2★平面尺寸（mm）	B＜30 m	±30	应检?点，实检?点，合格?点，合格率?%，详见检表	/		□合格 □不合格
	B≥30 m	±B/1000				
3★结构高度（mm）		±30	应检?点，实检?点，合格?点，合格率?%，详见检表	/		□合格 □不合格
4顶面高程（mm）		±20	应检?点，实检?点，合格?点，合格率?%，详见检表	/		□合格 □不合格
5轴线偏位（mm）		≤15	应检?点，实检?点，合格?点，合格率?%，详见检表	/		□合格 □不合格
6☆平整度（mm）		≤8	应检?点，实检?点，合格?点，合格率?%，详见检表	/		□合格 □不合格

分项工程质量是否合格	□合格	□不合格				

| 评定人 | | 质检负责人 | | 专业监理工程师 | | 评定日期 | 年　月　日 |

_____公路项目

分部工程质量评定表

☐ 施工自检
☐ 监理抽检

施工单位		监理单位	
单位工程		分部工程	
评定依据	交办公路〔2018〕136号文和2017验标第3.3.4条（机电工程改为：2020验标第3.3.4条）	评定时间	年 月 日
评定基本条件	☐评定资料是否完整 ☐所含分项工程及实测项目是否合格 ☐所含分项工程外观质量是否满足要求		

分部工程名称	分项工程			
	分项工程名称	实测项目	合格率（%）	权值	加权得分
路基土石方工程	砂垫层	砂垫层厚度（mm）		1	
		砂垫层宽度（mm）		1	
		反滤层设置（mm）		1	
		压实度（%）		1	
	袋装砂井	井距（mm）		1	
		△井长		2	
		井径（mm）		1	
		灌砂率（%）		1	
	塑料排水板	板距（mm）		1	
		△板长		2	
	粒料桩	桩距（mm）		1	
		桩径（mm）		1	
		△桩长（mm）		2	
		粒料灌入率		1	
		地基承载力		1	
	加固土桩	桩距（mm）		1	
		桩径（mm）		1	
		△桩长（mm）		2	
		单桩每延米喷粉（浆）量		1	
		△强度（MPa）		2	
		地基承载力		1	
	水泥粉煤灰碎石桩	桩距（mm）		1	
		桩径（mm）		1	
		△桩长（mm）		2	
		△强度（MPa）		2	
		地基承载力		1	
	刚性桩	△混凝土强度（MPa）		2	
		桩距（mm）		1	
		桩径（mm）		1	
		△桩长（mm）		2	
		单桩承载力		1	
	土石方路基	△上路床		2	
		△弯沉（0.01 mm）		2	
		纵断高程（mm）		1	
		中线偏位（mm）		1	
		宽度（mm）		1	
		平整度（mm）		1	
		横坡（%）		1	
		边坡		1	
	加筋土工合成材料处置层	下承层平整度、拱度		1	
		搭接宽度（mm）		1	
		搭接缝错开距离（mm）		1	
		锚固长度（mm）		1	

施工单位			监理单位			
单位工程			分部工程			
路基土石方工程	隔离土工合成材料处置层	下承层平整度、拱度			1	
		搭接宽度（mm）			1	
		搭接缝错开距离（mm）			1	
		搭接处透水点			1	
	过滤排水土工合成材料处置层	下承层平整度、拱度			1	
		搭接宽度（mm）			1	
		搭接缝错开距离（mm）			1	
	防裂土工合成材料处置层	下承层平整度、拱度			1	
		搭接宽度（mm）			1	
		黏结力（N）			1	
		合计				

加权实测得分 = $\dfrac{\sum(\text{检查项目合格率} \times \text{检查项目权值})}{\sum \text{检查项目权值}} \times 100\%$

外观缺陷扣分	扣分依据："交办公路〔2018〕136号"和"交公路发〔2010〕65号"文件
	扣分事由简述：
	外观缺陷扣分：
质量保证资料扣分	扣分依据：2017验标第3.2.7条
	扣分事由简述：
	扣分：
分部工程实得分	
质量等级	□合格　□不合格
评定意见	□同意　□不同意

注：分部评定时，没有的分项工程需删除该分项工程及其相关检查项目，因设计等原因增加的分项工程及其检查项目应适时增加，再进行分部工程评定。

质检负责人/专业监理工程师		项目总工程师/驻地监理工程师		总监理工程师	

_____公路项目

单位工程质量评定表

☐施工自检 ☐监理抽检

施工单位			监理单位			
评定依据	交办公路〔2018〕136号文和2017验标第3.3.5条（机电工程改为：2020验标第3.3.5条）			评定时间	年　月　日	
评定基本条件	☐评定资料是否完整　☐所含分部工程及实测项目是否合格 ☐所含分部工程外观质量是否满足要求					
单位工程	分部工程		得分	权值	加权得分	备注
路基工程	路基土石方工程1			2		
	路基土石方工程2			2		
	路基土石方工程…			2		
	排水工程1			1		
	排水工程2			1		
	排水工程…			1		
	涵洞1			1		
	涵洞2			1		
	涵洞…			1		
	防护支挡工程1			1		
	防护支挡工程2			1		
	防护支挡工程…			1		
	大型挡土墙工程1			2		
	大型挡土墙工程2			2		
	大型挡土墙工程…			2		
	…					
	合计					

单位工程实得分＝$\dfrac{\sum(\text{分部工程评分}\times\text{分部工程权值})}{\sum\text{分部工程权值}}$

质量等级		☐合格　　☐不合格			
评定意见		☐同意　　☐不同意			
质检负责人/专业监理工程师		项目总工程师/驻地监理工程师		总监理工程师	

_____公路项目
合同段工程质量评定表

项目名称				合同段起讫桩号			
评定依据	交办公路〔2018〕136号文、2017验标和2020验标（不含机电工程时删除"和2020验标"）			评定时间	年 月 日		
评定基本条件	□所含单位工程是否合格						
施工单位	单位工程		单位工程投资额（万元）	实得分×投资额	质量等级	备注
	单位工程名称	单位工程得分				
	路基工程1					
	路基工程2					
	路基工程…					
	桥梁工程1					
	桥梁工程2					
	桥梁工程…					
	隧道工程1					
	隧道工程2					
	隧道工程…					
	绿化工程1					
	绿化工程2					
	绿化工程…					
	声屏障工程1					
	声屏障工程2					
	声屏障工程…					
	机电工程1					
	机电工程2					
	机电工程…					
	附属设施					
	…					
	合计					

合同段得分 = $\dfrac{\sum(单位工程评分 \times 单位工程投资额)}{\sum 单位工程投资额}$

质量等级	□合格　　□不合格
评定意见	□同意　　□不同意

项目总工程师/驻地监理工程师		施工单位负责人/总监理工程师		总监理工程师/项目法人	

_____公路项目					☐施工自检 ☐监理抽检	

建设项目工程质量评定表

项目名称			施工起止日期			
评定依据	交办公路〔2018〕136号文、2017验标和2020验标		评定日期			
评定基本条件	☐所含合同段是否合格					

建设单位	合同段		合同段投资额（万元）	实得分×投资额	质量等级	备注
	合同段名称	合同段得分				
	合同段1					
	合同段2					
	合同段…					
	合计					

建设项目得分 = $\dfrac{\sum(\text{合同段工程评分} \times \text{合同段工程投资额})}{\sum \text{合同段工程投资额}}$

质量等级		☐合格 ☐不合格		
评定意见		☐同意 ☐不同意		
项目业主技术负责人			项目法人	

附表 E 测量用表

各分项工程测量用表大同小异，本手册设计了全站仪平面位置检测表（平面位置测量通用表格）和水准测量记录表（水准测量通用表格）、精密水准测量记录表（填石路基沉降差测量专用表格）。

同时，对路基横坡测量（须附示意图）、墩柱全高竖直度及轴线偏位测量（须同时测量平面位置和竖直度且只能用全站仪测量）、隧道开挖不同大小的断面全站仪平面位置测量及水准仪测量（须同时测量平面位置和高程偏差并附测点示意图）、仰拱及隧底水准测量（需附测点示意图）等有特殊要求的测量项目，设计了专用表格。

原则上，所有测表使用时应结合验标和所检查的项目，填入对应的"规定值或允许偏差"、"检查方法和频率"、自检和抽检的点数等参数，以及必要的"备注"和"图示"。

所有测量用表仅提供了施工自检用表，未附监理抽检测表。监理抽检测表可由施工自检测表修改而来，将表头右上角"施工自检"修改为"监理抽检"，签字栏修改为"现场监理"和"专业监理工程师"。

_____公路项目　　　　　　　　　　　□施工自检
　　　　　　　　　　　　　　　　　　　□监理抽检

全站仪平面位置检测表

施工单位		监理单位	
单位工程		分部工程	
分项工程		桩号部位	

测量项目编号及是否抽检项目标记、规定值或允许偏差值
检查方法和频率
分项工程设计数量自检数量抽检数量

检查依据测表编号	2017验标第？条 第　页共　页		检查日期	年月日～　年月日	
测站点编号		测站点坐标	X＝ Y＝ H＝	后视点编号	后视点坐标 X＝ Y＝ H＝
后视极坐标	S＝　米 a＝　°　′　″		气压温度仪高	P＝　hPa T＝　°C I＝　米	

里程桩号（墩台编号及位置）	设计坐标（m）		实测坐标（m）		差值（mm）		偏位（mm） $\sqrt{\triangle X^2+\triangle Y^2}$	备注
	X	Y	X	Y	△X	△Y		

计算/现场监理		复核/专业监理工程师	

_____公路项目

水准测量记录表

☐ 施工自检
☐ 监理抽检

施工单位		监理单位	
单位工程		分部工程	
分项工程		桩号部位	

测量项目编号及是否抽检项目标记、规定值或允许偏差值
检查方法和频率
分项工程设计数量自检数量抽检数量

测量依据	2017验标第？条			检查日期	年　月　日		
测表编号	第　页共　页						

测点	水准尺读数			视线高	高程（m）	设计高程（m）	偏差值（mm）	备注
	后视	中间点	前视					

备注：fh = －3 mm
fh容 = ±6√n = ±6√2 = ±8 mm
fh < fh容，合格。

图示：

计算/现场监理		复核/专业监理工程师	

_____公路项目 ☐施工自检 ☐监理抽检

精密水准测量记录表（填石路基沉降差）

施工单位		监理单位	
单位工程		分部工程	
分项工程		测量依据	2017验标第4.3.2条
		测表编号	第 页共 页

1△★压实（规定值或允许偏差：沉降差≤试验路确定的沉降差）
检查方法和频率：精密水准仪，自检每层每50 m测1个断面，每个断面测5点；
抽检断面数为自检每层断面数的20%，每个断面测5点。
分项工程设计？断面自检？断面抽检？断面

桩号部位					检查日期	年 月 日		
测点	水准尺读数			视线高	高程（m）	设计高程（m）	沉降差（mm）（≤试验路段确定的沉降差mm）	备注
	后视	中间点	前视					

桩号部位					检查日期	年 月 日		
测点	水准尺读数			视线高	高程（m）	设计高程（m）	沉降差（mm）（≤试验路段确定的沉降差mm）	备注
	后视	中间点	前视					

注：每张表格可填写同一填筑层同一断面最后2遍的测量数据；填石路基的碾压遍数和允许偏差值由试验路段确定，最后2遍的沉降差≤试验路段确定的沉降差即为合格，因此同一断面需连续检查最后两遍的沉降值。

计算/现场监理		复核/专业监理工程师	

_____公路项目　　□施工自检
　　　　　　　　　　　　　　　　　□监理抽检

水准测量记录表（路基横坡）

施工单位		监理单位	
单位工程		分部工程	
分项工程		桩号部位	

7 横坡（规定值或允许偏差：□高速公路一级公路±0.3% □其他公路±0.5%）
检查方法和频率：水准仪，自检每200 m测2个断面，□超高路段每个断面测2点□其他路段每个断面测3点；
抽检断面数为自检每层断面数的20%，每个断面测点同自检。
分项工程设计？断面自检？断面抽检？断面

测量依据	2017验标第4.2.2条 4.3.2条	检查日期	年　月　日
测表编号	第　页共　页		

测点	水准尺读数			视线高	高程（m）	实测高差（m）	设计宽度（m）	横坡		
	后视	中间点	前视					实测横坡	设计横坡	偏差值
A										
B										

备注：
$f_h = -3$ mm
$f_{h容} = \pm 6\sqrt{n} = \pm 6\sqrt{2} = \pm 8$ mm
$f_h < f_{h容}$，合格。

图示1：　　图示2：　　图示3：

计算/现场监理		复核/专业监理工程师	

_____公路项目 ☐施工自检 ☐监理抽检

全站仪全高竖直度检测表

施工单位		监理单位	
单位工程		分部工程	
分项工程		桩号里程桩号节段	
检查依据	2017验标第8.6.1-1条	检查日期	年 月 日~ 年 月 日
测表编号	第 页共 页		

3 全高竖直度（mm）（规定值或允许偏差：$H \leq 5$ m，≤ 5；5 m$<H \leq 60$ m，$\leq H/1000$ 且 ≤ 20；$H>60$ m，$\leq H/3000$ 且 ≤ 30）

（检查方法和频率：全站仪，纵、横向各测2处）

（分项工程设计？台身/墩柱，自检？台身/墩柱，抽检？台身/墩柱）

气 压 P= hPa
温 度 T= °C
仪 高 I= 米

里程桩号（墩台编号及测点位置）		对边测量 A→B		竖直度及计算公式	检查日期
墩柱编号	测点编号	竖直度（mm）	高差（m）	竖直度（仪器读数中水平距离×1000）	
	1				年 月 日
	2				
	3				
	4				
	1				年 月 日
	2				
	3				
	4				
	1				年 月 日
	2				
	3				
	4				
	1				年 月 日
	2				
	3				
	4				
	1				年 月 日
	2				
	3				
	4				
	1				年 月 日
	2				
	3				
	4				
	1				年 月 日
	2				
	3				
	4				

注：本表适用于使用高精度全站仪采用对边测量的方法测量墩柱竖直度，测量时应尽量使待测面正对仪器，同时应避免仪器俯仰角度过大或过小。表中的高差加锁口高程即为墩顶高程，斜距在表中无实际意义。

计算/现场监理		复核/专业监理工程师	

公路项目　□施工自检　□监理抽检

全站仪平面位置检测表（□正洞□正洞加宽段□正洞车通□正洞人通拱部、边墙超挖）

施工单位		监理单位	
单位工程		分部工程	
分项工程		断面桩号	

1△★拱部超挖（mm）（规定值或允许偏差：Ⅰ级围岩平均100最大200，Ⅱ、Ⅲ、Ⅳ级围岩平均150最大250，Ⅴ、Ⅵ级平均100最大150）

　　检查方法和频率：全站仪，每20 m检查1个断面，每个断面自拱顶起每2 m测1点

2★边墙超挖（mm）（规定值或允许偏差：每侧+100，0；全宽+200，0）

　　检查方法和频率：全站仪，每20 m检查1个断面，每个断面自拱顶起每2 m测1点

测量依据 测表编号	2017验标第10.6.2条 第　页共　页			检查日期	年　月　日～　年　月　日	
测站点编号	1	测站点坐标	X = Y = H =	后视点编号	2	后视点坐标 X = Y = H =
后视极坐标	S= a=			气压 温度 仪高	P= 725 hPa T= 16 ℃ I= 1.49 米	

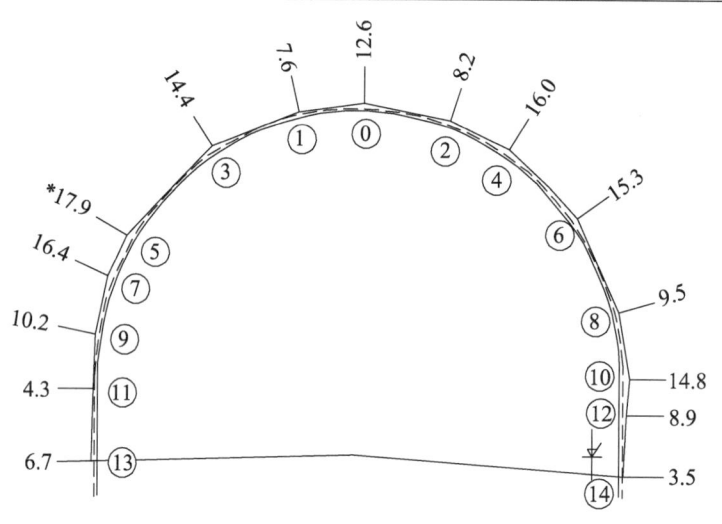

开挖测量断面图

拱顶测点读数：14.4, 7.6, 12.6, 8.2, 16.0
*17.9, 15.3
16.4, 9.5
10.2, 14.8
4.3, 8.9
6.7, 3.5

测点编号：①②③④⑤⑥⑦⑧⑨⑩⑪⑫⑬⑭

正洞测点示意图　　正洞加宽段测点示意图　　正洞车通测点示意图　　正洞人通测点示意图

围岩级别		超挖方量	m	欠挖方量	m	超挖平均值	m
设计面积	m²	超挖面积	m²	欠挖面积	m²	欠挖平均值	m
实测面积	m²	最大超挖	m	最大欠挖	m	※表示局部最大点	

注：1. 测点数量及其示意图是按照双向四车道高速公路隧道V5围岩开挖断面设计的，其他等级公路的隧道以及斜井、竖井、平行导坑等其他辅助通道的测点数量和示意图应根据设计文件计算应测点后再画示意图。
2. 本表测量选用测量仪器：徕卡全站仪TS09，测量软件：测量员。

计算/现场监理		复核/专业监理工程师	

_____公路项目　　　□施工自检
　　　　　　　　　　　　　　　　　□监理抽检

水准测量记录表（伸缩缝纵坡）

施工单位		监理单位	
单位工程		分部工程	
分项工程		测量依据	2017验标第8.12.7条
		测表编号	第　页共　页

4 纵坡（规定值或允许偏差：□一般±0.5%，□大型±0.2%）
检查方法和频率：水准仪，自检每道测5处；抽检道数为自检道数的20%，每道测点同自检。
分项工程设计？道自检？道抽检？道

伸缩缝编号	第1道					检查日期	年　月　日			
测点	水准尺读数			视线高	高程（m）	实测高差S（m）	伸缩缝宽度L（m）	实测纵坡 $\frac{S}{\sqrt{L^2-S^2}}$	设计纵坡	偏差值
	后视	中间点	前视							
A1										
A2										
B1										
B2										
C1										
C2										
D1										
D2										
E1										
E2										

伸缩缝编号	第2道					检查日期	年　月　日			
测点	水准尺读数			视线高	高程（m）	实测高差S（m）	伸缩缝宽度L（m）	实测纵坡 $\frac{S}{\sqrt{L^2-S^2}}$	设计纵坡	偏差值
	后视	中间点	前视							
A1										
A2										
B1										
B2										
C1										
C2										
D1										
D2										
E1										
E2										

伸缩缝编号	第3道					检查日期	年　月　日			
测点	水准尺读数			视线高	高程（m）	实测高差S（m）	伸缩缝宽度L（m）	实测纵坡 $\frac{S}{\sqrt{L^2-S^2}}$	设计纵坡	偏差值
	后视	中间点	前视							
A1										
A2										
B1										
B2										
C1										
C2										
D1										
D2										
E1										
E2										

备注：
fh=-3 mm
fh$_{允}$=±6$\sqrt{n}$=±6$\sqrt{n}$=±? mm
fh< fh$_{允}$，合格。

图示1：
A B C D E　伸缩缝长度
A_1 ─── i% ─── A_2　高差S(m)
伸缩缝宽度L(m)

计算/现场监理		复核/专业监理工程师	

公路项目

水准测量记录表（排水沟（管）纵坡）

☐ 施工自检　☐ 监理抽检

施工单位		监理单位	
单位工程		分部工程	
分项工程		桩号部位	

6△★纵坡（规定值或允许偏差：满足设计要求，设计值=？%）
（检查方法和频率：水准仪，自检每 10 m 测 1 点；抽检每 50 m 测 1 点）
分项工程长度？m，自检测？点，抽检测？点，测点间距？mm

测量依据	2017 验标第 10.17.2 条			检查日期	年　月　日
测表编号	第　页共　页				

测点	水准尺读数			视线高	高程（m）	实测高差 S（m）	斜边长度 L（m）	实测纵坡 $\frac{S}{\sqrt{L^2-S^2}}$	设计纵坡	偏差值
	后视	中间点	前视							
A1										
A2										
A2										
A3										
A3										
A4										
A4										
A5										
A5										
A6										
A6										
A7										
A7										
A8										
A8										
A9										
A9										
A10										
A10										
A11										
A11										
A12										
A12										
A13										
A13										
A14										
A14										
A15										
A15										
A16										
A16										
A17										
A17										
A18										
A18										
A19										

注：测表最长按照 200 m 设置，每 10 m 测 1 点指水沟的斜长；最后不足 10 m 的，可将公式中的 100 换算为实际斜长的平方。

备注：
fh=-3 mm
fh*=±6$\sqrt{n}$=±6$\sqrt{n}$=±？mm
fh< fh*，合格。

图示 1：

计算/现场监理		复核/专业监理工程师	

_____公路项目 ☐施工自检 ☐监理抽检

竖向支座滑板中线与桥轴线平行度检测表

施工单位		监理单位	
单位工程		分部工程	
分项工程		桩号部位	

4 竖向支座滑板中线与桥轴线平行度（规定值或允许偏差：1/1000S）
检查方法和频率：全站仪、钢尺，自检测每支座滑板中心两端；抽检个数为自检个数的20%，每个测点同自检。
分项工程设计？个自检？个抽检？个

检查依据	2017验标第 8.12.6-2 条	检查日期	年 月 日～ 年 月 日
测表编号	第 页共 页		

测站点编号		测站点坐标	X= Y= H=	后视点编号		后视点坐标	X= Y= H=

后视极坐标	S= 米 a= ° ′ ″		气压 温度 仪高	P= hPa T= °C I= 米

支座编号	位置	设计坐标（m）		实测坐标（m）		差值（mm）		偏位（mm）	与轴线之间距离（mm）	平行度（mm）	备注
		X	Y	X	Y	△X	△Y	$\sqrt{\triangle X^2+\triangle Y^2}$			
	前端										
	后端										
	前端										
	后端										
	前端										
	后端										
	前端										
	后端										
	前端										
	后端										
	前端										
	后端										
	前端										
	后端										
	前端										
	后端										
	前端										
	后端										
	前端										
	后端										

注：本表格运用全站仪测量竖向支座滑板前、后端中心点实测坐标，计算竖向支座滑板前、后端的实测坐标与设计坐标的偏差值；竖向支座滑板前、后端中心点与桥轴线的距离为L1、L2。
平行度=（L1+前端偏位值）-（L2+后端偏位值）

图示1：（桥轴线，L₁、L₂，竖向支座）

计算/现场监理		复核/专业监理工程师	

附表 F 土建工程试验报告用表

试验检测报告模板是在《交通运输部关于公布<公路水运工程质量检测机构资质等级条件>及<公路水运工程质量检测机构资质技术专家技术评审工作程序>的通知》（交安监发〔2023〕140号）和《公路水运试验检测数据报告编制导则》（JT/T 828-2019）所确定的检测目录和报告编写内容的基础上，收集整理10余家检测单位据此出具的工地现场试验报告，并按检验评定单元模块化思路，把检查项目定位至所属分项、分部和单位工程编制的。详见试验报告模板与2017验标条文对应关系表。

附表 F-1　试验检测报告模板与 2017 验标条文对应关系表

报告模板序号	试验检测报告名称	该试验检测报告所适用的分项工程编号（项次）
1	压实度试验检测报告	4.2.2（1），4.4.2-1（4），6.5.2（1），6.11.2（2），7.6.2（1），7.7.2（1），7.8.2（1），7.11.2（1），8.6.4（1），9.7.2（1）
2	弯沉试验检测报告	4.2.2（2），4.3.2（2），7.3.2（3），7.4.2（2），7.5.2（2），7.8.2（2），7.9.2（2）
3	平整度试验检测报告（3m直尺）	4.2.2（6），4.3.2（6），7.2.2（3），7.3.2（2），7.4.2（1），7.5.2（1），7.6.2（2），7.7.2（2），7.8.2（3），7.9.2（3），7.11.2（2），8.12.2-1（3），8.12.2-2（3），8.12.2-3（3），8.12.4（3），8.12.7（5），8.12.9（5）
4	填石路基孔隙率试验检测报告	4.3.2（1）
5	轻型动力触探试验检测报告	4.4.2-3（5），4.4.2-4（6），4.4.2-5（5）
6	重型动力触探试验检测报告	4.4.2-3（5），4.4.2-4（6），4.4.2-5（5）
7	取芯法强度试验检测报告	4.4.2-4（5），4.4.2-5（4）
8	复合地基载荷静载试验检测报告	4.4.2-6（5）
9	防裂土工合成材料黏结力试验检测报告	4.5.2-4（3）
10	混凝土抗压强度试验检测报告	4.4.2-6（1），5.2.2（1），5.3.2（1），5.8.2（1），5.9.2（1），6.2.2-3（1），6.3.2（1），6.4.2-4（1），6.6.2-2（1），6.11.2（1），8.5.1（1），8.5.2（1），8.5.3（1），8.5.4-1（1），8.5.5（1），8.5.6（1），8.5.8（1），8.5.9（1），8.6.1-1（1），8.6.1-2（1），8.6.1-3（1），8.6.2（5），8.7.1（1），8.7.2-1（1），8.7.4-1（1），8.7.4-2（1），8.7.5（1），8.8.1（1），8.8.2-1（1），8.8.2-2（1），8.8.3-1（1），8.8.3-2（1），8.8.4（1），8.8.5-3（1），8.8.6-3（1），8.10.1-1（1），8.10.1-2（1），8.10.4（1），8.10.5-1（1），8.10.5-2（1），8.10.8（1），8.11.1（1），8.11.4（1），8.11.6（1），8.12.2-2（1），8.12.2-3（1），8.12.5-1（1），8.12.5-2（1），8.12.8（1），8.12.11（1），8.12.13（1），9.3.2（1），9.4.2（1），9.5.2（1），9.8.2（1），9.9.2（1），9.11.2（1），10.3.2（1），10.11.2（1），10.12.2（1），10.14.2（1），10.17.2（1），11.5.2（5），13.2.2（1），13.4.2（1）
11	砂浆抗压强度试验检测报告	5.3.2（1），5.4.2（1），5.6.2（1），6.2.2-1（1），6.4.2-3（1），6.6.2-1（1），6.7.2（1），6.8.2（1），6.10.2-1（1），6.11.2（1），8.4.2-1（1），8.4.2-2（1），8.4.2-3（1），8.4.2-4（1），9.3.2（1），9.9.2（1），9.10.2（1），9.11.2（1），10.7.2（1），13.2.2（1）
12	平整度试验检测报告（2m直尺）	6.2.2-1（6），6.2.2-2（5），6.2.2-3（6），6.3.2（6），6.4.2-4（5），6.4.2-6（4），6.8.2（3），6.10.2-1（5），6.10.2-2（3），8.4.2-2（6），8.4.2-4（6），8.5.9（6），8.6.1-1（7），8.6.1-2（6），8.6.1-3（4），8.7.1（8），8.7.2-1（4），8.7.4-1（7），8.10.1-1（10），8.10.1-2（6），8.10.4（7），8.10.5-1（10），8.11.1（10），8.11.4（7），9.8.2（5），10.3.2（3），10.14.2（3），13.2.2（7），13.3.2（10），13.4.2（10）
13	锚杆抗拔力试验检测报告	6.4.2-3（6），6.6.2-1（6），10.8.2（2）
14	水泥净浆抗压抗折强度试验检测报告	6.4.2-3（1），6.6.2-1（1），6.7.2（1），8.3.3（1），8.5.10（1）
15	锚索抗拔力试验检测报告	6.6.2-1（6）
16	土钉抗拔力试验检测报告	6.7.2（6）
17	混凝土抗弯拉强度试验检测报告	7.2.2（1）
18	混凝土面板厚度试验检测报告	7.2.2（2）

121

报告模板序号	试验检测报告名称	该试验检测报告所适用的分项工程编号（项次）
19	连续式平整度仪测试平整度试验检测报告	7.2.2（3），7.3.2（2），7.4.2（1），7.5.2（1），8.12.2-1（3），8.12.2-2（3），8.12.4（3）
20	构造深度试验检测报告	7.2.2（4），7.3.2（6），8.12.2-1（5），8.12.2-2（6），8.12.4（7）
21	横向力系数试验检测报告	7.2.2（5）
22	沥青混凝土路面压实度试验检测报告	7.3.2（1），8.12.2-2（1），8.12.4（1）
23	渗水系数试验检测报告	7.3.2（4），8.12.2-2（4），8.12.4（5）
24	摩擦系数摆式仪试验检测报告	7.3.2（5），8.12.4（6）
25	沥青混合料矿料级配，沥青含量试验检测报告	7.3.2（12，13，14），7.4.2（9，10）
26	沥青混凝土面层厚度试验检测报告	7.3.2（7），7.4.2（3），7.5.2（3），7.6.2（5），7.7.6（6），7.8.2（6），7.9.2（6）
27	沥青混合料试验检测报告	7.3.2（12，13，14），7.4.2（9，10）
28	无侧限抗压强度试验检测报告	7.6.2（7），7.7.2（7）
29	固体体积率试验检测报告	7.9.2（1）
30	桩身完整性试验检测报告	8.5.2（7），8.5.3（6）
31	高强螺栓扭矩试验检测报告	8.8.6-2（7），8.9.1-1（10），8.9.1-2（9），8.9.1-3（13），8.9.1-4（9），8.9.1-5（9），8.9.1-6（9），8.9.2（6），8.10.2-1（10），8.10.3-3（4），8.10.6-1（9），8.10.6-2（8），8.10.7（8），8.11.3-2（6），8.11.8-1（4），8.11.15（6），9.7.2（4）
32	混凝土脱空率试验检测报告	8.8.6-3（4）
33	防护涂层附着力试验检测报告	8.9.3（4），8.12.14（2）
34	索力试验检测报告	8.9.3（4），8.10.5-2（3），8.10.6-1，8.10.8，8.11.2-1，8.11.18（3）
35	焊缝探伤试验检测报告	8.5.4-2（6），8.5.7（6），8.8.5-1（5），8.8.5-2（4），8.8.6-1（10），8.8.6-2（6），8.9.1-1（9），8.9.1-2（8），8.9.1-3（12），8.9.1-4（8），8.9.1-5（8），8.9.1-6（8），8.9.2（5），8.10.2-1（9），8.10.2-2（8），8.10.3-1（5），8.10.6-1（8），8.10.6-2（7），8.10.7（7），8.11.2-1（10），8.11.2-2（7），8.11.3-2（5），8.11.15（5），8.12.7（7），8.12.12（5）
36	主缆防护层厚度试验检测报告	8.11.14（3）
37	防水层涂层厚度试验检测报告	8.12.1（1）
38	防水层黏结强度试验检测报告	8.12.1（2）
39	混凝土黏结面含水率试验检测报告	8.12.1（3）
40	衬砌厚度试验检测报告	10.3.2（2），10.14.2（2）
41	防水板焊缝气密性试验检测报告	10.4.2（5），10.15.2（4）
42	喷射混凝土喷层厚度试验检测报告	10.7.2（2）
43	衬砌背部密实状况试验检测报告	10.14.2（4）
44	水泥混凝土抗渗性试验检测报告	10.14.2
45	交通标志逆反射系数试验检测报告	11.2.2（1）
46	交通标线试验检测报告	11.3.2
47	波形梁试验检测报告	11.4.2
48	涂层厚度试验检测报告	8.12.14（1）

☐施工自检 ☐监理抽检
XXXXXXXX

_____公路项目

灌砂法测定压实度试验检测报告

第？页共？页

试验室名称 (专用章)				报告编号			
施工单位				监理单位			
单位工程				分部工程			
分项工程				工程部位 /用途			
检测依据				判定依据			
主要仪器 设备及编号				检测信息			
填料最大干密度（g/cm³）				压实度要求值（%）			
标准试验报告编号				层数			

序号	桩号	横距（m） 左＋右－	湿密度 （g/cm³）	含水率（%）	干密度 （g/cm³）	压实度（%）	结果判定

检测结论	
附加声明	

检测		审核		批准		日期	年 月 日

		□施工自检 □监理抽检
		XXXXXXXX

_____公路项目

弯沉试验检测报告（落锤弯沉法）

第？页共？页

试验室名称（专用章）		报告编号	
施工单位		监理单位	
单位工程		分部工程	
分项工程		结构层次	
检测依据		判定依据	
主要仪器设备名称及编号			

公路等级		结构层材料类型		结构层平均温度（°C）	
温度修正系数		检测点数		特异点数	
保证率系数 Z_a		变异系数（%）		设计弯沉（0.01 mm）	
标准差（0.01 mm）		弯沉平均值（0.01 mm）		弯沉代表值（0.01 mm）	

序号	里程桩号	车道	荷载峰值（kN）	弯沉值（0.01 mm）	序号	里程桩号	车道	荷载峰值（kN）	弯沉值（0.01 mm）

检查方法和频率：自检每双车道每1 km检测80-100点；抽检每双车道每1 km检测16-20点。

检测结论	
附加声明	

检测		审核		批准		日期	年 月 日

☐施工自检 ☐监理抽检
XXXXXXXX

_____公路项目

沥青混凝土面层回弹弯沉试验检测报告（贝克曼梁法） 第？页共？页

试验室名称（专用章）		报告编号	
施工单位		监理单位	
单位工程		分部工程	
分项工程		结构层次	
检测依据		判定依据	
主要仪器设备名称及编号			

结构层材料类型		结构层厚度（mm）		结构层平均温度（°C）	
温度修正系数		湿度影响系数 K_1		温度修正系数 K_3	
目标可靠指标 β		保证率系数 Z_a		检测点数	
舍弃系数		特异点数		设计弯沉 0.01 mm）	
弯沉平均值（0.01 mm）		标准差（0.01 mm）		弯沉代表值（0.01 mm）	

序号	里程桩号	车道	实测弯沉值（0.01 mm）		序号	里程桩号	车道	实测弯沉值（0.01 mm）	
			左侧	右侧				左侧	右侧

检查方法和频率：自检（落锤式弯沉仪）每双车道每 1 km 检测 40 点或（自动弯沉仪或贝克曼梁）每双车道每 1 km 检测 80 点；抽检（落锤式弯沉仪）每双车道每 1 km 检测 4 点或（自动弯沉仪或贝克曼梁）每双车道每 1 km 检测 8 点。

检测结论	
附加声明	

| 检测 | | 审核 | | 批准 | | 日期 | 年 月 日 |

☐施工自检 ☐监理抽检
XXXXXXXX

_____公路项目

水泥混凝土面层平整度试验检测报告（3m直尺）

第?页共?页

试验室名称（专用章）			报告编号	
施工单位			监理单位	
单位工程			分部工程	
分项工程			工程部位/用途	
检测依据			判定依据	
样品信息				
主要仪器设备及编号				
结构层次			设计平整度（mm）	

序号	桩号	位置	测定平均值（mm）	不合格尺数	合格率（%）

实测区间点数 n		不合格区间数		合格率（%）	
平均值（mm）		标准值 S（mm）		变异系数 Cv（%）	

检测结论	
附加声明	

检测		审核		批准		日期	年 月 日

☐施工自检 ☐监理抽检
XXXXXXXX

_____公路项目

填石路基孔隙率试验检测报告

第？页共？页

试验室名称（专用章）			报告编号			
施工单位			监理单位			
单位工程			分部工程			
分项工程			工程部位/用途			
检测依据			判定依据			
主要仪器设备及编号			检测信息			
填料密度（g/cm³）			孔隙率要求值（%）	≥		
标准试验报告编号			层数			
序号	桩号	横距（m）左+右−	湿密度（g/cm³）	含水率（%）	干密度（g/cm³）	孔隙率（%）

检测结论	
附加声明	

检测		审核		批准		日期	年 月 日

☐施工自检 ☐监理抽检
XXXXXXXX

_____公路项目

轻型动力触探试验检测报告

第？页共？页

试验室名称（专用章）		报告编号	
施工单位		监理单位	
单位工程		分部工程	
分项工程		工程部位/用途	
检测依据		判定依据	
主要仪器设备名称及编号		检测信息	
落锤质量（Kg）		落距（cm）		地基土质	
锥底直径（cm）		锥底面积（cm²）		基底标高（m）	

实测锤击次数（次/30 cm）

测点编号	测点桩号位置	设计标高（m）	实测标高（m）	距中线（m）（左＋右－）	检测深度（cm）	锤击次数 N10（次）	修正后的锤击次数 N10（次）	地基承载力（MPa）

地基设计承载力（MPa）	
起止桩号及工程名称	

示意图

检测结论	
附加声明	

检测		审核		批准		日期	年 月 日

☐施工自检 ☐监理抽检
XXXXXXXX

_____公路项目

重型动力触探试验检测报告

第？页共？页

试验室名称（专用章）				报告编号			
施工单位				监理单位			
单位工程				分部工程			
分项工程				工程部位/用途			
检测依据				判定依据			
主要仪器设备名称及编号				检测信息			
地基土质			杆长修正系数		设计承载力（MPa）		
测点编号	测点桩号位置	实测标高（m）	距中线（m）（左＋右－）	检测深度（cm）	锤击次数 $N_{63.5}$（次）	修正后的锤击次数 $N_{63.5}$（次）	地基承载力（MPa）

起止桩号及工程名称

示意图

检测结论	
附加声明	

检测		审核		批准		日期	年 月 日

☐施工自检 ☐监理抽检
XXXXXXXX

_____公路项目
稳定土底基层无机结合料取芯法强度试验检测报告

第？页共？页

试验室名称（专用章）		管理编号	
		报告编号	
施工单位		监理单位	
单位工程		分部工程	
分项工程		结构层次	
检测依据		判定依据	
主要仪器设备及编号		产　　地	
样品信息		代表数量	

无侧限抗压强度试验

路段范围			试样直径（mm）				最大干密度（g/cm³）			
最佳含水量（%）			养生龄期（d）				试件压实度（%）			

试件编号	1	2	3	4	5	6	7	8	9	10	11	12	13
抗压强度（MPa）													
试件编号													
抗压强度（MPa）													
试件编号													
抗压强度（MPa）													

抗压强度最大值 R_{max}（MPa）		抗压强度最小值 R_{min}（MPa）	
抗压强度平均值 Rc（MPa）		标准差 S（MPa）	
95%保证率值 $R_{c0.95}$（MPa）		变异系数 C_v（%）	

击实试验

试样最大粒径（mm）		试验方法	丙法	试筒容积（cm³）		锤质量（kg）	

击实次数	1	2	3	4	5	6
含水率						
干密度（g/cm²）						

最大干密度（g/cm³）		最佳含水率（%）	

检测结论	
附加声明	

检测		审核		批准		日期	年　月　日

130

☐施工自检 ☐监理抽检
XXXXXXXX

_____公路项目
复合地基载荷静载试验检测报告

第？页共？页

试验室名称（专用章）		报告编号	
施工单位		监理单位	
单位工程		分部工程	
分项工程		工程部位/用途	
试验依据		判定依据	
主要仪器设备名称及编号		检测信息	

序号	试验点号	设计承载力特征值（KPa）	最大加载量（KPa）	最大沉降量（mm）	实测承载力特征值（KPa）	结果判定

起止桩号及工程名称

示意图

检测结论	
附加声明	

检测		审核		批准		日期	年 月 日

☐施工自检 ☐监理抽检
XXXXXXXX

_____公路项目

防裂土工合成材料黏结力试验检测报告

第？页共？页

试验室名称（专用章）		报告编号	
施工单位		监理单位	
单位工程		分部工程	
分项工程		工程部位/用途	
检测依据		判定依据	
规格种类批号		代表数量里程桩号	
焊缝外观焊缝形式		检测类别	
样品信息		检查方法	
主要仪器设备名称及编号		生产厂家	

结构部位及里程	检测结果（N）	设计要求（N）	结果判定

检测结论	
附加声明	

检测		审核		批准		日期	年 月 日

☐施工自检 ☐监理抽检
XXXXXXXX

_____公路项目
水泥混凝土立方体抗压强度试验检测报告

第？页共？页

试验室名称（专用章）					报告编号				
施工单位					监理单位				
单位工程					分部工程				
分项工程					工程部位/用途				
检测依据					判定依据				
主要仪器设备名称及编号					样品信息				
混凝土种类					养护条件				

试件组号	构件部位或名称	强度等级	龄期（天）	制件时间	试验日期	试件尺寸	抗压强度（MPa）	强度取值（MPa）	结论

检测结论	
附加声明	

检测		审核		批准		日期	年 月 日

☐施工自检 ☐监理抽检

XXXXXXXX

_____公路项目

水泥砂浆立方体抗压强度试验检测报告

第？页共？页

试验室名称（专用章）					报告编号				
施工单位					监理单位				
单位工程					分部工程				
分项工程					工程部位/用途				
检测依据					判定依据				
主要仪器设备名称及编号					样品信息				
砂浆种类					养护条件				
试件组号	构件部位或名称	强度等级	龄期（天）	制件时间	试验日期	试件尺寸	抗压强度（MPa）	强度取值（MPa）	结论

检测结论	
附加声明	

检测		审核		批准		日期	年 月 日

☐施工自检 ☐监理抽检
XXXXXXXX

_____公路项目

两米直尺检测表面平整度试验检测报告（2 m 直尺）

第？页共？页

试验室名称（专用章）			报告编号	
施工单位			监理单位	
单位工程			分部工程	
分项工程			工程部位/用途	
检测依据			判定依据	
样品信息				
主要仪器设备及编号				
结构层次			设计平整度（mm）	

序号	桩号	位置	测定平均值（mm）	不合格尺数	合格率（%）

检测结论	
附加声明	

检测		审核		批准		日期	年　月　日

□施工自检 □监理抽检
XXXXXXXX

_____公路项目

锚杆抗拔力试验检测报告

第？页共？页

试验室名称（专用章）			报告编号	
施工单位			监理单位	
单位工程			分部工程	
分项工程			工程部位/用途	
检测依据			判定依据	
主要仪器设备名称及编号			样品描述	
设计拉拔力（KN）			检测段落	
锚杆类型			锚杆直径（mm）	
锚杆长度（m）			代表数量（根）	

试验锚杆编号	桩号	实测抗拔力（kN）	平均拉拔力（kN）	最小拉拔力（kN）

检测结论	
附加声明	

检测		审核		批准		日期	年 月 日

☐施工自检 ☐监理抽检
XXXXXXXX

_____公路项目

水泥净浆抗折抗压强度试验检测报告

第？页共？页

试验室名称（专用章）			报告编号			
施工单位			监理单位			
单位工程			分部工程			
分项工程			工程部位/用途			
检测依据			判定依据			
主要仪器设备名称及编号			样品信息			

试件编号					
配合比编号					
构件部位或名称					
强度等级					
成型日期					
试验日期					
龄期（天）					
试件尺寸					
破坏荷载（KN）					
抗折强度单值（MPa）					
抗折强度（MPa）					
破坏荷载（KN）					
抗压强度单值（MPa）					
抗压强度（MPa）					
结论					

检测结论	
附加声明	

检测		审核		批准		日期	年 月 日

137

☐施工自检 ☐监理抽检
XXXXXXXX

_____公路项目

锚索抗拔力试验检测报告

第？页共？页

试验室名称（专用章）			报告编号	
施工单位			监理单位	
单位工程			分部工程	
分项工程			工程部位/用途	
检测依据			判定依据	
主要仪器设备名称及编号			样品描述	
锚索直径（mm）			锚索长度（cm）	
锚索型号			设计抗拔力（kN）	

试验锚杆编号	桩号	实测抗拔力（kN）	平均拉拔力（kN）	最小拉拔力（kN）

检测结论	
附加声明	

检测		审核		批准		日期	年 月 日

☐施工自检 ☐监理抽检
XXXXXXXX

_____公路项目
土钉抗拔力试验检测报告

第？页共？页

试验室名称（专用章）		报告编号	
施工单位		监理单位	
单位工程		分部工程	
分项工程		工程部位/用途	
检测依据		判定依据	
主要仪器设备名称及编号		样品描述	
土钉直径（mm）		土钉长度（cm）	
土钉型号		设计抗拔力（kN）	

试验锚杆编号	桩号	实测抗拔力（kN）	平均拉拔力（kN）	最小拉拔力（kN）

检测结论	
附加声明	

检测		审核		批准		日期	年 月 日

☐施工自检 ☐监理抽检
XXXXXXXX

_____公路项目
水泥混凝土抗弯拉强度试验检测报告

第？页共？页

试验室名称（专用章）		报告编号	
施工单位		监理单位	
单位工程		分部工程	
分项工程		工程部位/用途	
检测依据		判定依据	
主要仪器设备名称及编号		样品信息	
混凝土种类		养护条件	

试件组号	构件部位或名称	强度等级	龄期（天）	制件时间	试验日期	试件尺寸	抗弯拉强度（MPa）	强度取值（MPa）	结论

检测结论	
附加声明	

检测		审核		批准		日期	年 月 日

☐施工自检 ☐监理抽检
XXXXXXXX

_____公路项目
水泥混凝土面层厚度试验检测报告

第？页共？页

试验室名称（专用章）		报告编号	
施工单位		监理单位	
单位工程		分部工程	
分项工程		工程部位/用途	
检测依据		判定依据	
主要仪器设备及编号		检测信息	

路面结构类型		厚度要求值（mm）	

序号	桩号	横距（m）左＋右－	实测厚度（mm）	设计厚度（mm）	厚度偏差（mm）

厚度平均值（mm）		标准差	
厚度代表值（mm）		厚度极值（mm）	

检测结论	
附加声明	

检测		审核		批准		日期	年 月 日

☐施工自检 ☐监理抽检
XXXXXXXX

_____公路项目
连续式平整度仪测试平整度试验检测报告

第？页共？页

试验室名称（专用章）		报告编号	
施工单位		监理单位	
单位工程		分部工程	
分项工程		工程部位/用途	
检测依据		判定依据	
主要仪器设备及编号		检测信息	

路面结构类型		平整度要求值（mm）	
序号	桩号	车道	实测平整度（mm）
平均值（mm）		标准差（mm）	
变异系数			

检测结论	
附加声明	

检测		审核		批准		日期	年 月 日

☐施工自检 ☐监理抽检
XXXXXXXX

_____公路项目

路面构造深度试验检测报告

第?页共?页

试验室名称（专用章）		报告编号	
施工单位		监理单位	
单位工程		分部工程	
分项工程		工程部位/用途	
检测依据		判定依据	
主要仪器设备及编号		检测信息	

路面结构类型			构造深度要求值（mm）	
序号	桩号	构造深度（mm）	平均值（mm）	

平均值（mm）		标准差（mm）	
变异系数			

检测结论	
附加声明	

检测		审核		批准		日期	年 月 日

143

				□施工自检 □监理抽检
				XXXXXXXX

_____公路项目
路面横向力系数试验检测报告
第？页共？页

试验室名称 （专用章）		报告编号	
施工单位		监理单位	
单位工程		分部工程	
分项工程		工程部位 /用　途	
检测依据		判定依据	
主要仪器 设备及编号		检测信息	

路面结构类型		SFC要求值		
序号	桩号位置	行驶速度（km/h）	SFC测试值	SFC平均值（mm）
平均值		标准差		
代表值				

检测 结论	
附加 声明	

检测		审核		批准		日期	年　月　日

144

☐施工自检 ☐监理抽检
XXXXXXXX

_____公路项目

沥青混凝土面层压实度试验检测报告

第？页共？页

试验室名称（专用章）			报告编号	
施工单位			监理单位	
单位工程			分部工程	
分项工程			工程部位/用途	
检测依据			判定依据	
主要仪器设备及编号			检测信息	
结构层次			混合料类别	
压实度标准值（%）			现场孔隙率标准（%）	
试验室标准相对密度			理论最大相对密度	

序号	桩号	横距（m）左＋右－	芯样厚度（cm）	实测压实度（%）	实测现场孔隙率（%）	结果判定

检测结论	
附加声明	

检测		审核		批准		日期	年 月 日

□施工自检 □监理抽检
XXXXXXXX

_____公路项目
沥青混凝土面层渗水系数试验检测报告

第？页共？页

试验室名称（专用章）			报告编号	
施工单位			监理单位	
单位工程			分部工程	
分项工程			工程部位/用途	
检测依据			判定依据	
主要仪器设备及编号			检测信息	
结构层次			设计渗水系数（mL/min）	

序号	桩号	横距（m）左＋右－	实测渗水系数（mL/min）	结果判定

检测结论	
附加声明	

检测		审核		批准		日期	年 月 日

☐施工自检 ☐监理抽检
XXXXXXXX

_____公路项目

沥青混凝土路面摩擦系数试验检测报告

第？页共？页

试验室名称（专用章）			报告编号	
施工单位			监理单位	
单位工程			分部工程	
分项工程			工程部位/用途	
检测依据			判定依据	
主要仪器设备及编号			检测信息	
结构层次			设计摩擦系数 BPN	

序号	桩号	横距（m）左+右-	实测摩擦系数 BPN	结果判定
	平均值		标准差	
	变异系数			
检测结论				
附加声明				

检测		审核		批准		日期	年 月 日

☐施工自检 ☐监理抽检
XXXXXXXX

_____公路项目
沥青混合料矿料级配、沥青含量检测报告

第？页共？页

试验室名称（专用章）		报告编号	
施工单位		监理单位	
单位工程		分部工程	
分项工程		工程部位/用途	
检测依据		判定依据	
主要仪器设备及编号		检测信息	
结构层次		混合料类别	
沥青混合料中沥青含量（油石比）%			

沥青混合料中矿料级配	筛孔尺寸（mm）	实测通过率（%）	设计通过率（%）	规范要求通过率（%）	
				下限	上限

检测结论	
附加声明	

检测		审核		批准		日期	年 月 日

148

☐施工自检 ☐监理抽检
XXXXXXXX

_____公路项目
沥青混凝土面层厚度试验检测报告

第？页共？页

试验室名称（专用章）			报告编号	
施工单位			监理单位	
单位工程			分部工程	
分项工程			工程部位/用途	
检测依据			判定依据	
主要仪器设备及编号			检测信息	

路面结构类型		厚度要求值（mm）	

序号	桩号	横距（m）左+右-	实测厚度（mm）	设计厚度（mm）	厚度偏差（mm）

厚度平均值（mm）		标准差	
厚度代表值（mm）		厚度极值（mm）	

检测结论	
附加声明	

检测		审核		批准		日期	年 月 日

□施工自检 □监理抽检
XXXXXXXX

_____公路项目

沥青混合料试验检测报告

第？页共？页

试验室名称（专用章）		报告编号	
施工单位		监理单位	
单位工程		分部工程	
分项工程		工程部位/用途	
检测依据		判定依据	
主要仪器设备及编号		检测信息	
结构层次		混合料类别	

检测项目	技术指标	检测结果	结果判定
油石比（%）			
理论最大相对密度			
矿料间隙率 VMA（%）			
流值 FL（mm）			
毛体积相对密度			
沥青饱和度 VFA（%）			
孔隙率 VV（%）			
稳定度（kN）			

筛孔尺寸（mm）									
通过百分率（%）									
设计通过百分率（%）									
规范要求	上限								
	下限								

检测结论	
附加声明	

检测		审核		批准		日期	年 月 日

150

□施工自检 □监理抽检
XXXXXXXX

_____公路项目
无侧限抗压强度试验检测报告
第？页共？页

试验室名称（专用章）		报告编号	
施工单位		监理单位	
单位工程		分部工程	
分项工程		工程部位/用途	
检测依据		判定依据	
主要仪器设备及编号		检测信息	
设计抗压强度（MPa）		试件压实度（%）	
试件成型方法		制件日期	
试件类型		保证率（%）	
制件时含水量（%）		最大干密度（g/cm³）	

试件编号	养生期间质量损失（g）	吸水量（g）	试验后最大压力（kN）	无侧限抗压强度（MPa）

试件个数		强度平均值（MPa）	
标准差 S（MPa）		变异系数 Cv（%）	
Rd/（1－Za×Cv）（MPa）		Rc－Za×S（MPa）	

检测结论	
附加声明	

检测		审核		批准		日期	年 月 日

151

☐ 施工自检 ☐ 监理抽检
XXXXXXXX

_____公路项目
固体体积率试验检测报告

第 ? 页 共 ? 页

试验室名称（专用章）		报告编号	
施工单位		监理单位	
单位工程		分部工程	
分项工程		工程部位/用途	
检测依据		判定依据	
主要仪器设备及编号		检测信息	
填料类别		固体体积率标准值（%）	
结构层次		层数	

序号	桩号	横距（m）左＋右－	试坑深度（cm）	固体体积（cm³）	固体体积率（%）	结果判定

检测结论	
附加声明	

检测		审核		批准		日期	年 月 日

				□施工自检 □监理抽检
			XXXXXXXX

_____公路项目
桩身完整性试验检测报告
第？页共？页

试验室名称 （专用章）		报告编号	
施工单位		监理单位	
单位工程		分部工程	
分项工程		工程部位/用途	
检测依据		判定依据	
规格种类 批　　号		代表数量 里程桩号	
焊缝外观 焊缝形式		检测类别	
样品信息		检查方法	
主要仪器设备 名称及编号		生产厂家	

序号	桩号	设计桩长（m）	检测桩长（m）	设计桩径（m）	设计混凝土强度等级	混凝土灌注日期	检测日期	桩身完整性	缺陷位置	桩身完整性判定类别

检测结论	
附加声明	

检测		审核		批准		日期	年 月 日

☐施工自检 ☐监理抽检
XXXXXXXX

_____公路项目
高强螺栓扭矩试验检测报告

第？页共？页

试验室名称（专用章）		报告编号	
施工单位		监理单位	
单位工程		分部工程	
分项工程		工程部位/用途	
检测依据		判定依据	
规格种类批　号		代表数量里程桩号	
焊缝外观焊缝形式		检测类别	
样品信息		检查方法	
主要仪器设备名称及编号		生产厂家	

序号	实测高强螺栓扭矩（N.m）	设计要求（N.m）	结果判定

检测结论	
附加声明	

检测		审核		批准		日期	年　月　日

154

☐施工自检 ☐监理抽检
XXXXXXXX

_____公路项目
混凝土脱空率试验检测报告

第？页共？页

试验室名称（专用章）			报告编号	
施工单位			监理单位	
单位工程			分部工程	
分项工程			工程部位/用途	
检测依据			判定依据	
规格种类 批　　号			代表数量 里程桩号	
焊缝外观 焊缝形式			检测类别	
样品信息			检查方法	
主要仪器设备名称及编号			生产厂家	

结构部位及里程	脱空情况	结果判定

检测结论	
附加声明	

检测		审核		批准		日期	年 月 日

☐施工自检 ☐监理抽检
XXXXXXXX

_____公路项目
防护涂层附着力试验检测报告

第？页共？页

试验室名称 （专用章）		报告编号	
施工单位		监理单位	
单位工程		分部工程	
分项工程		工程部位/用途	
检测依据		判定依据	
规格种类 批　　号		代表数量 里程桩号	
焊缝外观 焊缝形式		检测类别	
样品信息		检查方法	
主要仪器设备 名称及编号		生产厂家	

桩号部位	实测防护涂层附着力（%）	设计要求（%）	结果判定

检测结论	
附加声明	

检测		审核		批准		日期	年　月　日

☐施工自检 ☐监理抽检
XXXXXXXX

_____公路项目
索力试验检测报告

第？页共？页

试验室名称（专用章）		报告编号	
施工单位		监理单位	
单位工程		分部工程	
分项工程		工程部位/用途	
检测依据		判定依据	
规格种类批号		代表数量里程桩号	
焊缝外观焊缝形式		检测类别	
样品信息		检查方法	
主要仪器设备名称及编号		生产厂家	

桩号部位	实测索力（kN）	设计要求（kN）	结果判定

检测结论	
附加声明	

检测		审核		批准		日期	年 月 日

☐施工自检 ☐监理抽检
XXXXXXXX

_____公路项目

拉杆、连接平板、连接筒、螺母探伤试验检测报告

第？页共？页

试验室名称（专用章）		报告编号	
施工单位		监理单位	
单位工程		分部工程	
分项工程		工程部位/用途	
检测依据		判定依据	
规格种类批号		代表数量里程桩号	
焊缝外观焊缝形式		检测类别	
样品信息		检查方法	
主要仪器设备名称及编号		生产厂家	

结构部位及里程	拉杆、连接平板、连接筒、螺母探伤情况	结果判定

检测结论	
附加声明	

检测		审核		批准		日期	年 月 日

☐ 施工自检 ☐ 监理抽检
XXXXXXXX

_____公路项目

主缆防护层厚度试验检测报告

第？页共？页

试验室名称（专用章）		报告编号	
施工单位		监理单位	
单位工程		分部工程	
分项工程		工程部位/用途	
检测依据		判定依据	
规格种类 批号		代表数量 里程桩号	
焊缝外观 焊缝形式		检测类别	
样品信息		检查方法	
主要仪器设备名称及编号		生产厂家	

桩号部位	实测厚度（mm）	设计要求（mm）	结果判定

检测结论	
附加声明	

检测		审核		批准		日期	年 月 日

☐施工自检 ☐监理抽检
XXXXXXXX

_____公路项目
防水层涂层厚度试验检测报告

第？页共？页

试验室名称（专用章）		报告编号	
施工单位		监理单位	
单位工程		分部工程	
分项工程		工程部位/用　途	
检测依据		判定依据	
规格种类批　号		代表数量里程桩号	
焊缝外观焊缝形式		检测类别	
样品信息		检查方法	
主要仪器设备名称及编号		生产厂家	

桩号部位	实测厚度（mm）	设计要求（mm）	结果判定

检测结论	
附加声明	

检测		审核		批准		日期	年　月　日

☐施工自检 ☐监理抽检
XXXXXXXX

_____公路项目
防水层黏结强度试验检测报告

第？页共？页

试验室名称（专用章）		报告编号	
施工单位		监理单位	
单位工程		分部工程	
分项工程		工程部位/用途	
检测依据		判定依据	
规格种类批号		代表数量里程桩号	
焊缝外观焊缝形式		检测类别	
样品信息		检查方法	
主要仪器设备名称及编号		生产厂家	

桩号部位	实测防水层黏结强度（MPa）	设计要求（MPa）	结果判定

检测结论	
附加声明	

检测		审核		批准		日期	年 月 日

☐施工自检 ☐监理抽检
XXXXXXXX

_____公路项目
混凝土黏结面含水率试验检测报告

第？页共？页

试验室名称（专用章）		报告编号	
施工单位		监理单位	
单位工程		分部工程	
分项工程		工程部位/用途	
检测依据		判定依据	
规格种类 批 号		代表数量 里程桩号	
焊缝外观 焊缝形式		检测类别	
样品信息		检查方法	
主要仪器设备名称及编号		生产厂家	

桩号部位	实测含水率（%）	设计要求（%）	结果判定

检测结论	
附加声明	

检测		审核		批准		日期	年 月 日

☐施工自检 ☐监理抽检
XXXXXXXX

_____公路项目
衬砌厚度试验检测报告

第？页共？页

试验室名称（专用章）		报告编号	
施工单位		监理单位	
单位工程		分部工程	
分项工程		工程部位/用途	
检测依据		判定依据	
规格种类批号		代表数量里程桩号	
焊缝外观焊缝形式		检测类别	
样品信息		检查方法	
主要仪器设备名称及编号		生产厂家	

结构部位及里程	实测厚度（mm）	设计要求（mm）	结果判定

检测结论	
附加声明	

检测		审核		批准		日期	年 月 日

☐施工自检 ☐监理抽检
XXXXXXXX

_____公路项目
防水板焊缝密实性试验检测报告

第？页共？页

试验室名称（专用章）		报告编号	
施工单位		监理单位	
单位工程		分部工程	
分项工程		工程部位/用途	
检测依据		判定依据	
规格种类批号		代表数量里程桩号	
焊缝外观焊缝形式		检测类别	
样品信息		检查方法	
主要仪器设备名称及编号		生产厂家	

结构部位及里程	焊接方向	搭接宽度（mm）	焊缝宽度（mm）	充气压力（MPa）实测	保持15 min后压力值（%）实测	保持15 min后压力下降（%）实测	检查是否有漏气情况
	环向						
	环向						
	纵向						

检测结论	
附加声明	

检测		审核		批准		日期	年 月 日

164

☐施工自检 ☐监理抽检
XXXXXXXX

_____公路项目
喷射混凝土喷层厚度试验检测报告

第？页共？页

试验室名称（专用章）		报告编号	
施工单位		监理单位	
单位工程		分部工程	
分项工程		工程部位/用途	
检测依据		判定依据	
规格种类 批　　号		代表数量 里程桩号	
焊缝外观 焊缝形式		检测类别	
样品信息		检查方法	
主要仪器设备名称及编号		生产厂家	

结构部位及里程	实测厚度（mm）	设计要求（mm）	结果判定
平均厚度（mm）		最小厚度（mm）	

检测结论	
附加声明	

检测		审核		批准		日期	年　月　日

☐施工自检 ☐监理抽检
XXXXXXXX

_____公路项目
衬砌背部密实情况检测报告

第？页共？页

试验室名称（专用章）		报告编号	
施工单位		监理单位	
单位工程		分部工程	
分项工程		工程部位/用途	
检测依据		判定依据	
规格种类 批号		代表数量 里程桩号	
焊缝外观 焊缝形式		检测类别	
样品信息		检查方法	
主要仪器设备名称及编号		生产厂家	

结构部位及里程	空洞面积（mm）	结构部位及里程	空洞面积（mm）

检测结论	
附加声明	

| 检测 | | 审核 | | 批准 | | 日期 | 年 月 日 |

☐施工自检 ☐监理抽检
XXXXXXXX

_____公路项目

水泥混凝土抗渗性试验检测报告

第？页共？页

试验室名称（专用章）			报告编号	
施工单位			监理单位	
单位工程			分部工程	
分项工程			工程部位/用途	
检测依据			判定依据	
主要仪器设备名称及编号			样品信息	

制件日期		试件龄期		设计抗渗等级		养护方式	

试件编号	构件部位或名称	试件尺寸（mm）	试验起止日期		六个试件中三个渗水时的水压力（MPa）	确定抗渗等级	结论
			起始	终止			

检测结论	
附加声明	

检测		审核		批准		日期	年 月 日

☐施工自检 ☐监理抽检
XXXXXXXX

_____公路项目
交通标志逆反射系数试验检测报告

第？页共？页

试验室名称（专用章）		报告编号	
施工单位		监理单位	
单位工程		分部工程	
分项工程		工程部位/用　途	
检测依据		判定依据	
规格种类批　　号		代表数量里程桩号	
焊缝外观焊缝形式		检测类别	
样品信息		检查方法	
主要仪器设备名称及编号		生产厂家	

序号	逆反射系数检测结果（$cd \cdot lx^{-1} \cdot m^{-2}$）	标准要求（$cd \cdot lx^{-1} \cdot m^{-2}$）	结果判定

检测结论	
附加声明	

检测		审核		批准		日期	年　月　日

☐施工自检 ☐监理抽检
XXXXXXXX

_____公路项目

交通标线试验检测报告

第？页共？页

试验室名称（专用章）		报告编号	
施工单位		监理单位	
单位工程		分部工程	
分项工程		工程部位/用 途	
检测依据		判定依据	
规格种类批 号		代表数量里程桩号	
焊缝外观焊缝形式		检测类别	
样品信息		检查方法	
主要仪器设备名称及编号		生产厂家	

检测项目	检测结果	技术要求	结果判定
标线线段长度（mm）			
标线宽度（mm）			
标线厚度（干膜，mm）			
标线横向偏位（mm）			
变现纵向间距（mm）			
逆反射亮度系数 R_L（mcd.m^{-2}.lx^{-1}）			
抗滑值（BPN）			

检测结论	
附加声明	

检测		审核		批准		日期	年 月 日

☐施工自检 ☐监理抽检
XXXXXXXX

_____公路项目

波形梁试验检测报告

第？页共？页

试验室名称（专用章）		报告编号	
施工单位		监理单位	
单位工程		分部工程	
分项工程		工程部位/用途	
检测依据		判定依据	
规格种类批号		代表数量里程桩号	
焊缝外观焊缝形式		检测类别	
样品信息		检查方法	
主要仪器设备名称及编号		生产厂家	

检测项目	检测结果	技术要求	结果判定
波形梁板基底金属厚度（mm）			
立柱基底金属壁厚度（mm）			
横梁中心高度（mm）			
立柱中距（mm）			
立柱竖直度（mm/m）			
立柱外边缘距土路肩边线距离（mm）			
立柱埋置深度（mm）			
螺栓终拧扭矩			

检测结论	
附加声明	

| 检测 | | 审核 | | 批准 | | 日期 | 年 月 日 |

☐施工自检 ☐监理抽检
XXXXXXXX

_____ 公路项目

涂层厚度试验检测报告

第？页共？页

试验室名称 （专用章）		报告编号	
施工单位		监理单位	
单位工程		分部工程	
分项工程		工程部位/用途	
检测依据		判定依据	
规格种类 批　号		代表数量 里程桩号	
焊缝外观 焊缝形式		检测类别	
样品信息		检查方法	
主要仪器设备 名称及编号		生产厂家	

结构部位及里程	实测厚度（mm）	设计要求（mm）	结果判定

检测结论	
附加声明	

检测		审核		批准		日期	年 月 日

附表 G 路基工程现场质量检查记录表

为方便资料整理，路基分部工程排序以 2017 验标附录 A 的编排顺序为主，路基土石方分项工程现场质量检查记录表的排序按照施工顺序编排，即先软基处置层、再路基填方、最后土工合成材料处置层。软基处置和土工合成材料处置层各分项工程编排顺序同 2017 验标。

土方路基压实度和石方路基沉降差均应层层检测。路基填方现场质量各检查项目应在上路床按照专业分工进行检查测定形成对应的测表、试验报告和现场质量检查记录表；其中，上路床压实度按 2017 验标附录 B 进行试验数据数理统计方法进行评定，上路床弯沉按 2017 验标附录 J 进行试验数据数理统计方法进行评定。

"小桥及符合小桥标准的通道、人行天桥、渡槽"用表参照有关的桥梁工程现场质量检查记录表；"大型挡土墙、组合挡土墙"用表参照有关的防护支挡工程现场质量检查记录表。

路基增加了边沟盖板等小型构件涉及的钢筋加工与安装、预制、安装等分项工程的现场质量检查记录表。小型构件钢筋现场质量检查记录表按照单排设置。

涵洞基础、涵台、箱涵底板、箱涵侧墙、箱涵顶板、盖板钢筋加工与安装现场质量检查记录表均按双排钢筋设置，使用表格时可根据实际情况及有无钢筋勾选。涵洞基础钢筋和基础混凝土均按涵台技术要求进行现场质量检查，纳入涵台一并进行检验和评定。涵洞基础、箱涵底板、箱涵侧墙、箱涵顶板和盖板两个方向的钢筋均为受力钢筋。

路基防护支挡工程增加了常见的抗滑桩桩板墙的抗滑桩钢筋加工与安装、抗滑桩挖（钻）孔灌注桩、挡土板钢筋加工与安装、挡土板预制、挡土板安装和墙背填土等分项工程现场质量检查记录表。抗滑桩钢筋与桥梁桩基钢筋不同之处是，抗滑桩受力钢筋多的可设置 3 排，而且既有单根为一束的，也有 2 根或 3 根为一束的，受力钢筋间距实际上既有单根之间的间距，也有束距。挡土板的受力钢筋为双向，多数情况下为双排。

其中，挡土板钢筋加工与安装、挡土板预制、挡土板安装和墙背填土，分别使用涵台钢筋加工及安装（2017 验标 8.3.1-1 条）、面板预制（2017 验标 6.4.2-4 条）、面板安装（2017 验标 6.4.2-5 条）和墙背填土（2017 验标 6.5.2 条）的现场质量检查记录表，本手册不再重复编制表格。

挖（钻）孔灌注桩现场质量检查记录表同桥梁工程桩基浇筑现场质量检查记录表，本手册不再重复编制表格。

_____公路项目

软土地基处置砂垫层现场质量检查记录表

□ 施工自检
□ 监理抽检

施工单位		监理单位	
单位工程		分部工程	
分项工程		检查依据	2017验标第4.4.2-1条
段落桩号长度（m）		检查日期	年 月 日

1★砂垫层厚度（规定值或允许偏差：≥设计要求，设计？m）
（检查方法和频率：尺量，自检每200 m测2点且不少于5点共检测？点；抽检每200 m测1点且不少于5点共检测？点）

实测偏差值													

2★砂垫层宽度（规定值或允许偏差：≥设计要求，设计宽度？m）
（检查方法和频率：尺量，自检每200 m测2点且不少于5点共检测？点；抽检每200 m测1点且不少于5点共检测？点）

实测偏差值													

3 反滤层设置（规定值或允许偏差：满足设计要求，设计要求：　　）
（检查方法和频率：尺量，自检每200 m测2点且不少于5点共检测？点；抽检每200 m测1点且不少于5点共检测？点）

是否满足（填写"满足"或"不满足"）													

段落桩号长度（m）		检查日期	年 月 日～ 年 月 日

1★砂垫层厚度（规定值或允许偏差：≥设计要求，设计？m）
（检查方法和频率：尺量，自检每200 m测2点且不少于5点共检测？点；抽检每200 m测1点且不少于5点共检测？点）

实测偏差值													

2★砂垫层宽度（规定值或允许偏差：≥设计要求，设计宽度？m）
（检查方法和频率：尺量，自检每200 m测2点且不少于5点共检测？点；抽检每200 m测1点且不少于5点共检测？点）

实测偏差值													

3 反滤层设置（规定值或允许偏差：满足设计要求，设计要求：　　）
（检查方法和频率：尺量，自检每200 m测2点且不少于5点共检测？点；抽检每200 m测1点且不少于5点共检测？点）

是否满足（满足打√，不满足打×）													

注：每个自然段填写1张记录表。

检查人/现场监理		质检负责人/专业监理工程师	

_____公路项目　　　☐ 施工自检　☐ 监理抽检

袋装砂井/塑料排水板现场质量检查记录表

施工单位		监理单位	
单位工程		分部工程	
分项工程		检查依据	2017验标第4.4.2-2条
段落桩号		检查日期	年 月 日~ 年 月 日
设计参数	（井距/板距、井长/板长、井径、灌砂率）			

1★井距/板距（规定值或允许偏差：±150 mm，设计井距/板距？ mm）
（检查方法和频率；尺量，自检抽查2%且不少于5点共？点；抽检自检点数的20%且不少于5点共？点）

实测偏差值															

2△★井长/板长（规定值或允许偏差：≥设计值，设计井长/板长？mm）
（检查方法和频率；查施工记录，自检抽查2%且不少于5点共？点；抽检自检点数的20%且不少于5点共？点）

检查结果	查施工记录结果：该段落设计？井/板，施工？井/板，应抽查？井/板的记录，实际抽查？井/板的记录，灌砂率满足验标的？井/板，合格？井/板，合格率？%。

3★井径（允许偏差或允许偏差：+10，0 mm，设计井径？mm）
（检查方法和频率；挖验，自检挖验2%且不少于5点共？点；抽检自检点数的20%且不少于5点共？点）

实测偏差值															

4灌砂率（规定值或允许偏差：-5%，设计灌砂率？%）
（检查方法和频率；查施工记录，自检抽查2%且不少于5点共？点；抽检自检点数的20%且不少于5点共？点）

检查结果	查施工记录结果：该段落设计？井，施工？井，应抽查？井的记录，实际抽查？井的记录，灌砂率满足验标的？井，合格？井，合格率？%。施工自检记录表后需附施工记录。

注：1. 每个自然处置段填写1张检查记录表；2. 项次3和项次4适用于袋装砂井。

检查人/现场监理		质检负责人/专业监理工程师	

_____公路项目		□施工自检
软土地基处置粒料桩现场质量检查记录表		□监理抽检

施工单位		监理单位	
单位工程		分部工程	
分项工程		检查依据	2017验标第4.4.2-3条
段落桩号及长度		检查日期	年 月 日~ 年 月 日
设计参数	（数量、桩距、桩径、桩长、单桩每延米喷粉（浆）量）		

1★桩距（规定值或允许偏差：±150 mm，设计桩距？mm）
（检查方法和频率；尺量，自检抽查2%且不少于5点共？点；抽检自检点数的20%且不少于5点共？点）

实测偏差值	

2★桩径（规定值或允许偏差：≥设计值，设计桩径？mm）
（检查方法和频率；尺量，自检抽查2%且不少于5点共？点；抽检自检点数的20%且不少于5点共？点）

实测偏差值	

3△★桩长（规定值或允许偏差：≥设计值，设计桩长？mm）
（检查方法和频率；查施工记录，自检抽查2%共？点；抽检自检点的20%共？点）

检查结果	查施工记录结果：该段落设计？根，施工？根，应抽查？根的记录，实际抽查？根的记录，桩长满足验标的？根，合格？根，合格率？%。施工自检记录表须附施工记录。

4粒料灌入率（规定值或允许偏差：≥设计值，设计灌入率？%）
（检查方法和频率；查施工记录，自检查验2%共？点；抽检自检查验数的20%共？点）

检查结果	查施工记录结果：该段落设计？根，施工？根，应抽查？根的记录，实际抽查？根的记录，粒料灌入率满足验标的？根，合格？根，合格率？%。施工自检记录表须附施工记录。

注：每个自然段填写1张记录表。

检查人/现场监理		质检负责人/专业监理工程师	

_____公路项目　　　□施工自检
　　　　　　　　　　　　　　　　　　　　　　　　　　　　　　　□监理抽检

软土地基处置加固土桩现场质量检查记录表

施工单位		监理单位	
单位工程		分部工程	
分项工程		检查依据	2017验标第4.4.2-4条
段落桩号		检查日期	年　月　日～　年　月　日
设计参数	（数量、桩距、桩径、桩长、单桩每延米喷粉（浆）量）		

1★桩距（规定值或允许偏差：±100 mm，设计桩距？mm）
（检查方法和频率：尺量，自检抽查2%且不少于5点共？点；抽检自检桩距的20%且不少于5点共？点）

实测偏差值																				

2★桩径（规定值或允许偏差：≥设计值，设计桩径？mm）
（检查方法和频率：尺量，自检抽查2%且不少于5点共？点；抽检自检桩径的20%且不少于5点共？点）

实测偏差值																				

3△★桩长（规定值或允许偏差：≥设计值，设计桩长？mm）
（检查方法和频率：查施工记录并结合取芯，自检检查0.2%且不少于3根共？根；抽检自检20%不少于3根共？根）

检查结果	查施工记录结果：该段落设计？根，施工？根，应抽查？根的记录，实际抽查？根的记录，桩长满足设计值的？根，合格？根，合格率？%。施工自检记录表须附施工记录。

4 单桩每延米喷粉（浆）量（规定值或允许偏差：≥设计值，设计值？）
（检查方法和频率：查施工记录，自检检验0.2%共？根；抽检自检查验数的20%共？根）

检查结果	查施工记录结果：该段落设计？根，施工？根，应抽查？根的记录，实际抽查？根的记录，单桩每延米喷粉（浆）量满足验标的？根，合格？根，合格率？%。施工自检记录表须附施工记录。

注：每个自然段填写1张记录表。

检查人/现场监理		质检负责人/专业监理工程师	

_____公路项目　☐施工自检　☐监理抽检

软土地基处置水泥粉煤灰碎石桩现场质量检查记录表

施工单位		监理单位	
单位工程		分部工程	
分项工程		检查依据	2017验标第4.4.2-5条
段落桩号		检查日期	年 月 日～ 年 月 日
设计参数（数量、桩距、桩径、桩长、强度）			

1★桩距（规定值或允许偏差：±100 mm，设计桩距？mm）
（检查方法和频率；尺量，自检抽查2%且不少于5点共？点；抽检自检桩距数的20%且不少于5点共？点）

实测偏差值	

2★桩径（规定值或允许偏差：≥设计值，设计桩基？mm）
（检查方法和频率；尺量，自检抽查2%且不少于5点共？点；抽检自检桩径数的20%且不少于5点共？点）

实测偏差值	

3△★桩长（规定值或允许偏差：≥设计值，设计桩长？m）
（检查方法和频率；查施工记录并结合取芯，自检检查0.2%且不少于3根共？根；抽检自检的20%且不少于3根共？根）

检查结果	查施工记录结果：该段落设计？根，施工？根，应抽查？根的记录，实际抽查？根的记录，桩长满足验标的？根，合格？根，合格率？%。施工自检现场检查记录表后需附施工记录。

注：每个自然段填写1张记录表。

检查人/现场监理		质检负责人/专业监理工程师	

_____公路项目	☐施工自检
软土地基处置刚性桩现场质量检查记录表	☐监理抽检

施工单位		监理单位	
单位工程		分部工程	
分项工程		检查依据	2017验标第4.4.2-6条
段落桩号		检查日期	年 月 日～ 年 月 日

设计参数	（数量、桩距、桩径、桩长、强度）

1★桩距（规定值或允许偏差：±100 mm，设计桩距？mm）
（检查方法和频率：尺量，自检抽查2%且不少于5点共？根；抽检自检桩距的20%且不少于5点共？根）

实测偏差值	

2★桩径（规定值或允许偏差：≥设计值，设计桩径？mm）
（检查方法和频率：尺量，自检抽查2%且不少于5点共？根；抽检自检桩径的20%且不少于5点共？根）

实测偏差值	

3△★桩长（规定值或允许偏差：≥设计值，设计桩长？m）
（检查方法和频率：查施工记录，自检检查2%且不少于3根共？根；
抽检自检桩长的20%且不少于3根共？根）

检查结果	查施工记录结果：该段落设计？根，施工？根，应抽查？根的记录，实际抽查？根的记录，桩长满足验标的？根，合格？根，合格率？%。施工自检现场检查记录表后需附施工记录

注：每个自然段填写1张记录表。

检查人/现场监理		质检负责人/专业监理工程师	

_____公路项目　　　　　　　　　　　　　☐ 施工自检
　　　　　　　　　　　　　　　　　　　　　　　　　☐ 监理抽检

土石方路基上路床现场质量检查记录表

施工单位		监理单位	
单位工程		分部工程	
分项工程		检查依据 表格数量	2017验标第4.2.2（4.2.3）条 第　页共　页
段落桩号 及 长 度		检查日期	年　月　日～　年　月　日

5★宽度（规定值或允许偏差：≥设计宽度，设计宽度？mm）
（检查方法和频率：尺量，自检每200 m测4点；抽检每200测1点）

每400 m起止桩号	实测偏差值								
0-400 m									
400-800 m									
800-1200 m									
1200-1600 m									
1600-2000 m									
2000-2400 m									
2400-2800 m									
2800-32000 m									

8 土方路基边坡（规定值或允许偏差：不陡于设计值，设计土方边坡？）
（检查方法和频率：尺量，自检每200 m测4点；抽检每200 m测1点）

每400 m起止桩号	实测偏差值								
0-400 m									
400-800 m									
800-1200 m									
1200-1600 m									
1600-2000 m									
2000-2400 m									
2400-2800 m									
2800-32000 m									

8 石方路基坡度（规定值或允许偏差：不陡于设计值，设计石方边坡？）
（检查方法和频率：尺量，自检每200 m测4点；抽检每200 m测1点）

每400 m起止桩号	实测偏差值								
0-400 m									
400-800 m									
800-1200 m									
1200-1600 m									
1600-2000 m									
2000-2400 m									
2400-2800 m									
2800-32000 m									

8 石方路基平顺度（规定值或允许偏差：≤设计值，设计平顺度？）
（检查方法和频率：尺量，自检每200 m测4点；抽检每200 m测1点）

每400 m起止桩号	实测偏差值								
0-400 m									
400-800 m									
800-1200 m									
1200-1600 m									
1600-2000 m									
2000-2400 m									
2400-2800 m									
2800-32000 m									

注：山区高速公路每半幅上路床每个自然段落（两桥、隧结构物之间的含挖方和填方路段）填写1张记录表；平原地区连续填筑时，每分项工程填写1张记录表。

检查人/现场监理		质检负责人/专业监理工程师	

_____公路项目			☐ 施工自检
加筋工程土工合成材料处置层现场质量检查记录表			☐ 监理抽检

施工单位		监理单位	
单位工程		分部工程	
分项工程		检查依据	2017验标第4.5.2-1条
段落桩号及长度		检查日期	年 月 日～ 年 月 日

1 下承层平整度、拱度（规定值或允许偏差：满足设计要求，设计要求：　　　）
2★搭接宽度（规定值或允许偏差：+50，0 mm，设计搭接宽度？mm）
3★搭接缝错开距离（规定值或允许偏差：≥设计值，设计搭接缝错开距离？mm）
4★锚固长度（规定值或允许偏差：≥设计值，设计固定长度？mm）

下承层及层数	实测偏差值（检查方法和频率：自检每200 m检查4处共？处；抽检每200 m检查1处共？处）
第1层	
第2层	
第3层	
第4层	
第5层	
第6层	

搭接宽度层数	实测偏差值（检查方法和频率：尺量，自检抽查缝数的2%；抽检抽查自检缝数的20%）
第1层	
第2层	
第3层	
第4层	
第5层	
第6层	

搭接缝错开距离及层数	实测偏差值（检查方法和频率：尺量，自检抽查缝数的2%；抽检抽查自检缝数的20%）
第1层	
第2层	
第3层	
第4层	
第5层	
第6层	

锚固长度及层数	实测偏差值（检查方法和频率：尺量，自检抽查缝数的2%；抽检抽查自检缝数的20%）
第1层	
第2层	
第3层	
第4层	
第5层	
第6层	

注：每个自然处置段填写1张检查记录表；本表格按每个自然段最多6层、每层最长1000 m、每层搭接和锚固最多2000处（最多自检40处）设置，层数、每层长度、每层检查点数大于上述设置的可另页填写。

检查人/现场监理		质检负责人/专业监理工程师	

_____ 公路项目 ☐施工自检 ☐监理抽检

隔离工程土工合成材料处置层现场质量检查记录表

施工单位		监理单位	
单位工程		分部工程	
分项工程		检查依据	2017验标第4.5.2-2条
段落桩号及长度		检查日期	年 月 日～ 年 月 日

1 下承层平整度、拱度（规定值或允许偏差：满足设计要求，设计要求：　　）
2★搭接宽度（规定值或允许偏差：+50，0 mm，设计搭接宽度？mm）
3★搭接缝错开距离（规定值或允许偏差：≥设计值，设计搭接缝错开距离？mm）
4★搭接处透水点（规定值或允许偏差：不多于1点）

下承层及层数	实测偏差值（检查方法和频率：自检每200 m检查4处共？处；抽检每200 m检查1处共？处）
第1层	
第2层	
第3层	
第4层	
第5层	
第6层	

搭接宽度层数	实测偏差值（检查方法和频率：尺量，自检抽查缝数的2%；抽检抽查自检缝数的20%）
第1层	
第2层	
第3层	
第4层	
第5层	
第6层	

搭接缝错开距离及层数	实测偏差值（检查方法和频率：尺量，自检抽查缝数的2%；抽检抽查自检缝数的20%）
第1层	
第2层	
第3层	
第4层	
第5层	
第6层	

搭接处透水点及层数	实测偏差值（检查方法和频率：不多于1点，自检缝数？条；抽检自检缝数的20%；合格打√，不合格打×）
第1层	
第2层	
第3层	
第4层	
第5层	
第6层	

注：每个自然处置段填写1张检查记录表；本表格按每个自然段最多6层、每层最长1000 m、每层搭接和锚固最多2000处（最多自检40处）设置，层数、每层长度、每层检查点数大于上述设置的可另页填写。

检查人/现场监理		质检负责人/专业监理工程师	

_____公路项目 ☐ 施工自检 ☐ 监理抽检

过滤排水工程土工合成材料处置层现场质量检查记录表

施工单位		监理单位	
单位工程		分部工程	
分项工程		检查依据	2017验标第4.5.2-3条
段落桩号及长度		检查日期	年 月 日 ~ 年 月 日

1 下承层平整度、拱度（规定值或允许偏差：满足设计要求，设计要求： ）
2 ★搭接宽度（规定值或允许偏差：+50,0 mm，设计搭接宽度？mm）
3 ★搭接缝错开距离（规定值或允许偏差：≥设计值，设计搭接缝错开距离？mm）

下承层及层数	实测偏差值（检查方法和频率：自检每200 m检查4处共？处；抽检每200 m检查1处共？处）
第1层	
第2层	
第3层	
第4层	
第5层	
第6层	

搭接宽度层数	实测偏差值（检查方法和频率：尺量，自检抽查缝数的2%；抽检抽查自检缝数的20%）
第1层	
第2层	
第3层	
第4层	
第5层	
第6层	

搭接缝错开距离及层数	实测偏差值（检查方法和频率：尺量，自检抽查缝数的2%；抽检抽查自检缝数的20%）
第1层	
第2层	
第3层	
第4层	
第5层	
第6层	

注：每个自然处置段填写1张检查记录表；层数、每层长度、每层检查点数大于上述设置的可另页填写。

检查人/现场监理		质检负责人/专业监理工程师	

_____公路项目			□ 施工自检
防裂工程土工合成材料处置层现场质量检查记录表			□ 监理抽检

施工单位		监理单位	
单位工程		分部工程	
分项工程		检查依据	2017验标第4.5.2-4条
段落桩号及长度		检查日期	年 月 日 ~ 年 月 日

1 下承层平整度、拱度（规定值或允许偏差：满足设计要求，设计要求：　　　）
2★搭接宽度（规定值或允许偏差：≧50 mm（横向），≧150 mm（纵向），设计搭接宽度：横向？mm，纵向？mm）

下承层及层数	实测偏差值（检查方法和频率：自检每200 m检查4处？处；抽检每200 m检查1处共？处）
第1层	
第2层	
第3层	
第4层	
第5层	
第6层	

横向搭接宽度及层数	实测偏差值（检查方法和频率：尺量，自检抽查缝数的2%；抽检抽查自检缝数的20%）
第1层	
第2层	
第3层	
第4层	
第5层	
第6层	

纵向搭接宽度及层数	实测偏差值（检查方法和频率：尺量，自检抽查缝数的2%；抽检抽查自检缝数的20%）
第1层	
第2层	
第3层	
第4层	
第5层	
第6层	

注：每个自然处置段填写1张检查记录表；层数、每层长度、每层检查点数大于上述设置的可另页填写。

检查人/现场监理		质检负责人/专业监理工程师	

_____公路项目　　　　　　　　　　　　□施工自检
管节预制现场质量检查记录表　　　　　　　□监理抽检

施工单位		监理单位	
单位工程		分部工程	
分项工程		检查依据	2017验标第5.2.2条
分项工程管节数量		检查日期	年 月 日～ 年 月 日

2★内径（规定值或允许偏差：≥设计值，设计内径？mm）
（检查方法和频率：尺量，自检抽查10%的管节，每管节测2个断面且不少于5个断面；抽检自检管节数的20%）
（自检？管节共？断面，抽检？管节共？断面）

实测偏差值													

3★壁厚（规定值或允许偏差：≥（设计值-3）mm，设计壁厚？mm）
（检查方法和频率：尺量，自检抽查10%的管节，每管节测2个断面且不少于5个断面；抽检自检管节数的20%）
（自检？管节共？断面，抽检？管节共？断面）

实测偏差值													

4 顺直度（规定值或允许偏差：矢度≤0.2%管节长，设计管节长？mm，0.2%管节长=?mm ）
（检查方法和频率：沿管节拉线量取最大矢高，自检抽查10%管节；抽检自检管节数的20%）
（设计管节长？mm，自检？管节共？个矢度，抽检？管节共？个矢度）

实测偏差值													

5★长度（规定值或允许偏差：+5，0 mm，设计长度？mm）
（检查方法和频率：尺量，自检抽查10%的管节，每管节测1点且不少于5点；抽检自检管节数的20%）
（设计管节长？mm，自检？管节共？点，抽检？管节共？点）

实测偏差值													

检查人/现场监理		质检负责人/专业监理工程师	

_____公路项目			☐施工自检
混凝土排水管安装现场质量检查记录表			☐监理抽检

施工单位		监理单位	
单位工程		分部工程	
分项工程		检查依据	2017验标第5.3.2条
段落桩号		检查日期	年 月 日～ 年 月 日
设计参数	（基础厚度、管座（肩宽、肩高）、抹带（宽度、厚度；管节数量和井数）		

4★基础厚度（规定值或允许偏差：≥设计值，设计基础厚度？mm；设计？个井）
（检查方法和频率：尺量，自检每两井间测3处共？处；抽检频率同自检）

井1-井2偏差值				井2-井3偏差值			
井3-井4偏差值				井4-井5偏差值			
井5-井6偏差值				井6-井7偏差值			

5★管座（规定值或允许偏差：肩宽+10，-5 mm，肩高+10，-10 mm，设计肩宽？mm，设计肩高？mm）
（检查方法和频率：尺量，自检每两井间测2处共？处；抽检频率同自检共？处）

井1-井2	肩宽偏差值			井2-井3	肩宽偏差值		
	肩高偏差值				肩高偏差值		
井3-井4	肩宽偏差值			井4-井5	肩宽偏差值		
	肩高偏差值				肩高偏差值		
井5-井6	肩宽偏差值			井6-井7	肩宽偏差值		
	肩高偏差值				肩高偏差值		

6★抹带（规定值或允许偏差：≥设计值，设计宽度？mm，设计厚度？mm；抹带数量？个）
（检查方法和频率：尺量，自检抽查10%共？个；抽检抽查抹带数量的2%共？个。被抽抹带宽度和厚度各测1处）

抹带1	宽度偏差值			抹带2	宽度偏差值		
	厚度偏差值				厚度偏差值		
抹带3	宽度偏差值			抹带4	宽度偏差值		
	厚度偏差值				厚度偏差值		
抹带5	宽度偏差值			抹带6	宽度偏差值		
	厚度偏差值				厚度偏差值		

注：每个自然段落或每个分项工程填写1套记录表；设置的空格不够时，可另页填写。

检查人/现场监理		质检负责人/专业监理工程师	

_____公路项目　　　　　□施工自检　□监理抽检

检查（雨水）井砌筑现场质量检查记录表

施工单位		监理单位	
单位工程		分部工程	
分项工程		检查依据	2017验标第5.4.2条
检查井桩号		检查日期	年　月　日

3★圆井直径或方井长度、宽度（规定值或允许偏差：+20，-20 mm，设计圆井直径?mm、方井长？mm、方井宽？mm）
（检查方法和频率：尺量，自检逐井检查每井测2点共？点；抽检频率为自检井数的20%共？点）

圆井1直径偏差值			方井1长度、宽度偏差值		
圆井2直径偏差值			方井2长度、宽度偏差值		

4★壁厚（规定值或允许偏差：-10，0 mm，设计壁厚？mm）
（检查方法和频率：尺量，自检逐井检查每井测2点共？点；抽检频率为自检井数的20%共？点）

圆井1壁厚偏差值			方井1长度方向、宽度方向壁厚偏差值		
圆井2壁厚偏差值			方井2长度方向、宽度方向壁厚偏差		

6井盖与相邻路面高差（规定值或允许偏差：雨水井0，-4 mm，检查井+4，0 mm）
（检查方法和频率：水平尺，自检逐井检查每井检查前后左右4点共？点；抽检频率为自检井数的20%共？点）

雨水井1前后左右偏差值			检查井1前后左右偏差值		
雨水井2前后左右偏差值			检查井2前后左右偏差值		

注：本表"6井盖与相邻路面高差"采用水平尺测量。

检查人/现场监理		质检负责人/专业监理工程师	

_____公路项目 ☐施工自检 ☐监理抽检

土沟现场质量检查记录表

施工单位		监理单位	
单位工程		分部工程	
分项工程		检查依据	2017验标第5.5.2条
段落桩号		检查日期	年 月 日~ 年 月 日

2★断面尺寸（规定值或允许偏差：≥设计值，设计上底宽？mm×下底宽？mm×高度？mm）
（检查方法和频率：尺量，自检每200 m测2点且不少于5点共？点；抽检每200 m测1点且不少于5点？点）

检查段落	（上底宽×下底宽×高度）偏差值				
0~400 m	( )×( )×( )	( )×( )×( )	( )×( )×( )	( )×( )×( )	( )×( )×( )
400~800 m	( )×( )×( )	( )×( )×( )	( )×( )×( )	( )×( )×( )	( )×( )×( )
800~1200 m	( )×( )×( )	( )×( )×( )	( )×( )×( )	( )×( )×( )	( )×( )×( )
1200~1600 m	( )×( )×( )	( )×( )×( )	( )×( )×( )	( )×( )×( )	( )×( )×( )
1600~2000 m	( )×( )×( )	( )×( )×( )	( )×( )×( )	( )×( )×( )	( )×( )×( )
2000~2400 m	( )×( )×( )	( )×( )×( )	( )×( )×( )	( )×( )×( )	( )×( )×( )

3 边坡坡度（规定值或允许偏差：不陡于设计值，设计边坡？）
（检查方法和频率：尺量，自检每200 m测2点且不少于5点共？点；抽检每200 m测1点且不少于5点共？点）

检查段落	左侧边坡实测偏差值		右侧边坡实测偏差值	
0~400 m	( ) ( ) ( ) ( ) ( )		( ) ( ) ( ) ( ) ( )	
400~800 m	( ) ( ) ( ) ( ) ( )		( ) ( ) ( ) ( ) ( )	
800~1200 m	( ) ( ) ( ) ( ) ( )		( ) ( ) ( ) ( ) ( )	
1200~1600 m	( ) ( ) ( ) ( ) ( )		( ) ( ) ( ) ( ) ( )	
1600~2000 m	( ) ( ) ( ) ( ) ( )		( ) ( ) ( ) ( ) ( )	
2000~2400 m	( ) ( ) ( ) ( ) ( )		( ) ( ) ( ) ( ) ( )	

4 边棱直顺度（规定值或允许偏差：50 mm）
（检查方法和频率：尺量，自检20 m拉线，每200 m测2点且不少于5点共？点；抽检每200 m测1点且不少于5点共？点）

检查段落	边棱直顺度偏差值
0~800 m	
800~1600 m	
1600~2400 m	

段落桩号		检查日期	年 月 日~ 年 月 日

2★断面尺寸（规定值或允许偏差：≥设计值，设计上底宽？mm×下底宽？mm×高度？mm）
（检查方法和频率：尺量，自检每200 m测2点且不少于5点共？点；抽检每200 m测1点且不少于5点共？点）

检查段落	（上底宽×下底宽×高度）偏差值				
0~400 m	( )×( )×( )	( )×( )×( )	( )×( )×( )	( )×( )×( )	( )×( )×( )
400~800 m	( )×( )×( )	( )×( )×( )	( )×( )×( )	( )×( )×( )	( )×( )×( )
800~1200 m	( )×( )×( )	( )×( )×( )	( )×( )×( )	( )×( )×( )	( )×( )×( )
1200~1600 m	( )×( )×( )	( )×( )×( )	( )×( )×( )	( )×( )×( )	( )×( )×( )
1600~2000 m	( )×( )×( )	( )×( )×( )	( )×( )×( )	( )×( )×( )	( )×( )×( )
2000~2400 m	( )×( )×( )	( )×( )×( )	( )×( )×( )	( )×( )×( )	( )×( )×( )

3 边坡坡度（规定值或允许偏差：不陡于设计值，设计边坡？）
（检查方法和频率：尺量，自检每200 m测2点且不少于5点共？点；抽检每200 m测1点且不少于5点共？点）

检查段落	左侧边坡实测偏差值		右侧边坡实测偏差值	
0~400 m	( ) ( ) ( ) ( ) ( )		( ) ( ) ( ) ( ) ( )	
400~800 m	( ) ( ) ( ) ( ) ( )		( ) ( ) ( ) ( ) ( )	
800~1200 m	( ) ( ) ( ) ( ) ( )		( ) ( ) ( ) ( ) ( )	
1200~1600 m	( ) ( ) ( ) ( ) ( )		( ) ( ) ( ) ( ) ( )	
1600~2000 m	( ) ( ) ( ) ( ) ( )		( ) ( ) ( ) ( ) ( )	
2000~2400 m	( ) ( ) ( ) ( ) ( )		( ) ( ) ( ) ( ) ( )	

4 边棱直顺度（规定值或允许偏差：50 mm）
（检查方法和频率：尺量，自检20 m拉线，每200 m测2点且不少于5点共？点；抽检每200 m测1点且不少于5点共？点）

检查段落	边棱直顺度偏差值
0~800 m	
800~1600 m	
1600~2400 m	

注：每2个自然段填写1张记录表；每个自然段按照最长2400 m设置，如1个自然段长度超过2400 m可另页填写。

检查人/现场监理		质检负责人/专业监理工程师	

_____公路项目　　　　　　□ 施工自检
　　　　　　　　　　□ 监理抽检

浆砌/混凝土水沟现场质量检查记录表

施工单位		监理单位	
单位工程		分部工程	
分项工程		检查依据	2017验标第5.6.2条
段落桩号及长度		检查日期	年 月 日～ 年 月 日

2 轴线偏位（规定值或允许偏差：50 mm）
（检查方法和频率：尺量，自检每200 m测5点共？点；抽检每200 m测1点共？点）

测点位置	各测点偏差值								
0～600 m									
600～1200 m									
1200～1800 m									
1800～2400 m									
2400～3000 m									

4 墙面直顺度（规定值或允许偏差：30 mm）
（检查方法和频率：20 m拉线，自检每200 m测2点共？点；抽检每200 m测1点共？点）

测点位置	各测点偏差值								
0～1000 m									
1000～2000 m									
2000～3000 m									
3000～4000 m									

5 坡度（规定值或允许偏差：不缓于设计值，设计坡度？）
（检查方法和频率：坡度尺，自检每200 m测2点共？点；抽检每200 m测1点共？点）

测点位置	各测点偏差值								
0～1000 m									
1000～2000 m									
2000～3000 m									
3000～4000 m									

6★ 断面尺寸（规定值或允许偏差：+30，-30 mm，设计顶宽？mm×底宽？mm×高度？mm）
（检查方法和频率：尺量，自检每200 m测2个断面且不少于5个断面共？个断面；
抽检自检每200 m测1个断面且不少于5个断面共？个断面）

测点位置	各测点（顶宽）×（底宽）×（高度）偏差值					
0～400 m	( )×( )×( )	( )×( )×( )	( )×( )×( )	( )×( )×( )	( )×( )×( )	( )×( )×( )
400～800 m	( )×( )×( )	( )×( )×( )	( )×( )×( )	( )×( )×( )	( )×( )×( )	( )×( )×( )
800～1200 m	( )×( )×( )	( )×( )×( )	( )×( )×( )	( )×( )×( )	( )×( )×( )	( )×( )×( )
1200～1600 m	( )×( )×( )	( )×( )×( )	( )×( )×( )	( )×( )×( )	( )×( )×( )	( )×( )×( )

7★ 铺砌厚度（规定值或允许偏差：≥设计值，设计铺砌厚度？mm）
（检查方法和频率：尺量，自检每200 m测2点共？点；抽检每200 m测1点共？点）

测点位置	各测点偏差值								
0～1000 m									
1000～2000 m									
2000～3000 m									
3000～4000 m									

8★ 基础垫层宽度、厚度（规定值或允许偏差：≥设计值，设计垫层宽度？mm×厚度？mm）
（检查方法和频率：尺量，自检每200 m测2点共？点；抽检每200 m测1点共？点）

测点位置	各测点（宽度）×（厚度）偏差值					
0～600 m	( )×( )	( )×( )	( )×( )	( )×( )	( )×( )	( )×( )
600～1200 m	( )×( )	( )×( )	( )×( )	( )×( )	( )×( )	( )×( )
1200～1800 m	( )×( )	( )×( )	( )×( )	( )×( )	( )×( )	( )×( )
1800～2400 m	( )×( )	( )×( )	( )×( )	( )×( )	( )×( )	( )×( )
2400～3000 m	( )×( )	( )×( )	( )×( )	( )×( )	( )×( )	( )×( )
3000～3600 m	( )×( )	( )×( )	( )×( )	( )×( )	( )×( )	( )×( )

1. 每个自然段或每个分项工程的水沟填写1张记录表；2. 一般来说，仅挖方段边沟坡度较为一致外，其余水沟坡度变化较大，每200 m计算坡度难度大，因此坡度以不阻水为标准，记录表可填写"满足"或"不满足"即可。

检查人/现场监理		质检负责人/专业监理工程师	

_____公路项目	☐ 施工自检
	☐ 监理抽检

水沟盖板钢筋加工及安装现场质量检查记录表

施工单位		监理单位	
单位工程		分部工程	
分项工程		检查依据	2017验标第8.3.1-1条
段落桩号		检验日期	年 月 日～ 年 月 日

1△★受力钢筋排距（mm）（检查方法和频率：☐长度≤20 m测2个断面；允许偏差±5，设计单排、排距0 mm）

1△★受力钢筋间距（规定值或允许偏差±20 mm）（每块板设计？根、间距？mm，自检？点，抽检？点）
（分项工程设计？块板，自检抽查设计数量的30%共？块，抽检随机检查自检的20%共抽查？块）

第1块断面1								第1块断面2							
第2块断面1								第2块断面2							
第3块断面1								第3块断面2							
第4块断面1								第4块断面2							
第5块断面1								第5块断面2							
第6块断面1								第6块断面2							
第7块断面1								第7块断面2							
第8块断面1								第8块断面2							
第9块断面1								第9块断面2							
第10块断面1								第10块断面2							
第11块断面1								第11块断面2							
第12块断面1								第12块断面2							
第13块断面1								第13块断面2							
第14块断面1								第14块断面2							
第15块断面1								第15块断面2							

2★箍筋、构造钢筋、螺旋筋间距（规定值或允许偏差：±10 mm）（自检每构件测10个间距；抽检同自检）

第1块											第2块										
第3块											第4块										
第5块											第6块										
第7块											第8块										
第9块											第10块										
第11块											第12块										
第13块											第14块										
第15块											/	/	/	/	/	/	/	/	/	/	/

3★钢筋骨架尺寸（规定值或允许偏差：长±10 mm，宽、高±5 mm，设计长度？mm、宽度？mm，高度？mm）
（检查方法和频率：尺量，自检长度≤20 m测2个断面，长度>20 m测3个断面；抽检同自检）

抽查块号	长宽高偏差值	抽查块号	长宽高偏差值	抽查块号	长宽高偏差值	抽查块号	长宽高偏差值
第1块		第2块		第3块		第4块	
第5块		第6块		第7块		第8块	
第9块		第10块		第11块		第12块	
第13块		第14块		第15块		/	/ / /

4 弯起钢筋位置（规定值或允许偏差：±20 mm，设计0根）

5△★保护层厚度（规定值或允许偏差：±10 mm，钢筋立模面设计？m²，应检？处，设计保护层厚度？mm）
（检查方法和频率：尺量，自检每立模面每3 m²检查1处且每立模面不少于5点共？点；抽检自检点数的20%共？点）

抽查块号	保护层厚度偏差值	抽查块号	保护层厚度偏差值	抽查块号	保护层厚度偏差值
第1块		第2块		第3块	
第4块		第5块		第6块	
第7块		第8块		第9块	
第10块		第11块		第12块	
第13块		第14块		第15块	

注：1.每15块板填写1张现场质量检查记录表；2.保护层厚度每块板检查5处；3.除检验日期、偏差值和签名外，其余均打印。

检查人/现场监理		质检负责人/专业监理工程师	

_____公路项目　　　　　　　　　　　□施工自检
水沟盖板预制现场质量检查记录表　　　　　　□监理抽检

施工单位		监理单位	
单位工程		分部工程	
分项工程		检查依据	2017验标第9.5.2条
盖板设计参　数	该分项工程设计？块 设计长度？mm 宽度？mm 高度？mm	检查日期	年　月　日～　年　月　日

2△★高度（mm）（规定值或允许偏差：+10，0 mm）
3★宽度（mm）（规定值或允许偏差：+10，-10 mm）
4★长度（mm）（规定值或允许偏差：+10，-20 mm）
（检查方法和频率：尺量，自检抽查30%的板共？块板每板检查2个断面；
抽检自检板数的20%共？块板每板检查2个断面）

板的编号	（长度×宽度×高度） （　）×（　）×（　）	偏差值	板的编号	（长度×宽度×高度） （　）×（　）×（　）	偏差值	板的编号	（长度×宽度×高度） （　）×（　）×（　）	偏差值

检查人/现场监理		质检负责人/专业监理工程师	

_____ 公路项目

水沟盖板安装现场质量检查记录表

☐ 施工自检
☐ 监理抽检

施工单位		监理单位	
单位工程		分部工程	
分项工程		检查依据	2017验标第9.6.2条
		表格数量	第 页共 页
盖板设计参数	该分项工程设计？块 设计长度？mm宽度？mm高度？mm	检查日期	年 月 日～ 年 月 日

1 支承中心偏位（规定值或允许偏差：≤10 mm）
（检查方法和频率：尺量，自检抽查20%板；抽检自检的20%）
2★相邻板最大高差（规定值或允许偏差：≤10 mm）
（检查方法和频率：尺量，自检抽查20%的板测相邻板高程最大处；抽检自检的20%测相邻板高程最大处）
（设计？块板，自检？块板抽检？块板）

被检板编号	支承中心偏差值	★相邻板最大高差偏差值	被检板编号	支承中心偏差值	★相邻板最大高差偏差值

检查人/现场监理		质检负责人/专业监理工程师	

_____公路项目　　　　　　　　□ 施工自检
盲沟现场质量检查记录表　　　　□ 监理抽检

施工单位		监理单位	
单位工程		分部工程	
分项工程		检查依据	2017验标第5.7.2条
段落桩号及长度		检查日期	年 月 日～ 年 月 日

2★断面尺寸（规定值或允许偏差：不小于设计值，设计顶宽？mm×底宽？mm×高度？mm）
（检查方法和频率：尺量，自检每20 m测1点共？点；抽检每100 m测1点共？点）

检查段落	（顶宽×底宽×高度）偏差值			
0～80 m	( )×( )×( )	( )×( )×( )	( )×( )×( )	( )×( )×( )
80～160 m	( )×( )×( )	( )×( )×( )	( )×( )×( )	( )×( )×( )
160～240 m	( )×( )×( )	( )×( )×( )	( )×( )×( )	( )×( )×( )
240～320 m	( )×( )×( )	( )×( )×( )	( )×( )×( )	( )×( )×( )
320～400 m	( )×( )×( )	( )×( )×( )	( )×( )×( )	( )×( )×( )
400～480 m	( )×( )×( )	( )×( )×( )	( )×( )×( )	( )×( )×( )
480～560 m	( )×( )×( )	( )×( )×( )	( )×( )×( )	( )×( )×( )
560～640 m	( )×( )×( )	( )×( )×( )	( )×( )×( )	( )×( )×( )
640～720 m	( )×( )×( )	( )×( )×( )	( )×( )×( )	( )×( )×( )
720～800 m	( )×( )×( )	( )×( )×( )	( )×( )×( )	( )×( )×( )
800～880 m	( )×( )×( )	( )×( )×( )	( )×( )×( )	( )×( )×( )
880～960 m	( )×( )×( )	( )×( )×( )	( )×( )×( )	( )×( )×( )
960～1040 m	( )×( )×( )	( )×( )×( )	( )×( )×( )	( )×( )×( )
1040～1120 m	( )×( )×( )	( )×( )×( )	( )×( )×( )	( )×( )×( )
1120～1200 m	( )×( )×( )	( )×( )×( )	( )×( )×( )	( )×( )×( )
1200～1280 m	( )×( )×( )	( )×( )×( )	( )×( )×( )	( )×( )×( )
1280～1360 m	( )×( )×( )	( )×( )×( )	( )×( )×( )	( )×( )×( )
1360～1440 m	( )×( )×( )	( )×( )×( )	( )×( )×( )	( )×( )×( )
1440～1520 m	( )×( )×( )	( )×( )×( )	( )×( )×( )	( )×( )×( )
1520～1600 m	( )×( )×( )	( )×( )×( )	( )×( )×( )	( )×( )×( )

段落桩号及长度		检查日期	年 月 日～ 年 月 日

检查段落	（顶宽×底宽×高度）偏差值			
0～80 m	( )×( )×( )	( )×( )×( )	( )×( )×( )	( )×( )×( )
80～160 m	( )×( )×( )	( )×( )×( )	( )×( )×( )	( )×( )×( )
160～240 m	( )×( )×( )	( )×( )×( )	( )×( )×( )	( )×( )×( )
240～320 m	( )×( )×( )	( )×( )×( )	( )×( )×( )	( )×( )×( )
320～400 m	( )×( )×( )	( )×( )×( )	( )×( )×( )	( )×( )×( )
400～480 m	( )×( )×( )	( )×( )×( )	( )×( )×( )	( )×( )×( )
480～560 m	( )×( )×( )	( )×( )×( )	( )×( )×( )	( )×( )×( )
560～640 m	( )×( )×( )	( )×( )×( )	( )×( )×( )	( )×( )×( )
640～720 m	( )×( )×( )	( )×( )×( )	( )×( )×( )	( )×( )×( )
720～800 m	( )×( )×( )	( )×( )×( )	( )×( )×( )	( )×( )×( )
800～880 m	( )×( )×( )	( )×( )×( )	( )×( )×( )	( )×( )×( )
880～960 m	( )×( )×( )	( )×( )×( )	( )×( )×( )	( )×( )×( )
960～1040 m	( )×( )×( )	( )×( )×( )	( )×( )×( )	( )×( )×( )
1040～1120 m	( )×( )×( )	( )×( )×( )	( )×( )×( )	( )×( )×( )
1120～1200 m	( )×( )×( )	( )×( )×( )	( )×( )×( )	( )×( )×( )
1200～1280 m	( )×( )×( )	( )×( )×( )	( )×( )×( )	( )×( )×( )
1280～1360 m	( )×( )×( )	( )×( )×( )	( )×( )×( )	( )×( )×( )
1360～1440 m	( )×( )×( )	( )×( )×( )	( )×( )×( )	( )×( )×( )
1440～1520 m	( )×( )×( )	( )×( )×( )	( )×( )×( )	( )×( )×( )
1520～1600 m	( )×( )×( )	( )×( )×( )	( )×( )×( )	( )×( )×( )

注：每张检查记录表最多可填2段盲沟，每段最长1600 m进行设置，如超过1600 m可另页续填。

检查人/现场监理		质检负责人/专业监理工程师	

_____公路项目

排水泵站沉井现场质量检查记录表

☐ 施工自检
☐ 监理抽检

施工单位		监理单位	
单位工程		分部工程	
分项工程		检查依据	2017验标第5.8.2条
排水泵站沉井桩号		检查日期	年 月 日

3 竖直度（规定值或允许偏差：1%H，井深 H=? mm，1%H=?mm）
（检查方法和频率：铅锤法，自检每井纵向前后各测1点，横向左右各测1点；抽检频率同自检）

纵向偏差值		横向偏差值	

4★几何尺寸（规定值或允许偏差：±50 mm，设计长度?mm×宽度?mm×高度?mm）
（检查方法和频率：尺量，自检每井长宽高各测2点；抽检频率同自检）

（长度×宽度×高度）偏差值	（长度×宽度×高度）偏差值
（　）×（　）×（　）	（　）×（　）×（　）

5★壁厚（规定值或允许偏差：-5，0 mm，设计壁厚? mm）
（检查方法和频率：尺量，自检每井测5点；抽检频率同自检）

偏差值			

排水泵站沉井桩号		检查日期	年 月 日

3 竖直度（规定值或允许偏差：1%H，井深 H=? mm，1%H=?mm）
（检查方法和频率：铅锤法，自检每井纵向前后各测1点，横向左右各测1点；抽检频率同自检）

纵向偏差值		横向偏差值	

4★几何尺寸（规定值或允许偏差：±50 mm，设计长度?mm×宽度?mm×高度?mm）
（检查方法和频率：尺量，自检每井长宽高各测2点；抽检频率同自检）

（长度×宽度×高度）偏差值	（长度×宽度×高度）偏差值
（　）×（　）×（　）	（　）×（　）×（　）

5★壁厚（规定值或允许偏差：-5，0 mm，设计壁厚? mm）
（检查方法和频率：尺量，自检每井测5点；抽检频率同自检）

偏差值			

排水泵站沉井桩号		检查日期	年 月 日

3 竖直度（规定值或允许偏差：1%H，井深 H=? mm，1%H=?mm）
（检查方法和频率：铅锤法，自检每井纵向前后各测1点，横向左右各测1点；抽检频率同自检）

纵向偏差值		横向偏差值	

4★几何尺寸（规定值或允许偏差：±50 mm，设计长度?mm×宽度?mm×高度?mm）
（检查方法和频率：尺量，自检每井长宽高各测2点；抽检频率同自检）

（长度×宽度×高度）偏差值	（长度×宽度×高度）偏差值
（　）×（　）×（　）	（　）×（　）×（　）

5★壁厚（规定值或允许偏差：-5，0 mm，设计壁厚? mm）
（检查方法和频率：尺量，自检每井测5点；抽检频率同自检）

偏差值			

排水泵站沉井桩号		检查日期	年 月 日

3 竖直度（规定值或允许偏差：1%H，井深 H=? mm，1%H=?mm）
（检查方法和频率：铅锤法，自检每井纵向前后各测1点，横向左右各测1点；抽检频率同自检）

纵向偏差值		横向偏差值	

4★几何尺寸（规定值或允许偏差：±50 mm，设计长度?mm×宽度?mm×高度?mm）
（检查方法和频率：尺量，自检每井长宽高各测2点；抽检频率同自检）

（长度×宽度×高度）偏差值	（长度×宽度×高度）偏差值
（　）×（　）×（　）	（　）×（　）×（　）

5★壁厚（规定值或允许偏差：-5，0 mm，设计壁厚? mm）
（检查方法和频率：尺量，自检每井测5点；抽检频率同自检）

偏差值			

检查人/现场监理		质检负责人/专业监理工程师	

_____公路项目 沉淀池现场质量检查记录表　　□施工自检　□监理抽检

施工单位		监理单位	
单位工程		分部工程	
分项工程		检查依据	2017 验标第 5.9.2 条
沉淀池桩号		检查日期	年　月　日

3★几何尺寸（规定值或允许偏差：±50 mm）
（设计长度？mm，宽度？mm，高度？mm，设计壁厚？mm）
（检查方法和频率：尺量，自检每池长、宽、高、壁厚各测 2 点；抽检频率同自检）

长度偏差值	宽度偏差值	高度偏差值	壁厚偏差值

沉淀池桩号		检查日期	年　月　日

3★几何尺寸（规定值或允许偏差：±50 mm）
（设计长度？mm，宽度？mm，高度？mm，设计壁厚？mm）
（检查方法和频率：尺量，自检每池长、宽、高、壁厚各测 2 点；抽检频率同自检）

长度偏差值	宽度偏差值	高度偏差值	壁厚偏差值

沉淀池桩号		检查日期	年　月　日

3★几何尺寸（规定值或允许偏差：±50 mm）
（设计长度？mm，宽度？mm，高度？mm，设计壁厚？mm）
（检查方法和频率：尺量，自检每池长、宽、高、壁厚各测 2 点；抽检频率同自检）

长度偏差值	宽度偏差值	高度偏差值	壁厚偏差值

沉淀池桩号		检查日期	年　月　日

3★几何尺寸（规定值或允许偏差：±50 mm）
（设计长度？mm，宽度？mm，高度？mm，设计壁厚？mm）
（检查方法和频率：尺量，自检每池长、宽、高、壁厚各测 2 点；抽检频率同自检）

长度偏差值	宽度偏差值	高度偏差值	壁厚偏差值

沉淀池桩号		检查日期	年　月　日

3★几何尺寸（规定值或允许偏差：±50 mm）
（设计长度？mm，宽度？mm，高度？mm，设计壁厚？mm）
（检查方法和频率：尺量，自检每池长、宽、高、壁厚各测 2 点；抽检频率同自检）

长度偏差值	宽度偏差值	高度偏差值	壁厚偏差值

沉淀池桩号		检查日期	年　月　日

3★几何尺寸（规定值或允许偏差：±50 mm）
（设计长度？mm，宽度？mm，高度？mm，设计壁厚？mm）
（检查方法和频率：尺量，自检每池长、宽、高、壁厚各测 2 点；抽检频率同自检）

长度偏差值	宽度偏差值	高度偏差值	壁厚偏差值

沉淀池桩号		检查日期	年　月　日

3★几何尺寸（规定值或允许偏差：±50 mm）
（设计长度？mm，宽度？mm，高度？mm，设计壁厚？mm）
（检查方法和频率：尺量，自检每池长、宽、高、壁厚各测 2 点；抽检频率同自检）

长度偏差值	宽度偏差值	高度偏差值	壁厚偏差值

注：本表可同时填写 7 个沉淀池的检查数据。

检查人/现场监理		质检负责人/专业监理工程师	

_____公路项目											☐ 施工自检
涵洞钢筋加工及安装现场质量检查记录表（1/2）										☐ 监理抽检

施工单位		监理单位	
单位工程		分部工程	
分项工程		检查依据	2017验标第8.3.1-1条
检查节段或构件	☐ 涵洞基础钢筋共？节段第？节段 ☐ 箱涵底板钢筋共？节段第？节段 ☐ 箱涵顶板钢筋共？节段第？节段 ☐ 盖板现浇钢筋共？节段第？节段 ☐ 盖板预制钢筋共？构件第？构件	检验日期	年　月　日

1△★ 受力钢筋排距（检查方法和频率：长度≤20 m测2个断面，长度>20 m测3个断面；允许偏差±5 mm）
（被查节段设计长度？mm，排距？mm；被查节段设计宽度？mm，排距？mm）

长度≤20 m时排距偏差值		长度>20 m时排距偏差值	
宽度≤20 m时排距偏差值		宽度>20 m时排距偏差值	

1△★ 受力钢筋间距（顺路线方向） （规定值或允许偏差±20 mm）	（第一排：设计？根间距？mm自检？个间距抽检？个间距） （第二排：设计？根间距？mm自检？个间距抽检？个间距）

第一排断面1														
第一排断面2														
第一排断面3														
第二排断面1														
第二排断面2														
第二排断面3														

1△★ 受力钢筋间距（横路线方向） （规定值或允许偏差±20 mm）	（第一排：设计？根间距？mm自检？个间距抽检？个间距） （第二排：设计？根间距？mm自检？个间距抽检？个间距）

第一排断面1														
第一排断面2														
第一排断面3														
第二排断面1														
第二排断面2														
第二排断面3														

注：1. 涵洞基础、盖板、箱涵顶底板长度和宽度方向的钢筋均为受力钢筋，因此每个检查节段填写1套2张现场质量检查记录表；2. 自检频率为抽查节段数的30%，抽检自检节段数的20%，被抽节段的检测方法和频率同自检；3. 拱涵钢筋工程参照此表检查；4. 除设计值外，所有项次均填偏差值；5、除检验日期、偏差值和签名外，其余均打印。

检查人/现场监理		质检负责人/专业监理工程师	

195

_____公路项目 ☐施工自检 ☐监理抽检

涵洞钢筋加工及安装现场质量检查记录表（2/2）

施工单位		监理单位	
单位工程		分部工程	
分项工程		检查依据	2017验标第 8.3.1-1 条
检查节段或构件	☐涵洞基础钢筋共？节段第？节段 ☐箱涵底板钢筋共？节段第？节段 ☐箱涵顶板钢筋共？节段第？节段 ☐盖板现浇钢筋共？节段第？节段	检验日期	年 月 日

2 箍筋、构造钢筋、螺旋筋间距（规定值或允许偏差：±10 mm）
（自检每构件测10个间距；抽检同自检）

3★钢筋骨架尺寸（规定值或允许偏差：长±10 mm，宽、高±5 mm，设计节段长度?mm、宽度? mm，高度? mm）
（检查方法和频率：尺量，自检长度≤20 m测2个断面，长度＞20 m测3个断面；抽检同自检）
（节段钢筋骨架长? m，自检? 断面，抽检? 断面）

第一排长度偏差值		第一排宽度偏差值		第一排高度偏差值	
第二排长度偏差值		第二排宽度偏差值		第二排高度偏差值	

4 弯起钢筋位置（规定值或允许偏差：±20 mm）
（检查方法和频率：尺量，节段设计弯起钢筋? 根，自检? 根；抽检自检根数的20%共? 根）

5△★保护层厚度（规定值或允许偏差：±10 mm，钢筋立模面设计? m²，应检? 处，设计保护层厚度? mm）
（检查方法和频率：尺量，自检每立模面每3 m²检查1处且每立模面不少于5点共? 点；抽检自检点数的20%共? 点）

注：1.涵洞基础、盖板、箱涵顶底板长度和宽度方向的钢筋均为受力钢筋，因此每个检查节段填写1套2张现场质量检查记录表；2.自检频率为抽查节段数的30%，抽检自检节段数的20%，被抽节段的检测方法和频率同自检；3.拱涵钢筋工程参照此表检查；4.除设计值外，所有项次均填偏差值；5.除检验日期、偏差值和签名外，其余均打印。

检查人/现场监理		质检负责人/专业监理工程师	

	公路项目		☐施工自检
			☐监理抽检

涵台钢筋加工及安装现场质量检查记录表

施工单位		监理单位	
单位工程		分部工程	
分项工程		检查依据	2017验标第8.3.1-1条
检查节段	☐涵台钢筋共？节段第？节段	检验日期	年 月 日

1△★受力钢筋排距（检查方法和频率：长度≤20 m测2个断面，长度＞20 m测3个断面；允许偏差±5 mm）
（被查节段竖向受力钢筋设计长度？mm，设计根数，设计排距？mm）

长度≤20 m时排距偏差值				长度＞20 m时排距偏差值				

1△★受力钢筋间距
（规定值或允许偏差±20 mm）
（第一排：设计？根间距？mm 自检？间距抽检？间距）
（第二排：设计？根间距？mm 自检？间距抽检？间距）

第一排断面1	
第一排断面2	
第一排断面3	
第二排断面1	
第二排断面2	
第二排断面3	

2 筋、构造钢筋、螺旋筋间距（规定值或允许偏差：±10 mm）
（自检每构件测10个间距；抽检同自检）

3★钢筋骨架尺寸（规定值或允许偏差：长±10 mm，宽、高±5 mm，设计节段长度？mm、宽度？mm，高度？mm）
（检查方法和频率：尺量，自检长度≤20 m测2个断面，长度＞20 m测3个断面；抽检同自检）
（钢筋骨架长？m，自检？断面，抽检？断面）

第一排长度偏差值		第一排宽度偏差值	/	/	/	第一排高度偏差值	
第二排长度偏差值		第二排宽度偏差值	/	/	/	第二排高度偏差值	

4 弯起钢筋位置（规定值或允许偏差：±20 mm）
（检查方法和频率：尺量，节段设计弯起钢筋？根，自检？根；抽检自检根数的20%共？根）

5△★保护层厚度（规定值或允许偏差：±10 mm，钢筋立模面设计？m²，应检？处，设计保护层厚度？mm）
（检查方法和频率：尺量，自检每立模面每3 m²检查1处且每立模面不少于5点共？点；抽检自检点数的20%共？点）

注：1. 涵身每个检查节段填写1张现场质量检查记录表；2. 自检频率为抽查节段数的30%，抽检自检节段数的20%，被抽节段的检测方法和频率同自检；3. 除设计值外，所有项次均填偏差值；4. 除检验日期、偏差值和签名外，其余均打印。

检查人/现场监理		质检负责人/专业监理工程师	

<table>
<tr><td colspan="6">_____公路项目</td><td>☐施工自检</td></tr>
<tr><td colspan="6" align="center">涵洞盖板预制钢筋加工及安装现场质量检查记录表</td><td>☐监理抽检</td></tr>
<tr><td colspan="2">施工单位</td><td colspan="2"></td><td>监理单位</td><td colspan="2"></td></tr>
<tr><td colspan="2">单位工程</td><td colspan="2"></td><td>分部工程</td><td colspan="2"></td></tr>
<tr><td colspan="2">分项工程</td><td colspan="2"></td><td>检查依据</td><td colspan="2">2017验标第 8.3.1-1 条</td></tr>
<tr><td colspan="2">检查节段或构件</td><td colspan="2">☐涵洞盖板预制钢筋共?块板第?块板</td><td>检验日期</td><td colspan="2">年 月 日</td></tr>
<tr><td colspan="7">1△★受力钢筋排距（检查方法和频率：长度≤20 m 测 2 个断面，长度＞20 m 测 3 个断面；允许偏差±5 mm）
（被查节段设计长度?mm，排距?mm；被查节段设计宽度?mm，排距?mm）</td></tr>
<tr><td colspan="3">长度≤20 m 时排距偏差值</td><td></td><td colspan="2">长度＞20 m 时排距偏差值</td><td></td></tr>
<tr><td colspan="3">宽度≤20 m 时排距偏差值</td><td></td><td colspan="2">宽度＞20 m 时排距偏差值</td><td></td></tr>
<tr><td colspan="3">1△★受力钢筋间距（宽度方向）
（规定值或允许偏差±20 mm）</td><td colspan="4">（第一排：设计?根间距?mm 自检?个间距抽检?个间距）
（第二排：设计?根间距?mm 自检?个间距抽检?个间距）</td></tr>
<tr><td colspan="2">第一排断面1</td><td colspan="5"></td></tr>
<tr><td colspan="2">第一排断面2</td><td colspan="5"></td></tr>
<tr><td colspan="2">第二排断面1</td><td colspan="5"></td></tr>
<tr><td colspan="2">第二排断面2</td><td colspan="5"></td></tr>
<tr><td colspan="3">1△★受力钢筋间距（长度方向）
（规定值或允许偏差±20 mm）</td><td colspan="4">（第一排：设计?根间距?mm 自检?个间距抽检?个间距）
（第二排：设计?根间距?mm 自检?个间距抽检?个间距）</td></tr>
<tr><td colspan="2">第一排断面1</td><td colspan="5"></td></tr>
<tr><td colspan="2">第一排断面2</td><td colspan="5"></td></tr>
<tr><td colspan="2">第二排断面1</td><td colspan="5"></td></tr>
<tr><td colspan="2">第二排断面2</td><td colspan="5"></td></tr>
<tr><td colspan="7">2 箍筋、构造钢筋、螺旋筋间距（规定值或允许偏差：±10 mm）
（自检每构件测 10 个间距；抽检同自检）</td></tr>
<tr><td colspan="7">3★钢筋骨架尺寸（规定值或允许偏差：长±10 mm，宽、高±5 mm，设计节段长度?mm、宽度?mm，高度?mm）
（检查方法和频率：尺量，自检长度≤20 m 测 2 个断面，长度＞20 m 测 3 个断面；抽检同自检）
（节段钢筋骨架长?m，自检?断面，抽检?断面）</td></tr>
<tr><td>第一排长度偏差值</td><td></td><td>第一排宽度偏差值</td><td></td><td>第一排高度偏差值</td><td>/</td><td>/ /</td></tr>
<tr><td>第二排长度偏差值</td><td></td><td>第二排宽度偏差值</td><td></td><td>第二排高度偏差值</td><td>/</td><td>/ /</td></tr>
<tr><td colspan="7">4 弯起钢筋位置（规定值或允许偏差：±20 mm）
（检查方法和频率：尺量，节段设计弯起钢筋?根，自检?根；抽检自检根数的20%共?根）</td></tr>
<tr><td colspan="7"></td></tr>
<tr><td colspan="7"></td></tr>
<tr><td colspan="7"></td></tr>
<tr><td colspan="7">5△★保护层厚度（规定值或允许偏差：±10 mm，钢筋立模面设计?m², 应检?处，设计保护层厚度?mm）
（检查方法和频率：尺量，自检每立模面每 3 m² 检查 1 处且每立模面不少于 5 点共?点；抽检自检点数的20%共?点）</td></tr>
<tr><td colspan="7"></td></tr>
<tr><td colspan="7"></td></tr>
<tr><td colspan="7"></td></tr>
<tr><td colspan="7">注：1. 盖板长度和宽度方向的钢筋均为受力钢筋；2. 自检频率为抽查板数的30%，抽检自检板数的20%，被抽板的检测方法和频率同自检；3. 除设计值外，所有项次均填偏差值；4. 除检验日期、偏差值和签名外，其余均打印。</td></tr>
<tr><td colspan="2">检查人/现场监理</td><td colspan="2"></td><td>质检负责人/专业监理工程师</td><td colspan="2"></td></tr>
</table>

_____ 公路项目		☐ 施工自检
涵台混凝土浇筑现场质量检查记录表		☐ 监理抽检

施工单位		监理单位	
单位工程		分部工程	
分项工程		检查依据	2017验标第9.3.2条
设计参数	☐ 基础混凝土共？节段第？节段 ☐ 涵台混凝土共？节段第？节段	检查日期	年 月 日 ~ 年 月 日

2★断面尺寸（规定值或允许偏差：☐片石砌体±20 mm，☐混凝土±15 mm）
（检查方法和频率：尺量，自检检查节段数的30%每节段测3个断面；抽检自检节段数的20%每节段测3个断面）
（设计？节段自检？节段抽检？节段）

被检查基础节段编号 及设计断面尺寸（mm）	断面1	断面2	断面3
	（长×宽×高）偏差值	（长×宽×高）偏差值	（长×宽×高）偏差值
编号（长×宽×高）	( )×( )×( )	( )×( )×( )	( )×( )×( )
	( )×( )×( )	( )×( )×( )	( )×( )×( )
	( )×( )×( )	( )×( )×( )	( )×( )×( )
	( )×( )×( )	( )×( )×( )	( )×( )×( )
	( )×( )×( )	( )×( )×( )	( )×( )×( )
	( )×( )×( )	( )×( )×( )	( )×( )×( )
	( )×( )×( )	( )×( )×( )	( )×( )×( )
	( )×( )×( )	( )×( )×( )	( )×( )×( )
	( )×( )×( )	( )×( )×( )	( )×( )×( )
	( )×( )×( )	( )×( )×( )	( )×( )×( )

被检查涵台节段编号 及设计断面尺寸（mm）	断面1	断面2	断面3
	（长×宽×高）偏差值	（长×宽×高）偏差值	（长×宽×高）偏差值
编号（长×宽×高）	( )×( )×( )	( )×( )×( )	( )×( )×( )
	( )×( )×( )	( )×( )×( )	( )×( )×( )
	( )×( )×( )	( )×( )×( )	( )×( )×( )
	( )×( )×( )	( )×( )×( )	( )×( )×( )
	( )×( )×( )	( )×( )×( )	( )×( )×( )
	( )×( )×( )	( )×( )×( )	( )×( )×( )
	( )×( )×( )	( )×( )×( )	( )×( )×( )
	( )×( )×( )	( )×( )×( )	( )×( )×( )
	( )×( )×( )	( )×( )×( )	( )×( )×( )
	( )×( )×( )	( )×( )×( )	( )×( )×( )
	( )×( )×( )	( )×( )×( )	( )×( )×( )

3 竖直度（规定值或允许偏差：≤0.3%H，台高H=? mm，0.3%H=? mm）
（检查方法和频率：铅锤法，自检检查段数的30%每段测3个断面；抽检自检段数的20%每段测3个断面）
（设计？节段自检？节段抽检？节段）

被检查基础 节段编号	断面1 偏差值	断面2 偏差值	断面3 偏差值	被检查涵台 节段编号	断面1 偏差值	断面2 偏差值	断面3 偏差值

注：每道涵洞填写1张现场质量检查记录表；本表按最多35个节段设置，如大于35个节段可另页续填。

检查人/现场监理		质检负责人/专业监理工程师	

_____公路项目			☐施工自检
混凝土涵管安装现场质量检查记录表			☐监理抽检

施工单位		监理单位	
单位工程		分部工程	
分项工程		检查依据	2017验标第9.4.2条

2★管座或垫层宽度（规定值或允许偏差：≥设计值，设计管座宽度？mm、垫层宽度？mm）
（检查方法和频率：尺量，自检测5个断面；抽检同自检）

3 相邻管节底面错台（规定值或允许偏差：管径≤1 m，≤3 mm；管径＞1 m，≤5 mm；设计管径？m）
（检查方法和频率：尺量，自检测5个接头最大值；抽检同自检）

被检管涵中心桩号		检查日期	年 月 日
检查项目	管座宽度偏差值	垫层宽度偏差值	相邻管节底面错台偏差值
偏差值			

被检管涵中心桩号		检查日期	年 月 日
检查项目	管座宽度偏差值	垫层宽度偏差值	相邻管节底面错台偏差值
偏差值			

被检管涵中心桩号		检查日期	年 月 日
检查项目	管座宽度偏差值	垫层宽度偏差值	相邻管节底面错台偏差值
偏差值			

被检管涵中心桩号		检查日期	年 月 日
检查项目	管座宽度偏差值	垫层宽度偏差值	相邻管节底面错台偏差值
偏差值			

被检管涵中心桩号		检查日期	年 月 日
检查项目	管座宽度偏差值	垫层宽度偏差值	相邻管节底面错台偏差值
偏差值			

被检管涵中心桩号		检查日期	年 月 日
检查项目	管座宽度偏差值	垫层宽度偏差值	相邻管节底面错台偏差值
偏差值			

被检管涵中心桩号		检查日期	年 月 日
检查项目	管座宽度偏差值	垫层宽度偏差值	相邻管节底面错台偏差值
偏差值			

被检管涵中心桩号		检查日期	年 月 日
检查项目	管座宽度偏差值	垫层宽度偏差值	相邻管节底面错台偏差值
偏差值			

被检管涵中心桩号		检查日期	年 月 日
检查项目	管座宽度偏差值	垫层宽度偏差值	相邻管节底面错台偏差值
偏差值			

被检管涵中心桩号		检查日期	年 月 日
检查项目	管座宽度偏差值	垫层宽度偏差值	相邻管节底面错台偏差值
偏差值			

被检管涵中心桩号		检查日期	年 月 日
检查项目	管座宽度偏差值	垫层宽度偏差值	相邻管节底面错台偏差值
偏差值			

被检管涵中心桩号		检查日期	年 月 日
检查项目	管座宽度偏差值	垫层宽度偏差值	相邻管节底面错台偏差值
偏差值			

被检管涵中心桩号		检查日期	年 月 日
检查项目	管座宽度偏差值	垫层宽度偏差值	相邻管节底面错台偏差值
偏差值			

注：每张表可以填写13道管涵的现场质量检查记录。

检查人/现场监理		质检负责人/专业监理工程师	

_____公路项目　　　□施工自检　□监理抽检

盖板涵盖板现浇预制现场质量检查记录表

施工单位		监理单位	
单位工程		分部工程	
分项工程		检查依据	2017验标第9.5.2条
设计参数	□现浇？节段 □预制？块板 □明涵/□暗涵	检查日期	年 月 日～ 年 月 日

2△★高度（mm）（规定值或允许偏差：明涵+10，0 mm，暗涵≥设计值）
（检查方法和频率：尺量，自检抽查30%的板（节段）且不少于3块板（节段），每板（节段）检查2个断面；抽检自检板数（节段数）的20%）

3★宽度（mm）（规定值或允许偏差：现浇±20 mm，预制±10 mm）
（检查方法和频率：尺量，自检抽查30%的板（节段）且不少于3块板（节段），每板（节段）检查2个断面；抽检自检板数（节段数）的20%）

4★长度（mm）（规定值或允许偏差：+10，-20 mm）
（检查方法和频率：尺量，自检抽查30%的板（节段）且不少于3块板（节段），每板（节段）检查两侧；抽检自检板数（节段数）的20%）

被检查盖板（节段）编号及设计断面尺寸（mm）	（长×宽×高）偏差值	被检查盖板（节段）编号及设计断面尺寸（mm）	（长×宽×高）偏差值
编号（长×宽×高）	（　）×（　）×（　）	编号（长×宽×高）	（　）×（　）×（　）
	（　）×（　）×（　）		（　）×（　）×（　）
	（　）×（　）×（　）		（　）×（　）×（　）
	（　）×（　）×（　）		（　）×（　）×（　）
	（　）×（　）×（　）		（　）×（　）×（　）
	（　）×（　）×（　）		（　）×（　）×（　）
	（　）×（　）×（　）		（　）×（　）×（　）
	（　）×（　）×（　）		（　）×（　）×（　）
	（　）×（　）×（　）		（　）×（　）×（　）
	（　）×（　）×（　）		（　）×（　）×（　）
	（　）×（　）×（　）		（　）×（　）×（　）
	（　）×（　）×（　）		（　）×（　）×（　）
	（　）×（　）×（　）		（　）×（　）×（　）
	（　）×（　）×（　）		（　）×（　）×（　）
	（　）×（　）×（　）		（　）×（　）×（　）
	（　）×（　）×（　）		（　）×（　）×（　）
	（　）×（　）×（　）		（　）×（　）×（　）
	（　）×（　）×（　）		（　）×（　）×（　）
	（　）×（　）×（　）		（　）×（　）×（　）
	（　）×（　）×（　）		（　）×（　）×（　）
	（　）×（　）×（　）		（　）×（　）×（　）
	（　）×（　）×（　）		（　）×（　）×（　）
	（　）×（　）×（　）		（　）×（　）×（　）
	（　）×（　）×（　）		（　）×（　）×（　）

注：本表按照每道涵洞120块板（节段）设置，每座涵洞的盖板预制（现浇）填写1张检查记录表。

检查人/现场监理		质检负责人/专业监理工程师	

	_____公路项目	☐施工自检 ☐监理抽检

盖板涵盖板安装现场质量检查记录表

施工单位		监理单位	
单位工程		分部工程	
分项工程		检查依据	2017验标第9.6.2条

1 支承中心偏位（规定值或允许偏差：≤10 mm）
（检查方法和频率：尺量，自检每孔抽查3块板；抽检频率同自检）

2★相邻板最大高差（规定值或允许偏差：≤10 mm）
（检查方法和频率：尺量，自检抽查20%的板数且不少于6块板，测相邻板高差最大处；
抽检自检板数的20%且不少于6块板，测相邻板高程最大处）

盖板涵桩号		设计板数 抽查数量		检查日期	年　月　日
被查板编号	支承中心偏差值	相邻板最大高差偏差值	被查板编号	相邻板最大高差偏差值	被查板编号	相邻板最大高差偏差值	被查板编号	相邻板最大高差偏差值

盖板涵桩号		设计板数 抽查数量		检查日期	年　月　日
被查板编号	支承中心偏差值	相邻板最大高差偏差值	被查板编号	相邻板最大高差偏差值	被查板编号	相邻板最大高差偏差值	被查板编号	相邻板最大高差偏差值

盖板涵桩号		设计板数 抽查数量		检查日期	年　月　日
被查板编号	支承中心偏差值	相邻板最大高差偏差值	被查板编号	相邻板最大高差偏差值	被查板编号	相邻板最大高差偏差值	被查板编号	相邻板最大高差偏差值

盖板涵桩号		设计板数 抽查数量		检查日期	年　月　日
被查板编号	支承中心偏差值	相邻板最大高差偏差值	被查板编号	相邻板最大高差偏差值	被查板编号	相邻板最大高差偏差值	被查板编号	相邻板最大高差偏差值

盖板涵桩号		设计板数 抽查数量		检查日期	年　月　日
被查板编号	支承中心偏差值	相邻板最大高差偏差值	被查板编号	相邻板最大高差偏差值	被查板编号	相邻板最大高差偏差值	被查板编号	相邻板最大高差偏差值

检查人/现场监理		质检负责人/专业监理工程师	

_____公路项目

波形钢管涵安装现场质量检查记录表

☐ 施工自检
☐ 监理抽检

施工单位		监理单位	
单位工程		分部工程	
分项工程		检查依据	2017验标第9.7.2条

2★管涵内径（mm）(规定值或允许偏差：±1%D，设计直径D? mm，1%D=?mm，长度? mm)
（检查方法和频率：尺量，自检每5 m测1处且不少于3处共? 处，测相互垂直两个方向；抽检同自检共? 处）

5 工地防腐涂层（规定值或允许偏差：满足设计要求，设计刷涂层遍数? 遍）
（检查方法和频率：自检按涂刷遍数检查，全部；抽检同自检）

中心桩号				检查日期		年 月 日～ 年 月 日	

2★管涵内径检查结果

测点编号	实测偏差值	测点编号	实测偏差值	测点编号	实测偏差值	测点编号	实测偏差值	测点编号	实测偏差值
0 m		30 m		60 m		90 m		120 m	
5 m		35 m		65 m		95 m		125 m	
10 m		40 m		70 m		100 m		130 m	
15 m		45 m		75 m		105 m		135 m	
20 m		50 m		80 m		110 m		140 m	
25 m		55 m		85 m		115 m		145 m	

5 工地防腐涂层检查结果

涂料要求	
涂刷遍数	
中心桩号		检查日期	年 月 日～ 年 月 日

2★管涵内径检查结果

测点编号	实测偏差值	测点编号	实测偏差值	测点编号	实测偏差值	测点编号	实测偏差值	测点编号	实测偏差值
0 m		30 m		60 m		90 m		120 m	
5 m		35 m		65 m		95 m		125 m	
10 m		40 m		70 m		100 m		130 m	
15 m		45 m		75 m		105 m		135 m	
20 m		50 m		80 m		110 m		140 m	
25 m		55 m		85 m		115 m		145 m	

5 工地防腐涂层检查结果

涂料要求	
涂刷遍数	
中心桩号		检查日期	年 月 日～ 年 月 日

2★管涵内径检查结果

测点编号	实测偏差值	测点编号	实测偏差值	测点编号	实测偏差值	测点编号	实测偏差值	测点编号	实测偏差值
0 m		30 m		60 m		90 m		120 m	
5 m		35 m		65 m		95 m		125 m	
10 m		40 m		70 m		100 m		130 m	
15 m		45 m		75 m		105 m		135 m	
20 m		50 m		80 m		110 m		140 m	
25 m		55 m		85 m		115 m		145 m	

5 工地防腐涂层检查结果

涂料要求	
涂刷遍数	
中心桩号		检查日期	年 月 日～ 年 月 日

2★管涵内径检查结果

测点编号	实测偏差值	测点编号	实测偏差值	测点编号	实测偏差值	测点编号	实测偏差值	测点编号	实测偏差值
0 m		30 m		60 m		90 m		120 m	
5 m		35 m		65 m		95 m		125 m	
10 m		40 m		70 m		100 m		130 m	
15 m		45 m		75 m		105 m		135 m	
20 m		50 m		80 m		110 m		140 m	
25 m		55 m		85 m		115 m		145 m	

5 工地防腐涂层检查结果

涂料要求	
涂刷遍数	

检查人/现场监理		质检负责人/专业监理工程师	

公路项目 箱涵浇筑现场质量检查记录表

☐ 施工自检
☐ 监理抽检

施工单位		监理单位	
单位工程		分部工程	
分项工程		检查依据	2017验标第9.8.2条

2★净高和净宽（mm）（规定值或允许偏差：净高+5，-10，净宽±30）；（设计净高？mm、净宽？mm）
（检查方法和频率：尺量，自检测3个断面；抽检测2个断面）

3△★顶板厚（mm）（规定值或允许偏差：≧设计值=？mm）
（检查方法和频率：尺量，自检测5处；抽检测2处）

4★侧墙和底板厚（mm）（规定值或允许偏差：明涵+10，0，暗涵≧设计值=？mm）
（检查方法和频率：尺量，自检侧墙和底板各测5处；抽检侧墙和底板各测2处）

中心桩号				检查日期	年 月 日～月 日
检查项目	★净高	★净宽	△★顶板厚	★侧墙厚	★底板厚
偏差值					

中心桩号				检查日期	年 月 日～月 日
检查项目	★净高	★净宽	△★顶板厚	★侧墙厚	★底板厚
偏差值					

中心桩号				检查日期	年 月 日～月 日
检查项目	★净高	★净宽	△★顶板厚	★侧墙厚	★底板厚
偏差值					

中心桩号				检查日期	年 月 日～月 日
检查项目	★净高	★净宽	△★顶板厚	★侧墙厚	★底板厚
偏差值					

中心桩号				检查日期	年 月 日～月 日
检查项目	★净高	★净宽	△★顶板厚	★侧墙厚	★底板厚
偏差值					

中心桩号				检查日期	年 月 日～月 日
检查项目	★净高	★净宽	△★顶板厚	★侧墙厚	★底板厚
偏差值					

中心桩号				检查日期	年 月 日～月 日
检查项目	★净高	★净宽	△★顶板厚	★侧墙厚	★底板厚
偏差值					

中心桩号				检查日期	年 月 日～月 日
检查项目	★净高	★净宽	△★顶板厚	★侧墙厚	★底板厚
偏差值					

中心桩号				检查日期	年 月 日～月 日
检查项目	★净高	★净宽	△★顶板厚	★侧墙厚	★底板厚
偏差值					

中心桩号				检查日期	年 月 日～月 日
检查项目	★净高	★净宽	△★顶板厚	★侧墙厚	★底板厚
偏差值					

注：每张记录表可以填写11道箱涵的现场质量检查记录。

检查人/现场监理		质检负责人/专业监理工程师	

_____公路项目　　　　　　☐施工自检　☐监理抽检

拱涵浇（砌）筑现场质量检查记录表

施工单位		监理单位	
单位工程		分部工程	
分项工程		检查依据	2017 验标第 9.9.2 条
中心桩号		检查日期	年 月 日～ 年 月 日

2△★拱圈厚度（规定值或允许偏差：☐砌体+50，-20 mm；☐混凝土+30，-15 mm，设计厚度？mm）
（检查方法和频率：尺量，自检每孔测拱脚、1/4 跨、3/4 跨、拱顶 5 处两侧；
抽检自检孔数的 20%，被抽检孔检查频率同自检）

检查结果	实测偏差值				
检查部位	左拱脚	1/4 跨	拱顶	3/4 跨	右拱脚
第 1 孔					
第 2 孔					

3 内弧线偏离设计弧线（规定值或允许偏差：±20 mm）
（检查方法和频率：样板，自检测拱圈 1/4 跨、3/4 跨、拱顶 3 处两侧；抽检自检孔数的 20%，被抽检孔检查频率同自检）

检查结果	实测偏差值		
检查部位	1/4 跨	拱顶	3/4 跨
第 1 孔			
第 2 孔			
第 3 孔			

中心桩号		检查日期	年 月 日～ 年 月 日

2△★拱圈厚度（规定值或允许偏差：☐砌体+50，-20 mm；☐混凝土+30，-15 mm，设计厚度？mm）
（检查方法和频率：尺量，自检每孔测拱脚、1/4 跨、3/4 跨、拱顶 5 处两侧；
抽检自检孔数的 20%，被抽检孔检查频率同自检）

检查结果	实测偏差值				
检查部位	左拱脚	1/4 跨	拱顶	3/4 跨	右拱脚
第 1 孔					
第 2 孔					
第 3 孔					

3 内弧线偏离设计弧线（规定值或允许偏差：±20 mm）
（检查方法和频率：样板，自检测拱圈 1/4 跨、3/4 跨、拱顶 3 处两侧；抽检自检孔数的 20%，被抽检孔检查频率同自检）

检查结果	实测偏差值		
检查部位	1/4 跨	拱顶	3/4 跨
第 1 孔			
第 2 孔			
第 3 孔			

注：每表填写 2 道拱涵。

检查人/现场监理		质检负责人/专业监理工程师	

_____ 公路项目　　　　　　□ 施工自检
　　　　　　　　　　　　　　　　　　　　　　　　　　　□ 监理抽检

□倒虹吸竖井 □集水井砌筑现场质量检查记录表

施工单位		监理单位	
单位工程		分部工程	
分项工程		检查依据	2017 验标第 9.10.2 条
中心桩号		检查日期	年　月　日

3★ 圆井直径或方井边长（规定值或允许偏差：±20 mm）
（检查方法和频率：尺量，自检测 2 个断面，直径测相互垂直两个方向；抽检同自检）
（圆井设计直径？mm，方井设计边长？mm×？mm）

检查结果		圆井直径偏差值			方井（长度）×（宽度）偏差值						
进水口	断面 1				断面 1	(　)×(　)		(　)×(　)		(　)×(　)	
	断面 2				断面 2	(　)×(　)		(　)×(　)		(　)×(　)	
出水口（倒虹吸）	断面 1				断面 1	(　)×(　)		(　)×(　)		(　)×(　)	
	断面 2				断面 2	(　)×(　)		(　)×(　)		(　)×(　)	

4 壁和井底厚（规定值或允许偏差：+20，-5 mm，设计值井壁厚？mm，井底厚？mm）
（检查方法和频率：尺量，自检测井壁 8 点，井底 3 处；抽检同自检）

检查结果		实测偏差值						
进水口	井壁							
	井底				/	/	/	/
出水口（倒虹吸）	井壁							
	井底				/	/	/	/

中心桩号		检查日期	年　月　日

3★ 圆井直径或方井边长（规定值或允许偏差：±20 mm）
（检查方法和频率：尺量，自检测 2 个断面，直径测相互垂直两个方向；抽检同自检）
（圆井设计直径？mm，方井设计边长？mm×？mm）

检查结果		圆井直径偏差值			方井（长度）×（宽度）偏差值						
进水口	断面 1				断面 1	(　)×(　)		(　)×(　)		(　)×(　)	
	断面 2				断面 2	(　)×(　)		(　)×(　)		(　)×(　)	
出水口（倒虹吸）	断面 1				断面 1	(　)×(　)		(　)×(　)		(　)×(　)	
	断面 2				断面 2	(　)×(　)		(　)×(　)		(　)×(　)	

4 井壁和井底厚（规定值或允许偏差：+20，-5 mm，设计值井壁厚？mm，井底厚？mm）
（检查方法和频率：尺量，自检测井壁 8 点，井底 3 处；抽检同自检）

检查结果		实测偏差值						
进水口	井壁							
	井底				/	/	/	/
出水口（倒虹吸）	井壁							
	井底				/	/	/	/

中心桩号		检查日期	年　月　日

3★ 圆井直径或方井边长（规定值或允许偏差：±20 mm）
（检查方法和频率：尺量，自检测 2 个断面，直径测相互垂直两个方向；抽检同自检）
（圆井设计直径？mm，方井设计边长？mm×？mm）

检查结果		圆井直径偏差值			方井（长度）×（宽度）偏差值						
进水口	断面 1				断面 1	(　)×(　)		(　)×(　)		(　)×(　)	
	断面 2				断面 2	(　)×(　)		(　)×(　)		(　)×(　)	
出水口（倒虹吸）	断面 1				断面 1	(　)×(　)		(　)×(　)		(　)×(　)	
	断面 2				断面 2	(　)×(　)		(　)×(　)		(　)×(　)	

4 井壁和井底厚（规定值或允许偏差：+20，-5 mm，设计值井壁厚？mm，井底厚？mm）
（检查方法和频率：尺量，自检测井壁 8 点，井底 3 处；抽检同自检）

检查结果		实测偏差值						
进水口	井壁							
	井底				/	/	/	/
出水口（倒虹吸）	井壁							
	井底				/	/	/	/

检查人/现场监理		质检负责人/专业监理工程师	

_____公路项目　　　　　　□施工自检　□监理抽检

顶进施工的涵洞相邻两节高差现场质量检查记录表

施工单位		监理单位	
单位工程		分部工程	
分项工程		检查依据	2017验标第9.12.2条
中心桩号		检查日期	年 月 日～ 年 月 日

测点桩号	3 相邻两节高差（规定值或允许偏差：箱涵≤30 mm、管涵≤20 mm） （检查方法和频率：尺量，自检测每接缝最大值；抽检自检接缝数的20%，测最大值）		
检查位置	实测偏差值	检查位置	实测偏差值
第一、二节节缝		第二、三节节缝	
第三、四节节缝		第四、五节节缝	
第五、六节节缝		第六、七节节缝	
第四、五节节缝		第四、五节节缝	
第七、八节节缝		第八、九节节缝	
第九、十节节缝		第十、十一节节缝	

中心桩号		检查日期	年 月 日～ 年 月 日

测点桩号	3 相邻两节高差（规定值或允许偏差：箱涵≤30 mm、管涵≤20 mm） （检查方法和频率：尺量，自检测每接缝最大值；抽检自检接缝数的20%，测最大值）		
检查位置	实测偏差值	检查位置	实测偏差值
第一、二节节缝		第二、三节节缝	
第三、四节节缝		第四、五节节缝	
第五、六节节缝		第六、七节节缝	
第四、五节节缝		第四、五节节缝	
第七、八节节缝		第八、九节节缝	
第九、十节节缝		第十、十一节节缝	

注：每张记录表可填写2道顶进施工涵洞的现场质量检查记录。

检查人/现场监理		质检负责人/专业监理工程师	

_____公路项目　　　　　□施工自检
　　　　　　　　　　　　　　　　　　　　　　　　□监理抽检

一字墙或八字墙现场质量检查记录表

施工单位			监理单位	
单位工程			分部工程	
分项工程			检查依据	2017验标第9.11.2条

4 竖直度或坡度（规定值或允许偏差：≤0.5%）
（检查方法和频率：铅锤法，自检每墙长度方向测3处；抽检每墙长度方向测1处）
5△★断面尺寸（规定值或允许偏差：≥设计值）
（检查方法和频率：尺量，自检每墙测2个断面；抽检每墙测1个断面）

中心桩号			检查日期	年　月　日～　年　月　日
设计竖直度或坡度？%		设计最大断面：面宽？mm×高？mm；设计最小断面：面宽？mm×高？mm		
检查项目		竖直度或坡度偏差值	最大断面尺寸（高度×宽度）偏差值	最小断面尺寸（高度×宽度）偏差值
进口	前墙		(　)×(　)	(　)×(　)
	后墙		(　)×(　)	(　)×(　)
出口	前墙		(　)×(　)	(　)×(　)
	后墙		(　)×(　)	(　)×(　)
中心桩号			检查日期	年　月　日～　年　月　日
设计竖直度或坡度？%		设计最大断面：面宽？mm×高？mm；设计最小断面：面宽？mm×高？mm		
检查项目		竖直度或坡度偏差值	最大断面尺寸（高度×宽度）偏差值	最小断面尺寸（高度×宽度）偏差值
进口	前墙		(　)×(　)	(　)×(　)
	后墙		(　)×(　)	(　)×(　)
出口	前墙		(　)×(　)	(　)×(　)
	后墙		(　)×(　)	(　)×(　)
中心桩号			检查日期	年　月　日～　年　月　日
设计竖直度或坡度？%		设计最大断面：面宽？mm×高？mm；设计最小断面：面宽？mm×高？mm		
检查项目		竖直度或坡度偏差值	最大断面尺寸（高度×宽度）偏差值	最小断面尺寸（高度×宽度）偏差值
进口	前墙		(　)×(　)	(　)×(　)
	后墙		(　)×(　)	(　)×(　)
出口	前墙		(　)×(　)	(　)×(　)
	后墙		(　)×(　)	(　)×(　)
中心桩号			检查日期	年　月　日～　年　月　日
设计竖直度或坡度？%		设计最大断面：面宽？mm×高？mm；设计最小断面：面宽？mm×高？mm		
检查项目		竖直度或坡度偏差值	最大断面尺寸（高度×宽度）偏差值	最小断面尺寸（高度×宽度）偏差值
进口	前墙		(　)×(　)	(　)×(　)
	后墙		(　)×(　)	(　)×(　)
出口	前墙		(　)×(　)	(　)×(　)
	后墙		(　)×(　)	(　)×(　)
中心桩号			检查日期	年　月　日～　年　月　日
设计竖直度或坡度？%		设计最大断面：面宽？mm×高？mm；设计最小断面：面宽？mm×高？mm		
检查项目		竖直度或坡度偏差值	最大断面尺寸（高度×宽度）偏差值	最小断面尺寸（高度×宽度）偏差值
进口	前墙		(　)×(　)	(　)×(　)
	后墙		(　)×(　)	(　)×(　)
出口	前墙		(　)×(　)	(　)×(　)
	后墙		(　)×(　)	(　)×(　)
中心桩号			检查日期	年　月　日～　年　月　日
设计竖直度或坡度？%		设计最大断面：面宽？mm×高？mm；设计最小断面：面宽？mm×高？mm		
检查项目		竖直度或坡度偏差值	最大断面尺寸（高度×宽度）偏差值	最小断面尺寸（高度×宽度）偏差值
进口	前墙		(　)×(　)	(　)×(　)
	后墙		(　)×(　)	(　)×(　)
出口	前墙		(　)×(　)	(　)×(　)
	后墙		(　)×(　)	(　)×(　)

注：每张表可以填写6道涵洞的一字墙或八字墙实测项目。

检查人/现场监理		质检负责人/专业监理工程师	

_____公路项目					☐施工自检 ☐监理抽检
涵背填土现场质量检查记录表					

施工单位		监理单位	
单位工程		分部工程	
分项工程		检查依据	2017验标第8.6.4条

2★填土长度（mm）	规定值允许偏差值：≥设计值	中心桩号：		
||检查方法和频率：自检每涵背测顶面和底面两侧；抽检同自检			
|| 顶面	设计长度	两侧偏差值	
|| 底面	设计长度	两侧偏差值	

2★填土长度（mm）	规定值允许偏差值：≥设计值	中心桩号：		
||检查方法和频率：自检每涵背测顶面和底面两侧；抽检同自检			
|| 顶面	设计长度	两侧偏差值	
|| 底面	设计长度	两侧偏差值	

2★填土长度（mm）	规定值允许偏差值：≥设计值	中心桩号：		
||检查方法和频率：自检每涵背测顶面和底面两侧；抽检同自检			
|| 顶面	设计长度	两侧偏差值	
|| 底面	设计长度	两侧偏差值	

2★填土长度（mm）	规定值允许偏差值：≥设计值	中心桩号：		
||检查方法和频率：自检每涵背测顶面和底面两侧；抽检同自检			
|| 顶面	设计长度	两侧偏差值	
|| 底面	设计长度	两侧偏差值	

2★填土长度（mm）	规定值允许偏差值：≥设计值	中心桩号：		
||检查方法和频率：自检每涵背测顶面和底面两侧；抽检同自检			
|| 顶面	设计长度	两侧偏差值	
|| 底面	设计长度	两侧偏差值	

2★填土长度（mm）	规定值允许偏差值：≥设计值	中心桩号：		
||检查方法和频率：自检每涵背测顶面和底面两侧；抽检同自检			
|| 顶面	设计长度	两侧偏差值	
|| 底面	设计长度	两侧偏差值	

2★填土长度（mm）	规定值允许偏差值：≥设计值	中心桩号：		
||检查方法和频率：自检每涵背测顶面和底面两侧；抽检同自检			
|| 顶面	设计长度	两侧偏差值	
|| 底面	设计长度	两侧偏差值	

注：验标没有针对涵背回填的具体要求，本表借用桥台回填的技术要求作为涵背回填的技术要求。

检查人/现场监理		质检负责人/专业监理工程师	

盖板涵总体现场质量检查记录表

_____公路项目

☐ 施工自检
☐ 监理抽检

施工单位		监理单位	
单位工程		分部工程	
分项工程		检查依据	2017验标第9.2.2条

3★涵底铺砌厚度（规定值或允许偏差：+40，-10 mm）（检查方法和频率：尺量，自检测5处；抽检同自检）				
4★长度（规定值或允许偏差：+100，-50 mm）（检查方法和频率：尺量，自检测中心线；抽检同自检）				
5★跨径或内径（mm）	波形钢管涵 混凝土管涵	规定值或允许偏差：±2%D D=涵管直径	检查方法和频率：尺量，自检每5 m测1处且不少于3处，测相互垂直两个方向；抽检同自检	
	其他	规定值或允许偏差：±30	检查方法和频率：尺量，自检测5处；抽检同自检	
6 净高（mm）	明涵	规定值或允许偏差：≥设计值-20	检查方法和频率：尺量，自检测洞口及中心共3处；抽检同自检	
	暗涵	规定值或允许偏差：≥设计值-50		

中心桩号		检查日期	年 月 日～ 年 月 日
设计参数	涵底铺砌厚度？mm，长度？mm，跨径？mm，管径？mm，净高？mm，☐明涵/☐暗涵		
涵底铺砌厚度偏差值		净高偏差值	长度偏差值
波形钢管涵或混凝土管涵长度偏差值			
其他涵洞长度偏差值			

中心桩号		检查日期	年 月 日～ 年 月 日
设计参数	涵底铺砌厚度？mm，长度？mm，跨径？mm，管径？mm，净高？mm，☐明涵/☐暗涵		
涵底铺砌厚度偏差值		净高偏差值	长度偏差值
波形钢管涵或混凝土管涵长度偏差值			
其他涵洞长度偏差值			

中心桩号		检查日期	年 月 日～ 年 月 日
设计参数	涵底铺砌厚度？mm，长度？mm，跨径？mm，管径？mm，净高？mm，☐明涵/☐暗涵		
涵底铺砌厚度偏差值		净高偏差值	长度偏差值
波形钢管涵或混凝土管涵长度偏差值			
其他涵洞长度偏差值			

中心桩号		检查日期	年 月 日～ 年 月 日
设计参数	涵底铺砌厚度？mm，长度？mm，跨径？mm，管径？mm，净高？mm，☐明涵/☐暗涵		
涵底铺砌厚度偏差值		净高偏差值	长度偏差值
波形钢管涵或混凝土管涵长度偏差值			
其他涵洞长度偏差值			

中心桩号		检查日期	年 月 日～ 年 月 日
设计参数	涵底铺砌厚度？mm，长度？mm，跨径？mm，管径？mm，净高？mm，☐明涵/☐暗涵		
涵底铺砌厚度偏差值		净高偏差值	长度偏差值
波形钢管涵或混凝土管涵长度偏差值			
其他涵洞长度偏差值			

中心桩号		检查日期	年 月 日～ 年 月 日
设计参数	涵底铺砌厚度？mm，长度？mm，跨径？mm，管径？mm，净高？mm，☐明涵/☐暗涵		
涵底铺砌厚度偏差值		净高偏差值	长度偏差值
波形钢管涵或混凝土管涵长度偏差值			
其他涵洞长度偏差值			

检查人/现场监理		质检负责人/专业监理工程师	

_____公路项目		☐ 施工自检
浆砌挡土墙现场质量检查记录表		☐ 监理抽检

施工单位		监理单位	
单位工程		分部工程	
分项工程		检查依据	2017 验标第 6.2.2-1 条
每处起止桩号		检查日期	年 月 日 ~ 年 月 日

检查项目	3 墙面坡度（规定值或允许偏差：≤0.5%，设计坡度？%） （检查方法和频率：铅锤法，自检长度不大于 30 m 时测 5 处 每增加 10 m 增加 1 处；抽检自检点数的 20%） （该挡土墙设计长？m，自检？处，抽检？处）
检查部位	墙面坡度偏差值
0~30 m	
30~80 m	
80~130 m	

检查项目	4△★断面尺寸（规定值或允许偏差：≥设计值，设计顶宽？mm×底宽？mm×高度？mm） （检查方法和频率：尺量，自检长度不大于 50 m 时测 10 个断面 每增加 10 m 增加 1 个断面） （该挡土墙设计长？m，自检？个断面，抽检？个断面）
检查部位	（顶宽）×（底宽）×（高度）偏差值
0~50 m	（ ）×（ ）×（ ）　（ ）×（ ）×（ ）　（ ）×（ ）×（ ） （ ）×（ ）×（ ）　（ ）×（ ）×（ ）　（ ）×（ ）×（ ） （ ）×（ ）×（ ）　（ ）×（ ）×（ ）　（ ）×（ ）×（ ） （ ）×（ ）×（ ）
50~80 m	（ ）×（ ）×（ ）　（ ）×（ ）×（ ）　（ ）×（ ）×（ ）
80~110 m	（ ）×（ ）×（ ）　（ ）×（ ）×（ ）　（ ）×（ ）×（ ）
110~140 m	（ ）×（ ）×（ ）　（ ）×（ ）×（ ）　（ ）×（ ）×（ ）
140~170 m	（ ）×（ ）×（ ）　（ ）×（ ）×（ ）　（ ）×（ ）×（ ）

每处起止桩号		检查日期	年 月 日 ~ 年 月 日

检查项目	3 墙面坡度（规定值或允许偏差：≤0.5%，设计坡度？%） （检查方法和频率：铅锤法，自检长度不大于 30 m 时测 5 处 每增加 10 m 增加 1 处；抽检自检点数的 20%） （该挡土墙设计长？m，自检？处，抽检？处）
检查部位	墙面坡度偏差值
0~30 m	
30~80 m	
80~130 m	

检查项目	4△★断面尺寸（规定值或允许偏差：≥设计值，设计顶宽？mm×底宽？mm×高度？mm） （检查方法和频率：尺量，自检长度不大于 50 m 时测 10 个断面 每增加 10 m 增加 1 个断面） （该挡土墙设计长？m，自检？个断面，抽检？个断面）
检查部位	（顶宽）×（底宽）×（高度）偏差值
0~50 m	（ ）×（ ）×（ ）　（ ）×（ ）×（ ）　（ ）×（ ）×（ ） （ ）×（ ）×（ ）　（ ）×（ ）×（ ）　（ ）×（ ）×（ ） （ ）×（ ）×（ ）　（ ）×（ ）×（ ）　（ ）×（ ）×（ ） （ ）×（ ）×（ ）
50~80 m	（ ）×（ ）×（ ）　（ ）×（ ）×（ ）　（ ）×（ ）×（ ）
80~110 m	（ ）×（ ）×（ ）　（ ）×（ ）×（ ）　（ ）×（ ）×（ ）
110~140 m	（ ）×（ ）×（ ）　（ ）×（ ）×（ ）　（ ）×（ ）×（ ）
140~170 m	（ ）×（ ）×（ ）　（ ）×（ ）×（ ）　（ ）×（ ）×（ ）

注：每 2 个浆砌挡土墙填写 1 张现场检查记录表。

检查人/现场监理		质检负责人/专业监理工程师	

_____公路项目 　　□施工自检　□监理抽检

干砌挡土墙现场质量检查记录表

施工单位			监理单位		
单位工程			分部工程		
分项工程			检查依据	2017验标第6.2.2-2条	
每处起止桩号			检查日期	年　月　日～　年　月　日	

检查项目	3 墙面坡度（规定值或允许偏差：≤0.5%，设计坡度？%） （检查方法和频率：铅锤法，自检长度不大于30 m时测5处 每增加10 m增加1处；抽检自检点数的20%） （该挡土墙设计长？m，自检？处，抽检？处）				
检查部位	墙面坡度偏差值				
0～30 m					
30～80 m					
80～130 m					

检查项目	4△★ 断面尺寸（规定值或允许偏差：≥设计值，设计顶宽？mm×底宽？mm×高度？mm） （检查方法和频率：尺量，自检长度不大于50 m时测10个断面 每增加10 m增加1个断面） （该挡土墙设计长？m，自检？个断面，抽检？个断面）		
检查部位	（顶宽）×（底宽）×（高度）偏差值		
0～50 m	(　)×(　)×(　)	(　)×(　)×(　)	(　)×(　)×(　)
	(　)×(　)×(　)	(　)×(　)×(　)	(　)×(　)×(　)
	(　)×(　)×(　)	(　)×(　)×(　)	(　)×(　)×(　)
	(　)×(　)×(　)	(　)×(　)×(　)	(　)×(　)×(　)
50～80 m	(　)×(　)×(　)	(　)×(　)×(　)	(　)×(　)×(　)
80～110 m	(　)×(　)×(　)	(　)×(　)×(　)	(　)×(　)×(　)
110～140 m	(　)×(　)×(　)	(　)×(　)×(　)	(　)×(　)×(　)
140～170 m	(　)×(　)×(　)	(　)×(　)×(　)	(　)×(　)×(　)

每处起止桩号			检查日期	年　月　日～　年　月　日	

检查项目	3 墙面坡度（规定值或允许偏差：≤0.5%，设计坡度？%） （检查方法和频率：铅锤法，自检长度不大于30 m时测5处 每增加10 m增加1处；抽检自检点数的20%） （该挡土墙设计长？m，自检？处，抽检？处）				
检查部位	墙面坡度偏差值				
0～30 m					
30～80 m					
80～130 m					

检查项目	4△★ 断面尺寸（规定值或允许偏差：≥设计值，设计顶宽？mm×底宽？mm×高度？mm） （检查方法和频率：尺量，自检长度不大于50 m时测10个断面 每增加10 m增加1个断面） （该挡土墙设计长？m，自检？个断面，抽检？个断面）		
检查部位	（顶宽）×（底宽）×（高度）偏差值		
0～50 m	(　)×(　)×(　)	(　)×(　)×(　)	(　)×(　)×(　)
	(　)×(　)×(　)	(　)×(　)×(　)	(　)×(　)×(　)
	(　)×(　)×(　)	(　)×(　)×(　)	(　)×(　)×(　)
	(　)×(　)×(　)	(　)×(　)×(　)	(　)×(　)×(　)
50～80 m	(　)×(　)×(　)	(　)×(　)×(　)	(　)×(　)×(　)
80～110 m	(　)×(　)×(　)	(　)×(　)×(　)	(　)×(　)×(　)
110～140 m	(　)×(　)×(　)	(　)×(　)×(　)	(　)×(　)×(　)
140～170 m	(　)×(　)×(　)	(　)×(　)×(　)	(　)×(　)×(　)

注：每2个干砌挡土墙填写1张现场检查记录表。

检查人/现场监理		质检负责人/专业监理工程师	

_____公路项目		☐施工自检
片石混凝土挡土墙现场质量检查记录表		☐监理抽检

施工单位		监理单位	
单位工程		分部工程	
分项工程		检查依据	2017 验标第 6.2.2-3 条
每处起止桩号		检查日期	年 月 日~ 年 月 日

检查项目	3 墙面坡度（规定值或允许偏差：≤0.3%，设计坡度？%） （检查方法和频率：铅锤法，自检长度不大于 30 m 时测 5 处 每增加 10 m 增加 1 处；抽检自检点数的 20%） （该挡土墙设计长？m，自检？处，抽检？处）
检查部位	墙面坡度偏差值
0~30 m	
30~80 m	
80~130 m	

检查项目	4△★断面尺寸（规定值或允许偏差：≧设计值，设计顶宽？mm×底宽？mm×高度？mm） （检查方法和频率：尺量，自检长度不大于 50 m 时测 10 个断面 每增加 10 m 增加 1 个断面） （该挡土墙设计长？m，自检？个断面，抽检？个断面）
检查部位	（顶宽）×（底宽）×（高度）偏差值
0~50 m	(　)×(　)×(　) (　)×(　)×(　) (　)×(　)×(　)
	(　)×(　)×(　) (　)×(　)×(　) (　)×(　)×(　)
	(　)×(　)×(　) (　)×(　)×(　) (　)×(　)×(　)
	(　)×(　)×(　)
50~80 m	(　)×(　)×(　) (　)×(　)×(　) (　)×(　)×(　)
80~110 m	(　)×(　)×(　) (　)×(　)×(　) (　)×(　)×(　)
110~140 m	(　)×(　)×(　) (　)×(　)×(　) (　)×(　)×(　)
140~170 m	(　)×(　)×(　) (　)×(　)×(　) (　)×(　)×(　)

每处起止桩号		检查日期	年 月 日~ 年 月 日

检查项目	3 墙面坡度（规定值或允许偏差：≤0.3%，设计坡度？%） （检查方法和频率：铅锤法，自检长度不大于 30 m 时测 5 处 每增加 10 m 增加 1 处；抽检自检点数的 20%） （该挡土墙设计长？m，自检？处，抽检？处）
检查部位	墙面坡度偏差值
0~30 m	
30~80 m	
80~130 m	

检查项目	4△★断面尺寸（规定值或允许偏差：≧设计值，设计顶宽？mm×底宽？mm×高度？mm） （检查方法和频率：尺量，自检长度不大于 50 m 时测 10 个断面 每增加 10 m 增加 1 个断面） （该挡土墙设计长？m，自检？个断面，抽检？个断面）
检查部位	（顶宽）×（底宽）×（高度）偏差值
0~50 m	(　)×(　)×(　) (　)×(　)×(　) (　)×(　)×(　)
	(　)×(　)×(　) (　)×(　)×(　) (　)×(　)×(　)
	(　)×(　)×(　) (　)×(　)×(　) (　)×(　)×(　)
	(　)×(　)×(　)
50~80 m	(　)×(　)×(　) (　)×(　)×(　) (　)×(　)×(　)
80~110 m	(　)×(　)×(　) (　)×(　)×(　) (　)×(　)×(　)
110~140 m	(　)×(　)×(　) (　)×(　)×(　) (　)×(　)×(　)
140~170 m	(　)×(　)×(　) (　)×(　)×(　) (　)×(　)×(　)

注：每 2 个片石混凝土挡土墙填写 1 张现场检查记录表。

检查人/现场监理		质检负责人/专业监理工程师	

_____公路项目　　　　　　　　　　　　　　　　　□施工自检　□监理抽检

悬臂式和扶壁式挡土墙现场质量检查记录表

施工单位		监理单位	
单位工程		分部工程	
分项工程		检查依据	2017验标第6.3.2条
每处桩号挡墙类型		检查日期	年 月 日～ 年 月 日

检查项目	3 墙面坡度（规定值或允许偏差：≤0.3%，设计坡度？%） （检查方法和频率：铅锤法，自检长度不大于30 m时测5处 每增加10 m增加1处；抽检自检点数的20%） （该挡土墙设计长？m，自检？处，抽检？处）
检查部位	实测偏差值
0～30 m	
30～80 m	
80～130 m	

检查项目	4△★断面尺寸（规定值或允许偏差：≥设计值，设计顶宽？mm×底宽？mm×高度？mm） （检查方法和频率：尺量，自检长度不大于50 m时测10个断面 每增加10 m增加1个断面） （该挡土墙设计长？m，自检？个断面，抽检？个断面）
检查部位	实测偏差值
0～50 m	(　)×(　)×(　)　(　)×(　)×(　)　(　)×(　)×(　) (　)×(　)×(　)　(　)×(　)×(　)　(　)×(　)×(　) (　)×(　)×(　)　(　)×(　)×(　)　(　)×(　)×(　) (　)×(　)×(　)
50～80 m	(　)×(　)×(　)　(　)×(　)×(　)　(　)×(　)×(　)
80～110 m	(　)×(　)×(　)　(　)×(　)×(　)　(　)×(　)×(　)
110～140 m	(　)×(　)×(　)　(　)×(　)×(　)　(　)×(　)×(　)
140～170 m	(　)×(　)×(　)　(　)×(　)×(　)　(　)×(　)×(　)

每处桩号挡墙类型		检查日期	年 月 日～ 年 月 日

检查项目	3 墙面坡度（规定值或允许偏差：≤0.3%，设计坡度？%） （检查方法和频率：铅锤法，自检长度不大于30 m时测5处 每增加10 m增加1处；抽检自检点数的20%） （该挡土墙设计长？m，自检？处，抽检？处）
检查部位	实测偏差值
0～30 m	
30～80 m	
80～130 m	

检查项目	4△★断面尺寸（规定值或允许偏差：≥设计值，设计顶宽？mm×底宽？mm×高度？mm） （检查方法和频率：尺量，自检长度不大于50 m时测10个断面 每增加10 m增加1个断面） （该挡土墙设计长？m，自检？个断面，抽检？个断面）
检查部位	实测偏差值
0～50 m	(　)×(　)×(　)　(　)×(　)×(　)　(　)×(　)×(　) (　)×(　)×(　)　(　)×(　)×(　)　(　)×(　)×(　) (　)×(　)×(　)　(　)×(　)×(　)　(　)×(　)×(　) (　)×(　)×(　)
50～80 m	(　)×(　)×(　)　(　)×(　)×(　)　(　)×(　)×(　)
80～110 m	(　)×(　)×(　)　(　)×(　)×(　)　(　)×(　)×(　)
110～140 m	(　)×(　)×(　)　(　)×(　)×(　)　(　)×(　)×(　)
140～170 m	(　)×(　)×(　)　(　)×(　)×(　)　(　)×(　)×(　)

注：每2个悬臂式和扶壁式挡土墙填写1张现场检查记录表。

检查人/现场监理		质检负责人/专业监理工程师	

_____公路项目	□施工自检
组合挡土墙筋带现场质量检查记录表	□监理抽检

施工单位		监理单位	
单位工程		分部工程	
分项工程		检查依据	2017验标第6.4.2-1条
每处桩号长　度		检查日期	年　月　日～　　年　月　日

1★ 筋带长度（mm）（规定值或允许偏差值：≥设计值；设计根（束）？根、长度？mm）
（检查方法和频率：尺量，自检每20 m测5根（束）；抽检每20 m测1根（束））

检查部位	实测偏差值				
0～40 m					
40～80 m					
80～120 m					

2 筋带与面板连接（规定值或允许偏差值：满足设计要求，设计要求：？）
（检查方法和频率：目测，自检全部共？根（束）；抽检自检的20%共？根（束））

检查部位	实测偏差值				
第1根（束）		第　根（束）		第　根（束）	
第2根（束）		第　根（束）		第　根（束）	
第3根（束）		第　根（束）		第　根（束）	
第4根（束）		第　根（束）		第　根（束）	

3 筋带与筋带连接（规定值或允许偏差值：满足设计要求，设计要求：？）
（检查方法和频率：目测，自检全部共？根（束）；抽检自检的20%共？根（束））

检查部位	实测偏差值				
第1根（束）		第　根（束）		第　根（束）	
第2根（束）		第　根（束）		第　根（束）	
第3根（束）		第　根（束）		第　根（束）	
第4根（束）		第　根（束）		第　根（束）	

4 筋带铺设（规定值或允许偏差值：满足设计要求，设计要求：？）
（检查方法和频率：目测，自检全部共？根（束）；抽检自检的20%共？根（束））

检查部位	实测偏差值				
第1根（束）		第　根（束）		第　根（束）	
第2根（束）		第　根（束）		第　根（束）	
第3根（束）		第　根（束）		第　根（束）	
第4根（束）		第　根（束）		第　根（束）	

注：1. 每处筋带挡土墙填写1张现场检查记录表；2. 项次2、3、4满足填写"√"不满足填写"×"。

检查人/现场监理		质检负责人/专业监理工程师	

_____公路项目　　　　　　　　　□施工自检
组合挡土墙拉杆现场质量检查记录表　　　□监理抽检

施工单位		监理单位	
单位工程		分部工程	
分项工程		检查依据	2017验标第6.4.2-2条
每处桩号长　度		检查日期	年 月 日～ 年 月 日

1△★长度（规定值或允许偏差：≥设计值：设计长度？mm、设计？根）
（检查方法和频率：尺量，自检每20 m测5根共？根；抽检每20 m测1根共？根）

检查部位	实测偏差值						
0～40 m							
40～60 m							
60～80 m							

2★拉杆间距（规定值或允许偏差：±100 mm，设计间距？mm、设计？根）
（检查方法和频率：尺量，自检每20 m测5根共？根；抽检每20 m测1根共？根）

检查部位	实测偏差值						
0～40 m							
40～60 m							
60～80 m							

3 拉杆与面板、锚定板连接（规定值或允许偏差：满足设计要求，设计要求：）
（检查方法和频率：目测，自检全部共？根；抽检自检的20%共？根）

检查部位	实测偏差值			
第1根		第　根	第　根	第　根
第2根		第　根	第　根	第　根
第3根		第　根	第　根	第　根
第4根		第　根	第　根	第　根

注：1. 每处组合挡土墙拉杆填写1张现场检查记录表；2. 项次3满足填写"√"不满足填写"×"。

检查人/现场监理		质检负责人/专业监理工程师	

_____公路项目

组合挡土墙锚杆现场质量检查记录表

☐ 施工自检
☐ 监理抽检

施工单位		监理单位	
单位工程		分部工程	
分项工程		检查依据	2017验标第6.4.2-3条
每处桩号长　度		检查日期	年　月　日～　　年　月　日

2★锚孔孔深（规定值或允许偏差：≥设计值，设计孔？mm、设计数量？根）
（检查方法和频率：尺量，自检抽查20%；抽检自检的20%）

检查孔位	实测偏差值	检查孔位	实测偏差值	检查孔位	实测偏差值	检查孔位	实测偏差值	检查孔位	实测偏差值

3★锚孔孔径（规定值或允许偏差：≥设计值，设计孔径？mm、设计间距？个）
（检查方法和频率：尺量，自检抽查20%；抽检自检的20%）

检查孔位	实测偏差值	检查孔位	实测偏差值	检查孔位	实测偏差值	检查孔位	实测偏差值	检查孔位	实测偏差值

4 锚孔轴线倾斜（规定值或允许偏差：2%，设计？%、设计数量？根）
（检查方法和频率：倾角仪，自检抽查20%；抽检自检的20%）

检查孔位	实测偏差值	检查孔位	实测偏差值	检查孔位	实测偏差值	检查孔位	实测偏差值	检查孔位	实测偏差值

5★锚孔间距（规定值或允许偏差：±100 mm，设计间距？mm、设计间距？个）
（检查方法和频率：尺量，自检抽查20%；抽检自检的20%）

检查部位	实测偏差值

7 锚杆与面板连接（规定值或允许偏差：满足设计要求，设计要求：）
（检查方法和频率：目测，自检全部；抽检自检的20%）

检查孔位	实测偏差值	检查孔位	实测偏差值	检查孔位	实测偏差值	检查孔位	实测偏差值	检查孔位	实测偏差值

注：每处组合挡土墙锚杆填写1张现场检查记录表，项次7满足填写"√"不满足填写"×"。

检查人/现场监理		质检负责人/专业监理工程师	

	_____公路项目	☐ 施工自检
	组合挡土墙面板钢筋加工及安装现场质量检查记录表	☐ 监理抽检

施工单位		监理单位	
单位工程		分部工程	
分项工程		检查依据	2017 验标第 8.3.1-1 条
检查部位	共?块面板检查第?块	检验日期	年 月 日

1△★受力钢筋排距（检查方法和频率：长度≤20 m 测 2 个断面，长度>20 m 测 3 个断面；允许偏差±5 mm） （设计长度? mm，设计排距? mm）											
长度≤20 m 时排距偏差值						长度>20 m 时排距偏差值					
1△★受力钢筋间距 （规定值或允许偏差±20 mm）				（第一排：设计?根、间距? mm，自检?点，抽检?点） （第二排：设计?根、间距? mm，自检?点，抽检?点）							
前 排 断面 1												
前 排 断面 2												
前 排 断面 3												
后 排 断面 1												
后 排 断面 2												
后 排 断面 3												

2 箍筋、构造钢筋、螺旋筋间距（规定值或允许偏差：±10 mm） （自检每构件测 10 个间距；抽检同自检）											

3★钢筋骨架尺寸（规定值或允许偏差：长±10 mm，宽、高±5 mm，设计节段长度?mm、宽度? mm，高度? mm） （检查方法和频率：尺量，自检长度≤20 m 测 2 个断面，长度>20 m 测 3 个断面；抽检同自检） （钢筋骨架长? m，自检?断面，抽检?断面）											
前排长度偏差值				前排宽度偏差值				前排高度偏差值			
后排长度偏差值				后排宽度偏差值				后排高度偏差值			

4 弯起钢筋位置（规定值或允许偏差：±20 mm 设计?根） （检查方法和频率：尺量，抽检每骨架抽查 30%共?根；抽检自检数量的 20%共?根）											

5△★保护层厚度（规定值或允许偏差：±10 mm，钢筋立模面设计? m²，应检?处，设计保护层厚度? mm） （检查方法和频率：尺量，自检每立模面每 3 m² 检查 1 处且每立模面不少于 5 点共?点；抽检自检点数的 20%共?点）											

注：1. 每个检查面板填写 1 张现场质量检查记录表；2. 自检频率为抽查面板数的 30%，抽检自检面板数的 20%，被抽面板的检测频率同自检；3. 可根据受力钢筋排数和每排的根数及构件的长度据实修改此表；4. 除设计值外，所有项次均填偏差值；5. 除检验日期、偏差值和签名外，其余均打印。

检查人/现场监理	质检负责人/专业监理工程师

_____公路项目 ☐施工自检 ☐监理抽检

组合挡土墙面板预制现场质量检查记录表

施工单位		监理单位	
单位工程		分部工程	
分项工程		检查依据	2017 验标第 6.4.2-4 条
中心桩号		检查日期	年 月 日～ 年 月 日

2★边长（规定值或允许偏差：边长＜1 m时±5 mm，边长≥1 m时±0.5%边长） 设计边长? mm×? mm，允许偏差值? mm） 检查方法和频率：尺量，自检抽查10%的板每板长宽各测1次；抽检自检板数的20% 3★两对角线差（规定值或允许偏差：（两对角线差）边长＜1 m时≤10 mm，边长≥1 m时≤0.7%最大对角线长）设计对角线长? mm，允许偏差值? mm） 检查方法和频率：尺量，自检抽查10%的板每板测2对角线；抽检自检板数的20% 4★厚度（规定值或允许偏差：+5，-3 mm，设计厚度? mm） 检查方法和频率：尺量，自检抽查10%的板每板测2处；抽检自检板数的20%	6 预埋件位置（≤5 mm）尺量，自检抽查10%；抽检自检板数的20%

检查部位	实测偏差值					
面板编号	★长度偏差值	★宽度偏差值	★对角线1偏差值	★对角线2偏差值	★厚度1偏差值	★厚度2偏差值

注：1. 如无预埋件位置要求，在相应栏打"/"；2. 除设计值外，所有项次均填写偏差值。

检查人/现场监理		质检负责人/专业监理工程师	

_____公路项目			☐施工自检
组合挡土墙面板安装现场质量检查记录表			☐监理抽检

施工单位		监理单位	
单位工程		分部工程	
分项工程		检查依据	2017验标第6.4.2-5条
桩号部位		检查日期	年 月 日~ 年 月 日

2 轴线偏位（规定值或允许偏差：≤10 mm）
（检查方法和频率：挂线、尺量，自检长度不大于30 m时测5点每增加10 m增加1点；
抽检自检点数的20%；设计长度？m，自检？点，抽检？点）

检查部位	实测偏差值				
0~30 m					
30~80 m					
80~130 m					
130~180 m					

3 面板坡度（规定值或允许偏差：+0，-0.5%，设计坡度？%）
（检查方法和频率：铅锤法，自检长度不大于30 m时测5处每增加10 m增加1处；
抽检自检处数的20%；设计长度？m，自检？点，抽检？点）

检查部位	实测偏差值				
0~30 m					
30~80 m					
80~130 m					
130~180 m					

4★相邻板错台（规定值或允许偏差：≤5 mm）
（检查方法和频率：尺量，自检长度不大于30 m时测5条缝最大处每增加10 m增加1条；
抽检自检缝数的20%；设计长度？m，自检？点，抽检？点）

检查部位	实测偏差值				
0~30 m					
30~80 m					
80~130 m					
130~180 m					

5★面板缝宽（规定值或允许偏差：≤10 mm）
（检查方法和频率：尺量，自检每30 m检查5条每增加10 m增加1条；抽检自检缝宽数的20%）
（设计长度？m，自检？点，抽检？点）

检查部位	实测偏差值				
0~30 m					
30~80 m					
80~130 m					
130~180 m					

检查人/现场监理		质检负责人/专业监理工程师	

_____公路项目				□施工自检
组合挡土墙总体现场质量检查记录表				□监理抽检

施工单位		监理单位	
单位工程		分部工程	
分项工程		检查依据	2017验标第 6.4.2-6 条
中心桩号		检查日期	年 月 日~ 年 月 日

3★肋柱间距（规定值或允许偏差：±15 mm，设计间距？mm，设计肋柱？根）
（检查方法和频率：尺量，自检测每柱间共？点；抽检自检柱间数的20%共？点）

检查部位	实测偏差值					
肋柱间距						

中心桩号		检查日期	年 月 日~ 年 月 日

3★肋柱间距（规定值或允许偏差：±15 mm，设计间距？mm，设计肋柱？根）
（检查方法和频率：尺量，自检测每柱间共？点；抽检自检柱间数的20%共？点）

检查部位	实测偏差值					

中心桩号		检查日期	年 月 日~ 年 月 日

3★肋柱间距（规定值或允许偏差：±15 mm，设计间距？mm，设计肋柱？根）
（检查方法和频率：尺量，自检测每柱间共？点；抽检自检柱间数的20%共？点）

检查部位	实测偏差值					

检查人/现场监理		质检负责人/专业监理工程师	

	_____公路项目	☐施工自检
	挡土墙填土反滤层现场质量检查记录表	☐监理抽检

施工单位		监理单位	
单位工程		分部工程	
分项工程		检查依据	2017验标第6.5.2条
中心桩号		检查日期	年　月　日

2★反滤层厚度（规定值或允许偏差：≥设计厚度，设计厚度？mm）
（检查方法和频率：尺量，自检长度不大于50 m时测5处，每增加10 m增加1处；抽检自检处数的20%；设计长度？m，自检？点，抽检？点）

检查部位	实测偏差值				
0～50 m					
50～100 m					
100～150 m					

中心桩号		检查日期	年　月　日

2★反滤层厚度（规定值或允许偏差：≥设计厚度，设计厚度？mm）
（检查方法和频率：尺量，自检长度不大于50 m时测5处，每增加10 m增加1处；抽检自检处数的20%；设计长度？m，自检？点，抽检？点）

检查部位	实测偏差值				
0～50 m					
50～100 m					
100～150 m					

中心桩号		检查日期	年　月　日

2★反滤层厚度（规定值或允许偏差：≥设计厚度，设计厚度？mm）
（检查方法和频率：尺量，自检长度不大于50 m时测5处，每增加10 m增加1处；抽检自检处数的20%；设计长度？m，自检？点，抽检？点）

检查部位	实测偏差值				
0～50 m					
50～100 m					
100～150 m					

中心桩号		检查日期	年　月　日

2★反滤层厚度（规定值或允许偏差：≥设计厚度，设计厚度？mm）
（检查方法和频率：尺量，自检长度不大于50 m时测5处，每增加10 m增加1处；抽检自检处数的20%；设计长度？m，自检？点，抽检？点）

检查部位	实测偏差值				
0～50 m					
50～100 m					
100～150 m					

中心桩号		检查日期	年　月　日

2★反滤层厚度（规定值或允许偏差：≥设计厚度，设计厚度？mm）
（检查方法和频率：尺量，自检长度不大于50 m时测5处，每增加10 m增加1处；抽检自检处数的20%；设计长度？m，自检？点，抽检？点）

检查部位	实测偏差值				
0～50 m					
50～100 m					
100～150 m					

检查人/现场监理		质检负责人/专业监理工程师	

_____公路项目		☐施工自检
锚杆锚索边坡锚固防护现场质量检查记录表		☐监理抽检

施工单位		监理单位	
单位工程		分部工程	
分项工程		检查依据	2017验标第6.6.2-1条
坡面段落中心桩号		检查日期	年 月 日～ 年 月 日

2★锚孔深度（规定值或允许偏差：≥设计值，设计深度？mm）
（检查方法和频率：尺量，自检抽查20%；抽检检查4%）
（设计？孔，自检？孔，抽检？孔）

检查项目	实测偏差值									
锚孔深度										

3★锚孔孔径（规定值或允许偏差：≥设计值，设计孔径？mm）
（检查方法和频率：尺量，自检抽查20%；抽检检查4%）
（设计？孔，自检？孔，抽检？孔）

检查项目	实测偏差值									
锚孔孔径										

4 锚孔轴线倾斜（规定值或允许偏差：2%）
（检查方法和频率：倾角仪，自检抽查20%；抽检检查4%）
（设计？孔，自检？孔，抽检？孔）

检查项目	实测偏差值									
锚孔轴线倾斜										

5★锚孔位置（规定值或允许偏差：☐设置框格梁±50，☐其他±100，设计孔位？mm×？mm）
（检查方法和频率：尺量，自检抽查20%；抽检检查4%）
（设计？孔，自检？孔，抽检？孔）

检查项目	实测偏差值									
锚孔位置										

注：1. 每个自然坡面防护段落或每2道伸缩缝之间的段落填写1张现场检查记录表；2. 实际工程中未涉及的项目不检查；3. 可根据现场实际情况对表格进行调整。

检查人/现场监理		质检负责人/专业监理工程师	

公路项目

锚索后张法预应力筋张拉应力值张拉伸长率断丝滑丝现场质量检查及抽检记录表

施工自检监理抽检

施工单位		监理单位		检查依据	2017验标第6.6.2-1条
单位工程		分部工程		分项工程	
每处桩号		检查日期	年 月 日		
设计参数					
设备参数				图示：	

锚索编号	第一次张拉（20%）			第二次张拉（40%）			第三次张拉（100%）			预应力筋张拉伸长值		
张拉顺序	初张拉力（KN）	油压表读数（MPa）	推算伸长值（mm）	张拉力（KN）	油压表读数（MPa）	实际伸长值（mm）	张拉力（KN）	油压表读数（MPa）	实际伸长值（mm）	设计值（mm）	实际值（mm）	伸长率（%）

断丝滑丝情况	

注：1.每段锚索边坡锚杆防护填写1套记录表，如一张填不下，可另张填写；2.监理抽检频率为自检锚索的20%，被抽锚索的抽检频率同自检，监理以旁站方式抽检，资料共用。

检查人		质检负责人		旁站监理	

224

													公路项目	☐ 施工自检

锚杆锚索框格梁坡面结构喷层厚度合格率评定表 ☐ 监理抽检

施工单位			监理单位	
单位工程			分项工程	
设计厚度（mm）			设计最小厚度（mm）	
检查依据	2017 验标第 6.6.2-2 条		评定日期	

实测喷层厚度（mm）														
1	2	3	4	5	6	7	8	9	10	11	12	13	14	15

评定标准：平均厚度≥设计厚度；80%测点的厚度≥设计厚度；最小厚度≥0.6倍设计厚度且≥设计最小值，评定为合格。

检测点数		平均厚度（mm）		最小厚度（mm）	
0.6倍设计厚度		检查点厚度≥设计厚度的点数		合格率（%）	
平均厚度≥设计厚度		80%测点的厚度≥设计厚度		最小厚度≥0.6倍设计厚度且≥设计最小值	
评定结果		评定结果		评定结果	
检查人/现场监理			质检负责人/专业监理工程师		

_____公路项目 坡面结构现场质量检查记录表

☐ 施工自检
☐ 监理抽检

施工单位		监理单位	
单位工程		分部工程	
分项工程		检查依据	2017验标第6.6.2-2条
坡面段落中心桩号		检查日期	年 月 日～ 年 月 日

2 喷层厚度（规定值或允许偏差：平均厚度≥设计厚度；80%的测点厚度≥设计厚度；最小厚度≥0.6且大于或等于设计规定最小值）
（检查方法和频率：凿空法或工程雷达法，自检每50m²测1处且不少于5处；抽检自检处数的20%，且不少于5处）
（设计？m²，自检？处，抽检？处）

检查项目	实测值
喷层厚度	

3 锚墩尺寸（规定值或允许偏差：+10，-5 mm，设计顶面边长？mm、底面边长？mm、高度？mm）
（检查方法和频率：尺量，自检抽查20%每件测顶底面边长及高度的最大偏差值；抽检自检锚墩的20%，被抽锚碇检查频率同自检）（设计？锚墩，自检？锚墩，抽检？锚墩）

锚墩编号	(顶边)×(底边)×(高度)偏差值	锚墩编号	(顶边)×(底边)×(高度)偏差值	锚墩编号	(顶边)×(底边)×(高度)偏差值
	( )×( )×( )		( )×( )×( )		( )×( )×( )
	( )×( )×( )		( )×( )×( )		( )×( )×( )
	( )×( )×( )		( )×( )×( )		( )×( )×( )
	( )×( )×( )		( )×( )×( )		( )×( )×( )
	( )×( )×( )		( )×( )×( )		( )×( )×( )
	( )×( )×( )		( )×( )×( )		( )×( )×( )

4★框格梁、地梁、边梁断面尺寸（规定值或允许偏差：≥设计值）
（设计值框格梁？mm×？mm，地梁？mm×？mm，边梁？mm×？mm）
（检查方法和频率：尺量，自检抽查20%每梁测2个断面；抽检自检梁数的20%每梁测2个断面）
（设计框格梁？个自检？个抽检？个；设计地梁？个自检？个抽检？个；设计边梁？个自检？个抽检？个）

检查项目	实测（宽度）×（高度）偏差值					
框格梁	( )×( )	( )×( )	( )×( )	( )×( )	( )×( )	( )×( )
	( )×( )	( )×( )	( )×( )	( )×( )	( )×( )	( )×( )
	( )×( )	( )×( )	( )×( )	( )×( )	( )×( )	( )×( )
	( )×( )	( )×( )	( )×( )	( )×( )	( )×( )	( )×( )
	( )×( )	( )×( )	( )×( )	( )×( )	( )×( )	( )×( )
地梁	( )×( )	( )×( )	( )×( )	( )×( )	( )×( )	( )×( )
	( )×( )	( )×( )	( )×( )	( )×( )	( )×( )	( )×( )
边梁	( )×( )	( )×( )	( )×( )	( )×( )	( )×( )	( )×( )
	( )×( )	( )×( )	( )×( )	( )×( )	( )×( )	( )×( )

5 框格梁、地梁、边梁平面位置（规定值或允许偏差：±150 mm）
（检查方法和频率：尺量，自检抽查10%；抽检2%）
（设计框格梁？个自检？个抽检？个；设计地梁？个自检？个抽检？个；设计边梁？个自检？个抽检？个）

检查项目	实测偏差值	实测偏差值	实测偏差值	实测偏差值	实测偏差值
框格梁					
地梁					
边梁					

注：本表按照每个自然段落3750m²设置，大于此面积或格梁空格不够可另页续填。

检查人/现场监理		质检负责人/专业监理工程师	

_____公路项目

土钉支护现场质量检查记录表

☐ 施工自检
☐ 监理抽检

施工单位		监理单位	
单位工程		分部工程	
分项工程		检查依据	2017验标第6.7.2条
每处桩号		检查日期	年 月 日～ 年 月 日

2★土钉孔深（规定值或允许偏差：+200，-50 mm，设计孔深？mm）
（检查方法和频率：尺量，自检抽查10%；抽检检查2%；设计？孔自检？孔抽检？孔）

实测偏差值									

3 土钉倾角（规定值或允许偏差：2°，设计倾角？°）
（检查方法和频率：倾角仪，自检抽查10%；抽检检查2%；设计？孔自检？孔抽检？孔）

实测偏差值									

4★土钉孔距（规定值或允许偏差：±100 mm，设计孔距？mm）
（检查方法和频率：尺量，自检抽查10%；抽检检查2%；设计？孔自检？孔抽检？孔）

实测偏差值									

5★土钉孔径（规定值或允许偏差：+20，-5 mm，设计孔径？mm）
（检查方法和频率：尺量，自检抽查10%；抽检检查2%；设计？孔自检？孔抽检？孔）

实测偏差值									

注：1. 土钉支护按每个边坡自然段落填写1套现场检查记录表，实际测点大于所设置空格时可续页填写；2. 除设计值外，所有项次均填写偏差值。

检查人/现场监理		质检负责人/专业监理工程师	

_____公路项目 　　□施工自检　□监理抽检

砌体坡面防护现场质量检查记录表

施工单位		监理单位	
单位工程		分部工程	
分项工程		检查依据	2017验标第6.8.2条
每处桩号		检查日期	年　月　日～　年　月　日

4 坡度（规定值或允许偏差：≤设计值，设计坡度？）
（检查方法和频率：坡度尺，自检长度不大于30 m时测5处，每增加10 m增加1处；抽检自检处数的20%）
（设计长度？m自检？处抽检？处）

检查部位	实测偏差值									
0～30 m										
30～80 m										
80～130 m										
130～180 m										
180～230 m										
230～280 m										

5△★厚度或断面尺寸（规定值或允许偏差：≥设计值，设计□厚度？mm，设计□断面尺寸？mm×？mm×？mm）
（检查方法和频率：尺量，自检长度不大于50 m时测10个断面，每增加10 m增加1个断面；抽检自检断面数的20%）
（设计长度？m自检？断面抽检？断面）

检查部位	厚度偏差值			断面尺寸偏差值		
0～50 m				(　)×(　)×(　)	(　)×(　)×(　)	(　)×(　)×(　)
				(　)×(　)×(　)	(　)×(　)×(　)	(　)×(　)×(　)
				(　)×(　)×(　)	(　)×(　)×(　)	(　)×(　)×(　)
	／	／	／	(　)×(　)×(　)	(　)×(　)×(　)	
50～150 m				(　)×(　)×(　)	(　)×(　)×(　)	(　)×(　)×(　)
				(　)×(　)×(　)	(　)×(　)×(　)	(　)×(　)×(　)
				(　)×(　)×(　)	(　)×(　)×(　)	(　)×(　)×(　)
				(　)×(　)×(　)	(　)×(　)×(　)	(　)×(　)×(　)
150～200 m				(　)×(　)×(　)	(　)×(　)×(　)	(　)×(　)×(　)
				(　)×(　)×(　)	(　)×(　)×(　)	(　)×(　)×(　)
				(　)×(　)×(　)	(　)×(　)×(　)	(　)×(　)×(　)
				(　)×(　)×(　)	(　)×(　)×(　)	(　)×(　)×(　)
				(　)×(　)×(　)	(　)×(　)×(　)	(　)×(　)×(　)
200～250 m						
250～280 m						

6★框格间距（规定值或允许偏差：±150，设计间距？mm）
（检查方法和频率：尺量，自检抽查10%；抽检检查2%）
（设计框格间距？个自检？个抽检？个）

实测偏差值								

注：每个边坡自然段落按照280 m设置，设置空格不够时可续页填写。

检查人/现场监理		质检负责人/专业监理工程师	

_____公路项目							☐施工自检
石笼防护现场质量检查记录表							☐监理抽检

施工单位		监理单位	
单位工程		分部工程	
分项工程		检查依据	2017验标第6.9.2条
每处桩号		检查日期	年 月 日～ 年 月 日

2★长度（规定值或允许偏差：≥设计值-300 mm）
（检查方法和频率：尺量，自检每段测5处；抽检每段测1处）

段数	设计值（mm）	设计值-300（mm）	长度偏差值1	长度偏差值2	长度偏差值3	长度偏差值4	长度偏差值5
第1段							
第2段							
第3段							
第4段							
第5段							

3★宽度（规定值或允许偏差：≥设计值-200 mm）
（检查方法和频率：尺量，自检每段测5处；抽检每段测1处）

段数	设计值（mm）	设计值-200（mm）	测点1偏差值	测点2偏差值	测点3偏差值	测点4偏差值	测点5偏差值
第1段							
第2段							
第3段							
第4段							
第5段							

4★高度（规定值或允许偏差：≥设计值）
（检查方法和频率：尺量，自检每段测5处；抽检每段测1处）

段数	设计值（mm）	测点1偏差值	测点2偏差值	测点3偏差值	测点4偏差值	测点5偏差值
第1段						
第2段						
第3段						
第4段						
第5段						

检查人/现场监理		质检负责人/专业监理工程师	

_____公路项目 □施工自检 □监理抽检

浆砌砌体防护现场质量检查记录表

施工单位		监理单位	
单位工程		分部工程	
分项工程		检查依据	2017验标第6.10.2-1条
每处桩号		检查日期	年 月 日 ~ 年 月 日

3 坡度（规定值或允许偏差：□料、块石≤0.3，□片石≤0.5，设计坡度？）
（检查方法和频率：铅锤法，自检长度不大于30 m时测5处，每增加10 m增加1处；抽检频率同自检）
（设计长度？m自检？处抽检？处）

检查部位	实测偏差值				
0~30 m					
30~80 m					
80~130 m					
130~180 m					
180~230 m					

4△★ 断面尺寸（规定值或允许偏差：□料石±20 mm，□块石±30 mm，□片石±50 mm 设计断面？mm×？mm）
（检查方法和频率：尺量，自检长度不大于50 m时测10个断面，每增加10 m增加1个断面；抽检自检断面数的20%）
（设计长度？m自检？断面抽检？断面）

检查部位	实测偏差值				
0~50 m	( )×( )	( )×( )	( )×( )	( )×( )	( )×( )
50~100 m	( )×( )	( )×( )	( )×( )	( )×( )	( )×( )
100~150 m	( )×( )	( )×( )	( )×( )	( )×( )	( )×( )
150~200 m	( )×( )	( )×( )	( )×( )	( )×( )	( )×( )
	( )×( )	( )×( )	( )×( )	( )×( )	( )×( )
	( )×( )	( )×( )	( )×( )	( )×( )	( )×( )
	( )×( )	( )×( )	( )×( )	( )×( )	( )×( )
	( )×( )	( )×( )	( )×( )	( )×( )	( )×( )
	( )×( )	( )×( )	( )×( )	( )×( )	( )×( )
	( )×( )	( )×( )	( )×( )	( )×( )	( )×( )
	( )×( )	( )×( )	( )×( )	( )×( )	( )×( )
	( )×( )	( )×( )	( )×( )	( )×( )	( )×( )
	( )×( )	( )×( )	( )×( )	( )×( )	( )×( )
	( )×( )	( )×( )	( )×( )	( )×( )	( )×( )
	( )×( )	( )×( )	( )×( )	( )×( )	( )×( )
	( )×( )	( )×( )	( )×( )	( )×( )	( )×( )

注：1. 浆砌砌体防护按每处填写1张现场检查记录表；2. 除设计值外，所有项次均填写偏差值。

检查人/现场监理		质检负责人/专业监理工程师	

_____公路项目 □施工自检 □监理抽检

干砌片石砌体现场质量检查记录表

施工单位		监理单位	
单位工程		分部工程	
分项工程		检查依据	2017 验标第 6.10.2-2 条
每处桩号		检查日期	年 月 日～ 年 月 日

2★断面尺寸（规定值或允许偏差：高度±100 mm，厚度±50 mm，设计高度？mm×厚度？mm）
（检查方法和频率：尺量，自检长度不大于30 m时测5处，每增加10 m增加1处；抽检自检断面数的20%）

检查项目	检查部位	实测偏差值				
断面尺寸	0~30 m	( )×( )	( )×( )	( )×( )	( )×( )	( )×( )
	30~80 m	( )×( )	( )×( )	( )×( )	( )×( )	( )×( )
	80~130 m	( )×( )	( )×( )	( )×( )	( )×( )	( )×( )
	130~180 m	( )×( )	( )×( )	( )×( )	( )×( )	( )×( )
	180~230 mm	( )×( )	( )×( )	( )×( )	( )×( )	( )×( )
		( )×( )	( )×( )	( )×( )	( )×( )	( )×( )
		( )×( )	( )×( )	( )×( )	( )×( )	( )×( )
		( )×( )	( )×( )	( )×( )	( )×( )	( )×( )
		( )×( )	( )×( )	( )×( )	( )×( )	( )×( )
		( )×( )	( )×( )	( )×( )	( )×( )	( )×( )
		( )×( )	( )×( )	( )×( )	( )×( )	( )×( )
		( )×( )	( )×( )	( )×( )	( )×( )	( )×( )
		( )×( )	( )×( )	( )×( )	( )×( )	( )×( )
		( )×( )	( )×( )	( )×( )	( )×( )	( )×( )
		( )×( )	( )×( )	( )×( )	( )×( )	( )×( )

每处桩号		检查日期	年 月 日～ 年 月 日

2★断面尺寸（规定值或允许偏差：高度±100 mm，厚度±50 mm，设计高度？mm×厚度？mm）
（检查方法和频率：尺量，自检长度不大于30 m时测5处，每增加10 m增加1处；抽检自检断面数的20%）

检查项目	检查部位	实测偏差值				
断面尺寸	0~30 m	( )×( )	( )×( )	( )×( )	( )×( )	( )×( )
	30~80 m	( )×( )	( )×( )	( )×( )	( )×( )	( )×( )
	80~130 m	( )×( )	( )×( )	( )×( )	( )×( )	( )×( )
	130~180 m	( )×( )	( )×( )	( )×( )	( )×( )	( )×( )
	180~230 mm	( )×( )	( )×( )	( )×( )	( )×( )	( )×( )
		( )×( )	( )×( )	( )×( )	( )×( )	( )×( )
		( )×( )	( )×( )	( )×( )	( )×( )	( )×( )
		( )×( )	( )×( )	( )×( )	( )×( )	( )×( )
		( )×( )	( )×( )	( )×( )	( )×( )	( )×( )
		( )×( )	( )×( )	( )×( )	( )×( )	( )×( )
		( )×( )	( )×( )	( )×( )	( )×( )	( )×( )
		( )×( )	( )×( )	( )×( )	( )×( )	( )×( )
		( )×( )	( )×( )	( )×( )	( )×( )	( )×( )
		( )×( )	( )×( )	( )×( )	( )×( )	( )×( )
		( )×( )	( )×( )	( )×( )	( )×( )	( )×( )

检查人/现场监理		质检负责人/专业监理工程师	

_____公路项目
导流工程现场质量检查记录表

☐ 施工自检
☐ 监理抽检

施工单位		监理单位	
单位工程		分部工程	
分项工程		检查依据	2017 验标第 6.11.2 条
每处桩号		检查日期	年 月 日 ~ 年 月 日

4★长度（规定值或允许偏差：≥设计长度-100 mm）
（检查方法和频率：尺量，自检测每个；抽检频率同自检）

检查项目	设计长度 mm	设计长度-100 mm	实测偏差值
导流工程 1			
导流工程 2			

5★断面尺寸（规定值或允许偏差：≥设计值）
（检查方法和频率：尺量，自检测 5 个断面；抽检频率同自检）

检查项目	设计断面 mm	实测断面偏差值					
导流工程 1	( )×( )	( )×( )	( )×( )	( )×( )	( )×( )	( )×( )	( )×( )
导流工程 2	( )×( )	( )×( )	( )×( )	( )×( )	( )×( )	( )×( )	( )×( )

6 坡度（规定值或允许偏差：≤设计值）
（检查方法和频率：坡度尺，自检测 5 处；抽检频率同自检）

检查项目	设计坡度	测点 1 偏差值	测点 2 偏差值	测点 3 偏差值	测点 4 偏差值	测点 5 偏差值
导流工程 1						
导流工程 2						

检查人/现场监理		质检负责人/专业监理工程师	

_____公路项目 □施工自检 □监理抽检

抗滑桩钢筋加工及安装现场质量检查记录表（1/2）

施工单位		监理单位	
单位工程		分部工程	
分项工程		检查依据	2017验标第 8.3.1-4 条
桩基编号		检查日期	年 月 日

1★主筋间距（规定值或允许偏差：±10 mm，设计 1-2 排排距？mm、2-3 排排距？mm，第 1 排？根（组）、根（组）间距，第 2 排？根（组）、根（组）间距，第 3 排？根（组）、根（组）间距）
（检查方法和频率：尺量，自检每节段测 2 个断面；抽检自检桩基数的 20%，被抽桩基检查频率同自检）

	排间距偏差值	1-2 排排间距偏差值	2-3 排排间距偏差值
第一排第1节段断面1			
第一排第1节段断面2			
第一排第2节段断面1			
第一排第2节段断面2			
第二排第1节段断面1			
第二排第1节段断面2			
第二排第2节段断面1			
第二排第2节段断面2			
第三排第1节段断面1			
第三排第1节段断面2			
第三排第2节段断面1			
第三排第2节段断面2			

注：每根填写 1 张现场质量检查记录表；每根均按 3 排 2 段 4 个断面填写；每排按最多 80 根受力钢筋设置，超过 80 根可另页续填；除设计值外均填偏差值；除检验日期、偏差值和签名外，其余均打印。

检查人/现场监理		质检负责人/专业监理工程师	

公路项目　□施工自检　□监理抽检

抗滑桩钢筋加工及安装现场质量检查记录表（2/2）

施工单位			监理单位	
单位工程			分部工程	
分项工程			检查依据	2017验标第8.3.1-4条
桩基编号			检查日期	年 月 日

2★箍筋或螺旋筋间距（规定值或允许偏差：±20 mm，设计间距？mm）
（检查方法和频率：尺量，自检每节段测10个间距；抽检自检桩基数的20%，被抽桩基检查频率同自检）

第一排第1节段										
第一排第2节段										
第二排第1节段										
第二排第2节段										
第三排第1节段										
第三排第2节段										

3★钢筋骨架外径或厚、宽（规定值或允许偏差：±10 mm，设计外径？mm）
（检查方法和频率：尺量，自检每段测2个断面；抽检自检桩基数的20%，被抽桩基检查频率同自检

外径偏差值（mm）	第一排第1节段		宽度偏差值（mm）	第一排第1节段		厚度偏差值（mm）	第一排第1节段	
	第一排第2节段			第一排第2节段			第一排第2节段	
	第二排第1节段			第二排第1节段			第二排第1节段	
	第二排第2节段			第二排第2节段			第二排第2节段	
	第三排第1节段			第三排第1节段			第三排第1节段	
	第三排第2节段			第三排第2节段			第三排第2节段	

4★钢筋骨架长度（规定值或允许偏差：±100 mm）
（检查方法和频率：尺量，自检每个骨架测2处；抽检自检桩基数的20%，被抽桩基检查频率同自检）

加工长度（mm）	第一排第1节段		第二排第1节段		第三排第1节段	
	第一排第2节段		第二排第2节段		第三排第2节段	
第一排第1节段偏差值		第二排第1节段偏差值		第三排第1节段偏差值		
第一排第2节段偏差值		第二排第2节段偏差值		第三排第2节段偏差值		

5△★保护层厚度（规定值或允许偏差：+20，-10 mm，设计保护层厚度？mm，应测？处应抽？处）
（检查方法和频率：尺量，自检测每段钢筋骨架外侧定位块处；抽检自检桩基数的20%，被抽桩基检查频率同自检）

注：每根填写1张现场质量检查记录表；每根均按3排2段4个断面填写；每排按最多80根受力钢筋设置，超过80根可另页续填；除设计值外均填偏差值；除检验日期、偏差值和签名外，其余均打印。

检查人/现场监理		质检负责人/专业监理工程师	

234

_____公路项目　抗滑桩混凝土浇筑现场质量检查记录表　□施工自检　□监理抽检

施工单位		监理单位	
单位工程		分部工程	
分项工程		检查依据	2017验标第8.5.2（8.5.3）条
段落桩号设计参数	段落桩号： 设计参数：边长？mm×？mm，孔径？mm	检查日期	年　月　日～　年　月　日

3△★孔深（m）（规定值或允许偏差值：≥设计值）；检查方法和频率：测绳，自检每桩量测；抽检频率同自检
4★孔径或边长（mm）（规定值或允许偏差值：≥设计值）
　检查方法和频率：（钻孔桩，探孔器或超声波成孔检测仪，自检每桩两侧；抽检频率同自检）
　　　　　　　　　（挖孔桩井径仪，自检每桩两侧；抽检频率同自检）
5孔倾斜度（mm）（规定值或允许偏差值：钻孔桩：≤1%S且≤500，挖孔桩：≤0.5%S且≤200）
　检查方法和频率：（钻孔桩，钻杆垂线法或探孔器或超声波成孔检测仪，自检每桩量测；抽检频率同自检）
　　　　　　　　　（挖孔桩，井径仪，自检每桩两侧；抽检频率同自检）
6沉淀厚度（规定值或允许偏差值：满足设计要求，设计值？mm）
　检查方法和频率：沉淀盒测渣仪，自检每桩量测；抽检频率同自检

抗滑桩编号	3△★孔深（m）		4★孔径（mm）		4★边长（mm）		5孔倾斜度（mm）		6沉淀厚度（mm）	
	设计值	偏差值	设计值	偏差值	（长）×（宽）	（长）×（宽）	设计值	偏差值	设计值	偏差值
					(　)×(　)	(　)×(　)				
					(　)×(　)	(　)×(　)				
					(　)×(　)	(　)×(　)				
					(　)×(　)	(　)×(　)				
					(　)×(　)	(　)×(　)				
					(　)×(　)	(　)×(　)				
					(　)×(　)	(　)×(　)				
					(　)×(　)	(　)×(　)				
					(　)×(　)	(　)×(　)				
					(　)×(　)	(　)×(　)				
					(　)×(　)	(　)×(　)				
					(　)×(　)	(　)×(　)				
					(　)×(　)	(　)×(　)				
					(　)×(　)	(　)×(　)				
					(　)×(　)	(　)×(　)				
					(　)×(　)	(　)×(　)				
					(　)×(　)	(　)×(　)				
					(　)×(　)	(　)×(　)				
					(　)×(　)	(　)×(　)				
					(　)×(　)	(　)×(　)				
					(　)×(　)	(　)×(　)				
					(　)×(　)	(　)×(　)				
					(　)×(　)	(　)×(　)				
					(　)×(　)	(　)×(　)				
					(　)×(　)	(　)×(　)				
					(　)×(　)	(　)×(　)				
					(　)×(　)	(　)×(　)				
					(　)×(　)	(　)×(　)				
					(　)×(　)	(　)×(　)				

注：钻孔桩需填写"沉淀厚度"；如同一段落抗滑桩的边长相同且在设计参数栏已备注其断面尺寸，可仅填偏差值。

检查人/现场监理		质检负责人/专业监理工程师	

附表 H 路面工程现场质量检查记录表

路面工程现场质量检查记录表除 2017 验标涉及的分项工程外，超高路段还设计有横向排水管、纵向排水沟和集水井。横向排水管的施工简单，不必单独检验评定，也没有单独的检验评定标准，各项目可根据需要设计记录表，记录埋置的横坡、沟槽宽度和深度、回填等参数是否满足设计要求，作为计量的附件资料。

纵向排水沟和集水井涉及水沟、水沟盖板钢筋加工与安装、盖板预制、盖板安装以及集水井等现场质量检查记录表，可参照使用路基排水工程对应的水沟（2017 验标 5.6.2）、水沟盖板钢筋工程（2017 验标 8.3.1-1）、水沟盖板预制（2017 验标 9.5.2）、水沟盖板安装（2017 验标 9.6.2）、集水井（2017 验标 9.10.2）现场质量检查记录表。

路面工程设计图纸还涉及桥头、隧道与路基接头部位，以及长度小于 50 m 的路基段，这些部位通常设计为水泥混凝土基层，其现场质量检查记录表可参照水泥混凝土路面的记录表（2017 验标 7.2.2）。

	_____公路项目	☐施工自检
	稳定土☐垫层☐底基层☐基层现场质量检查记录表	☐监理抽检

施工单位		监理单位	
单位工程		分部工程	
分项工程		结构层次	☐稳定土垫层　☐稳定土底基层 ☐稳定土基层
检查依据	2017验标第7.6.2条	检查日期	年　月　日～　　年　月　日

4★宽度（规定值或允许偏差：满足设计要求，设计宽度？mm）
（检查方法和频率：尺量，自检每200 m测4个断面，抽检每200 m测1个断面）
（该分项工程长？m，自检？断面抽检？断面）

检查部位	实测偏差值			检查部位	实测偏差值		
0～200 m							
200～400 m							
400～600 m							
600～800 m							
800～1000 m							
1000～1200 m							
1200～1400 m							
1400～1600 m							
1600～1800 m							
1800～2000 m							
2000～2200 m							
2200～2400 m							
2400～2600 m							
2600～2800 m							
2800～3000 m							
3000～3200 m							

注：每个分项工程填写1张记录表。

检查人/现场监理		质检负责人/专业监理工程师	

_____公路项目 ☐施工自检 ☐监理抽检

稳定粒料垫层底基层基层现场质量检查记录表

施工单位		监理单位	
单位工程		分部工程	
分项工程		结构层次	☐稳定粒料垫层 ☐稳定粒料底基层 ☐稳定粒料基层
检查依据	2017验标第7.7.2条	检查日期	年 月 日~ 年 月 日

4★宽度（规定值或允许偏差：满足设计要求，设计宽度？mm）
（检查方法和频率：尺量，自检每200 m测4个断面，抽检每200 m测1个断面）
（该分项工程长？m，自检？断面抽检？断面）

检查部位	实测偏差值	检查部位	实测偏差值
0～200 m			
200～400 m			
400～600 m			
600～800 m			
800～1000 m			
1000～1200 m			
1200～1400 m			
1400～1600 m			
1600～1800 m			
1800～2000 m			
2000～2200 m			
2200～2400 m			
2400～2600 m			
2600～2800 m			
2800～3000 m			
3000～3200 m			

注：每个分项工程填写1张记录表。

检查人/现场监理		质检负责人/专业监理工程师	

_____公路项目　　☐施工自检　☐监理抽检

级配碎（砾）石垫层底基层基层现场质量检查记录表

施工单位		监理单位	
单位工程		分部工程	
分项工程		结构层次	☐级配碎（砾）石垫层　☐级配碎（砾）石底基层 ☐级配碎（砾）石基层
检查依据	2017验标第7.8.2条	检查日期	年　月　日～　　年　月　日

5★宽度（规定值或允许偏差：满足设计要求，设计宽度？mm）
（检查方法和频率：尺量，自检每200 m测4个断面，抽检每200 m测1个断面）
（该分项工程长？m，自检？断面抽检？断面）

检查部位	实测偏差值			检查部位	实测偏差值		
0～200 m							
200～400 m							
400～600 m							
600～800 m							
800～1000 m							
1000～1200 m							
1200～1400 m							
1400～1600 m							
1600～1800 m							
1800～2000 m							
2000～2200 m							
2200～2400 m							
2400～2600 m							
2600～2800 m							
2800～3000 m							
3000～3200 m							

注：每个分项工程填写1张记录表。

检查人/现场监理		质检负责人/专业监理工程师	

_____公路项目

填隙碎石（矿渣）垫层底基层基层现场质量检查记录表

☐ 施工自检
☐ 监理抽检

施工单位		监理单位	
单位工程		分部工程	
分项工程		结构层次	☐填隙碎石（矿渣）垫层 ☐填隙碎石（矿渣）底基层 ☐填隙碎石（矿渣）基层
检查依据	2017验标第7.9.2条	检查日期	年 月 日～ 年 月 日

5★宽度（规定值或允许偏差：满足设计要求，设计宽度？mm）
（检查方法和频率：尺量，自检每200 m测4个断面，抽检每200 m测1个断面）
（该分项工程长？m，自检？断面抽检？断面）

检查部位	实测偏差值	检查部位	实测偏差值
0～200 m			
200～400 m			
400～600 m			
600～800 m			
800～1000 m			
1000～1200 m			
1200～1400 m			
1400～1600 m			
1600～1800 m			
1800～2000 m			
2000～2200 m			
2200～2400 m			
2400～2600 m			
2600～2800 m			
2800～3000 m			
3000～3200 m			

注：每个分项工程填写1张记录表。

检查人/现场监理		质检负责人/专业监理工程师	

_____公路项目　　　　　　□施工自检
　　　　　　　　　　　　　　　　　　　　　　　□监理抽检

水泥混凝土面层现场质量检查记录表

施工单位		监理单位	
单位工程		分部工程	
分项工程		检查依据	2017验标第7.2.2条
结构层次	□上面层　□面层 □下面层　□基层	检查日期	年　月　日～　年　月　日

6 相邻板高差（规定值或允许偏差：□高速公路和一级公路≤2 mm，□其他公路≤3 mm）
（检查方法和频率：尺量，自检胀缝每条测2点；纵横缝每200 m抽查2条每条测2点；
抽检胀缝每条测1点；纵横缝每200 m抽查1条，每条测2点）
（设计胀缝？条自检？点，抽检？点；纵缝自检抽查？条？点，抽检？条？点；横缝自检抽查？条？点，抽检？条？点）

被检纵缝编号	偏差值	被检纵缝编号	偏差值	被检纵缝编号	偏差值	被检纵缝编号	偏差值

被检横缝编号	偏差值	被检横缝编号	偏差值	被检横缝编号	偏差值	被检横缝编号	偏差值

被检胀缝编号	偏差值	被检胀缝编号	偏差值	被检胀缝编号	偏差值	被检胀缝编号	偏差值

7 纵横缝顺直度（规定值或允许偏差：≤10 mm）
（检查方法和频率：纵缝20 m拉线尺量，自检每200 m测4处；横缝沿板宽拉线尺量，每200 m测4条）
（设计纵缝共？m自检？点抽检？点；横缝共？m自检？点抽检？点）

纵缝检查部位	纵缝实测偏差值	横缝检查部位	横缝实测偏差值
0～400 m		0～400 m	
400～800 m		400～800 m	
800～1200 m		800～1200 m	
1200～1600 m		1200～1600 m	
1600～2000 m		1600～2000 m	
2000～2400 m		2000～2400 m	
2400～2800 m		2400～2800 m	
2800～3200 m		2800～3200 m	

9★路面宽度（规定值或允许偏差：±20 mm）
（检查方法和频率：尺量，自检每200 m测4个点，抽检每200 m测1个点）
（该分项工程半幅设计长？m自检？点，抽检？点）

检查部位	路面宽度偏差值	检查部位	路面宽度偏差值
0～400 m			
400～800 m			
800～1200 m			
1200～1600 m			
1600～2000 m			
2000～2400 m			
2400～2800 m			
2800～3200 m			

12 断板率（规定值或允许偏差值：□高速公路和一级公路≤0.2%；□其他公路≤0.4%）
（检查方法和频率：目测，自检全部检查，数断板面板块数占总块数比例；抽检同自检）

目测结果：该分项工程设计？板，断板？板，合格？板，合格率？%

检查人/现场监理		质检负责人/专业监理工程师	

_____公路项目　□施工自检　□监理抽检

沥青混凝土面层沥青碎砾石面层宽度现场质量检查记录表

施工单位		监理单位	
单位工程		分部工程	
分项工程		面层种类	□沥青混凝土面层 □沥青碎（砾）石面层
检查依据	2017验标第7.3.2条	检查日期	年　月　日～　年　月　日

10★宽度（规定值或允许偏差：□高速公路和一级公路：□有侧石±20 mm □无侧石≥设计值；
□其他公路：☑有侧石±30 mm □无侧石≥设计值）
（检查方法和频率：尺量，自检每200 m测4个断面，抽检每200 m测1个断面）
（该分项工程长？m，自检？断面抽检？断面）

检查部位	实测偏差值				检查部位	实测偏差值			
0～200 m									
200～400 m									
400～600 m									
600～800 m									
800～1000 m									
1000～1200 m									
1200～1400 m									
1400～1600 m									
1600～1800 m									
1800～2000 m									
2000～2200 m									
2200～2400 m									
2400～2600 m									
2600～2800 m									
2800～3000 m									
3000～3200 m									

注：1个分项工程填写1张记录表。

检查人/现场监理		质检负责人/专业监理工程师	

_____公路项目　　□施工自检监理抽检

沥青贯入式面层上拌下贯式面层现场质量检查记录表

施工单位		监理单位	
单位工程		分部工程	
分项工程		面层种类	□沥青混凝土面层 □沥青碎（砾）石面层
检查依据	2017验标第7.4.2条	检查日期	年 月 日～ 年 月 日

4★沥青总用量（规定值或允许偏差：±0.5%）
（检查方法和频率：每台班每次洒布检查1次）

施工桩号部位	所在结构层	设计用量（kg）	实际用量（kg）	偏差值	施工日期
					年 月 日

7★宽度（规定值或允许偏差：□有侧石±30 mm □无侧石≥设计值，设计宽度？mm）
（检查方法和频率：尺量，自检每200 m测4点，抽检每200 m测1点）
（该分项工程长？m，自检？点抽检？点）

检查部位	实测偏差值	检查部位	实测偏差值
0～200 m			
200～400 m			
400～600 m			
600～800 m			
800～1000 m			
1000～1200 m			
1200～1400 m			
1400～1600 m			
1600～1800 m			
1800～2000 m			
2000～2200 m			
2200～2400 m			
2400～2600 m			
2600～2800 m			
2800～3000 m			
3000～3200 m			

注：1. 每个分项工程填写1张记录表；2. 每天每洒布层填写1栏，自检和抽检共用。

检查人		质检负责人		旁站监理	

_____公路项目　　　　　　　□施工自检监理抽检

沥青表面处置层现场质量检查记录表

施工单位		监理单位	
单位工程		分部工程	
分项工程		面层种类	沥青表面处置层
检查依据	2017验标第7.5.2条	检查日期	年 月 日~ 年 月 日

4★沥青总用量（规定值或允许偏差：±0.5%）
（检查方法和频率：每台班每次洒布检查1次）

施工桩号部位	所在结构层	设计用量（kg）	实际用量（kg）	偏差值	施工日期 年 月 日

7★宽度（规定值或允许偏差：□有侧石±30 mm □无侧石≥设计值，设计宽度? mm）
（检查方法和频率：尺量，自检每200 m测4点，抽检每200 m测1点）
（该分项工程长? m，自检? 点抽检? 点）

检查部位	实测偏差值	检查部位	实测偏差值
0~200 m			
200~400 m			
400~600 m			
600~800 m			
800~1000 m			
1000~1200 m			
1200~1400 m			
1400~1600 m			
1600~1800 m			
1800~2000 m			
2000~2200 m			
2200~2400 m			
2400~2600 m			
2600~2800 m			
2800~3000 m			
3000~3200 m			

注：1. 每个分项工程填写1张记录表；2. 每天每洒布层填写1栏，自检和抽检共用。

检查人		质检负责人		旁站监理	

_____公路项目　　　□施工自检　□监理抽检

路缘石铺设现场质量检查记录表

施工单位		监理单位	
单位工程		分部工程	
分项工程		左右幅	□左幅　□右幅
检查依据	2017验标第7.10.2条	检查日期	年 月 日～ 年 月 日

1 直顺度（规定值或允许偏差：15 mm）
（检查方法和频率：20 m拉线尺量，自检每200 m测4处；抽检每200 m测1处，设计长度？m）

每200 m桩号及左右侧	实测偏差值	每200 m桩号及左右侧	实测偏差值
0～200 m		1600～1800 m	
200～400 m		1800～2000 m	
400～600 m		2000～2200 m	
600～800 m		2200～2400 m	
800～1000 m		2400～2600 m	
1000～1200 m		2600～2800 m	
1200～1400 m		2800～3000 m	
1400～1600 m		3000～3200 m	

2 预制铺设相邻两块高差（规定值或允许偏差：3 mm）
（检查方法和频率：水平尺，自检每200 m测4点；抽检每200 m测1点，设计长度？m）

每200 m桩号及左右侧	实测偏差值	每200 m桩号及左右侧	实测偏差值
0～200 m		1600～1800 m	
200～400 m		1800～2000 m	
400～600 m		2000～2200 m	
600～800 m		2200～2400 m	
800～1000 m		2400～2600 m	
1000～1200 m		2600～2800 m	
1200～1400 m		2800～3000 m	
1400～1600 m		3000～3200 m	

2 预制铺设相邻两块缝宽（规定值或允许偏差：±3 mm）
（检查方法和频率：尺量，自检每200 m测4点；抽检每200 m测1点，设计长度？m）

每200 m桩号及左右侧	实测偏差值	每200 m桩号及左右侧	实测偏差值
0～200 m		1600～1800 m	
200～400 m		1800～2000 m	
400～600 m		2000～2200 m	
600～800 m		2200～2400 m	
800～1000 m		2400～2600 m	
1000～1200 m		2600～2800 m	
1200～1400 m		2800～3000 m	
1400～1600 m		3000～3200 m	

2★现浇宽度（规定值或允许偏差：±5 mm，设计值　　mm）
（检查方法和频率：尺量，自检每200 m测4点；抽检每200 m测1点，设计长度？m）

每200 m桩号及左右侧	实测偏差值	每200 m桩号及左右侧	实测偏差值
0～200 m		1600～1800 m	
200～400 m		1800～2000 m	
400～600 m		2000～2200 m	
600～800 m		2200～2400 m	
800～1000 m		2400～2600 m	
1000～1200 m		2600～2800 m	
1200～1400 m		2800～3000 m	
1400～1600 m		3000～3200 m	
检查人/现场监理		质检负责人/专业监理工程师	

	_____公路项目	☐施工自检
	路肩宽度现场质量检查记录表	☐监理抽检

施工单位		监理单位	
单位工程		分部工程	
分项工程		左 右 幅	☐左幅 ☐右幅
检查依据	2017验标第7.11.2条	检查日期	年 月 日～ 年 月 日

4★宽度（规定值或允许偏差：满足设计要求，设计宽度？mm）
（检查方法和频率：尺量，自检每200 m测2点，抽检每200 m测1点）
（该分项工程长？m，自检？断面抽检？断面）

检查部位	实测偏差值	检查部位	实测偏差值
0～200 m			
200～400 m			
400～600 m			
600～800 m			
800～1000 m			
1000～1200 m			
1200～1400 m			
1400～1600 m			
1600～1800 m			
1800～2000 m			
2000～2200 m			
2200～2400 m			
2400～2600 m			
2600～2800 m			
2800～3000 m			
3000～3200 m			

检查人/现场监理		质检负责人/专业监理工程师	

附表 I-1 混凝土梁桥现场质量检查记录表

桥梁结构形式较多，变化也大，为方便使用，桥梁工程现场质量检查记录表的编写本着方便、实用的原则，以混凝土梁桥用表为主线，将桥梁工程用表分为混凝土梁桥、拱桥、钢桥、斜拉桥、悬索桥五部分。

混凝土梁桥用表的表格组成按照基础及下部构造、上部构造预制与安装、上部构造现场浇筑、桥面系和附属工程四个分部工程的构架进行编写。其中，桥面系和附属工程用表适用于所有桥型。混凝土梁桥用表每个分部工程用表尽可能按照工序顺序编排，同一分部工程采用不同工艺施工的分项工程，常用的施工工艺编排靠前。承台不仅配有多层双向受力钢筋，还经常配有钢筋网片，因此其钢筋工程将钢筋和钢筋网集合在一张表上；一般情况下，系梁都属于大体积混凝土，而且配有钢筋网和预应力，因此将其集合在起一张表上；薄壁空心墩和方柱高墩受力钢筋为多排除

挡块、支座垫石等小型构件涉及的钢筋加工与安装分项工程，设计了专门的现场质量检查记录表。薄壁空心墩、变截面方墩、预应力盖梁等可能同时涉及钢筋和钢筋网的构件，设计了专门的现场质量检查记录表。就地浇筑和悬臂浇筑等特殊结构，设计了专门的现场质量检查记录表。

第二、第三、第四、第五部分以验标中的拱桥、钢桥、斜拉桥和悬索桥等特殊结构桥梁的现场质量检查记录表为主；特殊结构桥梁中，结构与混凝土梁桥相同的部分可使用混凝土梁桥对应的表格进行现场质量检查。防护工程和引道工程不单独编节，其现场质量检查用表见路基工程和路面工程有关章节的表格。

使用本手册时还应结合 2017 验标 8.1 条一般规定的说明，正确使用本手册的表格模块，不同施工工艺的桥梁结构使用对应的检验评定用表，避免误用和漏用。

_____公路项目　　□施工自检　□监理抽检

基础砌体现场质量检查记录表

施工单位			监理单位	
单位工程			分部工程	
分项工程			检查依据	2017验标第8.4.2-1条

3★平面尺寸（规定值或允许偏差：±50 mm）
（检查方法和频率：尺量，自检每基础砌体长度、宽度各测3处；抽检频率同自检）

砌体桩号			检查日期	年　月　日
（长度×宽度）设计值		（长度×宽度）偏差值		
(　)×(　)	(　)×(　)	(　)×(　)	(　)×(　)	(　)×(　)
(　)×(　)	(　)×(　)	(　)×(　)	(　)×(　)	(　)×(　)

砌体桩号			检查日期	年　月　日
（长度×宽度）设计值		（长度×宽度）偏差值		
(　)×(　)	(　)×(　)	(　)×(　)	(　)×(　)	(　)×(　)
(　)×(　)	(　)×(　)	(　)×(　)	(　)×(　)	(　)×(　)

砌体桩号			检查日期	年　月　日
（长度×宽度）设计值		（长度×宽度）偏差值		
(　)×(　)	(　)×(　)	(　)×(　)	(　)×(　)	(　)×(　)
(　)×(　)	(　)×(　)	(　)×(　)	(　)×(　)	(　)×(　)

砌体桩号			检查日期	年　月　日
（长度×宽度）设计值		（长度×宽度）偏差值		
(　)×(　)	(　)×(　)	(　)×(　)	(　)×(　)	(　)×(　)
(　)×(　)	(　)×(　)	(　)×(　)	(　)×(　)	(　)×(　)

砌体桩号			检查日期	年　月　日
（长度×宽度）设计值		（长度×宽度）偏差值		
(　)×(　)	(　)×(　)	(　)×(　)	(　)×(　)	(　)×(　)
(　)×(　)	(　)×(　)	(　)×(　)	(　)×(　)	(　)×(　)

砌体桩号			检查日期	年　月　日
（长度×宽度）设计值		（长度×宽度）偏差值		
(　)×(　)	(　)×(　)	(　)×(　)	(　)×(　)	(　)×(　)
(　)×(　)	(　)×(　)	(　)×(　)	(　)×(　)	(　)×(　)

砌体桩号			检查日期	年　月　日
（长度×宽度）设计值		（长度×宽度）偏差值		
(　)×(　)	(　)×(　)	(　)×(　)	(　)×(　)	(　)×(　)
(　)×(　)	(　)×(　)	(　)×(　)	(　)×(　)	(　)×(　)

砌体桩号			检查日期	年　月　日
（长度×宽度）设计值		（长度×宽度）偏差值		
(　)×(　)	(　)×(　)	(　)×(　)	(　)×(　)	(　)×(　)
(　)×(　)	(　)×(　)	(　)×(　)	(　)×(　)	(　)×(　)

砌体桩号			检查日期	年　月　日
（长度×宽度）设计值		（长度×宽度）偏差值		
(　)×(　)	(　)×(　)	(　)×(　)	(　)×(　)	(　)×(　)
(　)×(　)	(　)×(　)	(　)×(　)	(　)×(　)	(　)×(　)

砌体桩号			检查日期	年　月　日
（长度×宽度）设计值		（长度×宽度）偏差值		
(　)×(　)	(　)×(　)	(　)×(　)	(　)×(　)	(　)×(　)
(　)×(　)	(　)×(　)	(　)×(　)	(　)×(　)	(　)×(　)

检查人/现场监理		质检负责人/专业监理工程师	

_____公路项目	☐施工自检
墩身台身砌体现场质量检查记录表	☐监理抽检

施工单位		监理单位	
单位工程		分部工程	
分项工程		检查依据	2017验标第 8.4.2-2 条

3★墩台长、宽（规定值或允许偏差：☐料石+20，-10 mm，☐块石+30，-10 mm，☐片石+40，-10 mm）
　　（检查方法和频率：尺量，自检每砌体测 3 个断面；抽检频率同自检）
4 竖直度或坡度（规定值或允许偏差：☐料石、块石≤0.3，☐片石≤0.5）
　　（检查方法和频率：铅锤法，自检每砌体测 2 轴线共 4 处；抽检频率同自检）

墩台编号设计参数		检查日期	年　月　日
★墩台（长度×宽度）设计值		★墩台（长度×宽度）偏差值	
(　)×(　)	(　)×(　)	(　)×(　)	(　)×(　)
(　)×(　)	(　)×(　)	(　)×(　)	(　)×(　)
竖直度或坡度偏差值			

墩台编号设计参数		检查日期	年　月　日
★墩台（长度×宽度）设计值		★墩台（长度×宽度）偏差值	
(　)×(　)	(　)×(　)	(　)×(　)	(　)×(　)
(　)×(　)	(　)×(　)	(　)×(　)	(　)×(　)
竖直度或坡度偏差值			

墩台编号设计参数		检查日期	年　月　日
★墩台（长度×宽度）设计值		★墩台（长度×宽度）偏差值	
(　)×(　)	(　)×(　)	(　)×(　)	(　)×(　)
(　)×(　)	(　)×(　)	(　)×(　)	(　)×(　)
竖直度或坡度偏差值			

墩台编号设计参数		检查日期	年　月　日
★墩台（长度×宽度）设计值		★墩台（长度×宽度）偏差值	
(　)×(　)	(　)×(　)	(　)×(　)	(　)×(　)
(　)×(　)	(　)×(　)	(　)×(　)	(　)×(　)
竖直度或坡度偏差值			

墩台编号设计参数		检查日期	年　月　日
★墩台（长度×宽度）设计值		★墩台（长度×宽度）偏差值	
(　)×(　)	(　)×(　)	(　)×(　)	(　)×(　)
(　)×(　)	(　)×(　)	(　)×(　)	(　)×(　)
竖直度或坡度偏差值			

墩台编号设计参数		检查日期	年　月　日
★墩台（长度×宽度）设计值		★墩台（长度×宽度）偏差值	
(　)×(　)	(　)×(　)	(　)×(　)	(　)×(　)
(　)×(　)	(　)×(　)	(　)×(　)	(　)×(　)
竖直度或坡度偏差值			

检查人/现场监理		质检负责人/专业监理工程师	

_____公路项目　　　□施工自检　□监理抽检

拱圈砌体现场质量检查记录表

施工单位		监理单位	
单位工程		分部工程	
分项工程		检查依据	2017验标第8.4.2-3条
设计参数		检查日期	年　月　日～　年　月　日

3△★拱圈厚度（规定值或允许偏差：+30,0 mm）
（检查方法和频率：尺量，自检每拱圈测拱脚、拱顶、1/4跨、3/4跨处两侧；抽检频率同自检）

拱圈编号	拱脚处				拱顶处			
拱圈1	设计厚度（mm）		前侧厚度偏差值	后侧厚度偏差值	设计厚度（mm）		前侧厚度偏差值	后侧厚度偏差值
	1/4跨处				3/4跨处			
	设计厚度（mm）		前侧厚度偏差值	后侧厚度偏差值	设计厚度（mm）		前侧厚度偏差值	后侧厚度偏差值
拱圈2	拱脚处				拱顶处			
	设计厚度（mm）		前侧厚度偏差值	后侧厚度偏差值	设计厚度（mm）		前侧厚度偏差值	后侧厚度偏差值
	1/4跨处				3/4跨处			
	设计厚度（mm）		前侧厚度偏差值	后侧厚度偏差值	设计厚度（mm）		前侧厚度偏差值	后侧厚度偏差值
拱圈3	拱脚处				拱顶处			
	设计厚度（mm）		前侧厚度偏差值	后侧厚度偏差值	设计厚度（mm）		前侧厚度偏差值	后侧厚度偏差值
	1/4跨处				3/4跨处			
	设计厚度（mm）		前侧厚度偏差值	后侧厚度偏差值	设计厚度（mm）		前侧厚度偏差值	后侧厚度偏差值
拱圈4	拱脚处				拱顶处			
	设计厚度（mm）		前侧厚度偏差值	后侧厚度偏差值	设计厚度（mm）		前侧厚度偏差值	后侧厚度偏差值
	1/4跨处				3/4跨处			
	设计厚度（mm）		前侧厚度偏差值	后侧厚度偏差值	设计厚度（mm）		前侧厚度偏差值	后侧厚度偏差值
拱圈5	拱脚处				拱顶处			
	设计厚度（mm）		前侧厚度偏差值	后侧厚度偏差值	设计厚度（mm）		前侧厚度偏差值	后侧厚度偏差值
	1/4跨处				3/4跨处			
	设计厚度（mm）		前侧厚度偏差值	后侧厚度偏差值	设计厚度（mm）		前侧厚度偏差值	后侧厚度偏差值
拱圈6	拱脚处				拱顶处			
	设计厚度（mm）		前侧厚度偏差值	后侧厚度偏差值	设计厚度（mm）		前侧厚度偏差值	后侧厚度偏差值
	1/4跨处				3/4跨处			
	设计厚度（mm）		前侧厚度偏差值	后侧厚度偏差值	设计厚度（mm）		前侧厚度偏差值	后侧厚度偏差值

4★相邻镶面石砌块表层错位（规定值或允许偏差：□料石、混凝土预制块≤3 mm，□块石≤5 mm）
（检查方法和频率：拉线用尺量，自检每拱圈测5处；抽检频率同自检）

拱圈编号	测点点1偏差值	测点点2偏差值	测点点3偏差值	测点点4偏差值	测点点5偏差值
拱圈1					
拱圈2					
拱圈3					
拱圈4					
拱圈5					
拱圈6					

检查人/现场监理		质检负责人/专业监理工程师	

_____公路项目		□施工自检
侧墙砌体现场质量检查记录表		□监理抽检

施工单位		监理单位	
单位工程		分部工程	
分项工程		检查依据	2017验标第 8.4.2-4 条

3△★宽度（规定值或允许偏差：+40,-10 mm）
（检查方法和频率：尺量，自检每侧墙测 5 处；抽检频率同自检）

5 竖直度或坡度（规定值或允许偏差：□片石砌体≤0.5，□块石、粗料石、混凝土块镶面≤0.3）
（检查方法和频率：铅锤法，自检每侧墙测 5 处；抽检频率同自检）

侧墙桩号 设计参数					检查日期	年 月 日
△★侧墙宽度偏差值						
竖直度或坡度偏差值						
侧墙桩号 设计参数					检查日期	年 月 日
△★侧墙宽度偏差值						
竖直度或坡度偏差值						
侧墙桩号 设计参数					检查日期	年 月 日
△★侧墙宽度偏差值						
竖直度或坡度偏差值						
侧墙桩号 设计参数					检查日期	年 月 日
△★侧墙宽度偏差值						
竖直度或坡度偏差值						
侧墙桩号 设计参数					检查日期	年 月 日
△★侧墙宽度偏差值						
竖直度或坡度偏差值						
侧墙桩号 设计参数					检查日期	年 月 日
△★侧墙宽度偏差值						
竖直度或坡度偏差值						
侧墙桩号 设计参数					检查日期	年 月 日
△★侧墙宽度偏差值						
竖直度或坡度偏差值						

检查人/现场监理		质检负责人/专业监理工程师	

	_____公路项目	☐ 施工自检
	混凝土扩大基础现场质量检查记录表	☐ 监理抽检

施工单位		监理单位	
单位工程		分部工程	
分项工程		检查依据	2017验标第8.5.1条
检查项目	2★平面尺寸（规定值或允许偏差：±50 mm：设计长度　　mm，宽度　　mm） （检查方法和频率：尺量，自检长度、宽度各测量3处；抽检频率同自检）			

扩大基础中心桩号	（长度×宽度）设计值	（长度×宽度）偏差值			检查日期
	(　)×(　)	(　)×(　)	(　)×(　)	(　)×(　)	年　月　日
	(　)×(　)	(　)×(　)	(　)×(　)	(　)×(　)	
	(　)×(　)	(　)×(　)	(　)×(　)	(　)×(　)	
	(　)×(　)	(　)×(　)	(　)×(　)	(　)×(　)	
	(　)×(　)	(　)×(　)	(　)×(　)	(　)×(　)	
	(　)×(　)	(　)×(　)	(　)×(　)	(　)×(　)	
	(　)×(　)	(　)×(　)	(　)×(　)	(　)×(　)	
	(　)×(　)	(　)×(　)	(　)×(　)	(　)×(　)	
	(　)×(　)	(　)×(　)	(　)×(　)	(　)×(　)	
	(　)×(　)	(　)×(　)	(　)×(　)	(　)×(　)	
	(　)×(　)	(　)×(　)	(　)×(　)	(　)×(　)	
	(　)×(　)	(　)×(　)	(　)×(　)	(　)×(　)	
	(　)×(　)	(　)×(　)	(　)×(　)	(　)×(　)	
	(　)×(　)	(　)×(　)	(　)×(　)	(　)×(　)	
	(　)×(　)	(　)×(　)	(　)×(　)	(　)×(　)	
	(　)×(　)	(　)×(　)	(　)×(　)	(　)×(　)	
	(　)×(　)	(　)×(　)	(　)×(　)	(　)×(　)	
	(　)×(　)	(　)×(　)	(　)×(　)	(　)×(　)	
	(　)×(　)	(　)×(　)	(　)×(　)	(　)×(　)	
	(　)×(　)	(　)×(　)	(　)×(　)	(　)×(　)	
	(　)×(　)	(　)×(　)	(　)×(　)	(　)×(　)	
	(　)×(　)	(　)×(　)	(　)×(　)	(　)×(　)	
	(　)×(　)	(　)×(　)	(　)×(　)	(　)×(　)	
	(　)×(　)	(　)×(　)	(　)×(　)	(　)×(　)	
	(　)×(　)	(　)×(　)	(　)×(　)	(　)×(　)	
	(　)×(　)	(　)×(　)	(　)×(　)	(　)×(　)	
	(　)×(　)	(　)×(　)	(　)×(　)	(　)×(　)	
	(　)×(　)	(　)×(　)	(　)×(　)	(　)×(　)	

检查人/现场监理		质检负责人/专业监理工程师	

_____公路项目　　　　　　　　　☐施工自检
桩基钢筋加工及安装现场质量检查记录表　　☐监理抽检

施工单位		监理单位	
单位工程		分部工程	
分项工程		检查依据	2017 验标第 8.3.1-4 条
桩基编号		检查日期	年　月　日

1★主筋间距（规定值或允许偏差：±10 mm，设计 1 排排距?mm，每排主筋？根间距？mm）
（检查方法和频率：尺量，自检每节段测 2 个断面；抽检自检节段数的 20%，被抽节段检查频率同自检）

第1节段断面一																			

第1节段断面二																			

第2节段断面一																			

第2节段断面二																			

2★箍筋或螺旋筋间距（规定值或允许偏差：±20 mm，设计间距？mm）
（检查方法和频率：尺量，自检每节段测 10 个间距；抽检自检节段数的 20%，被抽节段检查频率同自检）

第1节段										
第2节段										

3★钢筋骨架外径或厚、宽（规定值或允许偏差：±10 mm，设计外径?mm）
（检查方法和频率：尺量，自检每节段测 2 个断面；抽检自检节段数的 20%，被抽节段检查频率同自检

外径 (mm)	第1节段偏差值		宽度 (mm)	第1节段偏差值		厚度 (mm)	第1节段偏差值	
	第2节段偏差值			第2节段偏差值			第2节段偏差值	

4★钢筋骨架长度（规定值或允许偏差：±100 mm，设计第一段长?mm 第二段长?mm）
（检查方法和频率：尺量，自检每个骨架测 2 处；
抽检自检节段数的 20%，被抽节段检查频率同自检）

	实测偏差值
第1节段	
第2节段	

5△★保护层厚度（规定值或允许偏差：+20，-10 mm，设计保护层厚度？mm，应测？处应抽？处）
（检查方法和频率：尺量，自检测每节段外侧定位块处；抽检自检节段数的 20%，被抽节段检查频率同自检）

注：每根桩的钢筋笼填写 1 套现场检查记录表；每根按 2 节段每个节段长度≤20 m 测 2 个断面设置，每节段长度超过 20 m 的另页续填；除设计值外其余均填偏差值，除检验日期、偏差值和签名外，其余均打印。

检查人/现场监理		质检负责人/专业监理工程师	

_____公路项目　　　　　　　　　　　□施工自检　□监理抽检

桩基混凝土浇筑现场质量检查记录表

施工单位		监理单位	
单位工程		分部工程	
分项工程		检查依据	2017验标第8.5.2（8.5.3）条
抗滑桩段落桩号		检查日期	年 月 日 ~ 年 月 日

3△★孔深（m）（规定值或允许偏差值：≥设计值）；检查方法和频率：测绳，自检每桩量测；抽检自检根数的20%

4★孔径或边长（mm）（规定值或允许偏差值：≥设计值）

检查方法和频率：（钻孔桩，探孔器或超声波成孔检测仪，自检每桩量测；抽检自检根数的20%）

（挖孔桩井径仪，自检每桩两侧；抽检频率同自检）

5 孔倾斜度（mm）（规定值或允许偏差值：钻孔桩：≤1%S且≤500，挖孔桩：≤0.5%S且≤200）

检查方法和频率：（钻孔桩，钻杆垂线法或探孔器或超声波成孔检测仪，自检每桩量测；抽检自检根数的20%）

6 沉淀厚度（规定值或允许偏差值：不大于设计值，设计值？mm）

检查方法和频率：沉淀盒测渣仪，自检每桩量测；抽检自检根数的20%）

桩基编号	3△★孔深（m）		4★孔径或边长（mm）			5 孔倾斜度（mm）		6 沉淀厚度	
	设计值	偏差值	设计值	偏差值1	偏差值2	设计值	偏差值	设计值	偏差值

注：1."沉淀厚度"仅测钻孔桩；2. 孔径或边长，圆柱或方桩均测2个偏差值；3. 桥梁桩基每个分项工程填写1张记录表，抗滑桩每个自然段落填写1张记录表。

检查人/现场监理		质检负责人/专业监理工程师	

_____公路项目　　□施工自检　□监理抽检

预制桩钢筋加工及安装现场质量检查记录表

施工单位		监理单位	
单位工程		分部工程	
分项工程		检查依据	2017验标第 8.3.1-3 条
桩基编号		检查日期	年　月　日

1★主筋间距（规定值或允许偏差：±5mm，设计主筋？根间距？mm）
（检查方法和频率：尺量，自检测3个断面；抽检自检预制桩数的20%被抽预制桩检查频率同自检）

断面一															

断面二															

断面三															

2 箍筋或螺旋筋间距（规定值或允许偏差：±10mm，设计间距？mm）
（检查方法和频率：尺量，自检测10个间距；抽检自检预制桩数的20%，被抽预制桩检查频率同自检）

实测偏差值										

3△★保护层厚度（规定值或允许偏差：+5mm，设计保护层厚度　　mm）
（检查方法和频率：尺量，自检测5个断面每个断面测4处；抽检自检预制桩数的20%被抽预制桩检查频率同自检）

断面编号	偏差值1	偏差值2	偏差值3	偏差值4
断面1				
断面2				
断面3				
断面4				
断面5				

4 桩顶钢筋网片位置（规定值或允许偏差：±5mm）
（检查方法和频率：尺量，自检测网片每边线中点；抽检自检预制桩数的20%，被抽预制桩检查频率同自检）

网片编号	边线1中点	边线2中点	边线3中点	边线4中点

5 桩尖纵向钢筋位置（规定值或允许偏差：±5mm，设计间距？mm）
（检查方法和频率：尺量，自检测垂直两个方向；抽检自检预制桩数的20%被抽预制桩检查频率同自检）

钢筋编号	垂直方向1	垂直方向2	钢筋编号	垂直方向1	垂直方向2

注：每根预制桩的钢筋笼填写1张现场检查记录表，如填写不下可填写多页；除设计值外其余均填偏差值；监理抽检频率为自检钢筋个数的20%，被抽钢筋笼的检查频率同自检；除检验日期、偏差值和签名外，其余均打印。

检查人/现场监理		质检负责人/专业监理工程师	

_____公路项目　　□施工自检　□监理抽检

混凝土桩预制现场质量检查记录表

施工单位		监理单位	
单位工程		分部工程	
分项工程		检查依据	2017验标第8.5.4-1条
设计根数		检查日期	年 月 日~ 年 月 日

2★长度（规定值或允许偏差：±50 mm）
（检查方法和频率：尺量，自检每桩测量；抽检自检桩数的20%，被抽桩检查频率同自检）

预制桩编号	设计长度	长度偏差	预制桩编号	设计长度	长度偏差	预制桩编号	设计长度	长度偏差

3★横截面（规定值或允许偏差：桩径或边长±5 mm，空心中心与桩中心偏差≤5 mm）
（检查方法和频率：尺量，自检抽查10%的桩每桩测3个断面；抽检自检桩数的20%，被抽桩检查频率同自检）

预制桩编号	桩径或边长偏差				空心中心与桩中心偏差			
	设计值	断面偏差1	断面偏差2	断面偏差3	设计值	断面偏差1	断面偏差2	断面偏差3

4 桩尖与桩的纵轴线偏差（规定值或允许偏差：≤10 mm，设计？根）
（检查方法和频率：尺量，自检抽查10%的桩每桩测量共？根；抽检自检桩数的20%，被抽桩检查频率同自检共？根）

预制桩编号	偏差值	预制桩编号	偏差值	预制桩编号	偏差值	预制桩编号	偏差值

5 桩纵轴线弯曲矢高（规定值或允许偏差：≤0.1%S，且≤20 mm，桩长S？mm）
（检查方法和频率：延桩长拉线量，自检取最大矢高抽查10%的桩；抽检自检桩数的20%，被抽桩检查频率同自检）

预制桩编号	允许最大值(mm)	偏差值(mm)	预制桩编号	允许最大值(mm)	偏差值	预制桩编号	允许最大值(mm)	偏差值(mm)

6 桩顶面与桩纵轴线倾斜偏差（规定值或允许偏差：≤1%D，且≤3 mm，桩径或边长D？mm）
（检查方法和频率：桩顶面与桩纵轴线倾斜偏差，角尺，自检抽查10%的桩，各测2个垂直方向；抽检自检桩数的20%，被抽桩检查频率同自检）

预制桩编号	允许最大值	垂直偏差1	垂直偏差2	预制桩编号	允许最大值	垂直偏差1	垂直偏差2

7 接桩的接头平面与桩轴线垂直度（规定值或允许偏差：≤0.5%）
（检查方法和频率：角尺，自检抽查20%的桩各测2个垂直方向；抽检自检桩数的20%，被抽桩检查频率同自检）

预制桩编号	垂直度偏差1	垂直度偏差2	预制桩编号	垂直度偏差1	垂直度偏差2

检查人/现场监理		质检负责人/专业监理工程师	

_____公路项目	☐ 施工自检
钢管桩制作现场质量检查记录表	☐ 监理抽检

施工单位		监理单位	
单位工程		分部工程	
分项工程		检查依据	2017验标第8.5.4-2条
钢管桩数量		检查日期	年 月 日~ 年 月 日

1★长度（规定值或允许偏差：+300，0 mm）
（检查方法和频率：尺量，自检每桩测量共？根；抽检自检桩数的20%共？根，被抽桩检查方法和频率同自检）

钢管桩编号	设计长度	偏差值	钢管桩编号	设计长度	偏差值	钢管桩编号	设计长度	偏差值	钢管桩编号	设计长度	偏差值

2 桩纵轴线弯曲矢高（规定值或允许偏差：≤0.1%S，且≤30 mm，桩长S？mm）
（检查方法和频率：延桩长拉线量，取最大矢高，自检抽查10%的桩共？根；
抽检自检桩数的20%共？根，被抽桩检查方法和频率同自检）

钢管桩编号	最大矢高	偏差值	钢管桩编号	最大矢高	偏差值	钢管桩编号	最大矢高	偏差值	钢管桩编号	最大矢高	偏差值

3★管节外形尺寸（规定值或允许偏差：管端椭圆度±0.5%D，且≤±5 mm；周长±0.5%L，且≤±10 mm）
（设计桩径D为？mm，设计桩周长L为？mm）
（尺量，自检抽查10%的桩各测3个断面共？根？断面；抽检自检桩数的20%，被抽桩检查方法和频率同自检）

| 钢管桩编号 | 管端椭圆度偏差 | | | | 周长偏差 | | | |
	设计值	断面1偏差值	断面2偏差值	断面3偏差值	设计值	断面1偏差值	断面2偏差值	断面3偏差值

4△★接头尺寸（规定值或允许偏差：管径≤700 mm时≤2 mm，管径大于700 mm时≤3 mm；
对接板高差δ≤10 mm时≤1 mm，10 mm＜δ≤20 mm时≤2 mm，δ＞20 mm时≤δ/10，且≤3 mm，设计壁厚δ？mm）
（检查方法和频率：尺量，自检抽查10%的桩，每个接头测量；抽检自检桩数的20%，被抽桩检查方法和频率同自检）

钢管桩编号	管径设计值	管径偏差值	壁厚设计值	对接板偏差值	钢管桩编号	管径设计值	管径偏差值	壁厚设计值	对接板偏差值

5 焊缝尺寸（规定值或允许偏差：满足设计要求，设计要求： ）
（检查方法和频率：量规，自检抽查10%的桩，检查全部焊缝，每条焊缝检查3处，共？焊缝？处；
抽检自检桩数的20%，被抽桩检查方法和频率同自检，共？焊缝？处）

| 钢管桩编号 | 焊缝1 | | | 焊缝2 | | | 焊缝3 | | |
	1检查点是否合格	2检查点是否合格	3检查点是否合格	1检查点是否合格	2检查点是否合格	3检查点是否合格	1检查点是否合格	2检查点是否合格	3检查点是否合格

注：1. 每页可填写48根桩的数据；2. 焊缝按每桩三条设置，超过3条可另页续填。

检查人/现场监理		质检负责人/专业监理工程师	

_____公路项目　　　　　　　　　　□施工自检　□监理抽检

沉桩现场质量检查记录表

施工单位		监理单位	
单位工程		分部工程	
分项工程		检查依据	2017验标第8.5.4-3条
设计桩数		检查日期	年 月 日～ 年 月 日

3△★贯入度（规定值或允许偏差：≤设计值，设计贯入度？mm）
（检查方法和频率：与控制贯入度比较，自检每桩测量；抽检自检桩数的20%，被抽桩检查方法和频率同自检）
（设计？根自检？根抽检？根）

成桩编号	设计贯入度	偏差值	成桩编号	设计贯入度	偏差值	成桩编号	设计贯入度	偏差值

4 倾斜度（规定值或允许偏差：直桩≤1%，斜桩≤15tanθ）
（设计斜桩轴线与垂线间夹角θ=？）
（检查方法和频率：铅锤法，自检每桩测量公？根；抽检自检桩数的20%共？根，被抽桩检查方法和频率同自检）

桩编号（类型）	允许最大值（%）	偏差值（%）	桩编号（类型）	允许最大值（%）	偏差值（%）	桩编号（类型）	允许最大值（%）	偏差值（%）

注："类型"填写"直桩"或"斜桩"，直桩允许最大值为1%，斜桩最大值为15tanθ。

检查人/现场监理		质检负责人/专业监理工程师	

_____公路项目	☐施工自检
地下连续墙现场质量检查记录表	☐监理抽检

施工单位		监理单位	
单位工程		分部工程	
分项工程		检查依据	2017验标第8.5.5条
设计参数		检查日期	年 月 日～ 年 月 日

4 沉淀厚度（mm）（规定值或允许偏差：不大于设计值，设计厚度？mm）
（检查方法和频率：沉淀盒或测渣仪，自检每槽段测量；抽检≥20%自检槽段）
（设计？槽段自检？槽段抽检？槽段）

槽段号	偏差值	槽段号	偏差值	槽段号	偏差值	槽段号	偏差值	槽段号	偏差值	槽段号	偏差值

5★槽深（mm）（规定值或允许偏差：≥设计值，设计槽深？mm）
（检查方法和频率：测绳或超声波测槽仪，自检每槽段测量；抽检≥20%自检槽段）
（设计？槽段自检？槽段抽检？槽段）

槽段号	偏差值	槽段号	偏差值	槽段号	偏差值	槽段号	偏差值	槽段号	偏差值	槽段号	偏差值

6★槽宽（mm（规定值或允许偏差：≥设计值，设计槽宽？mm）
（检查方法和频率：矩形测规或超声波测槽仪，自检每槽段测量；抽检≥20%自检槽段）
（设计？槽段自检？槽段抽检？槽段）

槽段号	偏差值	槽段号	偏差值	槽段号	偏差值	槽段号	偏差值	槽段号	偏差值	槽段号	偏差值

检查人/现场监理		质检负责人/专业监理工程师	

_____公路项目

沉井现场质量检查记录表

☐施工自检
☐监理抽检

施工单位		监理单位	
单位工程		分部工程	
分项工程		检查依据	2017验标第8.5.6条
沉井编号		检查日期	年 月 日~ 年 月 日

2★沉井平面尺寸（规定值或允许偏差：长、宽，☐B≤24 m 时±0.5%B；☐B＞24 m 时±120 mm。半径☐R≤12 m 时±0.5%R☐R＞12 m 时±60 mm。☐非圆形沉井对角线差，对角线长度±1%，最大±180 mm）
（检查方法和频率：尺量，自检每节段测顶面；抽检检查方法和频率同自检）
（设计？节段自检？节段抽检？节段）

节段编号	设计（长×宽）	（长×宽）偏差值	设计半径	半径偏差值	设计对角线长度	对角线偏差值
	( )×( )	( )×( )				
	( )×( )	( )×( )				
	( )×( )	( )×( )				
	( )×( )	( )×( )				
	( )×( )	( )×( )				
	( )×( )	( )×( )				
	( )×( )	( )×( )				
	( )×( )	( )×( )				
	( )×( )	( )×( )				
	( )×( )	( )×( )				
	( )×( )	( )×( )				
	( )×( )	( )×( )				
	( )×( )	( )×( )				

3★井壁厚度（规定值或允许偏差：☐混凝土+40，-30 mm，☐钢壳和钢筋混凝土±15 mm）
（检查方法和频率：尺量，自检每节段延边线测8处；抽检方法和频率同自检）
（设计？节段自检？节段抽检？节段）

节段编号	设计厚度	厚度偏差值1（mm）	厚度偏差值2	厚度偏差值3	厚度偏差值4	厚度偏差值5	厚度偏差值6	厚度偏差值7	厚度偏差值8

5 沉井刃脚高程（规定值或允许偏差：满足设计要求）
（检查方法和频率：尺量，自检测沉井高度5处，以顶面高程反算；抽检同自检）
（设计顶面高程？m）

顶面高程-高度1	顶面高程-高度2	顶面高程-高度3	顶面高程-高度4	顶面高程-高度5

7 竖直度（规定值或允许偏差：≤H/100，井高 H=? mm，H/100=?mm）
（检查方法和频率：铅锤法，自检测两轴线位置共4处；抽检同自检）

垂直度偏差值1	垂直度偏差值2	垂直度偏差值3	垂直度偏差值4

注：1.每个沉井填写一套现场检查记录表；2.表格按照每个沉井最多13节段设置，多余的空格打"/"或空置，如不足可填写多页记录表；3.沉井平面尺寸检查项根据沉井形状进行选择，如为圆形沉井，则全部改为半径，如为方形或者其他形状，亦相应改动；4.沉井刃脚高程通过测表上顶面高程数据减去沉井高度进行反算；5.除设计值外，均填写偏差值，项次5填写是否满足设计要求，满足填写√，不满足填写×。

检查人/现场监理		质检负责人/专业监理工程师	

_____公路项目 □施工自检 □监理抽检

双壁钢围堰现场质量检查记录表

施工单位		监理单位	
单位工程		分部工程	
分项工程		检查依据	2017验标第 8.5.7 条
设计参数	设计长度、宽度、对角线长度 设计直径	检查日期	年 月 日 ~ 年 月 日

2★围堰平面尺寸：半径（规定值或允许偏差：半径，±D/500，互相垂直的直径差＜20 mm，设计直径 D=?mm）
长宽（规定值或允许偏差：±30，对角线差＜20 mm）
（检查方法和频率：尺量，自检每节段测顶面；抽检方法和频率同自检；设计？节段）

节段编号	设计（长×宽）	长和宽实测偏差值	直径设计值	直径偏差值1	直径偏差值2
	（ ）×（ ）	（ ）×（ ）			
	（ ）×（ ）	（ ）×（ ）			
	（ ）×（ ）	（ ）×（ ）			
	（ ）×（ ）	（ ）×（ ）			
	（ ）×（ ）	（ ）×（ ）			
	（ ）×（ ）	（ ）×（ ）			
	（ ）×（ ）	（ ）×（ ）			
	（ ）×（ ）	（ ）×（ ）			

3★高度（规定值或允许偏差：±10 mm，设计？节段）
（检查方法和频率：尺量，自检每节段测5处；抽检方法和频率同自检）

节段编号	设计高度	高度偏差值1	高度偏差值2	高度偏差值3	高度偏差值4	高度偏差值5

4★对接错边（规定值或允许偏差：≤2 mm，设计？节段）
（检查方法和频率：尺量，自检每节间测，每个错边测5处；抽检方法和频率同自检，设计节间？个）

节段编号	实测偏差值1	实测偏差值2	实测偏差值3	实测偏差值4	实测偏差值5
节段1与节段2					
节段2与节段3					

5 焊缝尺寸（规定值或允许偏差：满足设计要求，设计？条焊缝）
（检查方法和频率：量规，自检抽查20%焊缝，且不少于3条，每条焊缝检查3处；抽检方法和频率同自检）

焊缝编号	焊缝尺寸偏差值1	焊缝尺寸偏差值2	焊缝尺寸偏差值3

8 竖直度（规定值或允许偏差：≤h/100，高度 h=? mm，h/100=? mm）
（检查方法和频率：铅锤法，自检测两轴线位置共4处；抽检同自检）

实测偏差值				

检查人/现场监理		质检负责人/专业监理工程师	

_____公路项目 | 施工自检监理抽检

灌注桩桩底压浆现场质量检查及抽检记录表

施工单位		监理单位	
单位工程		分部工程	
分项工程		检查依据	2017验标第8.5.10条
灌注桩数量		检查日期	年 月 日~ 年 月 日

2★压浆终止压力值((MPa){规定值或允许偏差：满足压浆方案要求，设计要求？MPa)
（检查方法和频率：压浆终止压力值，查压力表读数，自检全部管路；抽检方法和频率同自检）
3△★压浆量（L）(规定值或允许偏差：满足压浆方案要求，设计要求？L)
（检查方法和频率：压浆量，标定容器法或流量计，自检每根测量，抽检自检桩数的20%，被抽桩检查频率同自检）
4★稳压时间（min）(规定值或允许偏差：≥5 min)
（检查方法和频率：稳压时间，计时器，自检全部管路；抽检自检桩数的20%，被抽桩检查频率同自检）

灌注桩编号	起止时间	压力值（MPa）	2★压浆终止压力值（MPa）	3△★压浆量（L）	4★稳压时间（min）

注：1. 每个分项工程填写一套现场检查及抽检记录表；2. 监理以旁站方式抽检，资料共用。

检查人		质检负责人		旁站监理	

	公路项目	☐ 施工自检
		☐ 监理抽检

系梁钢筋加工及安装现场质量检查记录表

施工单位		监理单位	
单位工程		分部工程	
分项工程		检查依据	2017验标第 8.3.1-1 条
检查部位	第？号系梁钢筋加工及安装	检验日期	年 月 日

1△★受力钢筋排距（检查方法和频率：长度≤20 m 测 2 个断面，长度＞20 m 测 3 个断面；允许偏差±5 mm（设计长度？mm，设计排距？mm）
☐长度≤20 m 时排距偏差值 ｜ ☐长度＞20 m 时排距偏差值

1△★受力钢筋间距 （规定值或允许偏差±20 mm）	（第一排：设计？根，间距？mm，自检？点，抽检？点） （第二排：设计？根，间距？mm，自检？点，抽检？点）

第一排 断面 1	
第一排 断面 2	
第一排 断面 3	
第二排 断面 1	
第二排 断面 2	
第二排 断面 3	

2 箍筋、构造钢筋、螺旋筋间距（规定值或允许偏差：±10 mm）
（自检每构件测 10 个间距；抽检同自检）

3★钢筋骨架尺寸（规定值或允许偏差：长±10 mm，宽、高±5 mm，设计长度？mm、宽度？mm，高度？mm）
（检查方法和频率：尺量，自检长度≤20 m 测 2 个断面，长度＞20 m 测 3 个断面；抽检同自检）
（钢筋骨架长？m 自检？断面抽检？断面）

长度偏差值		宽度偏差值		高度偏差值		直径偏差值	/	/	/

4 弯起钢筋位置（规定值或允许偏差：±20 mm 设计？根）
（检查方法和频率：尺量，抽检每骨架抽查 30%共？根；抽检自检数量的 20%共？根）

5△★保护层厚度（规定值或允许偏差：±10 mm，钢筋立模面设计？m²，应检？处，设计保护层厚度？mm）
（检查方法和频率：尺量，自检每立模面每 3 m² 检查 1 处且每立模面不少于 5 点共？点；抽检自检点数的 20%共？点）

注：1. 每个构件填写一张检查记录表；2. 可根据受力钢筋的排数、每排根数和构件长度据实修改表格；3. 除设计值外，所有项次均填偏差值；4、除检验日期、偏差值和签名外，其余均打印。

检查人/现场监理		质检负责人/专业监理工程师	

263

_____公路项目　　　　　　　　□施工自检　□监理抽检

承台顺桥向横桥向钢筋加工及安装现场质量检查记录表（1/2）

施工单位		监理单位	
单位工程		分部工程	
分项工程		检查依据	2017验标第8.3.1-1条
检查部位	第？号承台□顺桥向钢筋加工及安装 第？号承台□横桥向钢筋加工及安装	检验日期	年　月　日

1△★受力钢筋排距（检查方法和频率：长度≤20 m测2个断面，长度＞20 m测3个断面；规定值或允许偏差±5 mm）
（设计排距：第1排/第2排？mm；第2排/第3排？mm；第3排/第4排？mm）

□长度≤20 m 排距偏差值	第1排/第2排			□长度＞ 20 m 排距偏差值	第1排/第2排		
	第2排/第3排				第2排/第3排		
	第3排/第4排				第3排/第4排		

1△★受力钢筋间距 （规定值或允许偏差± 20 mm）	（第一排：设计？根间距？mm自检？点抽检？点） （第二排：设计？根间距？mm自检？点抽检？点） （第三排：设计？根间距？mm自检？点抽检？点） （第四排：设计？根间距？mm自检？点抽检？点）

第一排
断面1

第一排
断面2

第二排
断面1

第二排
断面2

第三排
断面1

第三排
断面2

第四排
断面1

第四排
断面2

注：1. 表格按照最多4排受力钢筋设置，需据实填写；每个构件顺桥向和横桥向分别填写一套检查记录表；2. 除检验日期、偏差值和签名外，其余均打印。

检查人/现场监理		质检负责人/专业监理工程师	

公路项目	☐ 施工自检
承台顺桥向横桥向钢筋加工及安装现场质量检查记录表（2/2）	☐ 监理抽检

施工单位		监理单位	
单位工程		分部工程	
分项工程		检查依据	2017验标第8.3.1-1条
检查部位	第？号承台☐顺桥向钢筋加工及安装 第？号承台☐横桥向钢筋加工及安装	检验日期	年　月　日

2 箍筋、构造钢筋、螺旋筋间距（规定值或允许偏差：±10 mm）
（自检每构件测10个间距；抽检同自检）

实测偏差值										

3★钢筋骨架尺寸（规定值或允许偏差：长±10 mm，宽、高±5 mm，设计长度?mm、宽度? mm、高度? mm）
（检查方法和频率：尺量，自检长度≤20 m测2个断面，长度>20 m测3个断面；抽检同自检）
（钢筋骨架长? m自检? 断面抽检? 断面）

长度偏差值	宽度偏差值	高度偏差值	直径偏差值
			/ / /

4 弯起钢筋位置（规定值或允许偏差：±20 mm 设计? 根）
（检查方法和频率：尺量，抽检每骨架抽查30%共? 根；抽检自检数量的20%共? 根）

5△★保护层厚度（规定值或允许偏差：±10 mm，钢筋立模面设计? m²，应检? 处，设计保护层厚度? mm）
（检查方法和频率：尺量，自检每立模面每3 m²检查1处且每立模面不少于5点共? 点；抽检自检点数的20%共? 点）

注：1. 每个构件顺桥向和横桥向分别填写1套2张检查记录表；2. 表格按照最多4排受力钢筋设置，需据实填写；3. 除检验日期、偏差值和签名外，其余均打印。

检查人/现场监理		质检负责人/专业监理工程师	

_____ 公路项目　　　　　　　　　　　　　　□ 施工自检
承台系梁钢筋网现场质量检查记录表　　　　　　□ 监理抽检

施工单位			监理单位	
单位工程			分部工程	
分项工程			检查依据	2017验标第 8.3.1-2 条
承台编号系梁编号			检查日期	年　月　日
设计参数	规格1	长度?×宽度? mm，网眼尺寸: ?×? mm，网眼对角线?×? mm		
	规格2	长度?×宽度? mm，网眼尺寸: ?×? mm，网眼对角线?×? mm		

1★钢筋网的长、宽（规定值或允许偏差：±10 mm）
（检查方法和频率：尺量，自检逐边测，不同规格的网片各测1片；抽检方法和频率同自检）

钢筋网（长×宽）偏差值	规格1偏差值	规格2偏差值	规格3偏差值	规格4偏差值
	(　)×(　)	(　)×(　)	(　)×(　)	(　)×(　)

2★网眼尺寸（规定值或允许偏差：±10 mm，设计尺寸?mm×?mm）
（检查方法和频率：尺量，自检测5个网眼；抽检频率同自检）

网眼尺寸（长×宽）偏差值	网眼1	网眼2	网眼3	网眼4	网眼5
	(　)×(　)	(　)×(　)	(　)×(　)	(　)×(　)	(　)×(　)

3 网眼对角线差（规定值或允许偏差：±15 mm，设计对角线?mm）
（检查方法和频率：尺量，自检测5个网眼，每个网眼测2个对角线的长度偏差值；抽检频率同自检）

网眼对角线（长×长）偏差值	网眼1	网眼2	网眼3	网眼4	网眼5
	(　)×(　)	(　)×(　)	(　)×(　)	(　)×(　)	(　)×(　)

4 网的安装位置（规定值或允许偏差：平面内±20 mm，平面外±5 mm）
（检查方法和频率：尺量，自检测每网片边线中点；抽检自检网片数的20%，被抽网片检查方法和频率同自检）

网的安装位置偏差值	顶面偏差值（平面内±20 mm）（设计片数=?）	第1片偏差值		第6片偏差值	
		第2片偏差值		第7片偏差值	
		第3片偏差值		第8片偏差值	
		第4片偏差值		第9片偏差值	
		第5片偏差值		第10片偏差值	
	底面偏差值（平面内±20 mm）（设计片数=?）	第1片偏差值		第6片偏差值	
		第2片偏差值		第7片偏差值	
		第3片偏差值		第8片偏差值	
		第4片偏差值		第9片偏差值	
		第5片偏差值		第10片偏差值	
	前侧面（平面外±5 mm）（设计片数=?）	第1片偏差值		第6片偏差值	
		第2片偏差值		第7片偏差值	
		第3片偏差值		第8片偏差值	
		第4片偏差值		第9片偏差值	
		第5片偏差值		第10片偏差值	
	后侧面（平面外±5 mm）（设计片数=?）	第1片偏差值		第6片偏差值	
		第2片偏差值		第7片偏差值	
		第3片偏差值		第8片偏差值	
		第4片偏差值		第9片偏差值	
		第5片偏差值		第10片偏差值	
	左侧面（平面外±5 mm）（设计片数=?）	第1片偏差值		第6片偏差值	
		第2片偏差值		第7片偏差值	
		第3片偏差值		第8片偏差值	
		第4片偏差值		第9片偏差值	
		第5片偏差值		第10片偏差值	
	右侧面（平面外±5 mm）（设计片数=?）	第1片偏差值		第6片偏差值	
		第2片偏差值		第7片偏差值	
		第3片偏差值		第8片偏差值	
		第4片偏差值		第9片偏差值	
		第5片偏差值		第10片偏差值	

注：1. 每个承台、每个系梁填写一张检查记录表；2. 网的安装位置不够时另页续填；3. 表头据实填写（承台或系梁）。

检查人/现场监理		质检负责人/专业监理工程师	

_____公路项目		☐施工自检
☐承台☐系梁混凝土浇筑现场质量检查记录表		☐监理抽检

施工单位		监理单位	
单位工程		分部工程	
分项工程		检查依据	2017验标第8.5.9条
承台系梁个数	☐承台共？个 ☐系梁共？个	检查日期	年 月 日～ 年 月 日

2★平面尺寸（规定值或允许偏差：☐B<30 m，±30 mm；☐B≧30 m，±B/1000 mm，设计最小边长 B=？mm）
（检查方法和频率：尺量，自检测2个断面；抽检自检承台、系梁数的20%，被抽承台、系梁检查频率同自检）
（设计承台？个自检？个抽检？个；设计系梁？个自检？个抽检？个）

承台、系梁编号	设计（长×宽）	偏差值	承台、系梁编号	设计（长×宽）	偏差值
	( )×( )	( )×( )		( )×( )	( )×( )
	( )×( )	( )×( )		( )×( )	( )×( )
	( )×( )	( )×( )		( )×( )	( )×( )
	( )×( )	( )×( )		( )×( )	( )×( )
	( )×( )	( )×( )		( )×( )	( )×( )
	( )×( )	( )×( )		( )×( )	( )×( )
	( )×( )	( )×( )		( )×( )	( )×( )
	( )×( )	( )×( )		( )×( )	( )×( )
	( )×( )	( )×( )		( )×( )	( )×( )
	( )×( )	( )×( )		( )×( )	( )×( )
	( )×( )	( )×( )		( )×( )	( )×( )
	( )×( )	( )×( )		( )×( )	( )×( )

3★结构高度（规定值或允许偏差：±30 mm）
（检查方法和频率：尺量，自检测5处；抽检自检承台、系梁数的20%，被抽承台、系梁检查频率同自检）
（设计承台？个自检？个抽检？个；设计系梁？个自检？个抽检？个）

承台、系梁编号	设计高度	偏差值1	偏差值2	偏差值3	偏差值4	偏差值5

注：1. 每个分项工程的承台、系梁各填写一套现场检查记录表；2. 如承台为异形体，应调整表格结果，增加"平面尺寸"数量；表头需具体化至承台或系梁。

检查人/现场监理		质检负责人/专业监理工程师	

_____公路项目 ☐施工自检 ☐监理抽检

肋板墩身钢筋加工及安装现场质量检查记录表

施工单位		监理单位	
单位工程		分部工程	
分项工程		检查依据	2017验标第8.3.1-1条
检查部位	☐? 肋板钢筋加工及安装 ☐? 墩柱钢筋加工及安装	检验日期	年 月 日

1△★受力钢筋排距（检查方法和频率：长度≤20 m测2个断面，长度>20 m测3个断面；允许偏差±5，设计排距？mm）

☐长度≤20 m时排距偏差值　　　　　　　　　　　☐长度>20 m时排距偏差值

1△★受力钢筋间距 （规定值或允许偏差±20 mm）	（第一排：设计？根、间距？mm，自检？点，抽检？点） （第二排：设计？根、间距？mm，自检？点，抽检？点）

第一排断面1													

第一排断面2													

第一排断面3													

第二排断面1													

第二排断面2													

第二排断面3													

2 箍筋、构造钢筋、螺旋筋间距（规定值或允许偏差：±10 mm）
（自检每构件测10个间距；抽检同自检）

3★钢筋骨架尺寸（规定值或允许偏差：长±10 mm，宽、高±5 mm，设计长度？mm、宽度？mm、高度？mm）
（检查方法和频率：尺量，自检长度≤20 m测2个断面，长度>20 m测3个断面；抽检同自检）
（钢筋骨架长？m，自检？断面，抽检？断面）

长度偏差值			宽度偏差值			高度偏差值			直径偏差值	/	/	/

4 弯起钢筋位置（规定值或允许偏差：±20 mm 设计？根）
（检查方法和频率：尺量，抽检每骨架抽查30%共？根；抽检自检数量的20%共？根）

5△★保护层厚度（规定值或允许偏差：±10 mm，钢筋立模面设计？m²，应检？处，设计保护层厚度？mm）
（检查方法和频率：尺量，自检每立模面每3 m²检查1处且每立模面不少于5点共？点；抽检自检点数的20%共？点）

注：1. 一个构件填写一张检查记录表；2. 自检频率为抽查节段数的30%，抽检自检节段数的20%，被抽节段的检测频率同自检；3. 可根据受力钢筋的根数和长度调整表格的结构；4. 除设计值外，所有项次均填偏差值；5. 除检验日期、偏差值和签名外，其余均打印。

检查人/现场监理		质检负责人/专业监理工程师	

_____公路项目　　　　　　　　　□施工自检　□监理抽检

背墙耳墙内排钢筋加工及安装现场质量检查记录表

施工单位		监理单位	
单位工程		分部工程	
分项工程		检查依据	2017验标 8.3.1-1 条
检查部位	□? 背墙内排钢筋加工及安装 □? 耳墙内排钢筋加工及安装	检验日期	年　月　日

1△★受力钢筋排距（检查方法和频率：长度≤20 m 测2个断面，长度＞20 m 测3个断面；允许偏差±5 mm）
（内排竖向设计长度?mm，内排横向设计长度?mm，设计内外排排距?mm）

内排竖向长度≤20 m 时排距偏差值		内排竖向长度＞20 m 时排距偏差值	
内排横向长度≤20 m 时排距偏差值		内排横向长度＞20 m 时排距偏差值	

1△★受力钢筋间距 （规定值或允许偏差±20 mm）	（内排竖向：设计?根、间距?mm，自检?点，抽检?点） （内排横向：设计?根、间距?mm，自检?点，抽检?点）

内排竖向断面1	
内排竖向断面2	
内排竖向断面3	
内排横向断面1	
内排横向断面2	
内排横向断面3	

2 箍筋、构造钢筋、螺旋筋间距（规定值或允许偏差：±10 mm）
（自检每构件测10个间距；抽检同自检）

3★钢筋骨架尺寸（规定值或允许偏差：长±10 mm，宽、高±5 mm，设计节段长度?mm、宽度?mm，高度?mm）
（检查方法和频率：尺量，自检长度≤20 m 测2个断面，长度＞20 m 测3个断面；抽检同自检）
（钢筋骨架长?m，自检?断面，抽检?断面）

内排长度偏差值		内排宽度偏差值		内排高度偏差值	

4 弯起钢筋位置（规定值或允许偏差：±20 mm 设计?根）
（检查方法和频率：尺量，自检每骨架抽查30%共?根；抽检自检数量的20%共?根）

5△★保护层厚度（规定值或允许偏差：±10 mm，钢筋立模面设计?m²，应检?处，设计保护层厚度?mm）
（检查方法和频率：尺量，自检每立模面每3 m²检查1处且每立模面不少于5点共?点；抽检自检点数的20%共?点）

注：1. 每个背墙（耳墙）填写1套现场质量检查记录表，受力钢筋根数超过81根时可另页续填；2. 除设计值外，所有项次均填偏差值；4. 除检验日期、偏差值和签名外，其余均打印。

检查人/现场监理		质检负责人/专业监理工程师	

_____公路项目	☐施工自检
背墙耳墙外排钢筋加工及安装现场质量检查记录表	☐监理抽检

施工单位		监理单位	
单位工程		分部工程	
分项工程		检查依据	2017验标 8.3.1-1 条
检查部位	☐? 背墙外排钢筋加工及安装 ☐? 耳墙外排钢筋加工及安装	检验日期	年 月 日

1△★受力钢筋排距（检查方法和频率：长度≤20 m测2个断面，长度>20 m测3个断面；允许偏差±5 mm）
（内排竖向设计长度? mm，内排横向设计长度? mm，设计内外排排距? mm）

外排竖向长度≤20 m时排距偏差值		外排竖向长度>20 m时排距偏差值	
外排横向长度≤20 m时排距偏差值		外排横向长度>20 m时排距偏差值	

1△★受力钢筋间距　　　　（外排竖向：设计?根、间距? mm，自检?点，抽检?点）
（规定值或允许偏差±20 mm）　（外排横向：设计?根、间距? mm，自检?点，抽检?点）

外排竖向断面1	
外排竖向断面2	
外排竖向断面3	
外排横向断面1	
外排横向断面2	
外排横向断面3	

2 箍筋、构造钢筋、螺旋筋间距（规定值或允许偏差：±10 mm）
（自检每构件测10个间距；抽检同自检）

3★钢筋骨架尺寸（规定值或允许偏差：长±10 mm，宽、高±5 mm，设计节段长度?mm、宽度? mm，高度? mm）
（检查方法和频率：尺量，自检长度≤20 m测2个断面，长度>20 m测3个断面；抽检同自检）
（钢筋骨架长? m，自检? 断面，抽检? 断面）

外排长度偏差值		外排宽度偏差值		外排高度偏差值	

4 弯起钢筋位置（规定值或允许偏差：±20 mm 设计?根）
（检查方法和频率：尺量，自检每骨架抽查30%共?根；抽检自检数量的20%共?根）

5△★保护层厚度（规定值或允许偏差：±10 mm，钢筋立模面设计? m²，应检? 处，设计保护层厚度? mm）
（检查方法和频率：尺量，自检每立模面每3 m²检查1处且每立模面不少于5点共?点；抽检自检点数的20%共?点）

注：1. 每个背墙（耳墙）填写1套现场质量检查记录表，受力钢筋根数超过81根时可另页续填；2. 除设计值外，所有项次均填偏差值；4. 除检验日期、偏差值和签名外，其余均打印。

检查人/现场监理		质检负责人/专业监理工程师	

_____公路项目			☐施工自检
☐薄壁空心墩☐实心方墩钢筋加工及安装现场质量检查记录表			☐监理抽检

施工单位		监理单位	
单位工程		分部工程	
分项工程		检查依据	2017验标第8.3.1-1条
墩柱节段编号		检查日期	年 月 日

1△★受力钢筋排距（检查方法和频率：长度≤20 m测2个断面，长度>20 m测3个断面；允许偏差±5，设计排距？mm）

☐长度≤20 m时排距偏差值		☐长度>20 m时排距偏差值	

1△★受力钢筋间距（规定值或允许偏差±20 mm）　（第一排（内）：设计？根（束）间距？~？mm自检？点抽检？点）
　（第二排（外）：设计？根（束）间距？~？mm自检？点抽检？点）

第一排断面1	
第一排断面2	
第一排断面3	
第二排断面1	
第二排断面2	
第二排断面3	

2 箍筋、构造钢筋、螺旋筋间距（规定值或允许偏差：±10，设计间距　　mm）
（检查方法和频率：尺量，自检每墩柱测10个间距；抽检自检墩柱节段数的20%，被抽节段检查频率同自检）

3★钢筋骨架尺寸（规定值或允许偏差：长度±10 mm，宽、高±5 mm，设计直径　　mm）
（检查方法和频率：尺量，自检按骨架总数30%抽测；抽检自检墩柱节段数的20%，被抽节段检查频率同自检）

长度		宽		高		直径	/ / /

4 弯起钢筋位置（规定值或允许偏差：±20 mm，设计 Φ　@　mm）
（检查方法和频率：尺量，自检每骨架抽查30%；抽检自检墩柱节段数的20%，被抽节段检查频率同自检）

5△★保护层厚度（规定值或允许偏差：±10 mm，设计厚度　　mm，钢筋立模面共　　m²，应检　　点）
（检查方法和频率：尺量，自检每立模面每3 m²检查1处，每立模面不少于5点；
抽检自检墩柱节段数的20%，被抽节段检查频率同自检）

注：1. 每个节段的钢筋填写1张现场检查记录表；2. 视节段的部位和设计情况，受力钢筋的排数和每排的根数均有变化，应据实调整表格。3. 除设计值外，其余均填偏差值；除偏差值、签名和日期外，均打印。

检查人/现场监理		质检负责人/专业监理工程师	

_____公路项目 □施工自检 □监理抽检

□薄壁空心墩 □实心方墩钢筋网现场质量检查记录表

施工单位		监理单位	
单位工程		分部工程	
分项工程		检查依据	2017验标第 8.3.1-2 条
节段编号	□薄壁空心墩共？节段第？节段 □实心方墩共？节段第？节段	检查日期	年 月 日
设计参数	规格1：长度？×宽度？mm，网眼尺寸？×？mm，网眼对角线？×？mm 规格2：长度？×宽度？mm，网眼尺寸？×？mm，网眼对角线？×？mm		

1★钢筋网的长、宽（规定值或允许偏差：±10 mm）
（检查方法和频率：尺量，自检逐边测，不同规格的网片各测1片；抽检方法和频率同自检）

钢筋网（长×宽）偏差值	规格1偏差值 ( )×( )	规格2偏差值 ( )×( )	规格3偏差值 ( )×( )	规格4偏差值 ( )×( )

2★网眼尺寸（规定值或允许偏差：±10 mm，设计尺寸？mm×？mm）
（检查方法和频率：尺量，自检测5个网眼；抽检频率同自检）

网眼尺寸(长×宽)偏差值	网眼1 ( )×( )	网眼2 ( )×( )	网眼3 ( )×( )	网眼4 ( )×( )	网眼5 ( )×( )

3 网眼对角线差（规定值或允许偏差：±15 mm，设计对角线？mm）
（检查方法和频率：尺量，自检测5个网眼，每个网眼测2个对角线的长度偏差值；抽检频率同自检）

网眼对角线（长×长）偏差值	网眼1 ( )×( )	网眼2 ( )×( )	网眼3 ( )×( )	网眼4 ( )×( )	网眼5 ( )×( )

4 网的安装位置（规定值或允许偏差：平面内±20 mm，平面外±5 mm）
（检查方法和频率：尺量，自检测每个网片边线中点；抽检自检网片数的20%，被抽网片检查方法和频率同自检）

偏差值					
	顶面偏差值 （平面内±20 mm） （设计片数=？）	第1片偏差值		第6片偏差值	
		第2片偏差值		第7片偏差值	
		第3片偏差值		第8片偏差值	
		第4片偏差值		第9片偏差值	
		第5片偏差值		第10片偏差值	
	底面偏差值 （平面内±20 mm） （设计片数=？）	第1片偏差值		第6片偏差值	
		第2片偏差值		第7片偏差值	
		第3片偏差值		第8片偏差值	
		第4片偏差值		第9片偏差值	
		第5片偏差值		第10片偏差值	
	前侧面 （平面外±5 mm） （设计片数=？）	第1片偏差值		第6片偏差值	
		第2片偏差值		第7片偏差值	
		第3片偏差值		第8片偏差值	
		第4片偏差值		第9片偏差值	
		第5片偏差值		第10片偏差值	
	后侧面 （平面外±5 mm） （设计片数=？）	第1片偏差值		第6片偏差值	
		第2片偏差值		第7片偏差值	
		第3片偏差值		第8片偏差值	
		第4片偏差值		第9片偏差值	
		第5片偏差值		第10片偏差值	
	左侧面 （平面外±5 mm） （设计片数=？）	第1片偏差值		第6片偏差值	
		第2片偏差值		第7片偏差值	
		第3片偏差值		第8片偏差值	
		第4片偏差值		第9片偏差值	
		第5片偏差值		第10片偏差值	
	右侧面 （平面外±5 mm） （设计片数=？）	第1片偏差值		第6片偏差值	
		第2片偏差值		第7片偏差值	
		第3片偏差值		第8片偏差值	
		第4片偏差值		第9片偏差值	
		第5片偏差值		第10片偏差值	

注：1. 每个承台、每个系梁填写一张检查记录表；2. 网的安装位置不够时另页续填；3. 表头据实填写（承台或系梁）。

检查人/现场监理		质检负责人/专业监理工程师	

_____公路项目　　　□施工自检
　　　　　　　　　　　　　　　　　□监理抽检

台身墩身混凝土浇筑现场质量检查记录表

施工单位				监理单位		
单位工程				分部工程		
分项工程				检查依据	2017验标第8.6.1-1条	
构件名称	□墩身 □肋板 □背墙 □耳墙			检查日期	年 月 日～ 年 月 日	

2★断面尺寸（规定值或允许偏差：±20 mm；设计尺寸长？mm×宽？mm×高？mm）
（检查方法和频率：尺量，自检每施工节段测1个断面，不分段施工的测2个断面；
抽检自检节段数的20%，被抽节段检查频率同自检）

检查部位		（长宽高）实测偏差值				
节段1	设计值	( )×( )×( )	节段11	设计值	( )×( )×( )	
	偏差值	( )×( )×( )		偏差值	( )×( )×( )	
节段2	设计值	( )×( )×( )	节段12	设计值	( )×( )×( )	
	偏差值	( )×( )×( )		偏差值	( )×( )×( )	
节段3	设计值	( )×( )×( )	节段13	设计值	( )×( )×( )	
	偏差值	( )×( )×( )		偏差值	( )×( )×( )	
节段4	设计值	( )×( )×( )	节段14	设计值	( )×( )×( )	
	偏差值	( )×( )×( )		偏差值	( )×( )×( )	
节段5	设计值	( )×( )×( )	节段15	设计值	( )×( )×( )	
	偏差值	( )×( )×( )		偏差值	( )×( )×( )	
节段6	设计值	( )×( )×( )	节段16	设计值	( )×( )×( )	
	偏差值	( )×( )×( )		偏差值	( )×( )×( )	
节段7	设计值	( )×( )×( )	节段17	设计值	( )×( )×( )	
	偏差值	( )×( )×( )		偏差值	( )×( )×( )	
节段8	设计值	( )×( )×( )	节段18	设计值	( )×( )×( )	
	偏差值	( )×( )×( )		偏差值	( )×( )×( )	
节段9	设计值	( )×( )×( )	节段19	设计值	( )×( )×( )	
	偏差值	( )×( )×( )		偏差值	( )×( )×( )	
节段10	设计值	( )×( )×( )	节段20	设计值	( )×( )×( )	
	偏差值	( )×( )×( )		偏差值	( )×( )×( )	
肋板1	设计值	( )×( )×( )	肋板4	设计值	( )×( )×( )	
	偏差值	( )×( )×( )		偏差值	( )×( )×( )	
肋板2	设计值	( )×( )×( )	肋板5	设计值	( )×( )×( )	
	偏差值	( )×( )×( )		偏差值	( )×( )×( )	
肋板3	设计值	( )×( )×( )	肋板6	设计值	( )×( )×( )	
	偏差值	( )×( )×( )		偏差值	( )×( )×( )	
背墙1	设计值	( )×( )×( )	耳墙1	设计值	( )×( )×( )	
	偏差值	( )×( )×( )		偏差值	( )×( )×( )	
背墙2	设计值	( )×( )×( )	耳墙2	设计值	( )×( )×( )	
	偏差值	( )×( )×( )		偏差值	( )×( )×( )	

6★节段间错台（规定值或允许偏差：≤5 mm）
（检查方法和频率：尺量，自检测每节每侧面；抽检自检点数的20%；不分段施工的不检查节段间错台）

检查部位	实测偏差值	检查部位	实测偏差值
节段1/节段2		节段11/节段12	
节段2/节段3		节段12/节段13	
节段3/节段4		节段13/节段14	
节段4/节段5		节段14/节段15	
节段5/节段6		节段15/节段16	
节段6/节段7		节段16/节段17	
节段7/节段8		节段17/节段18	
节段8/节段9		节段18/节段19	
节段9/节段10		节段19/节段20	
节段10/节段11			

8 预埋件位置（规定值或允许偏差：满足设计要求，设计未要求时≤5 mm）
（检查方法和频率：尺量，自检测每件共？件；抽检自检件数的20%共？件）

预埋件编号	偏差值	预埋件编号	偏差值	预埋件编号	偏差值	预埋件编号	偏差值

注：1.每个分项工程填写一张现场检查记录表；2.没有预埋件的，在相应位置打"/"。

检查人/现场监理		质检负责人/专业监理工程师	

_____公路项目 ☐施工自检 ☐监理抽检

☐盖梁☐台帽☐墩帽钢筋加工及安装现场质量检查记录表

施工单位		监理单位	
单位工程		分部工程	
分项工程		检查依据	2017验标第 8.3.1-1 条
检查部位	☐盖梁钢筋加工及安装☐台帽钢筋加工及安装 ☐墩帽钢筋加工及安装	检验日期	年 月 日

1△★受力钢筋排距（检查方法和频率：长度≤20 m测2个断面，长度＞20 m测3个断面；允许偏差±5，设计排距？mm）

☐长度≤20 m时排距偏差值		☐长度＞20 m时排距偏差值	

1△★受力钢筋间距 （规定值或允许偏差±20 mm）	（第一排：设计？根间距？mm自检？点抽检？点） （第二排：设计？根间距？mm自检？点抽检？点）

第一排 断面1																					

第一排 断面2																					

第一排 断面3																					

第二排 断面1																					

第二排 断面2																					

第二排 断面3																					

2★箍筋、构造钢筋、螺旋筋间距（规定值或允许偏差：±10 mm）
（自检每构件测10个间距；抽检同自检）

3★钢筋骨架尺寸（规定值或允许偏差：长±10 mm，宽、高±5 mm，设计长度？mm、宽度？mm、高度？mm）
（检查方法和频率：尺量，自检长度≤20 m测2个断面，长度＞20 m测3个断面；抽检同自检）
（钢筋骨架长？m自检？断面抽检？断面）

长度偏差值		宽度偏差值		高度偏差值		直径偏差值	/	/	/

4 弯起钢筋位置（规定值或允许偏差：±20 mm 设计？根）
（检查方法和频率：尺量，抽检每骨架抽查30%共？根；抽检自检数量的20%共？根）

5△★保护层厚度（规定值或允许偏差：±10 mm，钢筋立模面设计？m²，应检？处，设计保护层厚度？mm）
（检查方法和频率：尺量，自检每立模面每3 m²检查1处且每立模面不少于5点共？点；抽检自检点数的20%共？点）

注：1. 每个构件填写一套检查记录表，受力钢筋数量超过81根的可另页续填；2. 可根据受力钢筋的排数、每排根数据实修改表格；3. 除设计值外，所有项次均填偏差值；4. 除检验日期、偏差值和签名外，其余均打印。

检查人/现场监理		质检负责人/专业监理工程师	

公路项目　　　　　☐施工自检
☐监理抽检

☐盖梁☐墩帽☐台帽钢筋网现场质量检查记录表

施工单位			监理单位	
单位工程			分部工程	
分项工程			检查依据	2017验标第8.3.1-2条
构件编号	☐盖梁共?个　☐墩帽共?个　☐台帽共?个		检查日期	年　月　日
设计参数	规格1	长度?×宽度? mm，网眼尺寸?×? mm，网眼对角线?×? mm		
	规格2	长度?×宽度? mm，网眼尺寸?×? mm，网眼对角线?×? mm		

1★钢筋网的长、宽（规定值或允许偏差：±10 mm）
（检查方法和频率：尺量，自检逐边测，不同规格的网片各测1片；抽检方法和频率同自检）

钢筋网（长×宽）偏差值	规格1偏差值	规格2偏差值	规格3偏差值	规格4偏差值
	(　)×(　)	(　)×(　)	(　)×(　)	(　)×(　)

2★网眼尺寸（规定值或允许偏差：±10 mm，设计尺寸?mm×?mm）
（检查方法和频率：尺量，自检测5个网眼；抽检频率同自检）

网眼尺寸（长×宽）偏差值	网眼1	网眼2	网眼3	网眼4	网眼5
	(　)×(　)	(　)×(　)	(　)×(　)	(　)×(　)	(　)×(　)

3 网眼对角线差（规定值或允许偏差：±15 mm，设计对角线?mm）
（检查方法和频率：尺量，自检测5个网眼，每个网眼测2个对角线的长度偏差值；抽检频率同自检）

网眼对角线（长×长）偏差值	网眼1	网眼2	网眼3	网眼4	网眼5
	(　)×(　)	(　)×(　)	(　)×(　)	(　)×(　)	(　)×(　)

4 网的安装位置（规定值或允许偏差：平面内±20 mm，平面外±5 mm）
（检查方法和频率：尺量，自检测每网片边线中点；抽检自检网片数的20%，被抽网片检查方法和频率同自检）

偏差值					
顶面偏差值 （平面内± 20 mm） （设计片数=?）	第1片偏差值		第6片偏差值		
	第2片偏差值		第7片偏差值		
	第3片偏差值		第8片偏差值		
	第4片偏差值		第9片偏差值		
	第5片偏差值		第10片偏差值		
底面偏差值 （平面内± 20 mm） （设计片数=?）	第1片偏差值		第6片偏差值		
	第2片偏差值		第7片偏差值		
	第3片偏差值		第8片偏差值		
	第4片偏差值		第9片偏差值		
	第5片偏差值		第10片偏差值		
前侧面 （平面外± 5 mm） （设计片数=?）	第1片偏差值		第6片偏差值		
	第2片偏差值		第7片偏差值		
	第3片偏差值		第8片偏差值		
	第4片偏差值		第9片偏差值		
	第5片偏差值		第10片偏差值		
后侧面 （平面外± 5 mm） （设计片数=?）	第1片偏差值		第6片偏差值		
	第2片偏差值		第7片偏差值		
	第3片偏差值		第8片偏差值		
	第4片偏差值		第9片偏差值		
	第5片偏差值		第10片偏差值		
左侧面 （平面外± 5 mm） （设计片数=?）	第1片偏差值		第6片偏差值		
	第2片偏差值		第7片偏差值		
	第3片偏差值		第8片偏差值		
	第4片偏差值		第9片偏差值		
	第5片偏差值		第10片偏差值		
右侧面 （平面外± 5 mm） （设计片数=?）	第1片偏差值		第6片偏差值		
	第2片偏差值		第7片偏差值		
	第3片偏差值		第8片偏差值		
	第4片偏差值		第9片偏差值		
	第5片偏差值		第10片偏差值		

注：1. 每个构件填写一张检查记录表，钢筋网规格按照4种规格设置，据实填写；2. 网的安装位置不够时另页续填；3. 表头据实填写。

检查人/现场监理		质检负责人/专业监理工程师	

_____公路项目　　□施工自检　□监理抽检

□盖梁□台帽□墩帽混凝土浇筑现场质量检查记录表

施工单位		监理单位	
单位工程		分部工程	
分项工程		检查依据	2017验标第 8.6.1-2 条
检查部位	□左幅　　□右幅　　□盖梁钢筋加工及安装 □台帽钢筋加工及安装　□墩帽钢筋加工及安装	检查日期	年　月　日

2★断面尺寸（规定值或允许偏差：±20 mm）
（检查方法和频率：尺量，自检测3个断面；抽检自检墩帽数的20%，被抽墩帽检查频率同自检）

构件编号	设计值(长度)×(宽度)×(高度)	（长度）×（宽度）×（高度）偏差值		
0号台帽	(　)×(　)×(　)	(　)×(　)×(　)	(　)×(　)×(　)	(　)×(　)×(　)
1号盖梁	(　)×(　)×(　)	(　)×(　)×(　)	(　)×(　)×(　)	(　)×(　)×(　)
2号盖梁	(　)×(　)×(　)	(　)×(　)×(　)	(　)×(　)×(　)	(　)×(　)×(　)
3号盖梁	(　)×(　)×(　)	(　)×(　)×(　)	(　)×(　)×(　)	(　)×(　)×(　)

5 支座垫石预留位置（规定值或允许偏差：≤10 mm）
（检查方法和频率：尺量，自检每个检查，每根预埋钢筋均需检测，横桥向和顺桥向各填写4个最大偏差值；
抽检自检墩帽数的20%，被抽墩帽检查方法和频率同自检）

构件编号	前后排	前后排1号支座垫石		前后排2号支座垫石		前后排3号支座垫石		前后排4号支座垫石		前后排5号支座垫石	
		横桥向偏差值	顺桥向偏差值	横桥向偏差值	顺桥向偏差值	横桥向偏差值	顺桥向偏差值	横桥向偏差值	顺桥向偏差值	横桥向偏差值	顺桥向偏差值
0号台帽	前排										
	后排										
1号盖梁	前排										
	后排										
2号盖梁	前排										
	后排										
3号盖梁	前排										
	后排										

构件编号	前后排	前后排6号支座垫石		前后排7号支座垫石		前后排8号支座垫石		前后排9号支座垫石		前后排10号支座垫石	
		横桥向偏差值	顺桥向偏差值	横桥向偏差值	顺桥向偏差值	横桥向偏差值	顺桥向偏差值	横桥向偏差值	顺桥向偏差值	横桥向偏差值	顺桥向偏差值
0号台帽	前排										
	后排										
1号盖梁	前排										
	后排										
2号盖梁	前排										
	后排										
3号盖梁	前排										
	后排										

注：1. 每个分项工程填写1张（没有预留孔）或2张（有预留孔）现场质量检查记录表；2. 表格按照每个分项工程最多4个构件每个构件单侧10个支座垫石设置，使用时据实填写，超过设置的续页填写，多余的格数打"/"或空置不填。

检查人/现场监理		质检负责人/专业监理工程师	

_____公路项目		□施工自检
支座垫石钢筋加工及安装现场质量检查记录表		□监理抽检

施工单位		监理单位	
单位工程		分部工程	
分项工程		检查依据	2017验标第8.3.1-1条
盖板编号：盖梁编号： 垫石数量：该盖梁共有支座垫石？个		检查日期	年 月 日

1△★受力钢筋间距（规定值或允许偏差：（横桥向受力钢筋第一排：设计？根间距？mm，第二排设计？根间距？mm）
两排以上排距±5 mm；同排±20 mm）（顺桥向受力钢筋第一排：设计？根间距？mm，第二排设计？根间距？mm）

（垫石编号）	横桥向第一排间距		横桥向受力筋排距	
	横桥向第二排间距			
	顺桥向第一排间距		顺桥向受力筋排距	
	顺桥向第二排间距			
（垫石编号）	横桥向第一排间距		横桥向受力筋排距	
	横桥向第二排间距			
	顺桥向第一排间距		顺桥向受力筋排距	
	顺桥向第二排间距			
（垫石编号）	横桥向第一排间距		横桥向受力筋排距	
	横桥向第二排间距			
	顺桥向第一排间距		顺桥向受力筋排距	
	顺桥向第二排间距			
（垫石编号）	横桥向第一排间距		横桥向受力筋排距	
	横桥向第二排间距			
	顺桥向第一排间距		顺桥向受力筋排距	
	顺桥向第二排间距			
（垫石编号）	横桥向第一排间距		横桥向受力筋排距	
	横桥向第二排间距			
	顺桥向第一排间距		顺桥向受力筋排距	
	顺桥向第二排间距			
（垫石编号）	横桥向第一排间距		横桥向受力筋排距	
	横桥向第二排间距			
	顺桥向第一排间距		顺桥向受力筋排距	
	顺桥向第二排间距			

3★钢筋骨架尺寸（规定值或允许偏差：长±10 mm，宽、高±5 mm，设计长度？mm、宽度？mm，高度？mm）
（检查方法和频率：尺量，自检长度≤20 m测2个断面，长度＞20 m测3个断面；抽检同自检）

垫石编号	长度偏差值（mm）	宽度偏差值（mm）	高度偏差值（mm）

5△★保护层厚度（规定值或允许偏差：±10 mm，钢筋立模面设计？m²，应检？处，设计保护层厚度？mm）
（检查方法和频率：尺量，自检每立模面每3 m²检查1处且每立模面不少于5点；抽检同自检）

垫石编号	保护层偏差值（mm）

注：1. 本表按照每个盖梁最多20个支座垫石、自检抽查30%即6个垫石的钢筋设置，如垫石数量多于20个，空格数量不够时，可另页续填；2. 每个盖梁的支座垫石钢筋填写1张记录表；3. 除设计值外，所有项次均填偏差值。

检查人/现场监理		质检负责人/专业监理工程师	

公路项目　　　　　　　　　　　　　　　　　　　　　　□ 施工自检
支座垫石混凝土浇筑现场质量检查记录表　　　　　　□ 监理抽检

施工单位		监理单位	
单位工程		分部工程	
分项工程		检查依据	2017验标第 8.12.5-1 条
设计断面尺寸		检查日期	年　月　日

2★ 断面尺寸（规定值或允许偏差：±5 mm）
（检查方法和频率：尺量，自检测 1 个断面，抽查 50%；抽检测 1 个断面，抽查 10%）

构件编号	（长度）×（宽度）偏差值					
0号台帽	（　）×（　）	（　）×（　）	（　）×（　）	（　）×（　）	（　）×（　）	（　）×（　）
	（　）×（　）	（　）×（　）	（　）×（　）	（　）×（　）	（　）×（　）	（　）×（　）
1号盖梁	（　）×（　）	（　）×（　）	（　）×（　）	（　）×（　）	（　）×（　）	（　）×（　）
	（　）×（　）	（　）×（　）	（　）×（　）	（　）×（　）	（　）×（　）	（　）×（　）
2号盖梁	（　）×（　）	（　）×（　）	（　）×（　）	（　）×（　）	（　）×（　）	（　）×（　）
	（　）×（　）	（　）×（　）	（　）×（　）	（　）×（　）	（　）×（　）	（　）×（　）
3号盖梁	（　）×（　）	（　）×（　）	（　）×（　）	（　）×（　）	（　）×（　）	（　）×（　）
	（　）×（　）	（　）×（　）	（　）×（　）	（　）×（　）	（　）×（　）	（　）×（　）

5 预埋件位置位置（规定值或允许偏差：≤5 mm）
（检查方法和频率：尺量，自检测每件，每件横桥向和顺桥向各测 1 个偏差值；
抽检自检个数的 20%，被抽件检查方法和频率同自检）

构件编号	前后排	前后排1号支座垫石		前后排2号支座垫石		前后排3号支座垫石		前后排4号支座垫石		前后排5号支座垫石	
		横桥向偏差值	顺桥向偏差值	横桥向偏差值	顺桥向偏差值	横桥向偏差值	顺桥向偏差值	横桥向偏差值	顺桥向偏差值	横桥向偏差值	顺桥向偏差值
0号台帽	前排										
	后排										
1号盖梁	前排										
	后排										
2号盖梁	前排										
	后排										
3号盖梁	前排										
	后排										

构件编号	前后排	前后排6号支座垫石		前后排7号支座垫石		前后排8号支座垫石		前后排9号支座垫石		前后排10号支座垫石	
		横桥向偏差值	顺桥向偏差值	横桥向偏差值	顺桥向偏差值	横桥向偏差值	顺桥向偏差值	横桥向偏差值	顺桥向偏差值	横桥向偏差值	顺桥向偏差值
0号台帽	前排										
	后排										
1号盖梁	前排										
	后排										
2号盖梁	前排										
	后排										
3号盖梁	后排										
	后排										

注：1. 每个分项工程填写一张现场质量检查记录表；2. 表格按照每个分项工程最多 4 个构件（台帽、墩帽、盖梁）每个构件单侧 10 个支座垫石、每个垫石最多 4 个预埋件设置，使用时据实填写，超过设置的续页填写。

检查人/现场监理		质检负责人/专业监理工程师	

_____公路项目		□ 施工自检
挡块钢筋加工及安装现场质量检查记录表		□ 监理抽检

施工单位		监理单位	
单位工程		分部工程	
分项工程		检查依据	2017 验标第 8.3.1-1 条
盖梁编号 挡块数量	盖梁编号： 该盖梁共有内侧挡块？个，外侧挡块？个	检查日期	年 月 日

1△★受力钢筋间距（规定值或允许偏差同排±20 mm）（受力钢筋第一排：设计？根间距？mm）

挡块编号（类型）	受力钢筋同排偏差值（mm）

3★钢筋骨架尺寸（规定值或允许偏差：长±10 mm，宽、高±5 mm，设计长度？mm、宽度？mm，高度？mm）
（检查方法和频率：尺量，自检长度≤20 m 测 2 个断面，长度＞20 m 测 3 个断面；抽检同自检）
（钢筋骨架长？m 自检？断面抽检？断面）

挡块编号	长度偏差值（mm）	宽度偏差值（mm）	高度偏差值（mm）

5△★保护层厚度（规定值或允许偏差：±10 mm，钢筋立模面设计？m^2，应检？处，设计保护层厚度？mm）
（检查方法和频率：尺量，自检每立模面每 3 m^2 检查 1 处且每立模面不少于 5 点；抽检同自检）

挡块编号	保护层偏差值（mm）

注：1. 本表按照每个盖梁最多 30 个挡块、自检抽查 30%即 9 个挡块的钢筋设置，抽检频率为自检数量的 20%；2.每个盖梁的挡块钢筋填写 1 套记录表，因挡块数量较多，空格不够时可另页续填；3、除设计值外，所有项次均填偏差值。

检查人/现场监理		质检负责人/专业监理工程师	

_____公路项目　　　　　　　　　　□施工自检
　　　　　　　　　　　　　　　　　　　　　　　　　　　□监理抽检

挡块混凝土浇筑现场质量检查记录表

施工单位		监理单位	
单位工程		分部工程	
分项工程		检查依据	2017验标第8.12.5-2条
挡块个数		检查日期	年 月 日～ 年 月 日

3★断面尺寸及高度（规定值或允许偏差：±10 mm）
（检查方法和频率：尺量，自检抽查30%，每挡块测1个断面尺寸，2处高度；
抽检自检挡块数的20%，被抽挡块检查频率同自检）
（设计？个自检？个抽检？个）

挡块编号	设计（长度）×（宽度）×（高度）	偏差值（长度）×（宽度）×（高度）
	( ) × ( ) × ( )	( ) × ( ) × ( )
	( ) × ( ) × ( )	( ) × ( ) × ( )
	( ) × ( ) × ( )	( ) × ( ) × ( )
	( ) × ( ) × ( )	( ) × ( ) × ( )
	( ) × ( ) × ( )	( ) × ( ) × ( )
	( ) × ( ) × ( )	( ) × ( ) × ( )
	( ) × ( ) × ( )	( ) × ( ) × ( )
	( ) × ( ) × ( )	( ) × ( ) × ( )
	( ) × ( ) × ( )	( ) × ( ) × ( )
	( ) × ( ) × ( )	( ) × ( ) × ( )
	( ) × ( ) × ( )	( ) × ( ) × ( )
	( ) × ( ) × ( )	( ) × ( ) × ( )
	( ) × ( ) × ( )	( ) × ( ) × ( )
	( ) × ( ) × ( )	( ) × ( ) × ( )
	( ) × ( ) × ( )	( ) × ( ) × ( )
	( ) × ( ) × ( )	( ) × ( ) × ( )
	( ) × ( ) × ( )	( ) × ( ) × ( )
	( ) × ( ) × ( )	( ) × ( ) × ( )
	( ) × ( ) × ( )	( ) × ( ) × ( )
	( ) × ( ) × ( )	( ) × ( ) × ( )
	( ) × ( ) × ( )	( ) × ( ) × ( )
	( ) × ( ) × ( )	( ) × ( ) × ( )

4 与梁体间隙（规定值或允许偏差：±5 mm）
（检查方法和频率：尺量，自检抽查30%，每挡块测两侧各1处；抽检自检挡块数的20%，被抽挡块检查频率同自检）
（设计？个自检？个抽检？个）

挡块编号	偏差值	挡块编号	偏差值	挡块编号	偏差值

注：1. 每个分项工程填写一张现场检查记录表；2. 除设计值外，均填写偏差值，多余的空格打"/"或空置；3. 自检抽查30%的挡块，抽检自检挡块个数的20%，被抽挡块的检查频率同自检；4、每挡块测2个断面尺寸。

检查人/现场监理		质检负责人/专业监理工程师	

_____公路项目 　　　□施工自检
预制墩身现场质量检查记录表　　□监理抽检

施工单位		监理单位	
单位工程		分部工程	
分项工程		检查依据	2017验标第 8.6.1-3 条
设计参数		检查日期	年 月 日～　年 月 日

2★断面尺寸（规定值或允许偏差：外轮廓±15 mm，壁厚±10 mm）
（检查方法和频率：尺量，自检测2个断面；抽检自检墩身数的20%，被抽墩身检查频率同自检）
（设计？个自检？个抽检？个）

预制墩身编号	外轮廓设计值	外轮廓偏差值	壁厚设计值	壁厚偏差值

3 高度（规定值或允许偏差：±10 mm）
（检查方法和频率：尺量，自检测中心线处；抽检自检墩身数的20%，被抽墩身检查频率同自检）
（设计？个自检？个抽检？个）

预制墩身编号	设计值	偏差值	预制墩身编号	设计值	偏差值

5 支座垫石预留锚孔位置（规定值或允许偏差：≤10 mm）
（检查方法和频率：尺量，自检每个检查；抽检自检墩身数的20%，被抽墩身检查频率同自检）
（设计？个自检？个抽检？个）

预制墩身编号1					
预制墩身编号2					
预制墩身编号3					

6 墩顶预埋件位置（规定值或允许偏差：≤5 mm）
（检查方法和频率：尺量，自检每件测；抽检自检墩身数的20%，被抽墩身检查频率同自检）

预制墩身编号1					
预制墩身编号2					
预制墩身编号3					

注：1. 每个分项工程填写一套现场检查记录表；2. 实际工程中未涉及的项目不检查；3. 除设计值外，其余均填偏差值。

检查人/现场监理		质检负责人/专业监理工程师	

		_____公路项目	☐施工自检
		☐墩身☐台身安装现场质量检查记录表	☐监理抽检

施工单位		监理单位	
单位工程		分部工程	
分项工程		检查依据	2017验标第8.6.2条
设计参数		检查日期	年 月 日~ 年 月 日

4★节段间错台（规定值或允许偏差：≤3 mm）

（检查方法和频率：尺量，自检测每节段侧面；抽检自检墩、台身数的20%，被抽墩、台身检查频率同自检）

（设计？节段 自检？节段 抽检？节段）

墩身台身编号及节段数量	节段间错台偏差值			
	侧面1	侧面2	侧面3	侧面4

注：1. 每个分项工程填写一张现场检查记录表，表格按每个分项6个墩、台身设置，不足可自行调整表格或填写多页。

检查人/现场监理		质检负责人/专业监理工程师	

_____公路项目 ☐施工自检 ☐监理抽检

拱桥组合桥台现场质量检查记录表

施工单位		监理单位	
单位工程		分部工程	
分项工程		检查依据	2017验标第8.6.3条
设计参数		检查日期	年 月 日～ 年 月 日

2★台身后倾率（规定值或允许偏差：≤1/250）
（检查方法和频率：铅锤法，自检每台检查上、下游的沉降缝两侧分离值后推算；抽检同自检）

桥台编号	台身后倾率	桥台编号	台身后倾率	桥台编号	台身后倾率

3△★架设拱圈前，后台填土完成量（规定值或允许偏差：≥90%，设计填土量　　m³，90%设计填土量＝　　m³）
（检查方法和频率：按填土状况推算，自检每台；抽检同自检）

桥台编号	后台填土完成量（m³）	占设计值的百分比（%）	桥台编号	后台填土完成量（m³）	占设计值的百分比（%）

注：1.每个分项工程填写一张现场检查记录表；2.项次2、3均填写实测值。

检查人/现场监理		质检负责人/专业监理工程师	

_____公路项目 ☐施工自检 ☐监理抽检

台背填土现场质量检查记录表

施工单位		监理单位	
单位工程		分部工程	
分项工程		检查依据	2017验标第8.6.4条

		桥台编号：			
2★填土长度（mm）	≥设计值	检查方法和频率：自检每台背测顶面和底面两侧；抽检同自检			
		顶长	设计值		
			偏差值		
		底长	设计值		
			偏差值		

		桥台编号：			
2★填土长度（mm）	≥设计值	检查方法和频率：自检每台背测顶面和底面两侧；抽检同自检			
		顶长	设计值		
			偏差值		
		底长	设计值		
			偏差值		

		桥台编号：			
2★填土长度（mm）	≥设计值	检查方法和频率：自检每台背测顶面和底面两侧；抽检同自检			
		顶长	设计值		
			偏差值		
		底长	设计值		
			偏差值		

		桥台编号：			
2★填土长度（mm）	≥设计值	检查方法和频率：自检每台背测顶面和底面两侧；抽检同自检			
		顶长	设计值		
			偏差值		
		底长	设计值		
			偏差值		

		桥台编号：			
2★填土长度（mm）	≥设计值	检查方法和频率：自检每台背测顶面和底面两侧；抽检同自检			
		顶长	设计值		
			偏差值		
		底长	设计值		
			偏差值		

		桥台编号：			
2★填土长度（mm）	≥设计值	检查方法和频率：自检每台背测顶面和底面两侧；抽检同自检			
		顶长	设计值		
			偏差值		
		底长	设计值		
			偏差值		

		桥台编号：			
2★填土长度（mm）	≥设计值	检查方法和频率：自检每台背测顶面和底面两侧；抽检同自检			
		顶长	设计值		
			偏差值		
		底长	设计值		
			偏差值		

注：每个桥台回填分项工程填写1套检查记录表。

检查人/现场监理		质检负责人/专业监理工程师	

_____公路项目 □施工自检 □监理抽检

支座安装现场质量检查记录表

施工单位		监理单位	
单位工程		分部工程	
分项工程		检查依据	2017验标第8.12.6-1条
设计参数		检查日期	年 月 日～ 年 月 日

1△★支座中心横桥向偏位（规定值或允许偏差：≤2 mm）

（检查方法和频率：尺量，自检测每支座共？个；抽检20%自检支座数共？个，被抽支座检查频率同自检）

台帽墩帽盖梁编号	支座位置	支座编号																			
		1	2	3	4	5	6	7	8	9	10	11	12	13	14	15	16	17	18	19	20
	前排																				
	前排																				
	后排																				
	后排																				
	前排																				
	前排																				
	后排																				
	后排																				
	前排																				
	前排																				
	后排																				
	后排																				
	前排																				
	前排																				
	后排																				
	后排																				

2★支座中心顺桥向偏位（规定值或允许偏差：≤5 mm）

（检查方法和频率：尺量，自检测每支座共？点；抽检20%自检支座数共？点，被抽支座检查频率同自检）

台帽墩帽盖梁编号	支座位置	支座编号																			
		1	2	3	4	5	6	7	8	9	10	11	12	13	14	15	16	17	18	19	20
	前排																				
	前排																				
	后排																				
	后排																				
	前排																				
	前排																				
	后排																				
	后排																				
	前排																				
	前排																				
	后排																				
	后排																				
	前排																				
	前排																				
	后排																				
	后排																				

注：1. 本表按照1个台帽、墩帽、盖梁前后最多各40个支座设置，每个分项工程4个盖梁，不够的另页续填，多余的空置或打"/"；2. 自检测每个支座，抽检频率为该分项工程自检支座个数的20%，均填写偏差值。

检查人/现场监理		质检负责人/专业监理工程师	

_____公路项目	☐施工自检
T梁预制钢筋加工及安装现场质量检查记录表	☐监理抽检

施工单位		监理单位	
单位工程		分部工程	
分项工程		检查依据	2017验标第8.3.1-1条
梁板编号长度		检查日期	年 月 日

1△★受力钢筋排距（检查方法和频率：长度≤20 m测2个断面，长度>20 m测3个断面；规定值或允许偏差±5 mm）
顶板排距? mm，腹板排距?mm，设计长度? mm

☐长度≤20 m时排距偏差值	顶板			☐长度>20 m时排距偏差值	顶板			
	腹板				腹板			

1△★受力钢筋间距（规定值或允许偏差±10 mm）

顶板受力钢筋上层? 根间距?~? mm 下层? 根间距? mm
腹板受力钢筋左层? 根间距?~? mm 右层? 根间距? mm
马蹄受力钢筋单层? 根? 梁端间距? mm? 梁中间距? mm

顶板受力钢筋间距偏差值	断面1（上排）	断面2（上排）	断面3（上排）
	断面1（下排）	断面2（下排）	断面3（下排）

腹板受力钢筋间距偏差值	断面1（左排）	断面2（左排）	断面3（左排）
	断面1（右排）	断面2（右排）	断面3（右排）

马蹄受力钢筋间距偏差值	断面1	断面2	断面3

2 箍筋、构造钢筋、螺旋筋间距（规定值或允许偏差：±10 mm）
（自检每构件测10个间距；抽检同自检）

3★钢筋骨架尺寸（规定值或允许偏差：长±10 mm，宽、高±5 mm，设计长?mm 顶宽? mm 底宽? mm 高度? mm）
（检查方法和频率：尺量，自检长度☐≤20 m测2个断面，☐长度>20 m测3个断面；抽检同自检）

长度偏差值		宽度偏差值		高度偏差值		直径偏差值	/	/	/

4 弯起钢筋位置（规定值或允许偏差：±20 mm 设计? 根）
（检查方法和频率：尺量，抽检每骨架抽查30%共? 根；抽检自检数量的20%共? 根）

5△★保护层厚度（规定值或允许偏差：±10 mm，钢筋立模面设计? m²，应检? 处，设计保护层厚度? mm）
（检查方法和频率：尺量，自检每立模面每3 m²检查1处且每立模面不少于5点共? 点；抽检自检点数的20%共? 点）

附注：设计横隔板? 道每道钢筋? 根实测? ；☐边梁设计顶板加强筋? 根实测? 根。

注：1. 每片T梁钢筋填写1张记录表；2. 本表按照顶板上下2层受力钢筋每层最多29根、腹板左右2层受力钢筋每层最多22根、底板单层受力钢筋最多22根设置，须据实填写，多余的空格打"/"或空置，不够的可调整本表格或另张填写；3. "钢筋骨架尺寸"每一检查项目可填1-3个数据；4. 均填偏差值；5. 监理抽检频率为每个分项工程自检梁板数量的20%，被抽梁板的抽检频率同自检。

检查人/现场监理		质检负责人/专业监理工程师	

_____公路项目 □施工自检 □监理抽检

T 梁预制混凝土浇筑现场质量检查记录表

施工单位		监理单位	
单位工程		分部工程	
分项工程		检查依据	2017 验标第 8.7.2-1 条
梁板编号		检查日期	年 月 日

2★梁长度（规定值或允许偏差：+5，-10 mm，设计梁长？mm）
（检查方法和频率：尺量，自检每梁顶面中线、底面两侧；抽检自检梁板数的 20%，被抽梁板检查频率同自检）

顶面中线长度偏差值		底面两侧长度偏差值		

3△★断面尺寸
（检查方法和频率：尺量，自检每梁测 3 个断面，板和梁段测 2 个断面；
抽检自检梁板数的 20%，被抽梁板检查频率同自检）

宽度偏差值	□箱梁	顶宽（设计？mm，规定值或允许偏差：±20（±5）mm）	偏差值	/	/	/
		底宽（设计？mm，规定值或允许偏差：±10（+5，0）mm）	偏差值	/	/	/
	□其他梁、板	干接缝（梁翼缘、板，设计？mm；规定值或允许偏差：±10（±3）mm）	偏差值			
		湿接缝（梁翼缘、板，设计？mm；规定值或允许偏差：±20 mm）	偏差值			
高度偏差值	□箱梁	设计高度？mm；规定值或允许偏差：0，-5 mm	偏差值	/	/	/
	□其他梁、板	设计高度？mm；规定值或允许偏差：±5 mm	偏差值			
顶板厚度偏差值（设计厚度？mm；规定值或允许偏差：+5，0 mm）			偏差值			
底板厚度偏差值（设计厚度？mm；规定值或允许偏差：+5，0 mm）			偏差值			
腹板或梁肋厚度偏差值（设计厚度？mm；规定值或允许偏差：+5，0 mm）			偏差值			

5 横系梁及预埋件位置（规定值或允许偏差：≤5 mm，设计？件）
（检查方法和频率：尺量，自检每件；抽检自检梁板数的 20%，被抽梁板检查频率同自检）

横系梁及预埋件位置偏差值						

7 斜拉索锚面（锚面角度（　　°），规定值或允许偏差：≤0.5°设计值　　°）
（检查方法和频率：角度仪，自检检查每锚垫板与水平面、立面的夹角，各测 3 处；
抽检自检梁板数的 20%，被抽梁板检查频率同自检）

锚面角度偏差值								

注：1. 每片梁填写 1 张记录表；
2. 无需检测的项目（如横系梁及预埋件位置、斜拉索锚面（锚面角度））打"/"，多余的空格空置或打"/"。

检查人/现场监理		质检负责人/专业监理工程师	

公路项目_____

T梁后张法预应力管道安装现场质量检查记录表

施工单位				监理单位				检查依据 2017验标第8.3.2-2条			☐ 施工自检
单位工程				分部工程				分项工程			☐ 监理抽检
梁板编号				检查项次				检查日期 年 月 日			

	左锚固点	左连接点	左曲线段点1	左曲线段点2	左曲线段点3	直线段点1	直线段点2	直线段点3	直线段点4	直线段点5	直线段点6	右锚固点	右连接点	右曲线段点1	右曲线段点2	右曲线段点3
★管道N1偏差值																
管道N1N2上下层偏差值																
★管道N2偏差值																
同排间距偏差值N2N3上下层偏差值																
★管道N3偏差值																
同排间距偏差值N3N4上下层偏差值																
★管道N4偏差值																
同排间距偏差值N4ZN5、N4YN5上下层偏差值																
★管道N5偏差值																
ZN5YN5同排间距偏差值																

★ 管道坐标允许偏差，梁长方向±30 mm，梁宽方向±10 mm，梁高方向±10 mm。
★ 管道间距允许偏差，同排±10 mm，上下层±10 mm。
★ 管道坐标检查方法和频率：尺量，自检每梁板抽30%的管道。每个曲线段测3点，直线段每10 m测1点，锚固点及连接点全测；抽检自检梁板数的20%，被抽检梁板查频率同自检。
★ 管道间距检查方法和频率：尺量，自检每梁板抽查30%的管道，管道坐标分别填写梁长方向、梁宽方向和梁高方向偏差值，直线段设置的空格倍位较多，每片梁板检查设置数的20%，被抽梁板查频率同自检。

注：1. 每片梁填写1套记录表，一张填写不下可另张填写；2. 管道坐标按照管道偏差填写填写"/"；3. 同排间距偏差值及上下层偏差值确定检查点数，多条的空格置空格或打"/"；4. 管道编号及上下排布设同排编号及上下排布根据设计图纸据实填写。

| 检查人/现场监理 | | 质检责人/专业监理工程师 | |

☐ 施工自检
☐ 监理抽检

公路项目

T梁预制后张法预应力筋张拉应力值张拉伸长率断丝滑丝现场质量检查及抽检记录表

施工单位		监理单位		检查依据	2017验标第 8.3.2-2 条
单位工程		分部工程		分项工程	
梁板编号		检查项次		检查日期	年 月 日

设计参数：控制应力：　　　；预应力损失值：　　　；预应力张拉应力值：　　　%设计值）
设备参数：梁内编号：　　mm；钢绞线标准代号及规格：　　；张拉时混凝土强度：　　；油泵编号：　　；锚具型号：　　

千斤顶编号：　　；标定日期：　　年 月 日；上模值：　　mm；伸长率、断丝率强度：　　；摩擦系数：　　

预应力筋张拉顺序		第一次张拉（20%）			第二次张拉（40%）			第三次张拉（100%）			★预应力筋张拉伸长值		
		初张拉力(KN)	油压表读数(MPa)	推算伸长值(mm)	张拉力(KN)	油压表读数(MPa)	实际伸长值(mm)	张拉力(KN)	油压表读数(MPa)	实际伸长值(mm)	设计值(mm)	实际值(mm)	伸长率(%)
N1	A端												
	B端												
N2	A端												
	B端												
N3	A端												
	B端												
N4	A端												
	B端												
ZN5	A端												
	B端												
YN5	A端												
	B端												

★断丝滑丝情况： N1　　　 N2　　　 N3　　　 N4　　　
ZN5　　　 YN5　　　

钢绞线布置示意图及编号：
N1 N2 N3 N4 N5

张拉说明：
1、张拉以应力控制为主，实测引伸量不应超过设计计算的±6%。
2、张拉应力顺序：0→初应力20%σcon→40%σcon→100%σcon持荷5min锚固在梁端。
3、张拉顺序 N1→N2→N3→N4→N5。

注：1、每片梁填写1套记录表，如一张填写不下，可另张填写；2、监理抽检频率为自检梁板片数的20%，被抽检梁板的抽检频率同自检，资料共用；
3、图示、张拉说明、预应力筋张拉顺序及每次张拉力等张拉实际情况填写。

检查人		质检负责人		旁站监理	

_____公路项目　　□施工自检监理抽检

T梁预制预应力管道压浆现场质量检查及抽检记录表

施工单位		监理单位	
单位工程		分部工程	
分项工程		检查依据	2017验标第8.3.3条
梁板编号		检查日期	年　月　日

2△★压浆压力值规定值（规定值或允许偏差：满足设计要求，设计要求？MPa）
检查方法和频率：查油压表读数，自检每管道检查；抽检自检梁板的20%，被抽梁板检查频率同自检

3稳压时间规定值（规定值或允许偏差：满足设计要求，设计要求？s）
检查方法和频率：计时器，自检每管道检查；抽检自检梁板的20%，被抽梁板检查频率同自检

孔道编号	压浆方向	起止时间	2△★压浆压力值（MPa）	浆液通过情况	冒浆情况	3稳压时间（秒）

注：1. 每片梁填写1张现场检查及抽检记录表；2. 监理以旁站方式抽检，资料共用。

检查人		质检负责人		旁站监理	

公路项目　□施工自检　□监理抽检

箱梁预制顶板底板腹板钢筋加工及安装现场质量检查记录表

施工单位		监理单位	
单位工程		分部工程	
分项工程		检查依据	2017验标第 8.3.1-1 条
梁板及部位编号		检查日期	年　月　日

1△★受力钢筋排距（检查方法和频率：长度≤20 m 测 2 个断面，长度＞20 m 测 3 个断面；规定值或允许偏差±5 mm）
　　　　□顶板排距? mm，□底板排距? mm，□腹板排距? mm，设计长度? m

□长度≤20 m 时排距偏差值	顶板					□长度＞20 m 时排距偏差值	顶板						
	腹板						腹板						

1△★受力钢筋间距（规定值或允许偏差±10 mm）

顶板受力钢筋上排? 根间距?~? mm；下层? 根间距? mm

腹板受力钢筋左排? 根间距?~? mm；右层? 根间距? mm

梁底受力钢筋单排? 根梁端间距? mm 梁中间距? mm

顶板受力钢筋间距偏差值	断面1（上排）	断面2（上排）	断面3（上排）
	断面1（下排）	断面2（下排）	断面3（下排）

腹板受力钢筋间距偏差值	断面1（左排）	断面2（左排）	断面3（左排）
	断面1（右排）	断面2（右排）	断面3（右排）

底板受力钢筋间距偏差值	断面1	断面2	断面3

2 箍筋、构造钢筋、螺旋筋间距（规定值或允许偏差：±10 mm）
（自检每构件测 10 个间距；抽检同自检）

3★钢筋骨架尺寸（规定值或允许偏差：长±10 mm，宽、高±5 mm，设计长? mm 顶宽? mm 底宽? mm 高度? mm）
（检查方法和频率：尺量，自检长度□≤20 m 测 2 个断面，□长度＞20 m 测 3 个断面；抽检同自检）

长度偏差值		顶宽偏差值		底宽偏差值		高度偏差值	

4 弯起钢筋位置（规定值或允许偏差：±20 mm 设计? 根）
（检查方法和频率：尺量，抽检每骨架抽查 30%共? 根；抽检自检数量的 20%共? 根）

5△★保护层厚度（规定值或允许偏差：±10 mm，钢筋立模面设计? m²，应检? 处，设计保护层厚度? mm）
（检查方法和频率：尺量，自检每立模面每 3 m² 检查 1 处且每立模面不少于 5 点共? 点；抽检自检点数的 20%共? 点）

注：1. 每片箱梁钢筋填写 1 张记录表；2、本表按照顶板上下 2 层受力钢筋每层最多29根、腹板左右 2 层受力钢筋每层最多22根、底板单层受力钢筋最多22根设置，须据实填写，多余的空格打"/"或空置，不够的可调整本表格或另张填写；3."钢筋骨架尺寸"每一检查项目可填 1-3 个数据；4. 均填偏差值；5. 监理抽检频率为每个分项工程自检梁板数量的 20%，被抽梁板的抽检频率同自检。

检查人/现场监理		质检负责人/专业监理工程师	

			_____公路项目	□施工自检
			箱梁预制混凝土浇筑现场质量检查记录表	□监理抽检

施工单位		监理单位	
单位工程		分部工程	
分项工程		检查依据	2017验标第8.7.2-1条
梁板编号		检查日期	年　月　日

2★梁长度（规定值或允许偏差：+5，-10 mm，设计梁长？mm）
（检查方法和频率：尺量，自检每梁顶面中线、底面两侧；抽检自检梁板数的20%，被抽梁板检查频率同自检）

顶面中线长度偏差值		底面两侧长度偏差值		

3△★断面尺寸
（检查方法和频率：尺量，自检每梁测3个断面，板和梁段测2个断面；
抽检自检梁板数的20%，被抽梁板检查频率同自检）

宽度偏差值	□箱梁	顶宽（设计？mm，规定值或允许偏差：±20 mm）	偏差值			
		底宽（设计？mm，规定值或允许偏差：±10 mm）	偏差值			
	□其他梁、板	干接缝（梁翼缘、板，设计？mm；规定值或允许偏差：±10 mm）	偏差值	/	/	/
		湿接缝（梁翼缘、板，设计？mm；规定值或允许偏差：±20 mm）	偏差值	/	/	/
高度偏差值	□箱梁	设计高度？mm；规定值或允许偏差：0，-5 mm	偏差值			
	□其他梁、板	设计高度？mm；规定值或允许偏差：±5 mm	偏差值	/	/	/
顶板厚度偏差值（设计厚度？mm；规定值或允许偏差：+5，0 mm）			偏差值			
底板厚度偏差值（设计厚度？mm；规定值或允许偏差：+5，0 mm）			偏差值			
腹板或梁肋厚度偏差值（设计厚度？mm；规定值或允许偏差：+5，0 mm）			偏差值			

5横系梁及预埋件位置（规定值或允许偏差：≤5 mm，设计？件）
（检查方法和频率：尺量，自检每件；抽检自检梁板数的20%，被抽梁板检查频率同自检）

横系梁及预埋件位置偏差值					

7斜拉索锚面（锚面角度（　　°），规定值或允许偏差：≤0.5°设计值　　°）
（检查方法和频率：角度仪，自检检查每锚垫板与水平面、立面的夹角，各测3处；
抽检自检梁板数的20%，被抽梁板检查频率同自检）

锚面角度偏差值					

注：1. 每片梁填写1张记录表；
3. 无需检测的项目（如横系梁及预埋件位置、斜拉索锚面（锚面角度））打"/"，多余的空格空置或打"/"。

检查人/现场监理		质检负责人/专业监理工程师	

☐ 施工自检
☐ 监理抽检

箱梁后张法预应力管道安装现场质量检查记录表

公路项目 _____

施工单位		监理单位		检查依据	2017验标第8.3.2-2条
单位工程		分部工程		分项工程	
梁板编号		检查项次		检查日期	年 月 日

管道编号									
★管道N1	左锚固点	左连接点	左曲线段点1	左曲线段点2	左曲线段点3	右锚固点	右曲线段点1	右曲线段点2	右曲线段点3
偏差值	直线段点1	直线段点2	直线段点3	直线段点4	直线段点5	直线段点6	同排间距偏差值 N1N2 上下层偏差值		
★管道N2	左锚固点	左连接点	左曲线段点1	左曲线段点2	左曲线段点3	右锚固点	右曲线段点1	右曲线段点2	右曲线段点3
偏差值	直线段点1	直线段点2	直线段点3	直线段点4	直线段点5	直线段点6	同排间距偏差值 N2N3 上下层偏差值		
★管道N3	左锚固点	左连接点	左曲线段点1	左曲线段点2	左曲线段点3	右锚固点	右曲线段点1	右曲线段点2	右曲线段点3
偏差值	直线段点1	直线段点2	直线段点3	直线段点4	直线段点5	直线段点6	同排间距偏差值 N3N4 上下层偏差值		
★管道N4	左锚固点	左连接点	左曲线段点1	左曲线段点2	左曲线段点3	右锚固点	右曲线段点1	右曲线段点2	右曲线段点3
偏差值	直线段点1	直线段点2	直线段点3	直线段点4	直线段点5	直线段点6	同排间距偏差值 N4YN5、N4ZN5 上下层偏差值		
★管道N5	左锚固点	左连接点	左曲线段点1	左曲线段点2	左曲线段点3	右锚固点	右曲线段点1	右曲线段点2	右曲线段点3
偏差值	直线段点1	直线段点2	直线段点3	直线段点4	直线段点5	直线段点6	右连接点 ZN5YN5 同排间距偏差值 上下层偏差值		

★管道坐标允许偏差，梁长方向±30 mm，梁宽方向±10 mm，上下层±10 mm。
★管道间距允许偏差，同排±10 mm，上下层±10 mm。
★管道坐标检查方法和频率：尺量，自检每梁板抽检30%的管道，测2个断面；抽检自检梁板数的20%，被抽检梁板抽查30%可另张填写；2. 管道坐标和上下层偏差值按照梁长方向、梁宽方向和梁高方向偏差值，直线段设置的空格位较多，每片梁按照直线段实
★管道频率同自检。管道间距检查方法和频率：尺量，自检每套记录表填写1张，一张填写不可另张填写；2. 管道坐标和上下层偏差值按照梁长方向、梁宽方向和梁高方向偏差值，直线段设置的空格位较多，每片梁按照直线段实
查频率同自检。多条管道空点数，多条管道空格空置或打"／"；3. 同排间距偏差和上下层偏差值填写管道定位置填写管道编号及同排编号、上下层编号；4. 管道编号空置按照设计图纸据实填写。
际长度确定检查点数。

注：1. 每片梁填写1套记录表，尺量：尺量，一张填写不可另张填写；2. 管道坐标和上下层偏差值按照梁长方向、梁宽方向和梁高方向偏差值，直线段设置的空格位较多，每片梁按照直线段实际长度确定检查点数、锚固点数及连接点全测；抽检自检梁板数的20%，被抽检梁板按照设计图纸据实填写。

检查人/现场监理	质检负责人/专业监理工程师

箱梁预制后张法预应力筋张拉应力值张拉伸长率断丝滑丝质量现场检查及抽检记录表

公路项目 _____

□ 施工自检
□ 监理抽检

施工单位		监理单位		检查依据	2017验标第8.3.2-2条
单位工程		分部工程		分项工程	
梁板编号		检查项次		检查日期	年 月 日

设计参数：_____；预应力损失值：_____；上拱度：_____mm（_____%设计值）

控制应力：_____；预应力张拉应力值_____，伸长率，断丝滑丝率：_____

千斤顶编号：_____；标定日期：_____年_____月_____日；张拉时混凝土强度：_____；锚具型号：_____；

设备参数：_____mm；钢绞线标准代号及规格：_____；摩擦系数：_____；油泵编号：_____；

钢绞线布置示意图及编号

★预应力筋张拉伸长率

	设计值 (mm)	实际值 (mm)	伸长率 (%)

预应力筋张拉顺序		初张拉力 (kN)	第一次张拉 (20%)		第二次张拉 (40%)		第三次张拉 (100%)		实际伸长值 (mm)	锚具内缩量
			油压表读数 (MPa)	推算伸长值 (mm)	张拉力 (kN)	油压表读数 (MPa)	张拉力 (kN)	油压表读数 (MPa)		
N1	A端									
	B端									
N2	A端									
	B端									
N3	A端									
	B端									
N4	A端									
	B端									
N1	A端									
	B端									
N2	A端									
	B端									
N3	A端									
	B端									
N4	A端									
	B端									

张拉说明：
1. 张拉以应力控制为主，伸长量为辅，实测引伸量不应超过设计计算的±6‰。
2. 张拉顺序：0→初应力20%σ_con→40%σ_con→100%σ_con，持荷5 min锚固在梁端。
3. 张拉顺序 N1→N4→N3→N2。

★断丝滑丝情况	N1	N2	N3	N4
	N1'	N2'	N3'	N4'

注：1. 每片梁填写1套记录表，如一张填不下，可另张填写；2. 监理抽检频率为自检频率的20%，被抽检梁板的抽检频率自检、资料共用；
3. 图示、张拉说明、预应力筋张拉顺序及每次张拉力等按设计实际情况填写。

检查人		质检负责人		旁站监理	

_____公路项目　　　　　　□施工自检监理抽检

箱梁预制预应力管道压浆现场质量检查及抽检记录表

施工单位		监理单位	
单位工程		分部工程	
分项工程		检查依据	2017验标第8.3.3条
梁板编号		检查日期	年　月　日

2△★压浆压力值规定值（规定值或允许偏差：满足设计要求，设计要求？MPa）
检查方法和频率：查油压表读数，自检每管道检查；抽检自检梁板的20%，被抽梁板检查频率同自检
3稳压时间规定值（规定值或允许偏差：满足设计要求，设计要求？s）
检查方法和频率：计时器，自检每管道检查；抽检自检梁板的20%，被抽梁板检查频率同自检

孔道编号	压浆方向	起止时间	2△★压浆压力值（MPa）	浆液通过情况	冒浆情况	3稳压时间（秒）

注：1. 每片梁填写1张现场检查及抽检记录表；2. 监理以旁站方式抽检，资料共用。

检查人		质检负责人		旁站监理	

_____公路项目		□施工自检
梁板安装现场质量检查记录表		□监理抽检

施工单位		监理单位	
单位工程		分部工程	
分项工程		检查依据	2017验标第8.7.2-2条

1 支承中心偏位（规定值或允许偏差：梁≤5 mm，板≤10 mm）
（检查方法和频率：尺量，自检每跨测6个支承处，不足6个时全测；抽检同自检）

梁板部位	支承处1	支承处2	支承处3	支承处4	支承处5	支承处6	检查日期
左幅第1跨偏差值							年 月 日
左幅第2跨偏差值							年 月 日
左幅第3跨偏差值							年 月 日

3★相邻梁板顶面高差（规定值或允许偏差：□梁长L≤40 m，≤10 mm；□梁长L＞40 m，≤15 mm）
（检查方法和频率：自检测相邻梁板高差最大处；抽检同自检）

梁板部位	1号梁 2号梁	2号梁 3号梁	3号梁 4号梁	4号梁 5号梁	5号梁 6号梁	6号梁 7号梁	7号梁 8号梁	8号梁 9号梁	9号梁 10号梁	检查日期
左幅第1跨偏差值										年 月 日
左幅第2跨偏差值										年 月 日
左幅第3跨偏差值										年 月 日

注：1. 每个分项工程填写1张记录表；2. 本表按照每跨最多10片梁设置，多余的空格空置或打"/"，个别情况，因每跨梁板数大于10导致空格数量不够时，可调整表格增加列数或在下面空格接着填写。

检查人/现场监理		质检负责人/专业监理工程师	

	公路项目	☐ 施工自检
	逐跨拼装梁安装现场质量检查记录表	☐ 监理抽检

施工单位		监理单位	
单位工程		分部工程	
分项工程		检查依据	2017验标第 8.7.2-3 条
节段编号		检查日期	年 月 日～ 年 月 日

2 相邻节段间接缝错台（规定值或允许偏差：顶面≤5 mm，底面、侧面≤3）
（检查方法和频率：尺量，自检每条接缝测顶底面和每侧面错台最大处；抽检自检相邻节段数的20%，被抽节段检查频率同自检）

相邻节段编号	顶面偏差值（mm）	底面偏差值（mm）	左侧面偏差值（mm）	右侧面偏差值（mm）
1/2 节段				
2/3 节段				

3★节段拼装立缝宽度（规定值或允许偏差：≤3 mm，设计立缝宽度？mm）
（检查方法和频率：尺量，自检每条接缝测3处；抽检自检接缝数的20%，被抽接缝检查频率同自检）

接缝编号	立缝1偏差值（mm）	立缝2偏差值（mm）	立缝3偏差值（mm）	接缝编号	立缝1偏差值（mm）	立缝2偏差值（mm）	立缝3偏差值（mm）
1/2 节段							
2/3 节段							

4★梁长（规定值或允许偏差：+20，-40 mm）
（检查方法和频率：尺量，自检每跨测顶面两侧边线和中心处；抽检自检跨数的20%，被抽跨检查频率同自检）

每跨编号	梁长设计值（mm）	左侧顶面边线偏差值（mm）	中心线偏差值（mm）	右侧顶面边线偏差值（mm）

5 支承中心偏位（规定值或允许偏差：≤5 mm）
（检查方法和频率：尺量，自检测每支承中心；抽检自检支承中心数的20%）

每跨编号	支承处1	支承处2	支承处3	支承处4	支承处5	支承处6	支承处7	支承处8

注：1. 每个分项工程填写1套检查记录表；2. 本表按照每跨最多8个支承设置，多余的空格空置或打"/"，不足可填写多行；3. 除设计值外，均填写偏差值。

检查人/现场监理		质检负责人/专业监理工程师	

_____公路项目 □施工自检 □监理抽检

顶推施工梁现场质量检查记录表

施工单位		监理单位	
单位工程		分部工程	
分项工程		检查依据	2017验标第8.7.3条
油压表数量	该顶推施工梁共？个油压表 此页记录？个油压表	检查日期	年 月 日

2△★落梁反力（KN）（规定值或允许偏差：满足设计要求；设计未要求时，≤1.1倍的设计反力）

油压表编号及位置	落梁反力设计值（KN）	顶推次数及油压表读数（KN）				
		第1次	第2次	第3次	第4次	第5次
		第6次	第7次	第8次	第9次	第10次
		第11次	第12次	第13次	第14次	第15次
		第16次	第17次	第18次	第19次	第20次
		第1次	第2次	第3次	第4次	第5次
		第6次	第7次	第8次	第9次	第10次
		第11次	第12次	第13次	第14次	第15次
		第16次	第17次	第18次	第19次	第20次
		第1次	第2次	第3次	第4次	第5次
		第6次	第7次	第8次	第9次	第10次
		第11次	第12次	第13次	第14次	第15次
		第16次	第17次	第18次	第19次	第20次
		第1次	第2次	第3次	第4次	第5次
		第6次	第7次	第8次	第9次	第10次
		第11次	第12次	第13次	第14次	第15次
		第16次	第17次	第18次	第19次	第20次
		第1次	第2次	第3次	第4次	第5次
		第6次	第7次	第8次	第9次	第10次
		第11次	第12次	第13次	第14次	第15次
		第16次	第17次	第18次	第19次	第20次

该分项的油压表读数数量		合格数量		合格率	

注：1. 每个顶推施工梁分项工程填写一套检查记录表，每张可填写5个油压表的顶推数据，不足可填写多页；2.表格按每个油压表顶推20次，每次2个数据进行设置，可根据现场实际情况调整表格内的顶推次数及每次顶推的读数量；3. 均填写实测值。

检查人/现场监理		质检负责人/专业监理工程师	

	_____公路项目	☐施工自检
	悬臂拼装梁现场质量检查记录表	☐监理抽检

施工单位		监理单位	
单位工程		分部工程	
分项工程		检查依据	2017验标第8.7.4-2条
设计参数		检查日期	年 月 日~ 年 月 日

5★相邻梁段间错台（规定值或允许偏差：≤3 mm）
（检查方法和频率：尺量，自检测底面、侧面；抽检自检相邻梁段的20%，被抽梁段检查频率同自检）

相邻梁段编号	底面高差（mm）	侧面高差（mm）		相邻梁段编号	底面高差（mm）	侧面高差（mm）	
		左侧面	右侧面			左侧面	右侧面

注：1. 每个分项工程填写一张现场检查记录表；2. 相邻梁段编号处填写2个相邻梁段的编号；3. 均填写偏差值。

检查人/现场监理		质检负责人/专业监理工程师	

_____公路项目 □施工自检 □监理抽检

交接墩支座安装现场质量检查记录表

施工单位		监理单位	
单位工程		分部工程	
分项工程		检查依据	2017验标第8.12.6-1条
设计参数		检查日期	年 月 日～ 年 月 日

1△★支座中心横桥向偏位（规定值或允许偏差：≤2 mm）
（检查方法和频率：尺量，自检测每支座；抽检20%自检支座数，被抽支座检查频率同自检）

交接墩编号	支座位置	支座编号									
		1	2	3	4	5	6	7	8	9	10
	前排										
	后排	/	/	/	/	/	/	/	/	/	/
	前排										
	后排										
/	前排	/	/	/	/	/	/	/	/	/	/
	后排										
/	前排	/	/	/	/	/	/	/	/	/	/
	后排										
/	前排	/	/	/	/	/	/	/	/	/	/
	后排										
/	前排	/	/	/	/	/	/	/	/	/	/
	后排										
/	前排	/	/	/	/	/	/	/	/	/	/
	后排										
/	前排	/	/	/	/	/	/	/	/	/	/
	后排										

2★支座中心顺桥向偏位（规定值或允许偏差：≤5 mm）
（检查方法和频率：尺量，自检测每支座；抽检20%自检支座数，被抽支座检查频率同自检）

交接墩编号	支座位置	支座编号									
		1	2	3	4	5	6	7	8	9	10
	前排										
	后排	/	/	/	/	/	/	/	/	/	/
	前排										
	后排										
/	前排	/	/	/	/	/	/	/	/	/	/
	后排										
/	前排	/	/	/	/	/	/	/	/	/	/
	后排										
/	前排	/	/	/	/	/	/	/	/	/	/
	后排										
/	前排	/	/	/	/	/	/	/	/	/	/
	后排										
/	前排	/	/	/	/	/	/	/	/	/	/
	后排										
/	前排	/	/	/	/	/	/	/	/	/	/
	后排										

注：1.本表按照1个盖梁前后最多各10个支座设置；2.一个分项工程填写1张现场检查记录表；3.自检测每个支座，抽检方法和频率同自检，均填写偏差值。

检查人/现场监理		质检负责人/专业监理工程师	

_____公路项目 ☐施工自检 ☐监理抽检

就地浇筑梁☐顶板☐底板钢筋加工及安装现场质量检查记录表（1/5）

施工单位		监理单位	
单位工程		分部工程	
分项工程		检查依据	2017 验标第 8.3.1-1 条
每联编号		检查日期	年 月 日～ 年 月 日

1△★受力钢筋排距（检查方法和频率：长度≤20 m 测 2 个断面，长度>20 m 测 3 个断面；允许偏差±5 mm；设计排距？mm）

☐长度≤20 m 时排距偏差值		☐长度>20 m 时排距偏差值		

1△★受力钢筋排距（两排以上排距，规定值或允许偏差±10 mm）
（☐顶板☐底板钢筋第一排设计间距？～？mm；☐顶板☐底板钢筋第二排设计间距？～？mm）

顺桥向第一排断面1	
顺桥向第一排断面2	
顺桥向第一排断面3	

注：就地浇筑梁每联顶板和底板各填写 1 套记录，除检验日期、偏差值和签名外，其余均打印。

检查人/现场监理		质检负责人/专业监理工程师	

_____ 公路项目　　□施工自检　□监理抽检

就地浇筑梁□顶板□底板钢筋加工及安装现场质量检查记录表（2/5）

施工单位		监理单位	
单位工程		分部工程	
分项工程		检查依据	2017验标第8.3.1-1条
每联编号		检查日期	年 月 日～ 年 月 日

1△★受力钢筋排距（检查方法和频率：长度≤20 m测2个断面，长度>20 m测3个断面；允许偏差±5 mm；设计排距？mm）

□长度≤20 m时排距偏差值		□长度>20 m时排距偏差值	

　　1△★受力钢筋排距（两排以上排距，规定值或允许偏差±10 mm）
（□顶板□底板钢筋第一排设计间距？~?mm；□顶板□底板钢筋第二排设计间距？ ~？mm）

顺桥向第二排断面1	
顺桥向第二排断面2	
顺桥向第二排断面3	

注：就地浇筑梁每联顶板和底板各填写1套记录，除检验日期、偏差值和签名外，其余均打印。

检查人/现场监理		质检负责人/专业监理工程师	

| 公路项目 | ☐施工自检 ☐监理抽检 |

就地浇筑梁☐顶板☐底板钢筋加工及安装现场质量检查记录表（3/5）

施工单位		监理单位	
单位工程		分部工程	
分项工程		检查依据	2017验标第8.3.1-1条
每联编号		检查日期	年 月 日 ~ 年 月 日

1△★受力钢筋排距（检查方法和频率：长度≤20 m测2个断面，长度>20 m测3个断面；允许偏差±5 mm；设计排距？mm）

☐长度≤20 m时排距偏差值			☐长度>20 m时排距偏差值		

1△★受力钢筋排距（两排以上排距，规定值或允许偏差±10 mm）
（☐顶板☐底板钢筋第一排设计间距？~？mm；☐顶板☐底板钢筋第二排设计间距？~？mm）

横桥向第一排断面1	
横桥向第一排断面2	
横桥向第一排断面3	

注：就地浇筑梁每联顶板和底板各填写1套记录，除检验日期、偏差值和签名外，其余均打印。

检查人/现场监理	质检负责人/专业监理工程师

	公路项目	☐施工自检
		☐监理抽检

就地浇筑梁☐顶板☐底板钢筋加工及安装现场质量检查记录表（4/5）

施工单位		监理单位	
单位工程		分部工程	
分项工程		检查依据	2017验标第8.3.1-1条
每联编号		检查日期	年 月 日～ 年 月 日

1△★受力钢筋排距（检查方法和频率：长度≤20 m测2个断面，长度＞20 m测3个断面；允许偏差±5 mm；设计排距？mm）

☐长度≤20 m时排距偏差值			☐长度＞20 m时排距偏差值		

1△★受力钢筋排距（两排以上排距，规定值或允许偏差±10 mm）
（☐顶板☐底板钢筋第一排设计间距？~？mm；☐顶板☐底板钢筋第二排设计间距？~？mm）

横桥向第二排断面1	
横桥向第二排断面2	
横桥向第二排断面3	

注：就地浇筑梁每联顶板和底板各填写1套记录，除检验日期、偏差值和签名外，其余均打印。

检查人/现场监理		质检负责人/专业监理工程师	

				公路项目	☐ 施工自检
					☐ 监理抽检

就地浇筑梁☐顶板☐底板钢筋加工及安装现场质量检查记录表（5/5）

施工单位		监理单位	
单位工程		分部工程	
分项工程		检查依据	2017 验标第 8.3.1-1 条
每联编号		检查日期	年 月 日～ 年 月 日

2 箍筋、构造钢筋、螺旋筋间距（规定值或允许偏差：±10 mm）
（自检每构件测 10 个间距；抽检同自检）

实测偏差值							

3★钢筋骨架尺寸（规定值或允许偏差：长 ±10 mm，宽、高 ±5 mm，设计长度 ?mm、宽度 ? mm，高度 ? mm）
（检查方法和频率：尺量，自检长度≤20 m 测 2 个断面，长度＞20 m 测 3 个断面；抽检同自检）
（钢筋骨架长 ? m 自检 ? 断面抽检 ? 断面）

长度偏差值	宽度偏差值	高度偏差值	直径偏差值
			/ / /

4 弯起钢筋位置（规定值或允许偏差：±20 mm 设计? 根）
（检查方法和频率：尺量，抽检每骨架抽查 30%共? 根；抽检自检数量的 20%共? 根）

5△★保护层厚度（规定值或允许偏差：±10 mm，钢筋立模面设计? m²，应检? 处，设计保护层厚度? mm）
（检查方法和频率：尺量，自检每立模面每 3 m² 检查 1 处且每立模面不少于 5 点共? 点；抽检自检点数的 20%共? 点）

注：就地浇筑梁每联顶板和底板各填写 1 套记录，除检验日期、偏差值和签名外，其余均打印。

检查人/现场监理		质检负责人/专业监理工程师	

305

_____公路项目　☐施工自检 ☐监理抽检

就地浇筑梁腹板钢筋加工及安装现场质量检查记录表（1/5）

施工单位		监理单位	
单位工程		分部工程	
分项工程		检查依据	2017验标第8.3.1-1条
腹板编号		检查日期	年　月　日～　年　月　日

1△★受力钢筋排距（检查方法和频率：长度≤20 m测2个断面，长度>20 m测3个断面；允许偏差±5 mm；设计排距？mm）

☐长度≤20 m时排距偏差值			☐长度>20 m时排距偏差值		

1△★受力钢筋排距（两排以上排距，规定值或允许偏差±10 mm）
（腹板钢筋第一排设计间距？~？mm；腹板钢筋第二排设计间距？~？mm）

水平方向第一排断面1	
水平方向第一排断面2	
水平方向第一排断面3	

注：就地浇筑梁腹板每联填写1套记录表，除检验日期、偏差值和签名外，其余均打印。

检查人/现场监理		质检负责人/专业监理工程师	

	公路项目	☐施工自检
		☐监理抽检

就地浇筑梁腹板钢筋加工及安装现场质量检查记录表（2/5）

施工单位		监理单位	
单位工程		分部工程	
分项工程		检查依据	2017验标第8.3.1-1条
腹板编号		检查日期	年 月 日～ 年 月 日

1△★受力钢筋排距（检查方法和频率：长度≤20 m测2个断面，长度>20 m测3个断面；允许偏差±5 mm；设计排距？mm）

☐长度≤20 m时排距偏差值			☐长度>20 m时排距偏差值		

1△★受力钢筋排距（两排以上排距，规定值或允许偏差±10 mm）
（腹板钢筋第一排设计间距？～？mm；腹板钢筋第二排设计间距？～？mm）

水平方向第二排断面1	
水平方向第二排断面2	
水平方向第二排断面3	

注：就地浇筑梁腹板每联填写1套记录表，除检验日期、偏差值和签名外，其余均打印。

检查人/现场监理		质检负责人/专业监理工程师	

_____公路项目　　　　　　　□施工自检
就地浇筑梁腹板钢筋加工及安装现场质量检查记录表（3/5）　　□监理抽检

施工单位		监理单位	
单位工程		分部工程	
分项工程		检查依据	2017验标第8.3.1-1条
腹板编号		检查日期	年　月　日～　　年　月　日

1△★受力钢筋排距（检查方法和频率：长度≤20 m测2个断面，长度>20 m测3个断面；允许偏差±5 mm；设计排距？mm）

□长度≤20 m时排距偏差值			□长度>20 m时排距偏差值		

1△★受力钢筋排距（两排以上排距，规定值或允许偏差±10 mm）
（腹板钢筋第一排设计间距？~?mm；腹板钢筋第二排设计间距？~? mm）

垂直方向第一排断面1	
垂直方向第一排断面2	
垂直方向第一排断面3	

注：就地浇筑梁腹板每联填写1套记录表，除检验日期、偏差值和签名外，其余均打印。

检查人/现场监理		质检负责人/专业监理工程师	

		_____公路项目	☐施工自检
			☐监理抽检

就地浇筑梁腹板钢筋加工及安装现场质量检查记录表（4/5）

施工单位		监理单位	
单位工程		分部工程	
分项工程		检查依据	2017验标第8.3.1-1条
腹板编号		检查日期	年 月 日～ 年 月 日

1△★受力钢筋排距（检查方法和频率：长度≤20 m测2个断面，长度＞20 m测3个断面；允许偏差±5 mm；设计排距？mm）

☐长度≤20 m时排距偏差值			☐长度＞20 m时排距偏差值		

　　　　1△★受力钢筋排距（两排以上排距，规定值或允许偏差±10 mm）
　　　　（腹板钢筋第一排设计间距？～？mm；腹板钢筋第二排设计间距？ ～？ mm）

垂直方向第二排断面1																

垂直方向第二排断面2																

垂直方向第二排断面3																

注：就地浇筑梁腹板每联填写1套记录表，除检验日期、偏差值和签名外，其余均打印。

检查人/现场监理		质检负责人/专业监理工程师	

_____公路项目

☐ 施工自检
☐ 监理抽检

就地浇筑梁腹板钢筋加工及安装现场质量检查记录表（5/5）

施工单位		监理单位	
单位工程		分部工程	
分项工程		检查依据	2017验标第8.3.1-1条
腹板编号		检查日期	年 月 日～ 年 月 日

2 箍筋、构造钢筋、螺旋筋间距（规定值或允许偏差：±10 mm）
（自检每构件测10个间距；抽检同自检）

实测偏差值										

3★ 钢筋骨架尺寸（规定值或允许偏差：长±10 mm，宽、高±5 mm，设计长度?mm、宽度? mm，高度? mm）
（检查方法和频率：尺量，自检长度≤20 m测2个断面，长度>20 m测3个断面；抽检同自检）
（钢筋骨架长? m自检? 断面抽检? 断面）

长度偏差值	宽度偏差值	高度偏差值	直径偏差值
			／　　／　　／

4 弯起钢筋位置（规定值或允许偏差：±20 mm 设计? 根）
（检查方法和频率：尺量，抽检每骨架抽查30%共? 根；抽检自检数量的20%共? 根）

5△★ 保护层厚度（规定值或允许偏差：±10 mm，钢筋立模面设计? m²，应检? 处，设计保护层厚度? mm）
（检查方法和频率：尺量，自检每立模面每3 m²检查1处且每立模面不少于5点共? 点；抽检自检点数的20%共? 点）

注：就地浇筑梁腹板每联填写1套记录表，除检验日期、偏差值和签名外，其余均打印。

检查人/现场监理		质检负责人/专业监理工程师	

310

公路项目 就地浇筑梁横梁钢筋加工及安装现场质量检查记录表

☐ 施工自检　☐ 监理抽检

施工单位		监理单位	
单位工程		分部工程	
分项工程		检查依据	2017验标第8.3.1-1条
纵横横梁及编号	☐ 纵横梁第？号纵梁钢筋加工及安装 ☐ 横横梁第？号横梁钢筋加工及安装	检验日期	年　月　日

1△★ 受力钢筋排距（检查方法和频率：长度≤20 m测2个断面，长度＞20 m测3个断面；允许偏差±5 mm，设计排距？mm）

☐ 长度≤20 m时排距偏差值			☐ 长度＞20 m时排距偏差值		
1△★ 受力钢筋间距（规定值或允许偏差±20 mm）			（第一排：设计？根间距？mm 自检？点抽检？点） （第二排：设计？根间距？mm 自检？点抽检？点）		

第一排断面1												
第一排断面2												
第一排断面3												
第二排断面1												
第二排断面2												
第二排断面3												

2 箍筋、构造钢筋、螺旋筋间距（规定值或允许偏差：±10 mm）
（自检每构件测10个间距；抽检同自检）

3★ 钢筋骨架尺寸（规定值或允许偏差：长±10 mm，宽、高±5 mm，设计长度？mm、宽度？mm，高度？mm）
（检查方法和频率：尺量，自检长度≤20 m测2个断面，长度＞20 m测3个断面；抽检同自检）
（钢筋骨架长？m 自检？断面抽检？断面）

长度偏差值			宽度偏差值			高度偏差值			直径偏差值	/	/	/

4 弯起钢筋位置（规定值或允许偏差：±20 mm 设计？根）
（检查方法和频率：尺量，抽检每骨架抽查30%共？根；抽检自检数量的20%共？根）

5△★ 保护层厚度（规定值或允许偏差：±10 mm，钢筋立模面设计？m²，应检？处，设计保护层厚度？mm）
（检查方法和频率：尺量，自检每立模面每3 m²检查1处且每立模面不少于5点共？点；抽检自检点数的20%共？点）

注：1. 每个纵横梁、每个横横梁各填写一张记录表；2. 可根据受力钢筋的排数、每排根数和构件长度据实修改表格；3. 除设计值外，所有项次均填偏差值；4. 除检验日期、偏差值和签名外，其余均打印。

检查人/现场监理		质检负责人/专业监理工程师	

311

_____公路项目　　　　　□施工自检　□监理抽检

就地浇筑梁混凝土浇筑现场质量检查记录表

施工单位		监理单位	
单位工程		分部工程	
分项工程		检查依据	2017 验标第 8.7.1 条
每联编号每联跨数		检查日期	年 月 日～ 年 月 日

4△★断面尺寸（mm）
（检查方法和频率：尺量，每跨测 3 个断面；抽检频率同自检）

高度（规定值或允许偏差：+5，-10 mm；设计高度？mm）
顶宽（规定值或允许偏差：±30 mm；设计顶宽？mm）
箱梁底宽（规定值或允许偏差：±20 mm；设计底宽？mm）
顶、底、腹板或梁肋厚（允许偏差：+10，0 mm；设计厚度？mm）

每跨编号	高度偏差值	顶板宽度偏差值	底板宽度偏差值	顶板厚度偏差值	底板厚度偏差值

每跨编号	左腹板厚度偏差值	中腹板1厚度偏差	中腹板2厚度偏差	中腹板3厚度偏差	中腹板4厚度偏差

	中腹板5厚度偏差	中腹板6厚度偏差	中腹板7厚度偏差	中腹板8厚度偏差	右腹板厚度偏差值

每跨编号	1号横横梁	2号横横梁	3号横横梁	4号横横梁	5号横横梁

	1号纵横梁	2号纵横梁	3号纵横梁	4号纵横梁	5号纵横梁

5★长度（规定值或允许偏差：+5 mm，-10 mm）
（检查方法和频率：尺量，自检每梁测顶面中线处，抽检同自检）

设计长度	
偏差值	

6★与相邻梁段间错台（规定值或允许偏差：≤5 mm）
（检查方法和频率：尺量，自检测底面、侧面；抽检同自检）

底面	左侧面	右侧面

注：1. 表格按照一联4箱9跨设置，填写时按照实际每联实际跨数和箱数填写，多余的空格不填或打"/"，不足可填写多页；2. "与相邻梁段间错台"按照每梁底面、左侧面、右侧面测3处设置；4. 每联填写1套现场检查记录表。

检查人/现场监理		质检负责人/专业监理工程师	

公路项目 _____

☐ 施工自检
☐ 监理抽检

就地浇筑梁后张法预应力管道安装现场质量检查记录表

施工单位		监理单位		检查依据	2017验标第 8.3.2-2 条
单位工程		分部工程		分项工程	
梁板编号		检查项次		检查日期	年　月　日

管道	左锚固点	左连接点	左曲线段点1	左曲线段点2	左曲线段点3	直线段点4	直线段点5	右锚固点	右连接	右曲线段点1	右曲线段点2	右曲线段点3
N1a偏差值	直线段点1	直线段点2	直线段点3				直线段点6		N1aN1b同排间距偏差值 N1aN2a上下层偏差值			
管道													
N2a偏差值	直线段点1	直线段点2	直线段点3				直线段点6		N2aN2b同排间距偏差值 N2aN3a上下层偏差值			
管道													
N3a偏差值	直线段点1	直线段点2	直线段点3				直线段点6		N3aN3b同排间距偏差值 N3aN3a上下层偏差值			
管道													
N1b偏差值	直线段点1	直线段点2	直线段点3				直线段点6		N1aN1b同排间距偏差值 N1bN2b上下层偏差值			
管道													
N2b偏差值	直线段点1	直线段点2	直线段点3				直线段点6		N2aN2b同排间距偏差值 N2bN3b上下层偏差值			

★ 管道坐标允许偏差：梁长方向±30 mm，梁宽方向±10 mm，梁高方向±10 mm，上下层±10 mm。
★ 管道间距允许偏差：同排±10 mm，尺量。
★ 管道坐标检查方法和频率：自检每梁板抽查30%的管道。每个曲线段测3点，直线段每10 m测1点，锚固点及连接点全测；抽检自检管道数的20%，被抽管道全检。
★ 管道间距检查方法和频率：尺量，自检每梁不可下另张填写；2. 管道坐标分别填写梁长方向、梁宽方向和梁高方向偏差值，直线段放置的空格位置同自检。
查频率同自检。

注：1. 每片梁填写1套记录表，一张填写不下可另张填写；2. 管道坐标分别填写梁长方向、梁宽方向和梁高方向偏差值，直线段放置的空格位置同自检，每片梁按照梁直线段的实际长度确定检查点数，多余的空格空置或打"/"；3. 同排间距偏差和上下层偏差按照管道位置填写偏差值偏差值的个数；4. 管道编号及同排和上下排根据设计图纸据实填写。

检查人/现场监理		质检负责人/专业监理工程师	

公路项目 _____

就地浇筑梁后张法预应力筋张拉应力值张拉伸长率断丝滑丝现场质量检查及抽检检录表

施工单位		监理单位		检查依据	2017验标 第8.3.2-2条
单项工程		分部工程			
每联编号		检查项目次		检查日期	年 月 日

设计参数 控制应力： ；预应力损失值： ；预应力张拉应力值、伸长率、断丝滑丝率：（ %设计值）

千斤顶内缩量： mm；标定日期： 年 月 日；张拉时混凝土强度： ；上拱值： mm；★预应力筋张拉伸长率

锚具编号： ；钢绞线标准代号及规格： ；摩擦系数： ；油泵编号： ；锚具型号： ；

设备参数

钢绞线布置示意图及编号

预应力筋张拉顺序	第一次张拉（20%）			第二次张拉（40%）			第三次张拉（100%）			★预应力筋张拉伸长值	伸长率（%）
	初张拉力(KN)	油压表读数(MPa)	推算伸长值(mm)	张拉力(KN)	油压表读数(MPa)	实际伸长值(mm)	张拉力(KN)	油压表读数(MPa)	实际伸长值(mm)	设计值(mm)	实际值(mm)
N3c A端											
B端											
N3d A端											
B端											
N3b A端											
B端											
N3e A端											
B端											
N3a A端											
B端											
N3f A端											
B端											

张拉说明：
1. 张拉以应力控制为主，伸长量为辅，实测引伸量不应超过设计计算值的±6%。
2. 张拉应力顺序：0→初应力20%σ_con→40%σ_con→100%σ_con持荷5min锚固在梁端。
3. 每构件填写一套记录表。
4. 设计有张拉顺序的按照设计，一般先张拉中间腹板，再张拉左右侧腹板，遵循先下后上，左右对称的原则进行张拉。

★断丝滑丝情况	N1a	N1b	N1c	N1d	N1e	N1f
	N2d	N2e	N2f	N3a	N3b	N3c
	N2a	N2b	N2c	N3d	N3e	N3f

注：1. 每个现浇块填写1套记录表，如一张填写不下，可另张填写；2. 监理抽检同自检，监理以旁站方式抽检，资料共用；3. 图示、张拉说明、预应力筋张拉力等按实际设计填写。

检查人 _____ 质检负责人 _____ 旁站监理 _____

□ 施工自检
□ 监理抽检

_____公路项目　　□施工自检监理抽检

就地浇筑预应力管道压浆现场质量检查及抽检记录表

施工单位			监理单位	
单位工程			分部工程	
分项工程			检查依据	2017验标第8.3.3条
每联编号			检查日期	年　月　日

2△★压浆压力值规定值（规定值或允许偏差：满足设计要求，设计要求？MPa）
检查方法和频率：查油压表读数，自检每管道检查；抽检自检梁板的20%，被抽梁板检查频率同自检

3稳压时间规定值（规定值或允许偏差：满足设计要求，设计要求？s）
检查方法和频率：计时器，自检每管道检查；抽检自检梁板的20%，被抽梁板检查频率同自检

孔道编号	压浆方向	起止时间	2△★压浆压力值（MPa）	浆液通过情况	冒浆情况	3稳压时间（秒）

注：1. 每片梁填写1张现场检查及抽检记录表；2. 监理以旁站方式抽检，资料共用。

检查人		质检负责人		旁站监理	

_____公路项目　　　□施工自检　□监理抽检

悬臂浇筑梁□顶板□底板钢筋加工及安装现场质量检查记录表

施工单位		监理单位	
单位工程		分部工程	
分项工程		检查依据	2017验标第8.3.1-1条
块段编号 检查部位	块段编号： 检查部位：□顶板钢筋 □底板钢筋	检查日期	年 月 日～ 年 月 日

1△★ 受力钢筋排距（检查方法和频率：长度≤20 m测2个断面，长度＞20 m测3个断面；允许偏差±5 mm；设计排距？mm）

□长度≤20 m时排距偏差值			□长度＞20 m时排距偏差值			

1△★ 受力钢筋排距（两排以上排距，规定值或允许偏差±10 mm）
（□顶板□底板钢筋第一排设计间距？～？mm；□顶板□底板钢筋第二排设计间距？～？mm）

顺桥向第一排断面1	
顺桥向第一排断面2	
顺桥向第一排断面3	

注：悬臂浇筑梁顶板、底板钢筋各填写1套记录表，除检验日期、偏差值和签名外，其余均打印。

检查人/现场监理		质检负责人/专业监理工程师	

316

_____公路项目　　□施工自检　□监理抽检

悬臂浇筑梁□顶板□底板钢筋加工及安装现场质量检查记录表

施工单位		监理单位	
单位工程		分部工程	
分项工程		检查依据	2017验标第8.3.1-1条
块段编号 检查部位	块段编号： 检查部位：□顶板钢筋 □底板钢筋	检查日期	年 月 日～ 年 月 日

1△★受力钢筋排距（检查方法和频率：长度≤20 m测2个断面，长度>20 m测3个断面；允许偏差±5 mm；设计排距？mm）

□长度≤20 m时排距偏差值			□长度>20 m时排距偏差值		

1△★受力钢筋排距（两排以上排距，规定值或允许偏差±10 mm）
（□顶板□底板钢筋第一排设计间距？～？mm；□顶板□底板钢筋第二排设计间距？～？mm）

顺桥向第二排断面1	
顺桥向第二排断面2	
顺桥向第二排断面3	

注：悬臂浇筑梁顶板、底板钢筋各填写1套记录表，除检验日期、偏差值和签名外，其余均打印。

检查人/现场监理		质检负责人/专业监理工程师	

_____公路项目　　□施工自检　□监理抽检

悬臂浇筑梁□顶板□底板钢筋加工及安装现场质量检查记录表

施工单位		监理单位	
单位工程		分部工程	
分项工程		检查依据	2017验标第8.3.1-1条
块段编号 检查部位	块段编号： 检查部位：□顶板钢筋　□底板钢筋	检查日期	年　月　日～　　年　月　日

1△★受力钢筋排距（检查方法和频率：长度≤20 m测2个断面，长度>20 m测3个断面；允许偏差±5 mm；设计排距? mm）

□长度≤20 m时排距偏差值		□长度>20 m时排距偏差值	

　　　　　1△★受力钢筋排距（两排以上排距，规定值或允许偏差±10 mm）
（□顶板□底板钢筋第一排设计间距?~?mm；□顶板□底板钢筋第二排设计间距?~?mm）

横桥向第一排断面1	
横桥向第一排断面2	
横桥向第一排断面3	

注：悬臂浇筑梁顶板、底板钢筋各填写1套记录表，除检验日期、偏差值和签名外，其余均打印。

检查人/现场监理		质检负责人/专业监理工程师	

_____公路项目　　□施工自检　□监理抽检

悬臂浇筑梁□顶板□底板钢筋加工及安装现场质量检查记录表

施工单位		监理单位	
单位工程		分部工程	
分项工程		检查依据	2017验标第8.3.1-1条
块段编号 检查部位	块段编号： 检查部位：□顶板钢筋 □底板钢筋	检查日期	年 月 日～ 年 月 日

1△★受力钢筋排距（检查方法和频率：长度≤20 m测2个断面，长度＞20 m测3个断面；允许偏差±5 mm；设计排距？mm）

□长度≤20 m时排距偏差值			□长度＞20 m时排距偏差值		

1△★受力钢筋排距（两排以上排距，规定值或允许偏差±10 mm）
（□顶板□底板钢筋第一排设计间距？~?mm；□顶板□底板钢筋第二排设计间距？~？mm）

横桥向第二排断面1	
横桥向第二排断面2	
横桥向第二排断面3	

注：悬臂浇筑梁顶板、底板钢筋各填写1套记录表，除检验日期、偏差值和签名外，其余均打印。

检查人/现场监理		质检负责人/专业监理工程师	

_____公路项目　　□施工自检　□监理抽检

悬臂浇筑梁□顶板□底板钢筋加工及安装现场质量检查记录表

施工单位		监理单位	
单位工程		分部工程	
分项工程		检查依据	2017 验标第 8.3.1-1 条
块段编号检查部位	块段编号： 检查部位：□顶板钢筋　□底板钢筋	检查日期	年　月　日～　　年　月　日

2 箍筋、构造钢筋、螺旋筋间距（规定值或允许偏差：±10 mm）
（自检每构件测 10 个间距；抽检同自检）

实测偏差值										

3★钢筋骨架尺寸（规定值或允许偏差：长±10 mm，宽、高±5 mm，设计长度?mm、宽度? mm，高度? mm）
（检查方法和频率：尺量，自检长度≤20 m 测 2 个断面，长度>20 m 测 3 个断面；抽检同自检）
（钢筋骨架长? m 自检? 断面抽检? 断面）

长度偏差值		宽度偏差值		高度偏差值		直径偏差值		
						/	/	/

4 弯起钢筋位置（规定值或允许偏差：±20 mm 设计？根）
（检查方法和频率：尺量，抽检每骨架抽查 30%共？根；抽检自检数量的 20%共？根）

5△★保护层厚度（规定值或允许偏差：±10 mm，钢筋立模面设计？m²，应检？处，设计保护层厚度？mm）
（检查方法和频率：尺量，自检每立模面每 3 m² 检查 1 处且每立模面不少于 5 点共？点；抽检自检点数的 20%共？点）

注：悬臂浇筑梁顶板、底板钢筋各填写 1 套记录表，除检验日期、偏差值和签名外，其余均打印。

检查人/现场监理		质检负责人/专业监理工程师	

公路项目		□施工自检
悬臂浇筑梁腹板钢筋加工及安装现场质量检查记录表		□监理抽检

施工单位		监理单位	
单位工程		分部工程	
分项工程		检查依据	2017验标第8.3.1-1条
块段编号检查部位	块段编号：检查部位：□左腹板钢筋 □右腹板钢筋	检查日期	年 月 日～ 年 月 日

1△★受力钢筋排距（检查方法和频率：长度≤20 m测2个断面，长度＞20 m测3个断面；允许偏差±5 mm；设计排距？mm）

□长度≤20 m时排距偏差值		□长度＞20 m时排距偏差值	

1△★受力钢筋排距（两排以上排距，规定值或允许偏差±10 mm）
（腹板钢筋第一排设计间距？～？mm；腹板钢筋第二排设计间距？～？mm）

水平方向第一排断面1	
水平方向第一排断面2	
水平方向第一排断面3	

注：悬臂浇筑梁每个腹板填写1套记录表，每排受力钢筋的根数据实填写，除检验日期、偏差值和签名外，其余均打印。

检查人/现场监理		质检负责人/专业监理工程师	

_____公路项目　　　　　　□施工自检
　　　　　　　　　　　　　　　　　□监理抽检

悬臂浇筑梁腹板钢筋加工及安装现场质量检查记录表

施工单位		监理单位	
单位工程		分部工程	
分项工程		检查依据	2017验标第8.3.1-1条
块段编号 检查部位	块段编号： 检查部位：□左腹板钢筋　□右腹板钢筋	检查日期	年 月 日~ 年 月 日

1△★受力钢筋排距（检查方法和频率：长度≤20 m测2个断面，长度>20 m测3个断面；允许偏差±5 mm；设计排距？mm）

□长度≤20 m时排距偏差值		□长度>20 m时排距偏差值		

1△★受力钢筋排距（两排以上排距，规定值或允许偏差±10 mm）
（腹板钢筋第一排设计间距？~?mm；腹板钢筋第二排设计间距？ ~？mm）

水平方向第二排断面1	
水平方向第二排断面2	
水平方向第二排断面3	

注：悬臂浇筑梁每个腹板填写1套记录表，每排受力钢筋的根数据实填写，除检验日期、偏差值和签名外，其余均打印。

检查人/现场监理		质检负责人/专业监理工程师	

_____公路项目　　　　　　　　　　　□ 施工自检
悬臂浇筑梁腹板钢筋加工及安装现场质量检查记录表　　□ 监理抽检

施工单位		监理单位	
单位工程		分部工程	
分项工程		检查依据	2017验标第8.3.1-1条
块段编号 检查部位	块段编号： 检查部位：□左腹板钢筋　□右腹板钢筋	检查日期	年 月 日 ～ 年 月 日

1△★受力钢筋排距（检查方法和频率：长度≤20 m测2个断面，长度＞20 m测3个断面；允许偏差±5 mm；设计排距？mm）

□长度≤20 m时排距偏差值		□长度＞20 m时排距偏差值	

　　1△★受力钢筋排距（两排以上排距，规定值或允许偏差±10 mm）
（腹板钢筋第一排设计间距？～？mm；腹板钢筋第二排设计间距？～？mm）

垂直方向第一排断面1	
垂直方向第一排断面2	
垂直方向第一排断面3	

注：悬臂浇筑梁每个腹板填写1套记录表，每排受力钢筋的根数据实填写，除检验日期、偏差值和签名外，其余均打印。

检查人/现场监理		质检负责人/专业监理工程师	

_____公路项目 □施工自检 □监理抽检

悬臂浇筑梁腹板钢筋加工及安装现场质量检查记录表

施工单位		监理单位	
单位工程		分部工程	
分项工程		检查依据	2017验标第 8.3.1-1 条
块段编号 检查部位	块段编号： 检查部位：□左腹板钢筋 □右腹板钢筋	检查日期	年 月 日~ 年 月 日

1△★受力钢筋排距（检查方法和频率：长度≤20 m 测2个断面，长度>20 m 测3个断面；允许偏差±5 mm；设计排距？mm）

□长度≤20 m时排距偏差值			□长度>20 m时排距偏差值		

1△★受力钢筋排距（两排以上排距，规定值或允许偏差±10 mm）
（腹板钢筋第一排设计间距？~?mm；腹板钢筋第二排设计间距？ ~？mm）

垂直方向第二排断面1	
垂直方向第二排断面2	
垂直方向第二排断面3	

注：悬臂浇筑梁每个腹板填写1套记录表，每排受力钢筋的根数据实填写，除检验日期、偏差值和签名外，其余均打印。

检查人/现场监理		质检负责人/专业监理工程师	

_____公路项目 ☐施工自检 ☐监理抽检

悬臂浇筑梁腹板钢筋加工及安装现场质量检查记录表

施工单位		监理单位	
单位工程		分部工程	
分项工程		检查依据	2017 验标第 8.3.1-1 条
块段编号 检查部位	块段编号： 检查部位：☐左腹板钢筋 ☐右腹板钢筋	检查日期	年 月 日～ 年 月 日

2 箍筋、构造钢筋、螺旋筋间距（规定值或允许偏差：±10 mm）
（自检每构件测 10 个间距；抽检同自检）

实测偏差值										

3★钢筋骨架尺寸（规定值或允许偏差：长±10 mm，宽、高±5 mm，设计长度?mm、宽度? mm，高度? mm）
（检查方法和频率：尺量，自检长度≤20 m 测 2 个断面，长度>20 m 测 3 个断面；抽检同自检）
（钢筋骨架长? m 自检? 断面抽检? 断面）

长度偏差值	宽度偏差值	高度偏差值	直径偏差值
			/ / /

4 弯起钢筋位置（规定值或允许偏差：±20 mm 设计? 根）
（检查方法和频率：尺量，抽检每骨架抽查 30%共? 根；抽检自检数量的 20%共? 根）

5△★保护层厚度（规定值或允许偏差：±10 mm，钢筋立模面设计? m²，应检? 处，设计保护层厚度? mm）
（检查方法和频率：尺量，自检每立模面每 3 m² 检查 1 处且每立模面不少于 5 点共? 点；抽检自检点数的 20%共? 点）

注：悬臂浇筑梁每个腹板填写 1 套记录表，每排受力钢筋的根数据实填写，除检验日期、偏差值和签名外，其余均打印。

检查人/现场监理		质检负责人/专业监理工程师	

	_____公路项目	☐施工自检
	悬臂浇筑梁横隔墙钢筋加工及安装现场质量检查记录表	☐监理抽检

施工单位		监理单位	
单位工程		分部工程	
分项工程		检查依据	2017验标第8.3.1-1条
块段编号 横隔墙	块段编号： ☐横隔墙第？号	检验日期	年　月　日

1△★ 受力钢筋排距（检查方法和频率：长度≤20 m测2个断面，长度＞20 m测3个断面；允许偏差±5 mm，设计排距？mm）

| ☐长度≤20 m时排距偏差值 | | ☐长度＞20 m时排距偏差值 | | |

| 1△★ 受力钢筋间距
（规定值或允许偏差±20 mm） | （第一排：设计？根间距？mm自检？点抽检？点）
（第二排：设计？根间距？mm自检？点抽检？点） |

第一排 断面1	
第一排 断面2	
第一排 断面3	
第二排 断面1	
第二排 断面2	
第二排 断面3	

2★ 箍筋、构造钢筋、螺旋筋间距（规定值或允许偏差：±10 mm）
（自检每构件测10个间距；抽检同自检）

3★ 钢筋骨架尺寸（规定值或允许偏差：长±10 mm，宽、高±5 mm，设计长度？mm、宽度？mm，高度？mm）
（检查方法和频率：尺量，自检长度≤20 m测2个断面，长度＞20 m测3个断面；抽检同自检）
（钢筋骨架长？m自检？断面抽检？断面）

| 长度偏差值 | | 宽度偏差值 | | 高度偏差值 | | 直径偏差值 | / | / | / |

4 弯起钢筋位置（规定值或允许偏差：±20 mm设计？根）
（检查方法和频率：尺量，抽检每骨架抽查30%共？根；抽检自检数量的20%共？根）

5△★ 保护层厚度（规定值或允许偏差：±10 mm，钢筋立模面设计？m²，应检？处，设计保护层厚度？mm）
（检查方法和频率：尺量，自检每立模面每3 m²检查1处且每立模面不少于5点共？点；抽检自检点数的20%共？点）

注：1. 每个横隔墙填写一张检查记录表；2. 除设计值外，所有项次均填偏差值；3. 除检验日期、偏差值和签名外，其余均打印。

| 检查人/现场监理 | | 质检负责人/专业监理工程师 | |

_____公路项目

☐ 施工自检
☐ 监理抽检

悬臂浇筑梁混凝土浇筑现场质量检查记录表

施工单位		监理单位	
单位工程		分部工程	
分项工程		检查依据	2017 验标第 8.7.4-1 条
块段编号		检查日期	年 月 日 ~ 年 月 日

4△★断面尺寸（规定值或允许偏差：高度+5，-10 mm，顶宽±30 mm，底宽±20 mm，顶、底腹板厚+10，0 mm）
（检查方法和频率：尺量，自检每节段测 1 个断面；抽检频率同自检）

块段编号	高度 (+5 mm, -10 mm)		顶宽 (±30 mm)		底宽 (±20 mm)		顶板厚度 (+10 mm, 0 mm)		底板厚度 (+10 mm, 0 mm)	
	设计值	偏差值	设计值	偏差值	设计值	偏差值	设计值	偏差值	设计值	偏差值

块段编号	左腹板厚度偏差值 (+10 mm, 0 mm)		中腹板1厚度偏差值 (+10 mm, 0 mm)		中腹板2厚度偏差值 (+10 mm, 0 mm)		中腹板3厚度偏差值 (+10 mm, 0 mm)		右腹板厚度偏差值 (+10 mm, 0 mm)	
	设计值	偏差值	设计值	偏差值	设计值	偏差值	设计值	偏差值	设计值	偏差值

8★相邻梁段错台（规定值或允许偏差：≤5 mm）
（检查方法和频率：尺量，自检测底面，侧面；抽检频率同自检）

相邻块段编号	底面偏差值	左侧面偏差值	右侧面偏差值	相邻节段编号	底面偏差值	左侧面偏差值	右侧面偏差值

注：1. 表格设置的数据格较多，填写时按照实际需要填写，多余的或没有的项目（如中腹板）的空格不填或打"/"；
2. "相邻梁段间错台"按照每梁底面、左侧面、右侧面测 3 处设置；3. 每张检查记录表可填写 11 个节段，超过 11 个节段可填写多页。

检查人/现场监理		质检负责人/专业监理工程师	

公路项目 _____

☐ 施工自检
☐ 监理抽检

悬臂浇筑梁后张法预应力管道安装现场质量检查记录表

施工单位		监理单位		检查依据	2017验标第8.3.2-2条
单位工程		分部工程		分项工程	
梁段编号		检查项次		检查日期	年 月 日

管道N1偏差值	左锚固点	左连接点	左曲线段点1	左曲线段点2	左曲线段点3	右锚固点	直线段点6	右连接点	右曲线段点1	右曲线段点2	右曲线段点3
	直线段点1	直线段点2	直线段点3	直线段点4	直线段点5						
	同排间距偏差值 N1N2 上下层偏差值										

管道N2偏差值	左锚固点	左连接点	左曲线段点1	左曲线段点2	左曲线段点3	右锚固点	直线段点6	右连接点	右曲线段点1	右曲线段点2	右曲线段点3
	直线段点1	直线段点2	直线段点3	直线段点4	直线段点5						
	同排间距偏差值 N2N3 上下层偏差值										

管道N3偏差值	左锚固点	左连接点	左曲线段点1	左曲线段点2	左曲线段点3	右锚固点	直线段点6	右连接点	右曲线段点1	右曲线段点2	右曲线段点3
	直线段点1	直线段点2	直线段点3	直线段点4	直线段点5						
	同排间距偏差值 N3N4 上下层偏差值										

管道N4偏差值	左锚固点	左连接点	左曲线段点1	左曲线段点2	左曲线段点3	右锚固点	直线段点6	右连接点	右曲线段点1	右曲线段点2	右曲线段点3
	直线段点1	直线段点2	直线段点3	直线段点4	直线段点5						
	同排间距偏差值 N4ZN5、N4YN5 上下层偏差值										

管道N5偏差值	左锚固点	左连接点	左曲线段点1	左曲线段点2	左曲线段点3	右锚固点	直线段点6	右连接点	右曲线段点1	右曲线段点2	右曲线段点3
	直线段点1	直线段点2	直线段点3	直线段点4	直线段点5						
	同排间距偏差值 ZN5YN5 同排间距偏差值 上下层偏差值										

★ 管道坐标允许偏差，梁长方向±30 mm，梁宽方向±10 mm，上下层±10 mm。
★ 管道间距允许偏差，同排±10 mm，上下层±10 mm。
★ 管道坐标检查方法和频率，尺量，自检每梁板抽查30%的管道，抽检自检梁数30%的管道，测2个断面，测2点，测2个断面；每个曲线段测3点，直线段每10 m测1点，锚固点及连接点全测；抽检自检梁段数20%，被抽梁段高方向和梁宽方向偏差值，梁高方向、梁宽方向按照梁长方向偏差值填写；直线段位置的空格位置较多，每片梁按照设计图纸实测数据填写。
★ 管道间距检查方法和频率填写，自检每梁板抽查30%的管道，抽检自检梁数20%，被抽管道梁段自检。
注：1.每个梁段填写1套记录表，一张填写不可另加张填写；2. 管道坐标分别填写梁长方向、梁高方向和梁宽方向偏差值；3. 同排间距偏差和上下层偏差值填写偏差值的个数；4. 管道编号及同排编号和上下排上下排按照设计图纸据实填写。

检查人·现场监理	质检负责人·专业监理工程师

公路项目 悬臂浇筑梁张拉后法纵向预应力筋张拉现场质量检查及抽检记录表

□ 施工自检
□ 施工监检
□ 监理抽检

施工单位		监理单位						
单位工程		分部工程						
梁段编号		分项工程		检查依据 2017验标第 8.3.2-2 条				
设计参数	控制应力: ;预应力损失值: ;预应力张拉应力值、伸长率、断丝滑丝率	检查项次	上拱值: mm;张拉时混凝土强度: %设计值	检查日期 年 月 日~年 月 日				
设备参数	千斤顶编号 ;标定日期: 年 月 日;摩擦系数: ;油泵编号: ;锚具型号:							
	锚具内缩量 mm;钢绞线标准代号及规格:							

预应力筋张拉顺序	第一次张拉(20%)			第二次张拉(40%)			第三次张拉(100%)			★预应力筋张拉伸长值		钢绞线布置示意图及编号
	初张拉力(kN)	油压表读数(MPa)	推算伸长值(mm)	张拉力(kN)	油压表读数(MPa)	实际伸长值(mm)	张拉力(kN)	油压表读数(MPa)	实际伸长值(mm)	设计值(mm)	实际值(mm)	伸长率(%)
A端												
B端												
A端												
B端												
A端												
B端												
A端												
B端												
A端												
B端												
A端												
B端												
A端												
B端												
A端												
B端												

★断丝滑丝情况：

张拉说明：
1. 张拉应力以控制为主，伸长量为辅，实测引伸量不应超过设计计算的土6%。
2. 张拉 20%σ_con →初应力 20%σ_con →40%σ_con →100%σ_con 持荷 5 min 锚固在梁端。
3. 每构件填写一套记录表。

图例：T₁左-1为例
T：设计图纸编号
左：顺桥向靠左侧
1：第1束
备注：A段小里程端
B段大里程端

注：1. 每个梁段填写 1 套记录表，如一张填写不下，可另张填写；2. 抽检自检梁段数数的 20%，被抽检梁段检查频率同自检，监理以旁站方式抽检，监理记录资料共用；3. 张拉说明、预应力筋张拉顺序及每次张拉力等按设计实际情况填写。

检查人　　　　　　　质检负责人　　　　　　　旁站监理

□ 施工自检　□ 监理抽检

公路项目

悬臂浇筑梁后张法竖向预应力筋张拉现场质量检查及抽检记录表

施工单位		监理单位		检查依据	2017验标第 8.3.2-2 条
单位工程		分部工程		分项工程	
梁段编号		检查项次		检查日期	年　月　日～年　月　日

设计参数：控制应力：　　　；预应力损失值：　　　；预应力张拉应力值、伸长率、断丝滑丝率：（　%设计值）

千斤顶编号：　　　；标定日期：　年　月　日；张拉时混凝土强度：　　　；锚具型号：　　　；锚

设备参数：具内缩量：　　mm；钢绞线标准代号及规格：　　　；摩擦系数：　　　；油泵编号：

钢绞线布置示意图及编号：

说明：
左1-1　左1-3
左1-2　左1-4
左1-1：第1排
左1：左幅
第1束

预应力筋张拉顺序		第一次张拉（20%）			第二次张拉（40%）			第三次张拉（100%）			★预应力筋张拉伸长值	
		初张拉力(KN)	油压表读数(MPa)	推算伸长值(mm)	张拉力(KN)	油压表读数(MPa)	实际伸长值(mm)	张拉力(KN)	油压表读数(MPa)	实际伸长值(mm)	设计值(mm)	实际值(mm)	伸长率(%)
	A端												
	B端												
	A端												
	B端												
	A端												
	B端												
	A端												
	B端												
	A端												
	B端												
	A端												
	B端												
	A端												
	B端												

张拉说明：
1. 张拉以应力控制为主，伸长量为辅，实测引伸量不应超过设计计算的±6%。
2. 张拉顺序：0→初应力20%σ_con→40%σ_con→100%σ_con持荷5 min锚固在梁端。
3. 每孔伴填写一套记录表。

★断丝滑丝情况：

检查人		质检负责人		旁站监理	

注：1. 每个梁段填写1套记录表，如一张填写不下，可另张填写；2. 抽检自检梁段数的20%，被抽检梁段检查频率同自检，监理以旁站方式抽检，资料共用；3. 图示、张拉说明、预应力筋张拉顺序及每次张拉力等张拉力按设计实际情况填写。

330

_____ 公路项目

□施工自检
□监理抽检

悬臂浇筑梁后张法横向预应力筋张拉现场质量检查及抽检记录表

施工单位		监理单位		检查依据	2017验标第8.3.2-2条
单位工程		分部工程		分项工程	
梁段编号		检查项次		检查日期	年 月 日~年 月 日

设计参数：控制应力：_____；预应力损失值：_____；预应力张拉应力值：_____mm；伸长率、断丝滑丝率：（_____%设计值）
设备参数：千斤顶编号：_____；标定日期：_____年_____月_____日；摩擦系数：_____；油泵表编号：_____；锚具型号：_____；
具内缩量：_____mm；钢绞线标准代号及规格：_____；张拉时混凝土强度编号：_____；上拱值：_____

预应力筋张拉顺序		第一次张拉（20%）			第二次张拉（40%）			第三次张拉（100%）			★预应力筋张拉伸长值	
		初张拉力(kN)	油压表读数(MPa)	推算伸长值(mm)	张拉力(kN)	油压表读数(MPa)	实际伸长值(mm)	张拉力(kN)	油压表读数(MPa)	实际伸长值(mm)	设计值(mm)	实际值(mm)	伸长率(%)
	A端												
	B端												
	A端												
	B端												
	A端												
	B端												
	A端												
	B端												
	A端												
	B端												
	A端												
	B端												
	A端												
	B端												
	A端												
	B端												

钢绞线布置示意图及编号：

```
         中跨侧
    ┌─────────┐
左1 │中  中   │ 右1
    │线  线   │
左2 │         │ 右2
    └─────────┘
         边跨侧
```

张拉说明：
1. 张拉以应力控制为主，实测引伸量不应超过设计计算的±6%。
2. 张拉应力顺序：0→初应力20%→σ_con→40%σ_con→100%σ_con持荷5min锚固在梁端。
3. 每构件填写一套记录表。

★断丝滑丝情况：

注：1. 每个梁段填写1套记录表，如一张填写不下，可另张填写；2. 抽检检查频率同自检，被抽检梁段数的20%，被抽检梁段预应力筋张拉顺序及每次张拉力等按设计实际情况填写。
张拉说明、图示，资料共用；3. 图示、张拉说明、预应力筋张拉顺序及每次张拉力等按设计实际情况填写。

检查人		质检负责人		旁站监理	

331

悬臂浇筑梁横隔板后张法预应力筋张拉现场质量检查及抽检记录表

□ 施工自检
□ 监理抽检

公路项目 _____

施工单位		监理单位		检查依据	2017验标第 8.3.2-2 条
单位工程		分部工程		表格数量	第 页 共 页
梁段编号		检查项次	预应力张拉应力值、伸长率、断丝滑丝率	分项工程	
设计参数	控制应力： ；标定日期： 年 月 日 上拱值： mm；张拉时混凝土强度：（ %设计值）	检查日期	年 月 日～年 月 日		
设备参数	千斤顶编号： ；钢绞线标准号及规格： ；预应力损失值： ；摩擦系数： ；油压表编号： ；锚具型号： ； 锚具内缩量： mm；钢绞线标准代号及规格：				钢绞线布置示意图及编号

预应力筋张拉顺序		第一次张拉（20%）			第二次张拉（40%）			第三次张拉（100%）			★预应力筋张拉伸长值	
		初张拉力(kN)	油压表读数(MPa)	推算伸长值(mm)	张拉力(kN)	油压表读数(MPa)	实际伸长值(mm)	张拉力(kN)	油压表读数(MPa)	实际伸长(mm)	设计值(mm)	实际伸长值(mm)	伸长率(%)
	A端												
	B端												
	A端												
	B端												
	A端												
	B端												
	A端												
	B端												
	A端												
	B端												
	A端												
	B端												
	A端												
	B端												

张拉说明：
1. 张拉以应力控制为主，伸长量为辅，实测引伸量不应超过设计计算值的±6%。
2. 张拉应力顺序：0→40%σ_con→100%σ_con 持荷5min锚固在梁端。
3. 每束钢筋填写一套记录表。

★断丝滑丝情况 | | | |

★断丝滑丝说明：1. 每个梁段填写1套记录表，如一张填不下，可另张填写；2. 油检自检梁段数20%，被抽检梁段的20%，油检梁段检查频率同自检，预应力筋张拉顺序及每次张拉力等按设计实际情况填写。

注：1. 每个梁段填写1套记录表，如一张填不下，可另张填写；2. 油检抽检频率20%，被抽检梁段检查频率同自检，监理以旁站方式抽检，资料共用；3. 图示、张拉说明、预应力筋张拉顺序及每次张拉力等按设计实际情况填写。

检查人	质检负责人	旁站监理

332

_____公路项目 　　□施工自检监理抽检

悬臂浇筑预应力管道压浆现场质量检查及抽检记录表

施工单位		监理单位	
单位工程		分部工程	
分项工程		检查依据	2017验标第8.3.3条
块段编号		检查日期	年　月　日

2△★压浆压力值规定值（规定值或允许偏差：满足设计要求，设计要求？MPa）
检查方法和频率：查油压表读数，自检每管道检查；抽检自检梁板的20%，被抽梁板检查频率同自检

3稳压时间规定值（规定值或允许偏差：满足设计要求，设计要求？s）
检查方法和频率：计时器，自检每管道检查；抽检自检梁板的20%，被抽梁板检查频率同自检

孔道编号	压浆方向	起止时间	2△★压浆压力值（MPa）	浆液通过情况	冒浆情况	3稳压时间（秒）

注：1.每片梁填写1张现场检查及抽检记录表；2.监理以旁站方式抽检，资料共用。

检查人		质检负责人		旁站监理	

333

_____公路项目			☐施工自检
防水层现场质量检查记录表			☐监理抽检

施工单位		监理单位	
单位工程		分部工程	
分项工程		检查依据	2017验标第8.12.1条
设计参数		检查日期	年 月 日～ 年 月 日

1△★防水涂层用量（规定值或允许偏差：满足设计要求，设计要求　　　）
（检查方法和频率：自检按施工段涂敷面积计算；抽检自检段落的20%，被抽段落的检查方法和频率同自检）

段落序号	起止桩号	面积（m²）	用量（kg）	单位面积用量（Kg/m²）	是否合格

注：每个分项工程各填写1张记录表。

检查人/现场监理		质检负责人/专业监理工程师	

_____公路项目　□施工自检　□监理抽检

水泥混凝土桥面铺装钢筋加工及安装现场质量检查记录表

施工单位		监理单位	
单位工程		分部工程	
分项工程		检查依据	2017验标第 8.3.1-1 条
每联桩号		检查日期	年　月　日

1△★受力钢筋间距（规定值或允许偏差：±10 mm，设计？Φ？@？mm）
（检查方法和频率：尺量，自检长度≤20 m时，每构件检查2个断面；长度＞20 m时，每构件检查3个断面；抽检自检联数的20%，被抽联检查方法和频率同自检）

断面1																				

断面2																				

断面3																				

2 箍筋、构造钢筋、螺旋筋间距（规定值或允许偏差：±10 mm）
（自检每联测10个间距；抽检方法和频率同自检）

3★钢筋骨架尺寸（规定值或允许偏差：长±10 mm，宽、高±5 mm，设计长度？mm，宽度？mm）
（检查方法和频率：尺量，自检长度≤20 m测2个断面，长度＞20 m测3个断面；抽检自检联数的20%，被抽联检查频率同自检）

长度				宽度				高度	/	/	/	直径	/	/	/

4 弯起钢筋位置（规定值或允许偏差：±20 mm）
（检查方法和频率：尺量，自检抽查联数的30%；抽检抽查联数的10%）

5△★保护层厚度（规定值或允许偏差：±5 mm，钢筋立模面设计　m²，设计厚度　mm，应测点数　处）
（检查方法和频率：尺量，自检每立模面每3 m²检查1处且每立模面不少于5点；抽检自检联数的20%，被抽联的检查方法和频率同自检）

注：1. 每联桥面铺装的钢筋填写1张现场质量检查记录表；2. 个别检查项目及数据个数可据实调整；3. "钢筋骨架尺寸"每一检查项目可填1-3个数据。4. 除设计值外，其余均填偏差值。

检查人/现场监理		质检负责人/专业监理工程师	

_____公路项目　　　　　　　□ 施工自检　□ 监理抽检

水泥混凝土桥面铺装钢筋网现场质量检查记录表

施工单位		监理单位	
单位工程		分部工程	
分项工程		检查依据	2017验标第8.3.1-2条
每联桩号		检查日期	年　月　日
设计参数	规格1	长度?×宽度? mm，网眼尺寸?×? mm，网眼对角线?×? mm	
	规格2	长度?×宽度? mm，网眼尺寸?×? mm，网眼对角线?×? mm	

1★钢筋网的长、宽（规定值或允许偏差：±10 mm）
（检查方法和频率：尺量，自检逐边测，不同规格的网片各测1片；抽检方法和频率同自检）

钢筋网（长×宽）偏差值	规格1偏差值	规格2偏差值	规格3偏差值	规格4偏差值
	(　)×(　)	(　)×(　)	(　)×(　)	(　)×(　)

2★网眼尺寸（规定值或允许偏差：±10 mm，设计尺寸?mm×?mm）
（检查方法和频率：尺量，自检测5个网眼；抽检频率同自检）

网眼尺寸（长×宽）偏差值	网眼1	网眼2	网眼3	网眼4	网眼5
	(　)×(　)	(　)×(　)	(　)×(　)	(　)×(　)	(　)×(　)

3 网眼对角线差（规定值或允许偏差：±15 mm）
（检查方法和频率：尺量，自检测5个网眼，每个网眼测2个对角线的长度偏差值；抽检频率同自检）

网眼对角线（长×长）偏差值	网眼1	网眼2	网眼3	网眼4	网眼5
	(　)×(　)	(　)×(　)	(　)×(　)	(　)×(　)	(　)×(　)

4 网的安装位置（规定值或允许偏差：平面内±20 mm，平面外±5 mm）
（检查方法和频率：尺量，自检测每网片边线中点；抽检自检网片数的20%，被抽网片检查方法和频率同自检）

顶面偏差值（平面内±20 mm）（设计片数=?）	第1片偏差值					
	第2片偏差值					
	第3片偏差值					
	第4片偏差值					
	第5片偏差值					
	第6片偏差值					
	第7片偏差值					
	第8片偏差值					
	第9片偏差值					
	第10片偏差值					
	第11片偏差值					
	第12片偏差值					
	第13片偏差值					
	第14片偏差值					
	第15片偏差值					
	第16片偏差值					
	第17片偏差值					
	第18片偏差值					
	第19片偏差值					
	第20片偏差值					

注：1. 每联填写一张检查记录表，4钢筋网的规格按3种规格设置，据实填写；2. 网的安装位置不够时另页续填。

检查人/现场监理		质检负责人/专业监理工程师	

_____公路项目	☐施工自检
钢桥面板上防水黏结层现场质量检查记录表	☐监理抽检

施工单位		监理单位	
单位工程		分部工程	
分项工程		检查依据	2017验标第8.12.3条
设计参数		检查日期	年 月 日～ 年 月 日

1 钢桥面板清洁度（规定值或允许偏差：满足设计要求，设计要求　　　）
（检查方法和频率：样板对比，自检每1000 m²检查9处；抽检每1000 m²检查2处）

2 粗糙度RZ（um）（规定值或允许偏差：满足设计要求，设计未要求时60～100um，设计要求？um）
（检查方法和频率：按设计要求检查；设计未要求时，用对比样板检查，自检每1000 m²检查9处；抽检每1000 m²检查2处）

3△★防水黏结层厚度（规定值或允许偏差：满足设计要求；设计未要求时，平均厚度≥设计厚度，85%检查点的厚度≥设计厚度，最小厚度≥80%设计厚度）
（检查方法和频率：按设计要求检查；设计未要求时，用测量仪检查，自检每洒布段检查10处，每处测3点；抽检频率≥20%自检频率）

序号	洒布段起止桩号	检查结果

3△★防水黏结层用量（规定值或允许偏差：满足设计要求，设计要求　　　kg/m²）
（检查方法和频率：自检按施工段洒布面积计算；抽检频率≥20%自检点数）

序号	洒布段起止桩号	面积（m²）	用量（Kg）	单位面积用量（Kg/m²）	是否合格

4△★黏结层与钢桥板底漆间结合力（规定值或允许偏差：≥设计值，设计值　　　MPa）
（检查方法和频率：按设计要求检查；设计未要求时用拉拔仪检查，自检每1000 m²检查3点且每洒布段不少于3点；抽检1000 m²检查1点且每洒布段不少于3点）

序号	洒布段起止桩号	面积（m²）	检查结果

备注：1. 对防水黏结层厚度、用量，仅需检查其中之一，用测厚仪检查困难时检查用量。
2. 每个分项工程各填写1套检查记录表。

检查人/现场监理		质检负责人/专业监理工程师	

_____公路项目 □施工自检 □监理抽检

伸缩装置安装现场质量检查记录表

施工单位		监理单位	
单位工程		分部工程	
分项工程		检查依据	2017验标第8.12.7条
设计参数		检查日期	年 月 日~ 年 月 日

1 长度（规定值或允许偏差：满足设计要求）
（检查方法和频率：尺量，自检测每道；抽检频率≥20%自检点数）

每道编号	长度偏差值	每道编号	长度偏差值	每道编号	长度偏差值

2△★缝宽（规定值或允许偏差：满足设计要求，设计缝宽　　mm）
（检查方法和频率：尺量；自检每道每2 m测1处；抽检频率≥20%自检点数）

每道编号	每道缝宽偏差值（长度超过30 m时，每2行填写1道伸缩缝的缝宽偏差值）

3 与桥面高差（规定值或允许偏差：≤2 mm）
（检查方法和频率：尺量，自检伸缩装置两侧各测5处；抽检频率伸缩装置两侧各测1处）

每道编号	每道与桥面高差的偏差值

6 焊缝尺寸（规定值或允许偏差：满足设计要求，设计未要求时，按焊缝质量二级；设计要求　　）
（检查方法和频率：量规，自检检查全部，每条焊缝检查2处；抽检频率≥20%自检点数）

每道编号	焊缝尺寸偏差值（焊缝条数超过5条时，每2行填写1道伸缩缝的焊缝尺寸偏差值）

1. 每个分项工程各填写1张检查记录表。

检查人/现场监理		质检负责人/专业监理工程师	

_____公路项目	☐施工自检
混凝土小型构件现场质量检查记录表	☐监理抽检

施工单位		监理单位	
单位工程		分部工程	
分项工程		检查依据	2017验标第8.12.8条
设计参数		检查日期	年 月 日～ 年 月 日

2★断面尺寸（规定值或允许偏差：±5 mm，设计值　　mm×　　mm）
（检查方法和频率：尺量测2个断面，自检抽查构件总数的30%；抽检频率≥20%自检构件数）

3★长度（规定值或允许偏差：+5，-10 mm，设计值　　mm）
（检查方法和频率：尺量：测中心线处，自检抽查构件总数的30%；抽检频率≥20%自检构件数）

1. 每个分项工程各填写1张检查记录表。

检查人/现场监理		质检负责人/专业监理工程师	

					公路项目		☐施工自检
			人行道铺设现场质量检查记录表				☐监理抽检

施工单位			监理单位	
单位工程			分部工程	
分项工程			检查依据	2017验标第8.12.9条
设计参数			检查日期	年 月 日～ 年 月 日

3 接缝两侧高差（规定值或允许偏差：≤2 mm）

（检查方法和频率：尺量，自检抽查10%接缝，测接缝高差最大处；抽检频率≥20%自检点数）

1. 每个分项工程各填写1张记录表。

检查人/现场监理		质检负责人/专业监理工程师	

_____公路项目

栏杆安装现场质量检查记录表

☐ 施工自检
☐ 监理抽检

施工单位		监理单位	
单位工程		分部工程	
分项工程		检查依据	2017验标第8.12.10条
设计参数		检查日期	年 月 日~ 年 月 日

3★扶手高差（规定值或允许偏差：±10 mm）
（检查方法和频率：尺量，自检抽查20%；抽检频率≥20%自检频率）

3★柱顶高差（规定值或允许偏差：≤4 mm）
（检查方法和频率：尺量，自检抽查20%；抽检频率≥20%自检频率）

4 竖杆或柱纵向、横向竖直度（规定值或允许偏差：≤4 mm）
（检查方法和频率：铅锤法，自检抽查20%，每处测纵、横向；抽检频率≥20%自检频率）

1. 每个分项工程各填写1张检查记录表。

检查人/现场监理		质检负责人/专业监理工程师	

_____公路项目 □施工自检 □监理抽检

混凝土护栏钢筋加工及安装现场质量检查记录表

施工单位		监理单位	
单位工程		分部工程	
分项工程		检查依据	2017验标第8.3.1-1条
钢筋段落起止桩号		检查日期	年 月 日~ 年 月 日

1△★受力钢筋排距（两排以上排距，规定值或允许偏差：±5 mm）

1△★受力钢筋间距（同排间距，规定值或允许偏差：±20 mm）
（第一排钢筋设计？根，间距？mm；钢筋第二排钢筋设计？根，间距？mm）
（检查方法和频率：尺量，自检长度≤20 m时，每构件钢筋检查2个断面；长度＞20 m时，每构件钢筋3个断面；抽检自检钢筋段数的20%，被抽段的检查方法和频率同自检）

第一排断面一																	
第一排断面二																	
第一排断面三																	
第二排断面一																	
第二排断面二																	
第二排断面三																	

2 箍筋、构造钢筋、螺旋筋间距（规定值或允许偏差：±10，设计间距 mm）
（检查方法和频率：尺量，自检每构件钢筋测10个间距；抽检自检构件钢筋数的20%，被抽构件钢筋检查频率同自检）

3★钢筋骨架尺寸（规定值或允许偏差：长±10 mm，宽、高±5 mm，设计长 mm，宽 mm，高 mm）
（检查方法和频率：尺量，自检按骨架总数30%抽测；抽检自检构件钢筋数的20%，被抽构件钢筋检查频率同自检）

长度		宽		高		直径	

4 弯起钢筋位置（规定值或允许偏差：±20 mm，设计 Φ @ mm）
（检查方法和频率：尺量，自检每骨架抽查30%；抽检自检构件钢筋数的20%，被抽构件钢筋检查频率同自检）

5△★保护层厚度（规定值或允许偏差：±10 mm，设计厚度 mm，钢筋立模面共 m²，应检 点）
（检查方法和频率：尺量，自检每立模面每3 m²检查1处，每立模面不少于5点；抽检自检构件钢筋数的20%，被抽构件钢筋检查频率同自检）

注：1. 每个施工自然段填写1张记录表（左、右侧分别填写）；2. 个别检查项目及数据个数可据实调整，如"受力钢筋间距"和"保护层厚度"等应据实个数，表格按护栏受力钢筋2排设置，不足可调整表格或填写多页；3. "钢筋骨架尺寸"每一检查项目可填1-3个数据。4. 除设计值外，其余均填偏差值。

检查人/现场监理		质检负责人/专业监理工程师	

_____公路项目						☐ 施工自检 ☐ 监理抽检
<td colspan="7" align="center">**混凝土护栏浇筑现场质量检查记录表**</td>

施工单位			监理单位	
单位工程			分部工程	
分项工程			检查依据	2017 验标第 8.12.11 条
浇筑段落起止桩号			检查日期	年 月 日 ~ 年 月 日

3△★断面尺寸（规定值或允许偏差：±5 mm，设计尺寸底宽 ___ mm×顶宽 ___ mm×高 ___ mm） （检查方法和频率：尺量，自检每道护栏每 200 m 测 5 处；抽检每道护栏每 200 m 测 1 处）						
桩号部位		偏差值				
桩号部位		偏差值				
桩号部位		偏差值				
桩号部位		偏差值				
桩号部位		偏差值				

3△★断面尺寸（规定值或允许偏差：±5 mm，设计尺寸底宽 ___ mm×顶宽 ___ mm×高 ___ mm） （检查方法和频率：尺量，自检每道护栏每 200 m 测 5 处；抽检每道护栏每 200 m 测 1 处）						
桩号部位		偏差值				
桩号部位		偏差值				
桩号部位		偏差值				
桩号部位		偏差值				
桩号部位		偏差值				

4 竖直度（规定值或允许偏差：≤5 mm） （检查方法和频率：铅锤法，自检每道护栏每 200 m 测 5 处；抽检每道护栏每 200 m 测 1 处）						
桩号部位		偏差值				
桩号部位		偏差值				
桩号部位		偏差值				
桩号部位		偏差值				
桩号部位		偏差值				
桩号部位		偏差值				
桩号部位		偏差值				
桩号部位		偏差值				
桩号部位		偏差值				
桩号部位		偏差值				

5 预埋件位置（规定值或允许偏差：≤5 mm） （检查方法和频率：尺量，自检测每件；抽检自检件数的 20%）						
桩号部位		偏差值				
桩号部位		偏差值				
桩号部位		偏差值				
桩号部位		偏差值				
桩号部位		偏差值				
桩号部位		偏差值				
桩号部位		偏差值				
桩号部位		偏差值				
桩号部位		偏差值				
桩号部位		偏差值				

注：1. 每个分项工程填写 1 套现场质量检查记录表；2. 桩号部位填写护栏的左右幅及起讫桩号，由于个别护栏分项会出现 2 种不同的断面尺寸，故将断面尺寸项目设置为 2 行，按实际情况填写，如断面尺寸超过 2 种，可自行调整表格。

检查人/现场监理		质检负责人/专业监理工程师	

_____公路项目

钢护栏安装现场质量检查记录表

☐ 施工自检
☐ 监理抽检

施工单位		监理单位	
单位工程		分部工程	
分项工程		检查依据	2017验标第8.12.12条
段落桩号		检查日期	年 月 日～ 年 月 日

2 立柱中距（规定值或允许偏差：±10 mm；设计值　　mm）
（检查方法和频率：尺量，自检抽检10％；抽检频率≥20％自检点数）

3 立柱纵横桥向竖直度（规定值或允许偏差：≤2 mm）
（检查方法和频率：铅锤法，自检抽检10％；抽检频率≥20％自检点数）

4★横梁高度（规定值或允许偏差：±5 mm；设计值　　mm）
（检查方法和频率：尺量，自检抽检10％；抽检频率≥20％自检点数）

1. 每个分项工程各填写1张检查记录表。

检查人/现场监理		质检负责人/专业监理工程师	

_____公路项目

桥头搭板钢筋加工及安装现场质量检查记录表

☐ 施工自检
☐ 监理抽检

施工单位		监理单位	
单位工程		分部工程	
分项工程		检查依据	2017验标第8.3.1-1条
桥头搭板桩号部位		检查日期	年 月 日

1△★受力钢筋排距（两排以上排距，允许偏差：±5 mm）

1△★受力钢筋间距（同排间距，规定值或允许偏差：±20 mm）
（第一排钢筋设计？根，间距？mm；第二排钢筋设计？根，间距？mm）
（检查方法和频率：尺量，自检长度≤20 m时，每构件钢筋检查2个断面；长度>20 m时，每构件钢筋3个断面；抽检自检构件钢筋数的20%，被抽构件钢筋检查频率同自检）

第一排断面一														
第一排断面二														
第一排断面三														
第二排断面一														
第二排断面二														
第二排断面三														

2 箍筋、构造钢筋、螺旋筋间距（规定值或允许偏差：±10，设计间距　　mm）
（检查方法和频率：尺量，自检每构件钢筋测10个间距；抽检自检构件钢筋数的20%，被抽构件钢筋检查频率同自检）

3★钢筋骨架尺寸（规定值或允许偏差：长±10 mm，宽、高±5 mm，设计长　　mm，宽　　mm，高　　mm）
（检查方法和频率：尺量，自检按骨架总数30%抽测；抽检自检构件钢筋数的20%，被抽构件钢筋检查频率同自检）

长度				宽				高				直径		

4 弯起钢筋位置（规定值或允许偏差：±20 mm，设计 Φ　@　mm）
（检查方法和频率：尺量，自检每骨架抽查30%；抽检自检构件钢筋数的20%，被抽构件钢筋检查频率同自检）

5△★保护层厚度（规定值或允许偏差：±10 mm，设计厚度　　mm，钢筋立模面共　　m²，应检　　点）
（检查方法和频率：尺量，自检每立模面每3 m²检查1处，每立模面不少于5点；抽检自检构件钢筋数的20%，被抽构件钢筋检查频率同自检）

注：1. 每个桥头搭板的钢筋填写1张现场质量检查记录表；2. "钢筋骨架尺寸"每一检查项目可填1-3个数据。3. 除设计值外，其余均填偏差值。

检查人/现场监理		质检负责人/专业监理工程师	

_____公路项目 □施工自检 □监理抽检

桥头搭板现场质量检查记录表

施工单位		监理单位	
单位工程		分部工程	
分项工程		检查依据	2017验标第 8.12.13 条

2★枕梁尺寸（规定值或允许偏差：宽度和高度±20 mm；长度±30 mm）
（检查方法和频率：尺量，自检宽、高每梁测2个断面，长测每梁中心线处；
抽检自检搭板数的20%，被抽搭板检查频率同自检）

搭板编号					检查日期	年 月 日			
枕梁编号	宽度设计值	宽度偏差值1	宽的偏差值2	高度设计值	高度偏差值1	高度偏差值2	长度设计值 m)	长度偏差值1	长度偏差值2

搭板编号					检查日期	年 月 日			
枕梁编号	宽度设计值	宽度偏差值1	宽的偏差值2	高度设计值	高度偏差值1	高度偏差值2	长度设计值 m)	长度偏差值1	长度偏差值2

搭板编号					检查日期	年 月 日			
枕梁编号	宽度设计值	宽度偏差值1	宽的偏差值2	高度设计值	高度偏差值1	高度偏差值2	长度设计值 m)	长度偏差值1	长度偏差值2

搭板编号					检查日期	年 月 日			
枕梁编号	宽度设计值	宽度偏差值1	宽的偏差值2	高度设计值	高度偏差值1	高度偏差值2	长度设计值 m)	长度偏差值1	长度偏差值2

搭板编号					检查日期	年 月 日			
枕梁编号	宽度设计值	宽度偏差值1	宽的偏差值2	高度设计值	高度偏差值1	高度偏差值2	长度设计值 m)	长度偏差值1	长度偏差值2

搭板编号					检查日期	年 月 日			
枕梁编号	宽度设计值	宽度偏差值1	宽的偏差值2	高度设计值	高度偏差值1	高度偏差值2	长度设计值 m)	长度偏差值1	长度偏差值2

3★板尺寸（规定值或允许偏差：长度和宽度±30 mm；厚度±10 mm）
（检查方法和频率：尺量，自检长、宽各测2处，厚测4处；抽检自检搭板数的20%，被抽搭板检查频率同自检）

搭板编号					检查日期	年 月 日			
长度设计值	长度偏差值1	长度偏差值2	宽度设计值	宽度偏差值1	宽度偏差值2	厚度设计值	厚度偏差值1	厚度偏差值2	厚度偏差值3	厚度偏差值4

搭板编号					检查日期	年 月 日			
长度设计值	长度偏差值1	长度偏差值2	宽度设计值	宽度偏差值1	宽度偏差值2	厚度设计值	厚度偏差值1	厚度偏差值2	厚度偏差值3	厚度偏差值4

搭板编号					检查日期	年 月 日			
长度设计值	长度偏差值1	长度偏差值2	宽度设计值	宽度偏差值1	宽度偏差值2	厚度设计值	厚度偏差值1	厚度偏差值2	厚度偏差值3	厚度偏差值4

搭板编号					检查日期	年 月 日			
长度设计值	长度偏差值1	长度偏差值2	宽度设计值	宽度偏差值1	宽度偏差值2	厚度设计值	厚度偏差值1	厚度偏差值2	厚度偏差值3	厚度偏差值4

搭板编号					检查日期	年 月 日			
长度设计值	长度偏差值1	长度偏差值2	宽度设计值	宽度偏差值1	宽度偏差值2	厚度设计值	厚度偏差值1	厚度偏差值2	厚度偏差值3	厚度偏差值4

搭板编号					检查日期	年 月 日			
长度设计值	长度偏差值1	长度偏差值2	宽度设计值	宽度偏差值1	宽度偏差值2	厚度设计值	厚度偏差值1	厚度偏差值2	厚度偏差值3	厚度偏差值4

注：每个分项工程填写1张现场质量检查记录表。

检查人/现场监理		质检负责人/专业监理工程师	

_____公路项目	桥梁总体质量现场质量检查记录表	☐ 施工自检 ☐ 监理抽检

施工单位		监理单位	
单位工程		分部工程	
分项工程		检查依据	2017验标第8.2.2条
设计参数		检查日期	年 月 日 ~ 年 月 日

3★桥长（规定值或允许偏差：+300 mm，-100 mm）
（检查方法和频率：钢尺，自检检查中心线处；抽检同自检）

左幅设计长 mm	偏差值：	右幅设计长 mm	偏差值：

2★桥面宽（规定值或允许偏差：车行道±10 mm，人行道±10 mm；桥长　　m，应测断面　　个）
（检查方法和频率：尺量，自检每50 m测1个断面，且不少于5个断面；抽检自检断面数的20%，且不少于5个断面）

左幅桥

车行道（设计宽　　mm）	人行道（设计宽　　mm）

右幅桥

车行道（设计宽　　mm）	人行道（设计宽　　mm）

注：每座桥梁填写1张现场质量检查记录表，如遇特长桥梁数据格数不够时，可重新规划数据格数，如桥梁按半幅进行划分，则仅填写其中半幅的数据，另外半幅打"/"或空置。

检查人/现场监理		质检负责人/专业监理工程师	

附表 I-2　拱桥现场质量检查记录表

拱桥的基础及下部构造中，与混凝土梁桥相同部分的质量检验与评定用表同附表 I-1。本节涉及拱桥特殊结构 17 个分项工程的现场质量检查记录表。

	_____公路项目	☐ 施工自检
	就地浇筑拱圈现场质量检查记录表	☐ 监理抽检

施工单位		监理单位	
单位工程		分部工程	
分项工程		检查依据	2017验标第8.8.1条
设计参数		检查日期	年 月 日～ 年 月 日

4△★断面尺寸（规定值或允许偏差：高度±5mm；顶、底、腹板厚+10，0；板拱宽度±20mm；肋拱宽度±10mm）
（检查方法和频率：尺量，自检每肋、板拱脚、L/4跨、3L/4跨、拱顶测5个断面；
抽检自检肋、板数的20%，被抽肋、板检查频率同自检）

拱圈编号	△★高度（规定值或允许偏差±5mm）									
	拱脚设计值(mm)	拱脚偏差值(mm)	L/4跨设计值(mm)	L/4跨偏差值(mm)	拱顶设计值(mm)	拱顶偏差值(mm)	3L/4跨设计值(mm)	3L/4跨偏差值(mm)	拱脚设计值(mm)	拱脚偏差值(mm)

拱圈编号	△★顶板厚度（规定值或允许偏差+10，0mm）									
	拱脚设计值(mm)	拱脚偏差值(mm)	L/4跨设计值(mm)	L/4跨偏差值(mm)	拱顶设计值(mm)	拱顶偏差值(mm)	3L/4跨设计值(mm)	3L/4跨偏差值(mm)	拱脚设计值(mm)	拱脚偏差值(mm)

拱圈编号	△★底板厚度（规定值或允许偏差+10，0mm）									
	拱脚设计值(mm)	拱脚偏差值(mm)	L/4跨设计值(mm)	L/4跨偏差值(mm)	拱顶设计值(mm)	拱顶偏差值(mm)	3L/4跨设计值(mm)	3L/4跨偏差值(mm)	拱脚设计值(mm)	拱脚偏差值(mm)

拱圈编号	△★腹板厚度（规定值或允许偏差+10，0mm）									
	拱脚设计值(mm)	拱脚偏差值(mm)	L/4跨设计值(mm)	L/4跨偏差值(mm)	拱顶设计值(mm)	拱顶偏差值(mm)	3L/4跨设计值(mm)	3L/4跨偏差值(mm)	拱脚设计值(mm)	拱脚偏差值(mm)

拱圈编号	△★宽度（规定值或允许偏差：板拱±20mm，肋拱±10mm）									
	拱脚设计值(mm)	拱脚偏差值(mm)	L/4跨设计值(mm)	L/4跨偏差值(mm)	拱顶设计值(mm)	拱顶偏差值(mm)	3L/4跨设计值(mm)	3L/4跨偏差值(mm)	拱脚设计值(mm)	拱脚偏差值(mm)

注：1. 每个分项工程填写一套现场检查记录表；2. 表格按照每个分项工程最多3个拱圈设置，多余的空格打"/"或空置，不足可填写多页；3. 如断面设计值一样，则仅需填写一个设计值，否则如实填写；4. 除设计值外，均填写偏差值。

检查人/现场监理		质检负责人/专业监理工程师	

_____公路项目	☐ 施工自检
	☐ 监理抽检

拱圈节段预制现场质量检查记录表

施工单位		监理单位	
单位工程		分部工程	
分项工程		检查依据	2017验标第8.8.2-1条
设计参数		检查日期	年 月 日～ 年 月 日

2 每段拱箱内弧长（规定值或允许偏差：0，-10 mm）
（检查方法和频率：尺量，自检每段测两侧内弧；抽检自检段数的20%，被抽段检查频率同自检）

节段编号	内弧长设计值（mm）	左侧偏差值（mm）	右侧偏差值（mm）	节段编号	内弧长设计值（mm）	左侧偏差值（mm）	右侧偏差值（mm）

3△★ 内弧偏离设计弧线（规定值或允许偏差：±5 mm）
（检查方法和频率：样板，自检查底面，每段测3处；抽检自检段数的20%，被抽段检查频率同自检）

节段编号	偏差值1（mm）	偏差值2（mm）	偏差值3（mm）	节段编号	偏差值1（mm）	偏差值2（mm）	偏差值3（mm）

4△★ 断面尺寸（规定值或允许偏差：顶、底、腹板厚+10，0 mm；宽度、高度+10，-5 mm）
（检查方法和频率：尺量，自检查2端断面；抽检自检段数的20%，被抽段检查频率同自检）

节段编号	顶、底、腹板厚度（+10，0 mm）			宽度、高度（+10，-5 mm）	
	顶板厚度偏差值（设计值 mm）	底板厚度偏差值（设计值 mm）	腹板厚度偏差值（设计值 mm）	宽度偏差值（设计值 mm）	高度偏差值（设计值 mm）

5 平面度（规定值或允许偏差：肋拱≤5 mm，箱拱≤10 mm）
（检查方法和频率：拉线、尺量，自检每段测2个断面；抽检自检段数的20%，被抽段检查频率同自检）

节段编号	拱类型	左侧平面度（mm）	右侧平面度（mm）	节段编号	左侧平面度（mm）	右侧平面度（mm）

6 拱箱接头倾斜（规定值或允许偏差：±5 mm）
（检查方法和频率：角尺，自检每接头测2处；抽检自检接头数的20%，被抽接头检查频率同自检）

接头位置	倾斜值1（mm）	倾斜值2（mm）	接头位置	倾斜值1（mm）	倾斜值2（mm）
节段1-2接头			节段2-3接头		

7 预埋件位置（规定值或允许偏差：≤5 mm）
（检查方法和频率：尺量，自检测每件；抽检自检件数的20%，被抽件检查频率同自检）

注：1. 每个分项工程填写一套现场检查记录表；2. 每张表格可填写6个预制节段的数据，多余的空格打"/"或空置，不足可填写多页记录表；3. 除设计值外，项次2、3、4、5、6、7均填写偏差值。

检查人/现场监理		质检负责人/专业监理工程师	

_____公路项目 　□施工自检　□监理抽检

桁架拱杆件预制现场质量检查记录表

施工单位		监理单位	
单位工程		分部工程	
分项工程		检查依据	2017验标第8.8.2-2条
设计参数		检查日期	年　月　日～　　年　月　日

2△★断面尺寸（规定值或允许偏差：±5 mm）
（检查方法和频率：尺量，自检测2个断面；抽检自检杆件数的20%，被抽杆件检查频率同自检）

杆件编号	设计值（mm）	断面1偏差值（mm）	断面2偏差值（mm）	杆件编号	设计值（mm）	断面1偏差值（mm）	断面2偏差值（mm）

3★杆件长度（规定值或允许偏差：±10 mm）
（检查方法和频率：尺量，自检测顶底面中心线处；抽检自检杆件数的20%，被抽杆件检查频率同自检）

杆件编号	设计值（mm）	顶面偏差值（mm）	底面偏差值（mm）	杆件编号	设计值（mm）	顶面偏差值（mm）	底面偏差值（mm）

4 杆件旁弯（规定值或允许偏差：≤5 mm）
（检查方法和频率：拉线、尺量，自检测每件；自检抽检件数的20%）

杆件编号	偏差值（mm）	杆件编号	偏差值（mm）	杆件编号	偏差值（mm）	杆件编号	偏差值（mm）

5 预埋件位置（规定值或允许偏差：≤5 mm）
（检查方法和频率：尺量，自检测每件；抽检自检杆件数的20%，被抽杆件检查频率同自检）

杆件编号	预埋件位置偏差值（mm）									

注：1. 每个分项工程填写1套现场检查记录表，若成批生产，自检每批抽查25%；2. 预埋件按每个杆件10个设置，不足可填写多行，如无预埋件，在"预埋件位置"栏打"/"；3. 除设计值外，项次2、3、4、5均填写偏差值。

检查人/现场监理		质检负责人/专业监理工程师	

	_____公路项目	☐施工自检
	悬臂拼装的桁架梁现场质量检查记录表	☐监理抽检

施工单位		监理单位	
单位工程		分部工程	
分项工程		检查依据	2017验标第8.8.3-2条
设计参数		检查日期	年 月 日 ~ 年 月 日

6 拱片竖向垂直度（规定值或允许偏差：≤h/300，且≤20 mm）
（检查方法和频率：铅锤法，自检每片测 L/4 跨、3L/4 跨、拱顶 3 处；抽检自检拱片数的 20%，被抽拱片检查频率同自检）

拱片编号（h= mm）	竖向垂直度偏差允许最大值（mm）	L/4 跨处垂直度偏差值（mm）	3L/4 跨处垂直度偏差值（mm）	拱顶处垂直度偏差值（mm）

注：每个分项工程填写一套现场检查记录表；除设计值外，均填写偏差值。

检查人/现场监理		质检负责人/专业监理工程师	

公路项目				□施工自检
				□监理抽检

腹拱安装质量现场质量检查记录表

施工单位		监理单位	
单位工程		分部工程	
分项工程		检查依据	2017验标第8.8.3-3条
设计参数		检查日期	年 月 日～ 年 月 日

3★相邻块件高差（规定值或允许偏差：≤5 mm）
（检查方法和频率：尺量，自检每相邻块件测2处；抽检每相邻块件测1处）

相邻块件编号	高差1（mm）	高差2（mm）	相邻块件编号	高差1（mm）	高差2（mm）
1-2号块			2-3号块		

注：1. 每个分项工程填写一张现场检查记录表；2. 相邻块件编号处填写2个相邻块的编号；3. 均填写偏差值。

检查人/现场监理		质检负责人/专业监理工程师	

_____ 公路项目	□施工自检 □监理抽检

劲性骨架制作现场质量检查记录表

施工单位		监理单位	
单位工程		分部工程	
分项工程		检查依据	2017验标第 8.8.5-1 条
设计参数		检查日期	年 月 日~ 年 月 日

1★杆件截面尺寸（规定值或允许偏差：不小于设计值）
（检查方法和频率：尺量，自检每件测 2 端；抽检自检骨架数的 20%，被抽骨架检查频率同自检）

杆件编号	杆件尺寸设计值（mm）	实测值1（mm）	实测值2（mm）	杆件编号	杆件尺寸设计值（mm）	实测值1（mm）	实测值2（mm）

2★骨架高、宽（规定值或允许偏差：±10 mm）
（检查方法和频率：尺量，自检每段测 3 个断面；抽检自检骨架数的 20%，被抽骨架检查频率同自检）

劲性骨架编号	骨架高（mm）				骨架宽（mm）			
	设计值	断面1偏差值	断面2偏差值	断面3偏差值	设计值	断面1偏差值	断面2偏差值	断面3偏差值

劲性骨架编号	3△★内弧偏离设计弧线（规定值或允许偏差：≤10 mm）（检查方法和频率：模板，自检每段测 3 处；抽检自检骨架数的 20%，被抽骨架检查频率同自检）			4 每段的弧长（规定值或允许偏差：+10，-10 mm）（检查方法和频率：尺量，自检每段测两侧内弧；抽检自检骨架数的 20%，被抽骨架检查频率同自检）		
	偏差值1（mm）	偏差值2（mm）	偏差值3（mm）	设计弧长（mm）	偏差值1（mm）	偏差值2（mm）

注：1. 每个分项工程填写一套现场检查记录表；2. 使用过程中可根据实际情况对表格进行调整；3. 除设计值外，均填写偏差值。

检查人/现场监理		质检负责人/专业监理工程师	

_____公路项目 □施工自检 □监理抽检

劲性骨架拱混凝土浇筑现场质量检查记录表

施工单位		监理单位	
单位工程		分部工程	
分项工程		检查依据	2017验标第8.8.5-3条
设计参数		检查日期	年 月 日～ 年 月 日

5△★断面尺寸（规定值或允许偏差：±10 mm）
（检查方法和频率：尺量，自检测10处；抽检自检骨架拱数的20%，被抽骨架拱检查频率同自检）

劲性骨架拱编号	设计值（mm）	偏差值1（mm）	偏差值2（mm）	偏差值3（mm）	偏差值4（mm）	偏差值5（mm）	偏差值6（mm）	偏差值7（mm）	偏差值8（mm）	偏差值9（mm）	偏差值10（mm）

注：每个分项工程的填写1套现场检查记录表，除设计值外，均填写偏差值。

检查人/现场监理		质检负责人/专业监理工程师	

		公路项目	☐ 施工自检
		钢管拱肋节段制作现场质量检查记录表	☐ 监理抽检

施工单位		监理单位	
单位工程		分部工程	
分项工程		节段编号	
检查依据	2017验标第 8.8.6-1 条	检查日期	年 月 日～ 年 月 日

钢管编号	1△★钢管直径（规定值或允许偏差：±D/500，且不超过±5 mm）（检查方法和频率：尺量，自检每段每管检查3处；抽检自检节段数的20%，被抽节段检查频率同自检）				2 钢管椭圆度（规定值或允许偏差：≤0.2%）（检查方法和频率：尺量，自检每段每管检查3处；抽检自检节段数的20%，被抽节段检查频率同自检）		
	设计值（mm）	偏差值1（mm）	偏差值2（mm）	偏差值3（mm）	偏差值1（%）	偏差值2（%）	偏差值3（%）

3★钢管中距（规定值或允许偏差：±4 mm，设计值　　mm）（检查方法和频率：尺量，自检每段检查2端面；抽检自检节段数的20%，被抽节段检查频率同自检）						
4 桁式拱肋断面对角线差（规定值或允许偏差：≤4 mm，设计值　　mm）（检查方法和频率：尺量，自检每段检查2端面；抽检自检节段数的20%，被抽节段检查频率同自检）						
5 节段平整度（规定值或允许偏差：≤3 mm）（检查方法和频率：拉线、尺量，自检每段检查2侧面；抽检自检节段数的20%，被抽节段检查频率同自检）						
6△★内弧线偏离设计弧线（规定值或允许偏差：±8 mm）（检查方法和频率：样板，自检每段测3处；抽检自检节段数的20%，被抽节段检查频率同自检）						
7 对接错边（规定值或允许偏差：≤0.1t，且≤2 mm）（检查方法和频率：尺量，自检检查各对接断面；抽检自检对接断面数的20%，被抽对接断面检查频率同自检）						
8 拱肋内弧长（规定值或允许偏差：0，-10 mm，设计值　　mm）（检查方法和频率：尺量，自检每段测内弧长2处；抽检自检节段数的20%，被抽节段检查频率同自检）						

9 焊缝尺寸（规定值或允许偏差：满足设计要求，设计要求　　　　）（检查方法和频率：量规，自检检查全部，每条焊缝检查3处；抽检自检节段数的20%，被抽节段检查频率同自检）								
焊缝1			焊缝2			焊缝3		
焊缝尺寸1（mm）	焊缝尺寸2（mm）	焊缝尺寸3（mm）	焊缝尺寸1（mm）	焊缝尺寸2（mm）	焊缝尺寸3（mm）	焊缝尺寸1（mm）	焊缝尺寸2（mm）	焊缝尺寸3（mm）

注：1. 每个钢管拱肋节段填写一张现场检查记录表；2. 表格按每节段由10个钢管组成设置，焊缝按21条设置，实际使用过程中可进行调整；3. 焊缝尺寸均填写实测值，其他项目除设计值外，均填写偏差值。

检查人/现场监理		质检负责人/专业监理工程师	

_____公路项目　　　　　　　　　　　　　　　　□施工自检
钢管拱肋安装现场质量检查记录表　　　　　　　□监理抽检

施工单位		监理单位	
单位工程		分部工程	
分项工程		检查依据	2017验标第8.8.6-2条
设计参数		检查日期	年 月 日~ 年 月 日

4★拱肋接缝错边（规定值或允许偏差：≤0.2t，且≤2）
（检查方法和频率：尺量，自检每拱肋测每个接缝最大值；抽检自检拱肋的20%，被抽拱肋检查频率同自检）

拱肋编号	接缝1	接缝2	接缝3	接缝4	接缝5	接缝6	接缝7	接缝8	接缝9	接缝10

5 焊缝尺寸（规定值或允许偏差：满足设计要求，设计要求　　　　）
（检查方法和频率：量规，自检每拱肋检查全部，每条焊缝检查3处；抽检自检拱肋的20%，被抽拱肋检查频率同自检）

拱肋编号	焊缝1			焊缝2			焊缝3		
	焊缝尺寸1（mm）	焊缝尺寸2（mm）	焊缝尺寸3（mm）	焊缝尺寸1（mm）	焊缝尺寸2（mm）	焊缝尺寸3（mm）	焊缝尺寸1（mm）	焊缝尺寸2（mm）	焊缝尺寸3（mm）

注：1. 每个分项工程填写一套现场检查记录表；2. 表格可根据现场实际情况进行调整，除设计值外，项次5填写实测值，项次4填写偏差值。

检查人/现场监理		质检负责人/专业监理工程师	

公路项目	☐施工自检
吊杆制作与安装现场质量检查记录表	☐监理抽检

施工单位		监理单位	
单位工程		分部工程	
分项工程		检查依据	2017验标第8.8.7-1条
设计参数		检查日期	年 月 日～ 年 月 日

吊杆编号	1★吊杆长度（规定值或允许偏差：±L/1000及±10 mm）（检查方法和频率：尺量，自检测每根；抽检自检根数的20%）		2△★吊杆拉力（规定值或允许偏差：满足设计要求，设计未要求时允许值偏差±10%，极值±20%）（检查方法和频率：测力仪，自检测吊杆；抽检自检吊杆的20%）		
	吊杆设计长度（mm）	偏差值（mm）	吊杆拉力设计值（kN）	吊杆拉力实测值（kN）	吊杆拉力偏差值（%）

注：1. 每个分项工程填写一张现场检查记录表；2. 表格按照每个分项工程最多22个吊杆设置，多余的空格打"/"或空置，不足可填写多页记录表。

检查人/现场监理		质检负责人/专业监理工程师	

公路项目

施工自检监理抽检

柔性系杆张拉力值张拉伸长率现场质量检查及抽检记录表

施工单位		监理单位		检查依据	2017验标第 8.8.7-2 条
单位工程		分部工程		分项工程	
每处桩号		检查日期	年 月 日		
设计参数					
设备参数					

图示：

系杆编号张拉顺序	第一次张拉（20%）			第二次张拉（40%）			第三次张拉（100%）			★预应力筋张拉伸长值		伸长率（%）
	初张拉力（kN）	油压表读数（MPa）	推算伸长值（mm）	张拉力（kN）	油压表读数（MPa）	实际伸长值（mm）	张拉力（kN）	油压表读数（MPa）	实际伸长值（mm）	设计值（mm）	实际值（mm）	

注：1. 每段柔性系杆填写1套记录表，如一张填不下，可另张填写；2. 监理抽检频率为自检柔性系杆的20%，被抽柔性系杆的抽检频率同自检，监理以旁站方式抽检，资料共用。

检查人　　　　　　　　　　　质检负责人　　　　　　　　　　　旁站监理

附表 I-3　钢桥分项工程现场质量检查记录表

钢桥的基础及下部构造中,与混凝土梁桥相同部分的质量检验与评定用表同附表 I-1。本节涉及钢桥特殊结构 8 个分项工程的现场质量检查记录表。

公路项目	☑施工自检
钢板梁制作现场质量检查记录表（1/2）	□监理抽检

施工单位		监理单位	
单位工程		分部工程	
分项工程		检查依据	2017验标第8.9.1-1条
设计参数		检查日期	年 月 日～ 年 月 日

1★梁高（规定值或允许偏差：主梁≤2 m时，±2 mm；主梁＞2 m时，±4 mm；横梁±1.5 mm；纵梁±1.0 mm）
（检查方法和频率：钢尺，自检测两腹板处高度；抽检自检梁数的20%，被抽梁检查频率同自检）

钢板梁编号（类型）	设计值（mm）	两端腹板处偏差值（mm）	钢板梁编号（类型）	设计值（mm）	两端腹板处偏差值（mm）

2★跨度（规定值或允许偏差：±8 mm）
（检查方法和频率：钢尺，自检测两支承中心距离；抽检自检梁数的20%，被抽梁检查频率同自检）

钢板梁编号	设计值（mm）	偏差值（mm）	钢板梁编号	设计值（mm）	偏差值（mm）	钢板梁编号	设计值（mm）	偏差值（mm）

3★梁长（规定值或允许偏差：全长±15 mm，纵梁+0.5，-1.5 mm，横梁±1.5 mm）
（检查方法和频率：自检测中心线处；抽检自检梁数的20%，被抽梁检查频率同自检）

钢板梁编号（类型）	设计值（mm）	偏差值（mm）	钢板梁编号（类型）	设计值（mm）	偏差值（mm）

4 纵、横梁旁弯（规定值或允许偏差：≤3 mm）
（检查方法和频率：梁立置时在腹板一侧距主焊缝100 mm处拉线测量，自检测中部、四分点3处；抽检自检梁数的20%，被抽梁检查频率同自检）

钢板梁编号	四分点1偏差值（mm）	中部偏差值（mm）	四分点2偏差值（mm）	钢板梁编号	四分点1偏差值（mm）	中部偏差值（mm）	四分点2偏差值（mm）

注：1. 每个分项工程填写一套现场检查记录表。

检查人/现场监理		质检负责人/专业监理工程师	

_____公路项目　　　　　　　☐施工自检
钢板梁制作现场质量检查记录表（2/2）　　　☐监理抽检

施工单位		监理单位	
单位工程		分部工程	
分项工程		检查依据	2017验标第 8.9.1-1 条
设计参数		检查日期	年 月 日 ~ 年 月 日

5 拱度（规定值或允许偏差：主梁：不设预拱度时+3，0 mm，设预拱度时+10，-3 mm；两片主梁拱度差≤4 mm）
（检查方法和频率：主梁拱度梁卧置时在下盖板外侧拉线测量，自检测中部、四分点 3 处；
抽检自检梁数的 20%，被抽梁检查频率同自检）

钢板梁编号	主梁拱度				两片主梁拱度差（≤4 mm）		
	是否预设拱度 （设计值mm）	四分点1 偏差值（mm）	中部偏差值 （mm）	四分点2 偏差值（mm）	四分点1 拱度差（mm）	中部拱度差 （mm）	四分点2 拱度差（mm）
	☐是( )☐否				/	/	/
	☐是( )☐否						
	☐是( )☐否						
	☐是( )☐否						
	☐是( )☐否						
	☐是( )☐否						
	☐是( )☐否						
	☐是( )☐否						
	☐是( )☐否				/	/	/

6 平面度（规定值或允许偏差：主梁腹板≤h/350， 且≤8 mm；纵、横梁腹板≤h/500，且≤5 mm） （检查方法和频率：平尺及塞尺，自检测3处；抽检 自检梁数的20%，被抽梁检查频率同自检）	7 主梁、纵横梁盖板对腹板的垂直度（规定值或允许偏差：有孔部位 盖板宽度≤600 mm时≤0.5，其他≤1.0 mm；其余部位≤1.5 mm） （检查方法和频率：角尺及塞尺，自检测5处；抽检自检梁数的 20%，被抽梁检查频率同自检）

钢板梁编号 （类型）	点1	点2	点3	点1	点2	点3	点4	点5

8 焊缝尺寸（规定值或允许偏差：满足设计要求，设计要求　　　　）
（检查方法和频率：量规，自检检查全部，每条焊缝检查3处；抽检自检梁数的20%，被抽梁检查频率同自检）

钢板梁 编号	焊缝1			焊缝2			焊缝3		
	焊缝尺寸1 （mm）	焊缝尺寸2 （mm）	焊缝尺寸3 （mm）	焊缝尺寸1 （mm）	焊缝尺寸2 （mm）	焊缝尺寸3 （mm）	焊缝尺寸1 （mm）	焊缝尺寸2 （mm）	焊缝尺寸3 （mm）

注：1. 每个分项工程填写一套现场检查记录表；2. 焊缝按每梁三条设置，如超过3条，可填写多行。

检查人/现场监理		质检负责人/专业监理工程师	

_____公路项目　　　　　　　　　　□施工自检
钢桁梁节段制作现场质量检查记录表　　□监理抽检

施工单位		监理单位	
单位工程		分部工程	
分项工程		检查依据	2017验标第 8.9.1-2 条
设计参数		检查日期	年 月 日～ 年 月 日

1★节段长度（规定值或允许偏差：±2 mm）
（检查方法和频率：钢尺，自检每节段测中心线处；抽检自检节段数的20%，被抽节段检查频率同自检）

钢桁梁节段编号	设计值（mm）	偏差值（mm）	钢桁梁节段编号	设计值（mm）	偏差值（mm）

2★节段高度（规定值或允许偏差：±2 mm）
（检查方法和频率：钢尺，自检每节段测2处；抽检自检节段数的20%，被抽节段检查频率同自检）

钢桁梁节段编号	设计值（mm）	偏差值1（mm）	偏差值2（mm）	钢桁梁节段编号	设计值（mm）	偏差值1（mm）	偏差值2（mm）

3★节段宽度（规定值或允许偏差：±3 mm）
（检查方法和频率：自检每节段测2处；抽检自检节段数的20%，被抽节段检查频率同自检）

钢桁梁节段编号	设计值（mm）	偏差值1（mm）	偏差值2（mm）	钢桁梁节段编号	设计值（mm）	偏差值1（mm）	偏差值2（mm）

4★对角线长度差（规定值或允许偏差：±3.5 mm）
（检查方法和频率：钢尺，自检每节段测两端；抽检自检节段数的20%，被抽节段检查频率同自检）

钢桁梁节段编号	设计值（mm）	偏差值1（mm）	偏差值2（mm）	钢桁梁节段编号	设计值（mm）	偏差值1（mm）	偏差值2（mm）

5 桁片平面度（规定值或允许偏差：≤3 mm）
（检查方法和频率：拉线尺量，自检测每节段桁片；抽检自检节段数的20%，被抽节段检查频率同自检）

6 拱度（规定值或允许偏差：±3 mm）
（检查方法和频率：拉线测量，自检每节段测中部；抽检自检节段数的20%，被抽节段检查频率同自检）

钢桁梁节段编号	偏差值（mm）	钢桁梁节段编号	偏差值（mm）	钢桁梁节段编号	偏差值（mm）	钢桁梁节段编号	偏差值（mm）

7 焊缝尺寸（规定值或允许偏差：满足设计要求，设计要求　　　　）
（检查方法和频率：量规，自检检查全部，每条焊缝检查3处；抽检自检梁段数的20%，被抽梁段检查频率同自检）

钢桁梁编号	焊缝1			焊缝2			焊缝3		
	焊缝尺寸1（mm）	焊缝尺寸2（mm）	焊缝尺寸3（mm）	焊缝尺寸1（mm）	焊缝尺寸2（mm）	焊缝尺寸3（mm）	焊缝尺寸1（mm）	焊缝尺寸2（mm）	焊缝尺寸3（mm）

注：1. 每个分项工程填写一套现场检查记录表，每张记录表可填写4个节段，不足可填写多页；2. 焊缝按每梁6条设置，如超过6条，可填写多行或自行调整表格。

检查人/现场监理		质检负责人/专业监理工程师	

_____公路项目	☐施工自检
梁桥钢箱梁制作现场质量检查记录表（1/2）	☐监理抽检

施工单位		监理单位	
单位工程		分部工程	
分项工程		检查依据	2017验标第8.9.1-3条
设计参数		检查日期	年 月 日~ 年 月 日

1△★梁高（规定值或允许偏差：h≤2 m，±2 mm；h>2 m，±4 mm）
（检查方法和频率：钢尺，自检测两端腹板；抽检自检梁数的20%，被抽梁检查频率同自检）

钢箱梁编号	设计值（mm）	两端腹板处偏差值（mm）	钢箱梁编号	设计值（mm）	两端腹板偏处差值（mm）

2★跨度（规定值或允许偏差：±8 mm）
（检查方法和频率：钢尺，自检测支承中心距离；抽检自检梁数的20%，被抽梁检查频率同自检）

3★全长（规定值或允许偏差：±15 mm）
（检查方法和频率：自检测中心线处；抽检自检梁数的20%，被抽梁检查频率同自检）

钢箱梁编号	设计值（mm）	偏差值（mm）	设计值（mm）	偏差值（mm）

4△★腹板中心距（规定值或允许偏差：±3 mm）
（检查方法和频率：钢尺，自检测两端腹板中心距；抽检自检梁数的20%，被抽梁检查频率同自检）

5 横断面对角线差（规定值或允许偏差：≤4 mm）
（检查方法和频率：钢尺，自检测两端断面；抽检自检梁数的20%，被抽梁检查频率同自检）

钢箱梁编号	设计值（mm）	两端腹板处偏差值（mm）	设计值（mm）	偏差值1（mm）	偏差值2（mm）

6 旁弯（规定值或允许偏差：3+L/10000 mm）
（检查方法和频率：拉线用尺量，自检测中部、四分点3处；抽检自检梁数的20%，被抽梁检查频率同自检）

7 拱度（规定值或允许偏差：+10，-5 mm）
（检查方法和频率：拉线用尺量，自检测中部、四分点3处；抽检自检梁数的20%，被抽梁检查频率同自检）

钢箱梁编号	设计值（mm）	四分点1（mm）	中部（mm）	四分点2（mm）	设计值（mm）	四分点1（mm）	中部（mm）	四分点2（mm）

8 腹板平整度（规定值或允许偏差：≤h/350，且≤8 mm）
（检查方法和频率：平尺及塞尺，自检每腹板检查3处；抽检自检梁数的20%，被抽梁检查频率同自检）

钢箱梁编号	左腹板（mm）	右腹板（mm）

注：每个分项工程填写一套现场检查记录表，腹板按左右腹板2个设置，不足可自行调整表格。

检查人/现场监理		质检负责人/专业监理工程师	

公路项目 _____
□施工自检
□监理抽检

梁桥钢箱梁制作现场质量检查记录表（2/2）

施工单位		监理单位	
单位工程		分部工程	
分项工程		检查依据	2017验标第8.9.1-3条
设计参数		检查日期	年 月 日～ 年 月 日

9 扭曲（规定值或允许偏差：每米≤1 mm，且每段≤10 mm）
（检查方法和频率：置于平台，四角中有三角接触平台，用尺量另一角与平台间隙；抽检自检梁数的20%，被抽梁检查频率同自检）

钢箱梁编号	第1m	第2m	第3m	第4m	第5m	第6m	第7m	第8m	第9m	第10m	第11m	第12m	第13m
	第14m	第15m	第16m	第17m	第18m	第19m	第20m	第21m	第22m	第23m	第24m	第25m	每段
钢箱梁编号	第1m	第2m	第3m	第4m	第5m	第6m	第7m	第8m	第9m	第10m	第11m	第12m	第13m
	第14m	第15m	第16m	第17m	第18m	第19m	第20m	第21m	第22m	第23m	第24m	第25m	每段
钢箱梁编号	第1m	第2m	第3m	第4m	第5m	第6m	第7m	第8m	第9m	第10m	第11m	第12m	第13m
	第14m	第15m	第16m	第17m	第18m	第19m	第20m	第21m	第22m	第23m	第24m	第25m	每段
钢箱梁编号	第1m	第2m	第3m	第4m	第5m	第6m	第7m	第8m	第9m	第10m	第11m	第12m	第13m
	第14m	第15m	第16m	第17m	第18m	第19m	第20m	第21m	第22m	第23m	第24m	第25m	每段
钢箱梁编号	第1m	第2m	第3m	第4m	第5m	第6m	第7m	第8m	第9m	第10m	第11m	第12m	第13m
	第14m	第15m	第16m	第17m	第18m	第19m	第20m	第21m	第22m	第23m	第24m	第25m	每段
钢箱梁编号	第1m	第2m	第3m	第4m	第5m	第6m	第7m	第8m	第9m	第10m	第11m	第12m	第13m
	第14m	第15m	第16m	第17m	第18m	第19m	第20m	第21m	第22m	第23m	第24m	第25m	每段

10 对接错边（规定值或允许偏差：≤2 mm）
（检查方法和频率：钢尺，自检测各对接断面；抽检自检梁数的20%，被抽梁检查频率同自检）

钢箱梁编号	断面1偏差值（mm）	断面2偏差值（mm）	断面3偏差值（mm）	断面4偏差值（mm）	钢箱梁编号	断面1偏差值（mm）	断面2偏差值（mm）	断面3偏差值（mm）	断面4偏差值（mm）

11 焊缝尺寸（规定值或允许偏差：满足设计要求，设计要求_____）
（检查方法和频率：量规，自检检查全部，每条焊缝检查3处；抽检自检梁数的20%，被抽梁检查频率同自检）

钢箱梁编号	焊缝1			焊缝2			焊缝3		
	焊缝尺寸1（mm）	焊缝尺寸2（mm）	焊缝尺寸3（mm）	焊缝尺寸1（mm）	焊缝尺寸2（mm）	焊缝尺寸3（mm）	焊缝尺寸1（mm）	焊缝尺寸2（mm）	焊缝尺寸3（mm）

注：1. 每个分项工程的填写1套现场检查记录表，扭曲按每钢箱梁长25 m设置，如超过25 m，可对表格进行调整或填写多行；2. 焊缝按每梁3条设置，不足可填写多行，除设计值外，均填写偏差值。

检查人/现场监理		质检负责人/专业监理工程师	

_____公路项目 　　□施工自检　□监理抽检

斜拉桥钢箱加劲梁段制作现场质量检查记录表

施工单位		监理单位	
单位工程		分部工程	
分项工程		检查依据表格数量	2017验标第8.9.1-4条
设计参数		检查日期	年 月 日～ 年 月 日

1★梁长（规定值或允许偏差：±2mm）
（检查方法和频率：钢尺，自检测中心线及两侧；抽检自检梁数的20%，被抽梁检查频率同自检）

3风嘴直线度偏差（规定值或允许偏差：≤L/2000，且≤5mm）
（检查方法和频率：拉线、尺量，自检测各风嘴边缘；抽检自检梁数的20%，被抽梁检查频率同自检）

钢箱加劲梁段编号	设计值（mm）	左侧偏差值（mm）	中心线偏差值（mm）	右侧偏差值（mm）	风嘴1偏差值（mm）	风嘴2偏差值（mm）	风嘴3偏差值（mm）	风嘴4偏差值（mm）

4△★端口尺寸（规定值或允许偏差：宽度±4mm，中心高±2mm，边高±2mm，横断面对角线差≤6mm）
（检查方法和频率：钢尺，自检测两端；抽检自检梁数的20%，被抽梁检查频率同自检）

钢箱加劲梁段编号	宽度（±4mm）		中心高（±2mm）		边高（±2mm）		横断面对角线差（≤6mm）	
	设计值（mm）	两端偏差值(mm)	设计值（mm）	两端偏差值(mm)	设计值（mm）	两端偏差值(mm)	设计值（mm）	两端偏差值(mm)

5锚箱锚面角度（规定值或允许偏差：≤0.5°）
（检查方法和频率：角度仪，自检检查每锚垫板与水平面、立面的夹角，各测3处；抽检自检梁数的20%，被抽梁检查频率同自检）

钢箱加劲梁段编号	锚垫板与水平面角度（°）		锚垫板与立面角度（°）	
	设计角度	偏差角度	设计角度	偏差角度

6△★梁段匹配性（规定值或允许偏差：纵桥向中心线偏差≤1mm，顶、底、腹板对接间隙+3,-1mm，顶、底、腹板对接错边≤2mm）（检查方法和频率：纵桥向中心线偏差，钢尺，自检测每段；顶、底、腹板对接间隙和顶、底、腹板对接错边，钢尺，自检测各对接断面；抽检自检梁数的20%，被抽梁检查频率同自检）

钢箱加劲梁段编号	纵桥向中心线偏差（≤1mm）	顶、底、腹板对接间隙（+3,-1mm）	顶、底、腹板对接错边（≤2mm）

7焊缝尺寸（规定值或允许偏差：满足设计要求，设计要求　　　）
（检查方法和频率：量规，自检检查全部，每条焊缝检查3处；抽检自检梁数的20%，被抽梁检查频率同自检）

钢箱加劲梁段编号	焊缝1			焊缝2			焊缝3		
	焊缝尺寸1（mm）	焊缝尺寸2（mm）	焊缝尺寸3（mm）	焊缝尺寸1（mm）	焊缝尺寸2（mm）	焊缝尺寸3（mm）	焊缝尺寸1（mm）	焊缝尺寸2（mm）	焊缝尺寸3（mm）

注：1.每个分项工程填写一套现场检查记录表；2.焊缝按每梁三条设置，如超过3条，可填写多行。

检查人/现场监理		质检负责人/专业监理工程师	

_____公路项目　　　　　　　　　　　　　　　　☐施工自检
组合梁斜拉桥的工字梁段制作现场质量检查记录表　☐监理抽检

施工单位		监理单位	
单位工程		分部工程	
分项工程		检查依据	2017验标第8.9.1-5条
设计参数		检查日期	年 月 日～ 年 月 日

1△★ 梁高（规定值或允许偏差：主梁，±2 mm；横梁，±1.5 mm）
（检查方法和频率：钢尺，自检测每梁段两端；抽检自检梁段数的20%，被抽梁段检查频率同自检）

工字梁段编号（类型）	设计值（mm）	两端偏差值（mm）	工字梁段编号（类型）	设计值（mm）	两端偏差值（mm）

2★ 梁长（规定值或允许偏差：主梁，±2 mm；横梁，±1.5 mm）
（检查方法和频率：钢尺，自检每梁段测中心线处；抽检自检梁段数的20%，被抽梁段检查频率同自检）

工字梁段编号（类型）	设计值（mm）	偏差值（mm）	工字梁段编号（类型）	设计值（mm）	偏差值（mm）

3★ 梁宽（规定值或允许偏差：主梁，±1.5 mm；横梁，±1.5 mm）
（检查方法和频率：自检测每梁段两端；抽检自检梁段数的20%，被抽梁段检查频率同自检）

工字梁段编号	设计值（mm）	两端偏差值（mm）	工字梁段编号	设计值（mm）	两端偏差值（mm）

4 梁腹板平面度（规定值或允许偏差：主梁，≤h/350，且≤8 mm；横梁≤h/500，且≤5 mm）
（检查方法和频率：平尺及塞尺，自检每梁段测3处；抽检自检梁段数的20%，被抽梁段检查频率同自检）

工字梁段编号（类型）	偏差值1（mm）	偏差值2（mm）	偏差值3（mm）	工字梁段编号（类型）	偏差值1（mm）	偏差值2（mm）	偏差值3（mm）

5 锚箱斜拉索轴线角度（规定值或允许偏差：≤0.5°）
（检查方法和频率：角度仪，自检每检查锚垫板与水平面、立面的夹角，各测3处；
抽检自检梁段数的20%，被抽梁段检查频率同自检）

工字梁段编号	锚垫板与水平面夹角（°）	锚垫板与立面夹角（°）

6△★ 梁段盖板、腹板对接错边（规定值或允许偏差：≤2 mm）
（检查方法和频率：钢尺，自检测各对接断面；抽检自检梁段数的20%，被抽梁段检查频率同自检）

工字梁段编号	左腹板对接错边（mm）	右腹板对接错边（mm）	盖板对接错边（mm）

7 焊缝尺寸（规定值或允许偏差：满足设计要求，设计要求　　　　　）
（检查方法和频率：量规，自检检查全部，每条焊缝检查3处；抽检自检梁段数的20%，被抽梁段检查频率同自检）

工字梁段编号	焊缝1			焊缝2			焊缝3		
	焊缝尺寸1（mm）	焊缝尺寸2（mm）	焊缝尺寸3（mm）	焊缝尺寸1（mm）	焊缝尺寸2（mm）	焊缝尺寸3（mm）	焊缝尺寸1（mm）	焊缝尺寸2（mm）	焊缝尺寸3（mm）

注：1. 每个分项工程填写一套现场检查记录表；2. 焊缝按每梁三条设置，如超过3条，可填写多行。

检查人/现场监理		质检负责人/专业监理工程师	

_____公路项目　　□施工自检　□监理抽检

悬索桥钢箱加劲梁段制作现场质量检查记录表

施工单位		监理单位	
单位工程		分部工程	
分项工程		检查依据	2017验标第8.9.1-6条
设计参数		检查日期	年 月 日～ 年 月 日

1★梁长（规定值或允许偏差：±2mm）
（检查方法和频率：钢尺，自检测中心线及两侧；抽检自检梁数的20%，被抽梁检查频率同自检）

3 风嘴直线度偏差（规定值或允许偏差：≤L/2000，且≤5mm）（检查方法和频率：拉线、尺量，自检测各风嘴边缘；抽检自检梁数的20%，被抽梁检查频率同自检）

钢箱加劲梁段编号	设计值（mm）	左侧偏差值（mm）	中心线偏差值（mm）	右侧偏差值（mm）	风嘴1偏差值（mm）	风嘴2偏差值（mm）	风嘴3偏差值（mm）	风嘴4偏差值（mm）

4△★端口尺寸（规定值或允许偏差：宽度±4mm，中心高±2mm，边高±2mm，横断面对角线差≤6mm）
（检查方法和频率：钢尺，自检测两端；抽检自检梁数的20%，被抽梁检查频率同自检）

钢箱加劲梁段编号	宽度（±4mm）		中心高（±2mm）		边高（±2mm）		横断面对角线差（≤6mm）	
	设计值（mm）	两端偏差值(mm)	设计值（mm）	两端偏差值(mm)	设计值（mm）	两端偏差值(mm)	设计值（mm）	两端偏差值(mm)

5 吊点中心距桥中心线及端口基准线距离（规定值或允许偏差：±2mm）
（检查方法和频率：钢尺，自检测吊点断面；抽检自检梁段的20%，被抽梁段检查频率同自检）

钢箱加劲梁段编号	吊点中心距桥中心线距离（mm）	吊点中心距端口基准线距离（mm）

6△★梁段匹配性（规定值或允许偏差：纵桥向中心线偏差≤1mm，顶、底、腹板对接间隙+3,-1mm，顶、底、腹板对接错边≤2mm）（检查方法和频率：纵桥向中心线偏差，钢尺，自检测每段；顶、底、腹板对接间隙和顶、底、腹板对接错边，钢尺，自检测各对接断面；抽检自检梁数的20%，被抽梁检查频率同自检）

钢箱加劲梁段编号	纵桥向中心线偏差（≤1mm）	顶、底、腹板对接间隙（+3,-1mm）	顶、底、腹板对接错边（≤2mm）

7 焊缝尺寸（规定值或允许偏差：满足设计要求，设计要求_____）
（检查方法和频率：量规，自检检查全部，每条焊缝检查3处；抽检自检梁数的20%，被抽梁检查频率同自检）

钢箱加劲梁段编号	焊缝1			焊缝2			焊缝3		
	焊缝尺寸1（mm）	焊缝尺寸2（mm）	焊缝尺寸3（mm）	焊缝尺寸1（mm）	焊缝尺寸2（mm）	焊缝尺寸3（mm）	焊缝尺寸1（mm）	焊缝尺寸2（mm）	焊缝尺寸3（mm）

注：1.每个分项工程填写一套现场检查记录表；2.焊缝按每梁三条设置，如超过3条，可填写多行。

检查人/现场监理		质检负责人/专业监理工程师	

_____公路项目　　　　　　　　　　　　□施工自检
　　　　　　　　　　　　　　　　　　　　　　　□监理抽检

钢梁安装现场质量检查记录表

施工单位			监理单位	
单位工程			分部工程	
分项工程			检查依据	2017验标第8.9.2条
设计参数			检查日期	年 月 日~ 年 月 日

1 两跨相邻端横梁中线相对偏位（规定值或允许偏差：≤5 mm）
（检查方法和频率：尺量，自检测各相邻端横梁；抽检自检相邻端横梁数的20%，被抽横梁检查频率同自检）

钢梁编号	端横梁 1-2	端横梁 2-3	端横梁 3-5	端横梁 4-5	端横梁 5-6	端横梁 6-7	端横梁 7-8	端横梁 8-9	端横梁 9-10

3 固定支座处支承中心偏位（规定值或允许偏差：简支梁≤10 mm，连续梁≤20 mm）
（检查方法和频率：尺量，自检测每固定支座；抽检自检支座数的20%，被抽支座检查频率同自检）

钢梁编号（类型）	支座1	支座2	支座3	支座4	支座5	支座6	支座7	支座8	支座9

4 焊缝尺寸（规定值或允许偏差：满足设计要求，设计要求　　　　）
（检查方法和频率：量规，自检检查全部，每条焊缝检查3处；抽检自检梁段数的20%，被抽梁段检查频率同自检）

钢梁编号	焊缝1 焊缝尺寸1（mm）	焊缝尺寸2（mm）	焊缝尺寸3（mm）	焊缝2 焊缝尺寸1（mm）	焊缝尺寸2（mm）	焊缝尺寸3（mm）	焊缝3 焊缝尺寸1（mm）	焊缝尺寸2（mm）	焊缝尺寸3（mm）

注：1. 每个分项工程填写一套现场检查记录表；2. 焊缝按每梁三条设置，如超过3条，可填写多行。

检查人/现场监理		质检负责人/专业监理工程师	

_____公路项目　　　　　　　□ 施工自检
　　　　　　　　　　　　　　　　　　　　　　□ 监理抽检

钢梁防护涂装现场质量检查记录表

施工单位			监理单位	
单位工程			分部工程	
分项工程			检查依据	2017验标第8.9.3条
设计参数			检查日期	年 月 日～ 年 月 日

钢梁编号	1△★除锈等级（规定值或允许偏差：满足设计要求；设计未要求时，热喷锌或铝Sa3.0，无机富锌底漆及其他Sa2.5（St3）） （检查方法和频率：样板对比，自检全部件；抽检自检梁数的20%）	2△★粗糙度Rz（规定值或允许偏差：满足设计要求；设计未要求时，热喷锌或铝60～100μm，无机富锌底漆50～80μm，其他30～75μm） （检查方法和频率：按设计要求检查，设计未要求时用对比样块，自检全部检查；抽检自检梁数的20%）

钢梁编号	3 总干膜厚度（规定值或允许偏差：满足设计要求；设计未要求时，干膜厚度小于设计值的测点数量≤10%，任意测点的干膜厚度≥设计值的90%，单位μm） （检查方法和频率：按设计要求检查；设计未要求时用测厚仪检查，自检抽查20%且不少于5件，每10m²测1点，且不少于10点；抽检自检梁数的20%，被抽梁检查频率同自检）													
	设计厚度	厚度1	厚度2	厚度3	厚度4	厚度5	厚度6	厚度7	厚度8	厚度9	厚度10	≤设计值的百分比	最小厚度与设计值的百分比	是否合格

注：1. 每个分项工程填写一套现场检查记录表；2. 检测点数过多的项目可以填写多行；3. 均填写实测值。

检查人/现场监理		质检负责人/专业监理工程师	

附表 I-4　斜拉桥分项工程现场质量检查记录表

斜拉桥的基础及下部构造中，与混凝土梁桥相同部分的质量检验与评定用表同附表 I-3。本节涉及拱桥特殊结构 14 个分项工程的现场质量检查记录表。

_____公路项目

斜拉桥混凝土索塔柱现场质量检查记录表

☐施工自检
☐监理抽检

施工单位		监理单位	
单位工程		分部工程	
分项工程		检查依据	2017验标第8.10.1-1条
设计参数		检查日期	年 月 日～ 年 月 日

4 外轮廓尺寸（规定值或允许偏差：±20 mm）
（检查方法和频率：尺量，自检每段测1个断面；抽检自检段数的20%，被抽段检查频率同自检）

索塔柱节段编号	设计值（mm）	偏差值（mm）	索塔柱节段编号	设计值（mm）	偏差值（mm）

5★壁厚（规定值或允许偏差：±10 mm）
（检查方法和频率：尺量，自检每段顶面测5处；抽检自检段数的20%，被抽段检查频率同自检）

索塔柱节段编号	设计值（mm）	偏差值1（mm）	偏差值2（mm）	偏差值3（mm）	偏差值4（mm）	偏差值5（mm）

7△★孔道位置（规定值或允许偏差：≤10 mm，且两端同向）
（检查方法和频率：尺量，自检测每孔道；抽检自检孔道数的20%，被抽孔道检查频率同自检）

8 预埋件位置（规定值或允许偏差：≤5 mm）
（检查方法和频率：尺量，自检测每件；抽检自检件数的20%，被抽件检查频率同自检）

9★节段间错台（规定值或允许偏差：≤3 mm）
（检查方法和频率：尺量，自检每节段接缝每侧面最大值；抽检自检节段接缝数的20%，被抽节段检查频率同自检）

注：1. 每个分项工程填写一套现场检查记录表；2. 除设计值外，均填写偏差值。

检查人/现场监理		质检负责人/专业监理工程师	

_____公路项目			☐ 施工自检
斜拉桥混凝土索塔横梁现场质量检查记录表			☐ 监理抽检

施工单位		监理单位	
单位工程		分部工程	
分项工程		检查依据	2017 验标第 8.10.1-2 条
设计参数		检查日期	年 月 日 ~ 年 月 日

3 外轮廓尺寸（规定值或允许偏差：±15 mm）
（检查方法和频率：尺量，自检测 2 个断面；抽检自检横梁数的 20%，被抽横梁检查频率同自检）

索塔横梁编号	设计值（mm）	断面 1 偏差值（mm）	断面 2 偏差值（mm）

4★壁厚（规定值或允许偏差：±10 mm，设计壁厚　　　mm）
（检查方法和频率：尺量，自检测 2 个断面，每断面 4 处；抽检自检横梁数的 20%，被抽横梁检查频率同自检）

索塔横梁编号	断面 1				断面 2			
	偏差值 1	偏差值 2	偏差值 3	偏差值 4	偏差值 1	偏差值 2	偏差值 3	偏差值 4

注：1. 每个分项工程填写一套现场检查记录表；2. 除设计值外，均填写偏差值。

检查人/现场监理		质检负责人/专业监理工程师	

_____公路项目 □施工自检 □监理抽检

索塔钢锚梁制作现场质量检查记录表

施工单位		监理单位	
单位工程		分部工程	
分项工程		检查依据	2017验标第8.10.2-1条
设计参数		检查日期	年 月 日~ 年 月 日

1★梁长（规定值或允许偏差：±2 mm）
（检查方法和频率：钢尺，自检测两端腹板处；抽检自检梁数的20%，被抽梁检查频率同自检）

索塔钢锚梁节段编号	设计值（mm）	偏差值1（mm）	偏差值2（mm）	索塔钢锚梁节段编号	设计值（mm）	偏差值1（mm）	偏差值2（mm）

2△★腹板中心距（规定值或允许偏差：±2 mm）
（检查方法和频率：钢尺，自检测两端两腹板中心距；抽检自检梁数的20%，被抽梁检查频率同自检）

索塔钢锚梁节段编号	设计值（mm）	偏差值1（mm）	偏差值2（mm）	索塔钢锚梁节段编号	设计值（mm）	偏差值1（mm）	偏差值2（mm）

3 横断面对角线差（规定值或允许偏差：≤3 mm）
（检查方法和频率：钢尺，自检测两端断面；抽检自检梁数的20%，被抽梁检查频率同自检）

索塔钢锚梁节段编号	设计值（mm）	偏差值1（mm）	偏差值2（mm）	索塔钢锚梁节段编号	设计值（mm）	偏差值1（mm）	偏差值2（mm）

4 旁弯（规定值或允许偏差：3 mm）
（检查方法和频率：拉线用尺量，自检测中部、四分点3处；抽检自检梁数的20%，被抽梁检查频率同自检）

索塔钢锚梁节段编号	1/4处偏差值（mm）	中部偏差值（mm）	3/4处偏差值（mm）	索塔钢锚梁节段编号	1/4处偏差值	中部偏差值	3/4处偏差值

5 扭曲（规定值或允许偏差：≤2 mm）
（检查方法和频率：置于平台，四角中有三角接触平台，自检用尺量另一角与平台间隙；
抽检自检梁数的20%，被抽梁检查频率同自检）

索塔钢锚梁节段编号	偏差值1（mm）	偏差值2（mm）	偏差值3（mm）	偏差值4（mm）	索塔钢锚梁节段编号	偏差值1（mm）	偏差值2（mm）	偏差值3（mm）	偏差值4（mm）

7 锚面角度（规定值或允许偏差：≤0.5°，设计角度　　°）
（检查方法和频率：角度仪，自检检查每锚垫板与水平面、立面的夹角，各测3处；
抽检自检梁数的20%，被抽梁检查频率同自检）

索塔钢锚梁节段编号	偏差值（°）

8 焊缝尺寸（规定值或允许偏差：满足设计要求，设计要求　　）
（检查方法和频率：量规，自检检查全部，每条焊缝检查3处；抽检自检梁数的20%，被抽梁检查频率同自检）

索塔钢锚梁节段编号	焊缝1			焊缝2			焊缝3		
	焊缝尺寸1（mm）	焊缝尺寸2（mm）	焊缝尺寸3（mm）	焊缝尺寸1（mm）	焊缝尺寸2（mm）	焊缝尺寸3（mm）	焊缝尺寸1（mm）	焊缝尺寸2（mm）	焊缝尺寸3（mm）

注：1. 每个分项工程填写一套现场检查记录表；2. 焊缝按每梁三条条设置，如超过3条，可填写多行。

检查人/现场监理		质检负责人/专业监理工程师	

_____公路项目		☐ 施工自检
		☐ 监理抽检

索塔钢锚箱节段制作现场质量检查记录表

施工单位		监理单位	
单位工程		分部工程	
分项工程		检查依据	2017 验标第 8.10.2-2 条
设计参数		检查日期	年 月 日~ 年 月 日

1★节段高度（规定值或允许偏差：±1 mm）
（检查方法和频率：钢尺，自检每节段测中心线处；抽检自检节段数的 20%，被抽节段检查频率同自检）

钢锚箱节段编号	设计值（mm）	偏差值（mm）	钢锚箱节段编号	设计值（mm）	偏差值（mm）

2★节段断面尺寸（规定值或允许偏差：边长±2 mm、对角线差≤3 mm）
（检查方法和频率：钢尺，自检每段测顶、底面；抽检自检段数的 20%，被抽段检查频率同自检）

钢锚箱节段编号	边长			对角线差		
	设计值（mm）	顶面偏差	底面偏差	设计值（mm）	顶面偏差	底面偏差

3 节段上、下两端面平行度（规定值或允许偏差：≤0.8）
（检查方法和频率：平行度测量仪，自检每节段测 6 处；抽检自检节段数的 20%，被抽节段检查频率同自检）

钢锚箱节段编号	偏差值					

4 节段端面平面度（规定值或允许偏差：≤0.2 mm）
（检查方法和频率：平面度测量仪，自检每节段端面测 6 处；抽检自检节段数的 20%，被抽节段检查频率同自检）

钢锚箱节段编号	偏差值					

6 锚面角度（规定值或允许偏差：≤0.5°）
（检查方法和频率：角度仪，自检检查每锚垫板与水平面、立面的夹角，各测 3 处；
抽检自检节段数的 20%，被抽节段检查频率同自检）

钢锚箱节段编号	偏差值（°）					

7 焊缝尺寸（规定值或允许偏差：满足设计要求，设计要求　　）
（检查方法和频率：量规，自检检查全部，每条焊缝检查 3 处；抽检自检节段数的 20%，被抽段检查频率同自检）

钢锚箱节段编号	焊缝 1			焊缝 2			焊缝 3		
	焊缝尺寸 1（mm）	焊缝尺寸 2（mm）	焊缝尺寸 3（mm）	焊缝尺寸 1（mm）	焊缝尺寸 2（mm）	焊缝尺寸 3（mm）	焊缝尺寸 1（mm）	焊缝尺寸 2（mm）	焊缝尺寸 3（mm）

9△★栓钉焊接弯曲裂纹（规定值或允许偏差：无裂纹）
（检查方法和频率：目测，弯曲 30° 后观察焊缝和热影响区，自检各栓钉群测 1%，且不少于 1 个；
抽检自检数的 20%，且不少于 1 个）

注：1. 每个分项工程填写一套现场检查记录表；2. 除设计值外，均填写偏差值。

检查人/现场监理		质检负责人/专业监理工程师	

_____公路项目		☐施工自检
索塔钢锚梁安装现场质量检查记录表		☐监理抽检

施工单位		监理单位	
单位工程		分部工程	
分项工程		钢锚梁编号	
检查依据	2017验标第8.10.3-1条	检查日期	年 月 日～ 年 月 日

3△★钢锚梁与支承面的接触率（规定值或允许偏差：满足设计要求，设计要求　　　）
（检查方法和频率：塞尺，自检检查各支承面；抽检自检钢锚梁数的20%，被抽钢锚梁检查频率同自检）

4 焊缝尺寸（规定值或允许偏差：满足设计要求，设计要求　　　）
（检查方法和频率：量规，自检检查全部，每条焊缝检查3处；抽检自检钢锚梁数的20%，被抽钢锚梁检查频率同自检）

注：1. 每个分项工程填写一套现场检查记录表；2. 除设计值外，均填写偏差值。

检查人/现场监理		质检负责人/专业监理工程师	

		_____公路项目	☐ 施工自检
		索塔钢锚箱节段安装现场质量检查记录表	☐ 监理抽检

施工单位		监理单位	
单位工程		分部工程	
分项工程		钢锚箱编号	
检查依据	2017验标第 8.10.3-2 条	检查日期	年 月 日～ 年 月 日

3△★钢锚箱的断面接触率（规定值或允许偏差：满足设计要求，设计要求　　　）
（检查方法和频率：塞尺，自检全断面检查；抽检自检钢锚箱数的20%，被抽钢锚箱检查频率同自检）

注：1. 每个分项工程填写一套现场检查记录表；2. 除设计值外，均填写偏差值。

检查人/现场监理		质检负责人/专业监理工程师	

_____公路项目　　□ 施工自检　□ 监理抽检

主墩上混凝土梁段浇筑现场质量检查记录表

施工单位		监理单位	
单位工程		分部工程	
分项工程		检查依据	2017验标第8.10.4条
设计参数		检查日期	年 月 日～ 年 月 日

4△★断面尺寸（规定值或允许偏差：高度+5，+10 mm）
（检查方法和频率：尺量，自检测2个断面；抽检自检梁段数的20%，被抽梁段检查频率同自检）

梁段编号	高度设计值（mm）	偏差值1（mm）	偏差值2（mm）	梁段编号	高度设计值（mm）	偏差值1（mm）	偏差值2（mm）

4△★断面尺寸（规定值或允许偏差：顶宽±30 mm）
（检查方法和频率：尺量，自检测2个断面；抽检自检梁段数的20%，被抽梁段检查频率同自检）

梁段编号	顶宽设计值（mm）	偏差值1（mm）	偏差值2（mm）	梁段编号	顶宽设计值（mm）	偏差值1（mm）	偏差值2（mm）

4△★断面尺寸（规定值或允许偏差：底宽或肋板宽±20 mm）
（检查方法和频率：尺量，自检测2个断面；抽检自检梁段数的20%，被抽梁段检查频率同自检）

梁段编号	设计值（mm）	偏差值1（mm）	偏差值2（mm）	梁段编号	设计值（mm）	偏差值1（mm）	偏差值2（mm）

4△★断面尺寸（规定值或允许偏差：顶、底、腹板厚或肋宽+10，0 mm）
（检查方法和频率：尺量，自检测2个断面；抽检自检梁段数的20%，被抽梁段检查频率同自检）

梁段编号	设计值（mm）	偏差值1（mm）	偏差值2（mm）	梁段编号	设计值（mm）	偏差值1（mm）	偏差值2（mm）

6预埋件位置（规定值或允许偏差：≤5 mm）
（检查方法和频率：尺量，自检测每件；抽检自检件数的20%）

注：1. 每个分项工程填写一套现场检查记录表；2. 除设计值外，均填写偏差值。

检查人/现场监理		质检负责人/专业监理工程师	

_____公路项目　　□施工自检　□监理抽检

混凝土斜拉桥的悬臂浇筑现场质量检查记录表

施工单位		监理单位	
单位工程		分部工程	
分项工程		检查依据	2017验标第8.10.5-1条
设计参数		检查日期	年 月 日～ 年 月 日

3△★断面尺寸（规定值或允许偏差：高度+5，-10 mm）
（检查方法和频率：尺量，自检每段测1个断面；抽检自检段数的20%，被抽段检查频率同自检）

梁段编号	设计值（mm）	偏差值（mm）	梁段编号	设计值（mm）	偏差值（mm）

3△★断面尺寸（规定值或允许偏差：顶宽±30 mm）
（检查方法和频率：尺量，自检每段测1个断面；抽检自检段数的20%，被抽段检查频率同自检）

梁段编号	设计值（mm）	偏差值（mm）	梁段编号	设计值（mm）	偏差值（mm）

3△★断面尺寸（规定值或允许偏差：底宽或肋宽±20 mm）
（检查方法和频率：尺量，自检每段测1个断面；抽检自检段数的20%，被抽段检查频率同自检）

梁段编号	设计值（mm）	偏差值（mm）	梁段编号	设计值（mm）	偏差值（mm）

3△★断面尺寸（规定值或允许偏差：顶、底、腹板厚或肋宽+10，0 mm）
（检查方法和频率：尺量，自检每段测1个断面；抽检自检段数的20%，被抽段检查频率同自检）

梁段编号	设计值（mm）	偏差值（mm）	梁段编号	设计值（mm）	偏差值（mm）

9预埋件位置（规定值或允许偏差：≤5 mm）
（检查方法和频率：尺量，自检测每件；抽检自检件数的20%）

梁段编号	偏差值（mm）	梁段编号	偏差值（mm）

11★相邻梁段间错台（规定值或允许偏差：≤5 mm）
（检查方法和频率：尺量，自检测底面、侧面接缝最大处；抽检自检段数的20%，被抽段检查频率同自检）

梁段编号	底面偏差值	侧面接缝偏差值	梁段编号	底面偏差值	侧面接缝偏差值

注：1.每个分项工程填写一套现场检查记录表；2.除设计值外，均填写偏差值。

检查人/现场监理		质检负责人/专业监理工程师	

		_____公路项目	☐ 施工自检
		混凝土斜拉桥的悬臂拼装现场质量检查记录表	☐ 监理抽检

施工单位		监理单位	
单位工程		分部工程	
分项工程		检查依据	2017验标第 8.10.5-2 条
设计参数		检查日期	年 月 日～ 年 月 日

6★相邻梁段间错台（规定值或允许偏差：≤3 mm）

（检查方法和频率：尺量，自检测底面、侧面接缝最大值；抽检自检梁段数的20%，被抽梁段检查频率同自检）

梁段编号	底面偏差值	侧面接缝偏差值	梁段编号	底面偏差值	侧面接缝偏差值

注：1. 每个分项工程填写一套现场检查记录表；2. 除设计值外，均填写偏差值。

检查人/现场监理		质检负责人/专业监理工程师	

_____公路项目	☐施工自检 ☐监理抽检
钢斜拉桥钢箱梁段的悬臂拼装现场质量检查记录表	

施工单位		监理单位	
单位工程		分部工程	
分项工程		梁段编号	
检查依据	2017验标第 8.10.6-1 条	检查日期	年 月 日 ～ 年 月 日

6★相邻节段对接错边（规定值或允许偏差：≤2 mm）
（检查方法和频率：尺量，自检测每段接缝最大处；抽检自检梁段数的20%，被抽梁段检查频率同自检）

7 焊缝尺寸（规定值或允许偏差：满足设计要求，设计要求　　　　）
（检查方法和频率：量规，自检检查全部，每条焊缝检查3处；抽检自检梁段数的20%，被抽梁段检查频率同自检）

注：1. 每个分项工程填写一套现场检查记录表；2. 除设计值外，均填写偏差值。

检查人/现场监理		质检负责人/专业监理工程师	

_____公路项目　☐施工自检　☐监理抽检

钢斜拉桥钢箱梁段的支架安装现场质量检查记录表

施工单位		监理单位	
单位工程		分部工程	
分项工程		梁段编号	
检查依据	2017验标第8.10.6-2条	检查日期	年 月 日～ 年 月 日

2★相邻节段对接错边（规定值或允许偏差：≤2 mm）
（检查方法和频率：尺量，自检测每段接缝最大值；抽检自检梁段数的20%，被抽梁段检查频率同自检）

6 焊缝尺寸（规定值或允许偏差：满足设计要求，设计要求　　　）
（检查方法和频率：量规，自检检查全部，每条焊缝检查3处；抽检自检梁段数的20%，被抽梁段检查频率同自检）

注：1. 每个分项工程填写一套现场检查记录表；2. 除设计值外，均填写偏差值。

检查人/现场监理		质检负责人/专业监理工程师	

_____公路项目 ☐施工自检 ☐监理抽检

组合梁斜拉桥钢梁段悬臂拼装现场质量检查记录表

施工单位		监理单位	
单位工程		分部工程	
分项工程		梁段编号	
检查依据	2017验标第8.10.7条	检查日期	年 月 日～ 年 月 日

2★相邻节段对接错边（规定值或允许偏差：≤2 mm）
（检查方法和频率：尺量，自检测每段接缝最大值；抽检自检梁段数的20%，被抽梁段检查频率同自检）

6 焊缝尺寸（规定值或允许偏差：满足设计要求，设计要求　　　　）
（检查方法和频率：量规，自检检查全部，每条焊缝检查3处；抽检自检梁段数的20%，被抽梁段检查频率同自检）

注：1. 每个分项工程填写一套现场检查记录表；2. 除设计值外，均填写偏差值。

检查人/现场监理		质检负责人/专业监理工程师	

	_____公路项目	☐施工自检
	组合梁斜拉桥混凝土板现场质量检查记录表	☐监理抽检

施工单位		监理单位	
单位工程		分部工程	
分项工程		节段编号	
检查依据	2017验标第8.10.8条	检查日期	年 月 日～ 年 月 日

2△★混凝土板尺寸（规定值或允许偏差：厚+10, 0 mm、宽±30 mm）
（检查方法和频率：尺量，自检测30%预制板；抽检检查自检数量的20%）

3 预制板安装偏位（规定值或允许偏差：±5 mm）
（检查方法和频率：尺量，自检每施工节段测2个断面；抽检自检节段数的20%，被抽节段检查频率同自检）

注：1. 每个分项工程填写一套现场检查记录表；2. 除设计值外，均填写偏差值。

检查人/现场监理		质检负责人/专业监理工程师	

_____公路项目 ☐施工自检 ☐监理抽检

斜拉桥的支座安装现场质量检查记录表

施工单位		监理单位	
单位工程		分部工程	
分项工程		检查依据	2017验标第8.12.6-2条
设计参数		检查日期	年 月 日 ~ 年 月 日

3 竖向支座垫石钢板水平度（规定值或允许偏差：≤2 mm）
（检查方法和频率：水平仪、钢尺，自检每支座测5处；抽检自检支座数的20%，被抽支座检查频率同自检）

5 横向抗风支座支挡竖直度（规定值或允许偏差：≤1 mm）
（检查方法和频率：角度仪，自检每支座测5处；抽检自检支座数的20%，被抽支座检查频率同自检）

6 横向抗风支座与支挡表面平行度（规定值或允许偏差：≤1 mm）
（检查方法和频率：卡尺，自检每支座测5处；抽检自检支座数的20%，被抽支座检查频率同自检）

6 横向抗风支座与支挡表面平行度（规定值或允许偏差：≤2 mm）
（检查方法和频率：卡尺，自检每支座测5处；抽检自检支座数的20%，被抽支座检查频率同自检）

1. 每个分项工程填写1张记录表。

检查人/现场监理		质检负责人/专业监理工程师	

附表 I-5　悬索桥分项工程现场质量检查记录表

悬索桥的基础及下部构造中，与混凝土梁桥相同部分的质量检验与评定用表同附表 I-1。本节涉及悬索桥特殊结构 22 个分项工程的现场质量检查记录表。悬索桥预应力锚索的张拉与压浆分项工程用表同 8.3.2，本节不重复。

_____公路项目	☐施工自检
悬索桥混凝土塔柱现场质量检查记录表	☐监理抽检

施工单位		监理单位	
单位工程		分部工程	
分项工程		塔柱编号	
检查依据	2017验标第8.11.1条	检查日期	年 月 日~ 年 月 日

4 外轮廓尺寸（规定值或允许偏差：±20 mm，设计值： mm）
（检查方法和频率：尺量，自检每段测1个断面；抽检频率≥20%自检塔柱数，抽检方法同自检）

5★壁厚（规定值或允许偏差：±10 mm，设计值： mm）
（检查方法和频率：尺量，自检每段顶面测5处；抽检频率≥20%自检塔柱数，抽检方法同自检）

8 预埋件位置（规定值或允许偏差：≤5 mm）
（检查方法和频率：尺量，自检测每件；抽检频率≥20%自检塔柱数，抽检方法同自检）

9★节段间错台（规定值或允许偏差：≤3 mm）
（检查方法和频率：尺量，自检每节段接缝每侧面最大处；抽检频率≥20%自检塔柱数，抽检方法同自检）

1. 各项次均填写偏差值；2. 每塔柱填写1套检查记录表。

检查人/现场监理		质检负责人/专业监理工程师	

_____公路项目 □施工自检 □监理抽检

预应力锚固体系制作现场质量检查记录表

施工单位		监理单位	
单位工程		分部工程	
分项工程		塔柱编号	
检查依据	2017验标第8.11.2-1条	检查日期	年 月 日～ 年 月 日

1 拉杆孔至锚固孔中心距（规定值或允许偏差：±0.5 mm，设计值 mm）
（检查方法和频率：电子尺，自检抽查50%，每件测各拉杆孔；抽检自检数的20%，被抽拉杆检查频率同自检）

2 主要孔径（规定值或允许偏差：1.0，0.0 mm，设计值 mm）
（检查方法和频率：游标卡尺，自检抽查50%，每件测各孔相互垂直方向；
抽检自检孔径数的20%，被抽孔径检查频率同自检）

4 顶、底面平行度（规定值或允许偏差：≤0.4 mm）
（检查方法和频率：打表法，自检抽查50%，每件检查3处；抽检自检件数的20%，被抽件检查频率同自检）

5 板厚（规定值或允许偏差：1.0，0.0 mm，设计值 mm）
（检查方法和频率：游标卡尺，自检抽查50%，每件测5处；抽检自检件数的20%，被抽件检查频率同自检）

6 轴线与顶、底面的垂直度（规定值或允许偏差：≤0.3°）
（检查方法和频率：跳动检测仪，自检抽查50%，每件检查3处；抽检自检件数的20%，被抽件检查频率同自检）

7 顶、面底平行度（规定值或允许偏差：≤0.25 mm）
（检查方法和频率：端面圆跳动，自检抽查50%，每件检查3处；抽检自检件数的20%，被抽件检查频率同自检）

8 壁厚（规定值或允许偏差：1.0，0.0 mm，设计值 mm）
（检查方法和频率：游标卡尺，自检抽查50%，每件测5处；抽检自检件数的20%，被抽件检查频率同自检）

9 拉杆同轴度（规定值或允许偏差≤0.1 mm，设计值 mm）
（检查方法和频率：径向圆跳动，自检抽查50%，每件检查3处；抽检自检件数的20%，被抽件检查频率同自检）

1. 各项次均填写偏差值；2. 每个分项工程各填写1张检查记录表。

检查人/现场监理		质检负责人/专业监理工程师	

_____公路项目	□施工自检
刚架锚固体系制作现场质量检查记录表	□监理抽检

施工单位		监理单位	
单位工程		分部工程	
分项工程		刚架锚固体系编号	
检查依据	2017验标第8.11.2-2条	检查日期	年 月 日～ 年 月 日

1★锚杆、锚梁断面尺寸（规定值或允许偏差：±1.5 mm，设计尺寸： mm）
（检查方法和频率：钢尺，自检每件测2处；抽检频率≥20%自检频率）

2★杆件长度（规定值或允许偏差：满足设计要求，设计未要求时±3 mm，设计要求 mm）
（检查方法和频率：钢尺，自检每杆件测中心线；抽检频率≥20%自检频率）

3 锚杆、锚梁连接部位翼板平面度（规定值或允许偏差：≤0.5 mm）
（检查方法和频率：钢尺、塞尺，自检每件测连接面；抽检频率≥20%自检频率）

4 锚杆、锚梁弯曲（规定值或允许偏差：≤3 mm）
（检查方法和频率：拉线测量，自检测每件；抽检频率≥20%自检频率）

5 锚杆、锚梁扭曲（规定值或允许偏差：满足设计要求，设计未要求时≤3 mm，设计要求 mm）
（检查方法和频率：杆件置于平台上，量悬空角与平台间隙，自检测每件；抽检频率≥20%自检频率）

6 焊缝尺寸（规定值或允许偏差：满足设计要求；设计要求 mm）
（检查方法和频率：量规，自检检查全部，每条焊缝检查2处；抽检频率≥20%自检频率）

1. 项次1与项次2均填写实测值、其他各项次均填写偏差值；2. 每个分项工程各填写1张检查记录表。

检查人/现场监理		质检负责人/专业监理工程师	

_____公路项目

刚架锚固系统安装现场质量检查记录表

☐ 施工自检
☐ 监理抽检

施工单位		监理单位	
单位工程		分部工程	
分项工程		刚架锚固系统编号	
检查依据	2017 验标第 8.11.3-2 条	检查日期	年 月 日～ 年 月 日

4 焊缝尺寸（规定值或允许偏差：满足设计要求；设计要求　　mm）
（检查方法和频率：量规，自检检查全部，每条焊缝检查 2 处；抽检自检焊缝数的 20%，被抽焊缝检查频率同自检）

1. 每个分项工程各填写 1 张检查记录表。

检查人/现场监理		质检负责人/专业监理工程师	

		公路项目	☐ 施工自检
		锚碇混凝土块体现场质量检查记录表	☐ 监理抽检

施工单位		监理单位	
单位工程		分部工程	
分项工程		锚碇混凝土块体编号	
检查依据	2017验标第8.11.4条	检查日期	年 月 日～ 年 月 日

3△★平面尺寸（规定值或允许偏差：±30 mm，设计值　　mm）
（检查方法和频率：尺量，自检测3处；抽检频率≥20%自检频率）

6预埋件位置（规定值或允许偏差：满足设计要求，设计未要求时≤5 mm，设计要求　　mm）
（检查方法和频率：尺量，自检测每件；抽检频率≥20%自检频率）

1. 每个分项工程各填写1张检查记录表。

检查人/现场监理		质检负责人/专业监理工程师	

公路项目	☐施工自检
隧道锚的混凝土锚塞体现场质量检查记录表	☐监理抽检

施工单位		监理单位	
单位工程		分部工程	
分项工程		隧道锚的混凝土锚塞体编号	
检查依据	2017验标第8.11.6条	检查日期	年 月 日~ 年 月 日

3 前、后锚面倾角（规定值或允许偏差：±0.5°，设计：　°　）
（检查方法和频率：倾角仪，自检前后锚面各测3处；抽检频率≥20%自检频率）

4 预埋件位置（规定值或允许偏差：满足设计要求，设计未要求时≤5 mm，设计要求　　mm）
（检查方法和频率：尺量，自检测每件；抽检频率≥20%自检频率）

1. 每个分项工程各填写1张检查记录表。

检查人/现场监理		质检负责人/专业监理工程师	

_____公路项目 ☑施工自检 ☐监理抽检

主索鞍制作现场质量检查记录表（1/2）

施工单位		监理单位	
单位工程		分部工程	
分项工程		主索鞍编号	
检查依据	2017验标第8.11.7-1条	检查日期	年 月 日～ 年 月 日

1△★平面度（规定值或允许偏差：≤0.08 mm/1000 mm，且≤0.5 mm/全平面）
（检查方法和频率：平面度测量仪或机床检查，自检各主要平面测12处，应交叉检测；
抽检频率≥20%自检点数，抽检方法同自检）

2△★两平面的平行度（mm/全平面）（规定值或允许偏差：≤0.5 mm）
（检查方法和频率：平行度测量仪或机床检查，自检各主要平面测6处；抽检频率≥20%自检点数，抽检方法同自检）

3△★鞍体下平面对中心索槽竖直平面的垂直度（mm/全长）（规定值或允许偏差：≤2 mm）
（检查方法和频率：跳动测量仪或机床检查，自检测6处；抽检频率≥20%自检点数，抽检方法同自检）

4 对合竖直平面对鞍体下平面的垂直度（mm/全长）（规定值或允许偏差：≤3 mm）
（检查方法和频率：跳动测量仪或机床检查，自检测6处；抽检频率≥20%自检点数，抽检方法同自检）

5 高度：鞍座底面对中心索槽底的高度（规定值或允许偏差：±2 mm）
（检查方法和频率：跳动测量仪或机床检查，自检测6处；抽检频率≥20%自检点数，抽检方法同自检）

6△★圆弧半径：鞍槽的轮廓圆弧半径（规定值或允许偏差：±2 mm）
（检查方法和频率：跳动测量仪或机床检查，自检测6处；抽检频率≥20%自检点数，抽检方法同自检）

1. 各项次均填写偏差值；2. 该分项工程因检查项目较多，共有2张记录表，每个分项工程各填写1套检查记录表。

检查人/现场监理		质检负责人/专业监理工程师	

_____公路项目

主索鞍制作现场质量检查记录表（2/2）

☐施工自检
☐监理抽检

施工单位		监理单位	
单位工程		分部工程	
分项工程		主索鞍编号	
检查依据	2017验标第8.11.7-1条	检查日期	年 月 日～ 年 月 日

7△★鞍槽内各尺寸：各槽宽度、深度（规定值或允许偏差：±1 mm，累积误差±2 mm）
（检查方法和频率：样板，自检测3个断面；抽检频率≥20%自检断面，抽检方法同自检）

8 鞍槽内各尺寸：各槽与中心索槽的对称度（规定值或允许偏差：≤0.5 mm）
（检查方法和频率：跳动测量仪或机床检查，自检测3个断面；抽检频率≥20%自检断面，抽检方法同自检）

9△★鞍槽内各尺寸：加工后的鞍槽底部及侧壁厚度（规定值或允许偏差：±10 mm）
（检查方法和频率：机床检查或设置基准面测量，自检测3个断面；抽检频率≥20%自检断面，抽检方法同自检）

10 鞍槽内各尺寸：各槽曲线立、平面角度（规定值或允许偏差：±0.2°）
（检查方法和频率：角度传感仪或机床检查，自检测各曲线；抽检频率≥20%自检点数，抽检方法同自检）

11 鞍槽内各尺寸：鞍槽表面粗糙度Ra（规定值或允许偏差：满足设计要求，设计要求　　μm）
（检查方法和频率：粗糙度仪，自检各槽表面测5处；抽检频率≥20%自检点数，抽检方法同自检）

1. 各项次均填写偏差值；2. 该分项工程因检查项目较多，共有2张记录表，每个分项工程各填写1套检查记录表。

检查人/现场监理		质检负责人/专业监理工程师	

		_____公路项目		☐ 施工自检
		散索鞍制作现场质量检查记录表（1/2）		☐ 监理抽检

施工单位		监理单位	
单位工程		分部工程	
分项工程		散索鞍编号	
检查依据	2017验标第8.11.7-2条	检查日期	年 月 日 ~ 年 月 日

1△★平面度（规定值或允许偏差：≤0.08 mm/1000 mm，且≤0.5 mm/全平面）
（检查方法和频率：平面度测量仪或机床检查，自检各主要平面测9处，应交叉检测；
抽检频率≥20%自检点数，抽检方法同自检）

2△★两平面的平行度（mm/全平面）（规定值或允许偏差：≤0.5 mm）
（检查方法和频率：平行度测量仪或机床检查，自检各主要平面测6处；抽检频率≥20%自检点数，抽检方法同自检）

3△★摆轴中心线与索槽中心平面的垂直度（mm/全长）（规定值或允许偏差：≤3 mm）
（检查方法和频率：跳动测量仪或机床检查，自检测6处；抽检频率≥20%自检点数，抽检方法同自检）

4 高度：摆轴对合面到索槽底面的高度（mm）（规定值或允许偏差：±2 mm）
（检查方法和频率：跳动测量仪或机床检查，自检测3处；抽检频率≥20%自检点数，抽检方法同自检）

5△★圆弧半径：鞍槽的轮廓圆弧半径（mm）（规定值或允许偏差：±2 mm）
（检查方法和频率：跳动测量仪或机床检查，自检测3处；抽检频率≥20%自检点数，抽检方法同自检）

1. 各项次均填写偏差值；2. 该分项工程因检查项目较多，共有2张记录表，每个分项工程各填写1套检查记录表。

检查人/现场监理		质检负责人/专业监理工程师	

_____公路项目　　　☐施工自检　☐监理抽检

散索鞍制作现场质量检查记录表（2/2）

施工单位		监理单位	
单位工程		分部工程	
分项工程		散索鞍编号	
检查依据	2017验标第8.11.7-2条	检查日期	年　月　日～　年　月　日

6△★鞍槽内各尺寸：各槽宽度、深度（规定值或允许偏差：±1 mm，累积误差±2 mm）
（检查方法和频率：样板，自检测3个断面；抽检频率≥20%自检断面，抽检方法同自检）

7△★鞍槽内各尺寸：各槽与中心索槽的对称度（规定值或允许偏差：≤0.5 mm）
（检查方法和频率：跳动测量仪或机床检查，自检测3个断面；抽检频率≥20%自检断面，抽检方法同自检）

8△★鞍槽内各尺寸：加工后的鞍槽底部及侧壁厚度（规定值或允许偏差：±10 mm）
（检查方法和频率：机床检查或设置基准面测量，自检测3个断面；抽检频率≥20%自检断面，抽检方法同自检）

9 鞍槽内各尺寸：各槽曲线立、平面角度（规定值或允许偏差：±0.2°）
（检查方法和频率：角度传感仪或机床检查，自检测各曲线；抽检频率≥20%自检点数，抽检方法同自检）

10 鞍槽内各尺寸：鞍槽表面粗糙度Ra（规定值或允许偏差：满足设计要求，设计要求_____μm）
（检查方法和频率：粗糙度仪，自检各槽表面测3处；抽检频率≥20%自检点数，抽检方法同自检）

1. 各项次均填写偏差值；2. 该分项工程因检查项目较多，共有2张记录表，每个分项工程各填写1套检查记录表。

检查人/现场监理		质检负责人/专业监理工程师	

_____公路项目　　　　　□施工自检
　　　　　　　　　　　　　　　　　　　□监理抽检

主缆索股和锚头的制作体现场质量检查记录表

施工单位		监理单位	
单位工程		分部工程	
分项工程		缆索股和锚头编号	
检查依据	2017验标第8.11.9条	检查日期	年 月 日~ 年 月 日

1△★索股基准丝长度（规定值或允许偏差：±Lz/15000 mm，设计值：　　mm）
（检查方法和频率：专用测量平台，自检测每丝；抽检频率≥20%自检频率）

2△★成品索股长度（规定值或允许偏差：±LS/10000 mm，设计　　mm）
（检查方法和频率：专用测量平台，自检测每丝；抽检频率≥20%自检频率）

3△★热铸锚合金灌铸率（规定值或允许偏差：>92%）
（检查方法和频率：量测体积后计算，自检检查每锚；抽检频率≥20%自检频率）

4 锚头顶压索股外移量（按规定顶压力，持荷5 min）（规定值或允许偏差：满足设计要求）
（检查方法和频率：百分表，自检检查每锚；抽检频率≥20%自检频率）

5△★索股轴线与锚头端面垂直度（规定值或允许偏差：±0.5°）
（检查方法和频率：角度仪，自检检查每锚；抽检频率≥20%自检频率）

1. 每个分项工程各填写1套记录表。

检查人/现场监理		质检负责人/专业监理工程师	

_____公路项目 ☐施工自检 ☐监理抽检

主缆架设现场质量检查记录表

施工单位		监理单位	
单位工程		分部工程	
分项工程		主缆编号	
检查依据	2017验标第8.11.10条	检查日期	年 月 日～ 年 月 日

2 锚跨索股力偏差（规定值或允许偏差：满足设计要求，设计未要求时±3%，设计要求　　%）
（检查方法和频率：测力仪，自检测每索股；抽检频率≥20%自检频率）

3 主缆空隙率（规定值或允许偏差：±2%，设计孔隙率　　%）
（检查方法和频率：量直径和周长后计算，自检测索夹处和两索夹间，抽查50%；抽检频率≥20%自检频率）

4 主缆直径不圆度（规定值或允许偏差：≤2%，设计值　　%）
（检查方法和频率：卡尺，紧缆后测两索夹间，自检抽查30%；抽检频率≥20%自检频率）

1. 每个分项工程各填写1套检查记录表。

检查人/现场监理		质检负责人/专业监理工程师	

_____公路项目　　　　　□施工自检
索夹制作现场质量检查记录表　　　□监理抽检

施工单位		监理单位	
单位工程		分部工程	
分项工程		索夹编号	
检查依据	2017验标第8.11.11条	检查日期	年 月 日 ~ 年 月 日

1★索夹内径及长度（规定值或允许偏差：±2 mm，设计值　　　mm）（检查方法和频率：尺量，自检每组件测中部、端部断面相互垂直两个方向的内径，长度测2处；抽检频率≥20%自检频率）

2△★壁厚（规定值或允许偏差：+5，0 mm，设计值　　　mm）
（检查方法和频率：卡尺，自检每组件测10处；抽检频率≥20%自检频率）

3圆度（规定值或允许偏差：≤2 mm，设计值　　　mm）
（检查方法和频率：电动轮廓仪或机床检查，自检每组件检查5处；抽检频率≥20%自检频率）

4平直度（规定值或允许偏差：≤1 mm）
（检查方法和频率：平直度测量仪或激光准直仪，自检每组件测5处；抽检频率≥20%自检频率）

5△★索夹内壁粗糙度Ra（规定值或允许偏差：满足设计要求，设计未要求时12.5~25μm，设计要求　　　μm）
（检查方法和频率：粗糙度仪，自检每组件测10处；抽检频率≥20%自检频率）

6耳板（规定值或允许偏差：销孔中线偏位+1 mm，设计值：　　mm；销孔内径+1，0 mm，设计值　　　mm）
（检查方法和频率：卡尺，自检抽查50%，每组件测2处；抽检频率≥20%自检频率）

7螺孔（规定值或允许偏差：螺孔中心偏位±1.5 mm；螺孔直径±2 mm，直线度≤L/500）
（检查方法和频率：螺孔中心偏位和螺孔直径，卡尺，自检抽查50%，每组件测2处。直线度，直线度测量仪或光纤传感仪，自检抽查50%，每组件测3处；抽检频率≥20%自检频率）

1.L为螺杆孔深度，计算规定值或允许偏差值时以mm计；2.每个分项工程各填写1套检查记录表。

检查人/现场监理		质检负责人/专业监理工程师	

_____公路项目		☐ 施工自检
吊索和锚头制作现场质量检查记录表		☐ 监理抽检

施工单位		监理单位	
单位工程		分部工程	
分项工程		索夹编号	
检查依据	2017验标第8.11.12条	检查日期	年 月 日~ 年 月 日

1★吊索调整后长度（销孔之间）（规定值或允许偏差：≤5 m时，±1 mm；>5 m时±$L/5000$，且不超过±30 mm；设计值：   mm）
（检查方法和频率：尺量或专用测量平台，自检测每索；抽检频率≥20%自检频率）

2 销轴直径（规定值或允许偏差：0，-0.15 mm，设计值：   mm）
（检查方法和频率：卡尺，自检测每个端部断面相互垂直两个方向直径；抽检频率≥20%自检频率）

3 叉形耳板销孔中心偏位（规定值或允许偏差：±2 mm）
（检查方法和频率：钢尺，自检检查每叉形耳板两面，由水平孔中心线与孔边线交点坐标推算；抽检频率≥20%自检频率）

4△★热铸锚合金灌铸率（规定值或允许偏差：>92%）
（检查方法和频率：量测体积后计算，自检每个检查；抽检频率≥20%自检频率）

5 锚头顶压后吊索外移量（按规定的顶压力，持荷5 min）（规定值或允许偏差：满足设计要求，设计要求   mm）
（检查方法和频率：百分表，自检测每锚；抽检频率≥20%自检频率）

6△★吊索轴线与锚头端面垂直度（规定值或允许偏差：≤0.5）
（检查方法和频率：角度仪，自检检查每锚；抽检频率≥20%自检频率）

1. L为吊索长度，计算规定值或允许偏差值时以mm计；2. 每个分项工程各填写1套检查记录表。

检查人/现场监理		质检负责人/专业监理工程师	

_____公路项目

索夹和吊索现场质量检查记录表

☐ 施工自检
☐ 监理抽检

施工单位		监理单位	
单位工程		分部工程	
分项工程		索夹和吊索编号	
检查依据	2017验标第8.11.13条	检查日期	年 月 日~ 年 月 日

1 索夹偏位（偏转角）（偏转角规定值或允许偏差：≤0.5°）
（检查方法和频率：角度仪，自检测每个；抽检频率≥20%自检频率）

2△★螺杆紧固力（kN）（规定值或允许偏差：满足设计要求，设计要求 kN）
（检查方法和频率：张拉压力表读数，自检检查每个；抽检频率≥20%自检索夹和吊索数量，抽检方法同自检）

1. 每个分项工程各填写1张记录表。

检查人/现场监理		质检负责人/专业监理工程师	

_____公路项目

主缆防护现场质量检查记录表

□ 施工自检
□ 监理抽检

施工单位		监理单位	
单位工程		分部工程	
分项工程		主缆编号	
检查依据	2017验标第8.11.14条	检查日期	年 月 日～ 年 月 日

1 缠丝间距（规定值或允许偏差：≤1 mm）
（检查方法和频率：插板，自检每两索夹间随机量测1m内最大间距处；抽检频率≥20%自检频率）

3△★防护层厚度（μm）（规定值或允许偏差：满足设计要求）
（检查方法和频率：涂片采用贴片法，密封胶采用切片法；每缆每100 m测1处，每缆每跨不少于3处；抽检频率≥20%自检频率）

1. 每个分项工程各填写1张检查记录表。

检查人/现场监理		质检负责人/专业监理工程师	

_____公路项目 ☐施工自检
钢加劲梁安装现场质量检查记录表 ☐监理抽检

施工单位		监理单位	
单位工程		分部工程	
分项工程		钢加劲梁编号	
检查依据	2017验标第8.11.15条	检查日期	年 月 日~ 年 月 日

3△★相邻节段匹配高差（规定值或允许偏差：≤2 mm）
（检查方法和频率：尺量，自检测每段接缝最大处；抽检频率≥20%自检频率）

4 焊缝尺寸（规定值或允许偏差：满足设计要求，设计要求　　mm）
（检查方法和频率：量规，自检检查全部，每条焊缝检查3处；抽检频率≥20%自检频率）

1. 每个分项工程各填写1张记录表。

检查人/现场监理		质检负责人/专业监理工程师	

_____公路项目 ☐施工自检 ☐监理抽检

自锚式悬索桥主缆索股的锚固系统制作现场质量检查记录表

施工单位		监理单位	
单位工程		分部工程	
分项工程		主缆索股编号	
检查依据	2017验标第8.11.16条	检查日期	年 月 日~ 年 月 日

1★导管长度（规定值或允许偏差：±5 mm，设计长度　　mm）
（检查方法和频率：尺量，自检每个测1处，抽查50%；抽检频率≥20%自检频率）

2 锚垫板与导管角度（规定值或允许偏差：≤0.5°）
（检查方法和频率：角度仪，自检每锚垫板测两轴线方向，抽查50%；抽检频率≥20%自检频率）

1. 每个分项工程各填写1张记录表。

检查人/现场监理		质检负责人/专业监理工程师	

_____公路项目 ☐施工自检 ☐监理抽检

悬索桥的支座安装现场质量检查记录表

施工单位		监理单位	
单位工程		分部工程	
分项工程		检查依据	2017验标第 8.12.6-2 条
设计参数		检查日期	年 月 日～ 年 月 日

3 竖向支座垫石钢板水平度（规定值或允许偏差：≤2 mm）
（检查方法和频率：水平仪、钢尺，自检每支座测 5 处；抽检自检支座数的 20%，被抽支座检查频率同自检）

5 横向抗风支座支挡竖直度（规定值或允许偏差：≤1 mm）
（检查方法和频率：角度仪，自检每支座测 5 处；抽检自检支座数的 20%，被抽支座检查频率同自检）

6 横向抗风支座与支挡表面平行度（规定值或允许偏差：≤1 mm）
（检查方法和频率：卡尺，自检每支座测 5 处；抽检自检支座数的 20%，被抽支座检查频率同自检）

6 横向抗风支座与支挡表面平行度（规定值或允许偏差：≤2 mm）
（检查方法和频率：卡尺，自检每支座测 5 处；抽检自检支座数的 20%，被抽支座检查频率同自检）

1. 每个分项工程各填写 1 张记录表。

检查人/现场监理		质检负责人/专业监理工程师	

附表 J 隧道工程现场质量检查记录表

隧道洞口工程涉及的内容很多，如洞口支挡防护（如桩板墙、各类挡土墙等）、边仰坡防护（如锚杆或锚索防护、坡面防护、边仰坡钢筋网、边仰坡砂浆锚杆、边仰坡钢花管、边仰坡喷射混凝土等）、排水（截水沟、洞口排水）、明洞工程（明洞开挖、明洞喷射混凝土、明洞仰拱钢筋、明洞仰拱混凝土浇筑、明洞仰拱回填、明洞二衬钢筋、明洞混凝土衬砌）、明洞防排水、洞门端墙（钢筋和混凝土浇筑）、洞门回填等几大类。

本手册洞口工程表格包括明洞混凝土浇筑、明洞防水层、洞门端墙钢筋加工与安装、洞门端墙混凝土浇筑、明洞回填等 5 个分项工程的现场质量检查记录表。洞门端墙钢筋工程按照桥梁工程 2017 验标 8.3.1-1、洞门端墙混凝土浇筑工程按照路基工程防护支挡 6.2.2-3 的现场质量检查记录表进行检查记录。需要注意的是洞门端墙受力钢筋为内外 2 排，每排竖向和横向钢筋均为受力钢筋。

洞口支挡防护及边仰坡防护之钢筋工程、锚杆或锚索防护和坡面防护，以及截水沟的现场质量检查记录表同路基工程；边仰坡防护之边仰坡钢筋网、边仰坡砂浆锚杆、边仰坡钢花管、边仰坡喷射混凝土，以及洞口排水工程用表同洞内工程；明洞工程之明洞开挖、明洞仰拱钢筋、明洞仰拱回填、明洞二衬钢筋等工程用表同洞内工程。

隧道水泥混凝土路面按照 2017 验标路面工程 7.2.2 进行现场质量检查。隧道中央排水沟盖板、隧道机电土建工程电缆沟盖板和隧道洞口排水沟盖板的钢筋加工与安装、盖板预制和盖板安装，按照路基工程附表 G 水沟盖板的钢筋加工与安装、预制和安装的现场质量检查记录表进行检查填写。

_____公路项目 □施工自检
□监理抽检

隧道总体现场质量检查记录表

施工单位		监理单位	
单位工程		分部工程	
分项工程		检查依据	2017验标第10.2.2条
记录表数量	第 页共 页	检查日期	年 月 日～ 年 月 日

断面桩号	1★行车道宽度 （设计宽度：? mm） （允许偏差：±10 mm）	2★内轮廓宽度 （设计宽度：? mm） （允许偏差：≥设计值）	3△★内轮廓高度 （左侧拱腰设计值：? mm；右侧拱腰设计值：? mm） （允许偏差：≥设计值）		
	检查方法和频率：尺量，自检曲线每20 m，直线每40 m检查1个断面；抽检自检断面数的20%，被抽断面检查频率同自检。具备条件的，内轮廓高度可直接采用激光断面仪检测资料。				
	行车道宽度偏差值	内轮廓宽度偏差值	左侧拱腰高度偏差值	拱顶高度偏差值	右侧拱腰高度偏差值

5 边坡或仰坡坡度（允许偏差值：不陡于设计值，设计边坡或仰坡坡度？）
（检查方法和频率：尺量，自检每洞口检查10处；抽检每洞口检查2处）

洞口编号	实测偏差值（mm）

检查人/现场监理		质检负责人/专业监理工程师	

_____公路项目				☐施工自检 ☐监理抽检
明洞浇筑现场质量检查记录表				

施工单位		监理单位	
单位工程		分部工程	
分项工程		检查依据	2017验标第10.3.2条

2△★混凝土厚度（mm）
（检查方法和频率：尺量或按附录R检查，自检每10 m检查1个断面，每个断面测拱顶、两侧拱腰和两侧边墙共5点；抽检频率同自检）
（设计长度：左洞？m，自检抽检？个断面；右洞？m，自检抽检？个断面）
（允许偏差值：不小于设计值；设计厚度？mm）

明洞桩号部位		检查日期 年 月 日～ 年 月 日				
	断面桩号	左腰	右腰	拱顶	左边墙	右边墙
	0～10 m					
	10～20 m					
实测偏差值						

检查人/现场监理		质检负责人/专业监理工程师	

_____公路项目		☐ 施工自检
明洞防水层现场质量检查记录表		☐ 监理抽检

施工单位		监理单位	
单位工程		分部工程	
分项工程		检查依据	2017验标第10.4.2条

1△★搭接长度（mm）允许偏差值：≥100，设计搭接长度？mm
检查方法和频率：自检每环搭接测3点共？环检测？点；抽检频率同自检

实测偏差值	左洞	第 1 环					
		第 2 环					
		第 3 环					
		第 4 环					
		第 5 环					
		第 6 环					
	右洞	第 1 环					
		第 2 环					
		第 3 环					
		第 4 环					
		第 5 环					
		第 6 环					

2 卷材向隧道暗洞延伸长度（mm）允许偏差值：≥500，设计延伸长度？mm
检查方法和频率：自检测3点，抽检频率同自检

实测偏差值	左洞				
	右洞				

3 卷材向基底的横向延伸长度（mm）允许偏差值：≥500，设计延伸长度？mm
检查方法和频率：自检测3点，抽检频率同自检

实测偏差值	左洞				
	右洞				

4△★缝宽（mm）允许偏差值：☐焊缝宽≥10，☐粘缝宽≥50
检查方法和频率：自检每衬砌台车抽查1环每环测5点共检测？点；抽检频率同自检

实测偏差值	左洞	第 1 环					
		第 2 环					
		第 3 环					
		第 4 环					
		第 5 环					
		第 6 环					
	右洞	第 1 环					
		第 2 环					
		第 3 环					
		第 4 环					
		第 5 环					
		第 6 环					

注：每个分项工程填写1张现场质量检查记录表，均填写偏差值。

检查人/现场监理		质检负责人/专业监理工程师	

_____公路项目 ☐施工自检 ☐监理抽检

洞门端墙钢筋加工及安装现场质量检查记录表（1/2）

施工单位		监理单位	
单位工程		分部工程	
分项工程		检查依据	2017验标 8.3.1-1 条
检查部位	☐左洞进口 ☐左洞出口 ☐右洞进口 ☐右洞出口	检验日期	年 月 日

1△★受力钢筋排距（检查方法和频率：长度≤20 m测2个断面，长度＞20 m测3个断面；允许偏差±5 mm）
（内排竖向设计长度？mm，内排横向设计长度？mm，设计内外排排距？mm）

内排竖向长度≤20 m时排距偏差值		内排竖向长度＞20 m时排距偏差值	
内排横向长度≤20 m时排距偏差值		内排横向长度＞20 m时排距偏差值	

1△★受力钢筋间距 （规定值或允许偏差±20 mm）	（内排竖向：设计？根、间距？mm，自检？点，抽检？点） （内排横向：设计？根、间距？mm，自检？点，抽检？点）

内排竖向断面1

内排竖向断面2

内排竖向断面3

内排横向断面1

内排横向断面2

内排横向断面3

2 箍筋、构造钢筋、螺旋筋间距（规定值或允许偏差：±10 mm）
（自检每构件测10个间距；抽检同自检）

3★钢筋骨架尺寸（规定值或允许偏差：长±10 mm，宽、高±5 mm，设计节段长度?mm、宽度？mm，高度？mm）
（检查方法和频率：尺量，自检长度≤20 m测2个断面，长度＞20 m测3个断面；抽检同自检）
（钢筋骨架长？m，自检？断面，抽检？断面）

内排长度偏差值		内排宽度偏差值		内排高度偏差值	

4 弯起钢筋位置（规定值或允许偏差：±20 mm 设计？根）
（检查方法和频率：尺量，自检每骨架抽查30%共？根；抽检自检数量的20%共？根）

5△★保护层厚度（规定值或允许偏差：±10 mm，钢筋立模面设计？m²，应检？处，设计保护层厚度？mm）
（检查方法和频率：尺量，自检每立模面每3 m²检查1处且每立模面不少于5点共？点；抽检自检点数的20%共？点）

注：1. 每个端墙填写1套现场质量检查记录表，受力钢筋根数超过81根时可另页续填；2. 除设计值外，所有项次均填偏差值；3. 除检验日期、偏差值和签名外，其余均打印。

检查人/现场监理		质检负责人/专业监理工程师	

_____公路项目　　□施工自检　□监理抽检

洞门端墙钢筋加工及安装现场质量检查记录表（2/2）

施工单位		监理单位	
单位工程		分部工程	
分项工程		检查依据	2017验标8.3.1-1条
检查部位	□左洞进口　□左洞出口 □右洞进口　□右洞出口	检验日期	年　月　日

1△★受力钢筋排距（检查方法和频率：长度≤20 m测2个断面，长度>20 m测3个断面；允许偏差±5 mm）
（内排竖向设计长度？mm，内排横向设计长度？mm，设计内外排排距？mm）

外排竖向长度≤20 m时排距偏差值		外排竖向长度>20 m时排距偏差值	
外排横向长度≤20 m时排距偏差值		外排横向长度>20 m时排距偏差值	

1△★受力钢筋间距（规定值或允许偏差±20 mm）
（外排竖向：设计？根、间距？mm，自检？点，抽检？点）
（外排横向：设计？根、间距？mm，自检？点，抽检？点）

外排竖向断面1																				
外排竖向断面2																				
外排竖向断面3																				
外排横向断面1																				
外排横向断面2																				
外排横向断面3																				

2 箍筋、构造钢筋、螺旋筋间距（规定值或允许偏差：±10 mm）
（自检每构件测10个间距；抽检同自检）

3★钢筋骨架尺寸（规定值或允许偏差：长±10 mm，宽、高±5 mm，设计节段长度？mm、宽度？mm，高度？mm）
（检查方法和频率：尺量，自检长度≤20 m测2个断面，长度>20 m测3个断面；抽检同自检）
（钢筋骨架长？m，自检？断面，抽检？断面）

外排长度偏差值		外排宽度偏差值		外排高度偏差值	

4 弯起钢筋位置（规定值或允许偏差：±20 mm 设计？根）
（检查方法和频率：尺量，自检每骨架抽查30%共？根；抽检自检数量的20%共？根）

5△★保护层厚度（规定值或允许偏差：±10 mm，钢筋立模面设计？m²，应检？处，设计保护层厚度？mm）
（检查方法和频率：尺量，自检每立模面每3 m²检查1处且每立模面不少于5点共？点；抽检自检点数的20%共？点）

注：1. 每个端墙填写1套现场质量检查记录表，受力钢筋根数超过81根时可另页续填；2. 除设计值外，所有项次均填偏差值；3. 除检验日期、偏差值和签名外，其余均打印。

检查人/现场监理		质检负责人/专业监理工程师	

_____公路项目 ☐施工自检 ☐监理抽检

洞门端墙混凝土浇筑现场质量检查记录表

施工单位		监理单位	
单位工程		分部工程	
分项工程		检查依据	2017验标6.2.2-3条

3 墙面坡度（规定值或允许偏差：≤0.3%，设计坡度？%）
（检查方法和频率：铅锤法，自检长度不大于30 m时测5处，每增加10 m增加1处；抽检频率同自检）

4△★断面尺寸（规定值或允许偏差：≥设计值，设计顶宽？mm×底宽？mm×高度？mm）
（检查方法和频率：尺量，自检长度不大于50 m时测10个断面，每增加10 m增加1个断面）

桩号部位	☐左洞进口 ☐右洞进口	☐左洞出口 ☐右洞出口	端墙设计参数（m）	长度？m、宽度？m、高度？m	检查日期	年 月 日
检查部位			3 墙面坡度实测偏差值			
0~30 m						
30~80 m						
检查部位			4△★（顶宽）×（底宽）×（高度）断面尺寸实测偏差值			
0~50 m	( )×( )×( )	( )×( )×( )	( )×( )×( )	( )×( )×( )	( )×( )×( )	
	( )×( )×( )	( )×( )×( )	( )×( )×( )	( )×( )×( )	( )×( )×( )	
	( )×( )×( )	( )×( )×( )	( )×( )×( )	( )×( )×( )	( )×( )×( )	
	( )×( )×( )					
50~80 m	( )×( )×( )	( )×( )×( )	( )×( )×( )	( )×( )×( )	( )×( )×( )	

桩号部位	☐左洞进口 ☐右洞进口	☐左洞出口 ☐右洞出口	端墙设计参数（m）	长度？m、宽度？m、高度？m	检查日期	年 月 日
检查部位			3 墙面坡度实测偏差值			
0~30 m						
30~80 m						
检查部位			4△★（顶宽）×（底宽）×（高度）断面尺寸实测偏差值			
0~50 m	( )×( )×( )	( )×( )×( )	( )×( )×( )	( )×( )×( )	( )×( )×( )	
	( )×( )×( )	( )×( )×( )	( )×( )×( )	( )×( )×( )	( )×( )×( )	
	( )×( )×( )	( )×( )×( )	( )×( )×( )	( )×( )×( )	( )×( )×( )	
	( )×( )×( )					
50~80 m	( )×( )×( )	( )×( )×( )	( )×( )×( )	( )×( )×( )	( )×( )×( )	

桩号部位	☐左洞进口 ☐右洞进口	☐左洞出口 ☐右洞出口	端墙设计参数（m）	长度？m、宽度？m、高度？m	检查日期	年 月 日
检查部位			3 墙面坡度实测偏差值			
0~30 m						
30~80 m						
检查部位			4△★（顶宽）×（底宽）×（高度）断面尺寸实测偏差值			
0~50 m	( )×( )×( )	( )×( )×( )	( )×( )×( )	( )×( )×( )	( )×( )×( )	
	( )×( )×( )	( )×( )×( )	( )×( )×( )	( )×( )×( )	( )×( )×( )	
	( )×( )×( )	( )×( )×( )	( )×( )×( )	( )×( )×( )	( )×( )×( )	
	( )×( )×( )					
50~80 m	( )×( )×( )	( )×( )×( )	( )×( )×( )	( )×( )×( )	( )×( )×( )	

桩号部位	☐左洞进口 ☐右洞进口	☐左洞出口 ☐右洞出口	端墙设计参数（m）	长度？m、宽度？m、高度？m	检查日期	年 月 日
检查部位			3 墙面坡度实测偏差值			
0~30 m						
30~80 m						
检查部位			4△★（顶宽）×（底宽）×（高度）断面尺寸实测偏差值			
0~50 m	( )×( )×( )	( )×( )×( )	( )×( )×( )	( )×( )×( )	( )×( )×( )	
	( )×( )×( )	( )×( )×( )	( )×( )×( )	( )×( )×( )	( )×( )×( )	
	( )×( )×( )	( )×( )×( )	( )×( )×( )	( )×( )×( )	( )×( )×( )	
	( )×( )×( )					
50~80 m	( )×( )×( )	( )×( )×( )	( )×( )×( )	( )×( )×( )	( )×( )×( )	

检查人/现场监理		质检负责人/专业监理工程师	

	_____公路项目	☐施工自检
	明洞回填现场质量检查记录表	☐监理抽检

施工单位		监理单位	
单位工程		分部工程	
分项工程		检查依据	2017验标第10.5.2条
所属洞口	☐进口左洞　☐进口右洞 ☐出口左洞　☐出口右洞	表格数量	第　页共　页

1 回填压实（规定值或允许偏差：符合设计要求；检查方法和频率：尺量，自检厚度及碾压遍数，抽检频率同自检）
（设计厚度？mm/层、每层碾压遍数？遍）

2★每层回填层厚（规定值或允许偏差：≤300 mm；检查方法和频率：尺量，自检每层每侧测5点，抽检每层每侧测1点）
（设计回填层数？层）

4 坡度（规定值或允许偏差：不陡于设计坡度；检查方法和频率：尺量，自检每个洞口检查3处，抽检频率同自检）

层位	1 回填压实	2★每层回填层厚偏差值									检查日期
第1层	符合设计要求										年　月　日
第2层	符合设计要求										年　月　日
第3层	符合设计要求										年　月　日
第4层	符合设计要求										年　月　日
第5层	符合设计要求										年　月　日
第6层	符合设计要求										年　月　日
第7层	符合设计要求										年　月　日
第8层	符合设计要求										年　月　日
第9层	符合设计要求										年　月　日

进口左洞坡度差值（设计值？%）	进口右洞坡度差值（设计值？%）	出口左洞坡度差值（设计值？%）	出口右洞偏坡度差值（设计值？%）

检查人/现场监理		质检负责人/专业监理工程师	

_____公路项目
□ 施工自检
□ 监理抽检

管棚现场质量检查记录表

施工单位		监理单位	
单位工程		分部工程	
分项工程		检查依据	2017验标第10.20.2条
段落桩号		检查日期	年 月 日 ~ 年 月 日

1★数量（规定值或允许偏差：不小于设计值；检查方法和频率：自检抽检均逐根检查）

检查结果	该段落设计？根，实测？根

2★长度（允许偏差值：不小于设计值；检查方法和频率：自检抽检均现场逐根清点共检查？根；设计长度？mm）

逐根实测长度偏差值										

3★孔位（规定值或允许偏差：±50 mm；检查方法和频率：自检每环检查10根；抽检频率同自检）
（该段落设计？环/？根，设计间距？mm，自检抽检共检查？根）

环数	实测偏差最大值
第1环	
第2环	

4★孔深（规定值或允许偏差：大于钢管长度设计值；检查方法和频率：自检每环检查10根；抽检频率同自检）
（该段落钢管长度设计值？mm/？根；设计孔深？mm，自检抽检共检查？根）

环数	实测偏差值
第1环	
第2环	

1. 每个自然段填写一张记录表。

检查人/现场监理		质检负责人/专业监理工程师	

_____公路项目 ☐施工自检
超前锚杆现场质量检查记录表（1/2） ☐监理抽检

施工单位		监理单位	
单位工程		分部工程	
分项工程		检查依据	2017验标第10.18.2条
段落桩号		检查日期	年 月 日～ 年 月 日
该段落设计参数	设计长度？mm/？根，孔位？mm，孔深？mm，孔径？mm			

1★数量 2★长度（规定值或允许偏差：不小于设计值；检查方法和频率：自检抽检均现场逐根检查）

逐根实测长度偏差值

检查结果汇总：该段设计？根，实测？根，合格？根

检查人/现场监理		质检负责人/专业监理工程师	

_____公路项目 ☐施工自检
超前锚杆现场质量检查记录表（2/2） ☐监理抽检

施工单位		监理单位	
单位工程		分部工程	
分项工程		检查依据	2017验标第10.18.2条
段落桩号		检查日期	年 月 日～ 年 月 日
该段落设计参数	设计长度？mm/？根，孔位？mm，孔深？mm，孔径？mm			

3★孔位(规定值或允许偏差±50 mm);4★孔深(规定值或允许偏差±50 mm);5★孔径(规定值或允许偏差：≥40 mm)
（检查方法和频率：自检每5环抽查5根；抽检每5环抽查1根）

检查结果汇总	孔位实测？个，合格？个，合格？ %　　孔深实测？个，合格？个，合格？ %　　孔径实测？个，合格？个，合格？ %

环数	孔位偏差最大值	孔深偏差值	孔径偏差值
第1-5环			
第6-10环			
第11-15环			
第16-20环			
第21-25环			
第26-30环			
第31-35环			
第36-40环			
第41-45环			
第46-50环			
第50-55环			
第56-60环			
第61-65环			
第66-70环			
第71-75环			
第76-80环			
第81-85环			
第86-90环			
第91-95环			
第96-100环			
第101-105环			
第106-110环			
第111-115环			
第116-120环			
第121-125环			
第126-130环			
第131-133环			

设计参数（长度、孔位、孔深、孔径）相同的段落填写一套记录表。

检查人/现场监理		质检负责人/专业监理工程师	

_____公路项目 □施工自检
□监理抽检

超前小导管现场质量检查记录表（1/2）

施工单位		监理单位	
单位工程		分部工程	
分项工程		检查依据	2017验标第10.19.2条
段落桩号		检查日期	年 月 日～ 年 月 日
该段落设计参数	设计长度？mm/？根，孔位环向间距？mm，孔深？mm		

1★数量 2★长度（规定值或允许偏差：不小于设计值；检查方法和频率：自检抽检均现场逐根检查）

逐根实测长度偏差值

检查结果汇总：该段设计？根，实测？根，合格？根

检查人/现场监理		质检负责人/专业监理工程师	

417

_____公路项目 ☐施工自检 ☐监理抽检

超前小导管现场质量检查记录表（2/2）

施工单位		监理单位	
单位工程		分部工程	
分项工程		检查依据	2017 验标第 10.19.2 条
段落桩号		检查日期	年 月 日～ 年 月 日
该段落设计参数	设计长度？mm/？根，孔位环向间距？mm，孔深？mm		

3★孔位（规定值或允许偏差：±50 mm） 4★孔深（规定值或允许偏差：大于钢管长度设计值）

（检查方法和频率：自检每 5 环抽查 5 根；抽检每 5 环抽查 1 根）

检查结果汇总	孔位实测？个，合格？个，合格？%	孔深实测？个，合格？个，合格？%
	孔径实测？个，合格？个，合格？%	

环数	孔位偏差最大值	孔深偏差值	孔径偏差值
第 1-5 环			/ / / / /
第 6-10 环			/ / / / /
第 11-15 环			/ / / / /
第 16-20 环			/ / / / /
第 21-25 环			/ / / / /
第 26-30 环			/ / / / /
第 31-35 环			/ / / / /
第 36-40 环			/ / / / /
第 41-45 环			/ / / / /
第 46-50 环			/ / / / /
第 50-55 环			/ / / / /
第 56-60 环			/ / / / /
第 61-65 环			/ / / / /
第 66-70 环			/ / / / /
第 71-75 环			/ / / / /
第 76-80 环			/ / / / /
第 81-85 环			/ / / / /
第 86-90 环			/ / / / /
第 91-95 环			/ / / / /
第 96-100 环			/ / / / /
第 101-105 环			/ / / / /
第 106-110 环			/ / / / /
第 111-115 环			/ / / / /
第 116-120 环			/ / / / /
第 121-125 环			/ / / / /
第 126-130 环			/ / / / /
第 131-133 环			/ / / / /
			/ / / / /
			/ / / / /
			/ / / / /
			/ / / / /
			/ / / / /

设计参数（长度、孔位、孔深、孔径）相同的段落填写一套记录表。

检查人/现场监理		质检负责人/专业监理工程师	

_____公路项目　　　☐施工自检　☐监理抽检

钢筋网现场质量检查记录表

施工单位		监理单位	
单位工程		分部工程	
分项工程		检查依据	2017验标第10.9.2条
段落桩号	～	检查日期	年 月 日～ 年 月 日
段落长度	长度：？m		

1 喷射混凝土保护层厚度（允许偏差值：≥2 mm；检查方法和频率：凿孔法，自检每10 m测5点；抽检每10 m测1点）

每20 m起止桩号	偏差值（不足20 m的按照自检和抽检频率计算应检/应抽点数；设计厚度？mm）
0～20 m	
20～40 m	
40～60 m	
60～80 m	
80～100 m	
100～120 m	
120～140 m	
140～160 m	
160～180 m	
180～200 m	
200～220 m	

2△★网格尺寸（允许偏差值：±10 mm，检查方法和频率：自检每100 m²检查3个网眼，抽检每100 m²检查1个网眼）

每20 m起止桩号	实测值（不足20 m的按照自检和抽检频率计算应检/应抽点数） （段落设计参数：网格尺寸？mm×？mm，纵向钢筋直径？mm，环向钢筋直径？mm）								
0～20 m	(×)	(×)	(×)	(×)	(×)	(×)	(×)	(×)	(×)
	(×)	(×)	(×)	(×)	(×)	(×)	(×)	(×)	(×)
20～40 m	(×)	(×)	(×)	(×)	(×)	(×)	(×)	(×)	(×)
	(×)	(×)	(×)	(×)	(×)	(×)	(×)	(×)	(×)
40～60 m	(×)	(×)	(×)	(×)	(×)	(×)	(×)	(×)	(×)
	(×)	(×)	(×)	(×)	(×)	(×)	(×)	(×)	(×)
60～80 m	(×)	(×)	(×)	(×)	(×)	(×)	(×)	(×)	(×)
	(×)	(×)	(×)	(×)	(×)	(×)	(×)	(×)	(×)
80～100 m	(×)	(×)	(×)	(×)	(×)	(×)	(×)	(×)	(×)
	(×)	(×)	(×)	(×)	(×)	(×)	(×)	(×)	(×)
100～120 m	(×)	(×)	(×)	(×)	(×)	(×)	(×)	(×)	(×)
	(×)	(×)	(×)	(×)	(×)	(×)	(×)	(×)	(×)
120～140 m	(×)	(×)	(×)	(×)	(×)	(×)	(×)	(×)	(×)
	(×)	(×)	(×)	(×)	(×)	(×)	(×)	(×)	(×)
140～160 m	(×)	(×)	(×)	(×)	(×)	(×)	(×)	(×)	(×)
	(×)	(×)	(×)	(×)	(×)	(×)	(×)	(×)	(×)
160～180 m	(×)	(×)	(×)	(×)	(×)	(×)	(×)	(×)	(×)
	(×)	(×)	(×)	(×)	(×)	(×)	(×)	(×)	(×)
180～200 m	(×)	(×)	(×)	(×)	(×)	(×)	(×)	(×)	(×)
	(×)	(×)	(×)	(×)	(×)	(×)	(×)	(×)	(×)
加高加宽段增加的桩号及测点实测值 桩号：	(×)	(×)	(×)	(×)	(×)	(×)	(×)	(×)	(×)
	(×)	(×)	(×)	(×)	(×)	(×)	(×)	(×)	(×)

3★搭接长度（允许偏差值：≥50 mm；检查方法和频率：尺量，自检每20 m测3点；抽检每20 m测1点）

每60 m起止桩号	偏差值（不足60 m的按照自检和抽检频率计算应检/应抽点数；设计搭接长度？mm）
0～60 m	
60～120 m	
120～180 m	
180～240 m	

1. 自施工起点向前进方向，（网格尺寸、纵向和环向钢筋直径等）设计参数相同的段落填写一套记录表；2. 钢筋网的保护层指挂网、立架前的初喷厚度；3. 网格尺寸检查点数按双向4车道高速公路V5级围岩最大预留量计算并设置表格，即每20 m检查16处，加宽段和加高段检查18点（最长的联络通道120 m增加12点）；其他隧道及辅道自行计算每20 m检查点数；4. 分项工程长度超过200 m的可另页续填。

检查人/现场监理		质检负责人/专业监理工程师	

_____公路项目						☑ 施工自检 ☐ 监理抽检				
钢架现场质量检查记录表										

施工单位		监理单位	
单位工程		分部工程	
分项工程		检查依据	2017 验标第 10.10.2 条
段落桩号		设计参数	钢架间距、榀数
设计保护层厚度	设计外侧喷层保护层厚度≥ 设计内侧喷层保护层厚度≥	检查日期	年 月 日～ 年 月 日

每榀钢架中心里程	2△★钢架间距 （±50 mm）		3 喷层保护层厚度		4 倾斜度 （±2°） （垂线法）	5★拼装偏差值 （±3 mm）	7★连接钢筋			
			内侧 （≥20 mm）	外侧 （≥40 mm）			数量（根）		间距（±50 mm）		
	左侧	右侧					设计	实测	1	2	3

1. 检查方法和频率：凿孔尺量，自检逐榀检查，抽检自检榀数的 20%；2. 左右侧钢架间距分别填写所检测间距的最大值；3. 拼装偏差值：逐个拼装接点检查，填写 3 个最大值；4. 设计参数相同的自然段落填写 1 套现场质量检查记录表，每榀填写 1 栏，均填写偏差值。

检查人/现场监理		质检负责人/专业监理工程师	

_____公路项目

喷射混凝土喷层厚度评定表

☐ 施工自检
☐ 监理抽检

施工单位		监理单位	
单位工程		分项工程	
设计厚度（mm）		设计最小厚度（mm）	/
检查依据	2017验标第10.7.2条	评定日期	

实测喷层厚度（mm）

1	2	3	4	5	6	7	8	9	10	11	12	13	14	15

评定标准：平均厚度≥设计厚度；60%测点的厚度≥设计厚度；最小厚度≥0.6倍设计厚度，评定为合格。

检测点数		平均厚度（mm）		最小厚度（mm）	
0.6倍设计厚度		检查点厚度≥设计厚度的点数		合格率（%）	
平均厚度≥设计厚度		60%测点的厚度≥设计厚度		最小厚度≥0.6倍设计厚度	
评定结果		评定结果		评定结果	
检查人/现场监理		质检负责人/专业监理工程师			

喷射混凝土现场质量检查记录表

_____公路项目　□施工自检　□监理抽检

施工单位		监理单位	
单位工程		分部工程	
分项工程		检查依据	2017验标第10.7.2条
段落桩号		检查日期	年　月　日～年　月　日

断面桩号	设计厚度	检查孔位、2★喷层厚度实测值、3△★喷层与围岩接触状况									
		0	1	1'	2	2'	3	3'	4	4'	5	5'
0~10 m												
喷层与围岩接触状况												
10~20 m												
喷层与围岩接触状况												
20~30 m												
喷层与围岩接触状况												
30~40 m												
喷层与围岩接触状况												
40~50 m												
喷层与围岩接触状况												
50~60 m												
喷层与围岩接触状况												
60~70 m												
喷层与围岩接触状况												
70~80 m												
喷层与围岩接触状况												
80~90 m												
喷层与围岩接触状况												
90~100 m												
喷层与围岩接触状况												
100~110 m												
喷层与围岩接触状况												
110~120 m												
喷层与围岩接触状况												
120~130 m												
喷层与围岩接触状况												
130~140 m												
喷层与围岩接触状况												
140~150 m												
喷层与围岩接触状况												
150~160 m												
喷层与围岩接触状况												
160~170 m												
喷层与围岩接触状况												
170~180 m												
喷层与围岩接触状况												
180~190 m												
喷层与围岩接触状况												
190~200 m												
喷层与围岩接触状况												
200~210 m												
喷层与围岩接触状况												

1. 允许偏差：（★喷层厚度）平均厚度≥设计厚度；60%的检查点的厚度≥设计厚度；最小厚度≥0.6设计厚度；（★喷层与围岩接触状况）无空洞无杂物；
2. 检查方法和频率：凿孔法，自检每10 m检查一个断面，每个断面自拱顶中线起每3 m检查1点；抽检每50 m检查一个断面，被抽断面检查点数同自检；
3. "喷层与围岩接触状况"检测结果合格填写√，不合格填写×，如采用地质雷达检测则附地质雷达检测报告，二者择其一即可。

示意图

检查人/现场监理		质检负责人/专业监理工程师	

_____公路项目				☐施工自检
	锚杆支护现场质量检查记录表			☐监理抽检

施工单位		监理单位	
单位工程		分部工程	
分项工程		检查依据	2017验标第10.8.2条
段落桩号及根数	段落桩号： 锚杆根数：	检查日期	年 月 日~ 年 月 日

1△★锚杆数量？根；3★孔位？mm×？mm；4★孔深？mm；5★孔径？mm
（检查方法和频率：数量目测，其余尺量，自检抽查10%共？根，抽检自检的20%共？根）
（允许偏差值：数量不小于设计值；孔位±150 mm；孔深±50 mm；孔径≧锚杆杆体直径+15 mm=？mm）

★孔位偏差最大值	★孔深偏差值	★孔径偏差值	★孔位偏差最大值	★孔深偏差值	★孔径偏差值

检查人/现场监理		质检负责人/专业监理工程师	

_____公路项目　　☐施工自检　☐监理抽检

仰拱钢筋加工及安装现场质量检查记录表

施工单位		监理单位	
单位工程		分部工程	
分项工程		检查依据	2017 验标第 10.13.2 条
钢筋长度允许偏差	不小于设计长度	检查日期	年 月 日~年 月 日

每模长度（m）	1△★主筋间距（±10 mm）设计间距？mm		2 两层钢筋间距（±5 mm）	3 箍筋间距（±20 mm）	4★钢筋长度（mm）内层设计长度？mm 外层设计长度？mm		5△★钢筋保护层厚度（+10 mm，-5 mm）
	内层偏差值	外层偏差值	设计间距？mm	设计间距？mm	内层偏差值	外层偏差值	保护层厚度偏差值
	1　2　3	1　2　3	1　2　3	1　2　3	1　2	1　2	1　2　3

1. 检查方法和频率：尺量，主筋间距自检每模测内外层钢筋各测 3 点，抽检每 10 模抽检 2 模，被抽模的抽检方法和频率同自检；两层钢筋间距和箍筋间距，均为每模测 3 点；钢筋长度内外层每模均测 2 根；钢筋保护层厚度每模测 3 点。
2. 每个分项工程填写 1 张记录表，横向每模填写 1 栏，均填写偏差值。
3. 当最后一模跨 2 个分项工程时，以分界桩号为界，多余的填写在下一个分项工程的钢筋检查记录表中（2 个分项工程合计检查点数不得低于 2017 验标的频率）。

检查人/现场监理		质检负责人/专业监理工程师	

_____公路项目

仰拱现场质量检查记录表

☐ 施工自检
☐ 监理抽检

施工单位		监理单位	
单位工程		分部工程	
分项工程		检查依据	2017验标第10.11.2条

每模起止桩号	设计厚度	2△★厚度允许偏差值：不小于设计值					3 钢筋保护层厚度允许偏差值：+10 mm，-5 mm					检查日期
		1	2	3	4	5	1	2	3	4	5	
												年 月 日
												年 月 日
												年 月 日
												年 月 日
												年 月 日
												年 月 日
												年 月 日
												年 月 日
												年 月 日
												年 月 日
												年 月 日
												年 月 日
												年 月 日
												年 月 日
												年 月 日
												年 月 日
												年 月 日
												年 月 日
												年 月 日
												年 月 日
												年 月 日
												年 月 日
												年 月 日
												年 月 日
												年 月 日
												年 月 日
												年 月 日
												年 月 日
												年 月 日
												年 月 日

1. 检查方法和频率：尺量，自检每模检查1个断面，每个断面测5点；抽检每5模检查1个断面，每个断面测5点；
2. 横向每模填写1栏，均填写偏差值；
3. 当最后一模跨2个分项工程时，以分界桩号为界，多余的填写在下一个分项工程的钢筋检查记录表中（合计检查点数不得低于2017验标的频率）。

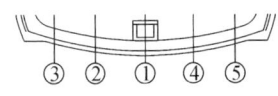

检查点位示意图

检查人/现场监理		质检负责人/专业监理工程师	

公路项目	☐施工自检 ☐监理抽检

衬砌钢筋加工及安装现场质量检查记录表

施工单位		监理单位	
单位工程		分部工程	
分项工程		检查依据	2017验标第10.13.2条
钢筋长度允许偏差	不小于设计长度	检查日期	年 月 日~年 月 日

每模长度（m）	1△★主筋间距（±10 mm）设计间距? mm						2两层钢筋间距（±5 mm）			3箍筋间距（±20 mm）			4★钢筋长度（mm）内层设计长度? mm 外层设计长度? mm				5△★钢筋保护层厚度（+10 mm, -5 mm）		
	内层偏差值			外层偏差值			设计间距? mm			设计间距? mm			内层偏差值		外层偏差值		保护层厚度偏差值		
	1	2	3	1	2	3	1	2	3	1	2	3	1	2	1	2	1	2	3

1. 检查方法和频率：尺量，主筋间距自检每模测内外层钢筋各测3点，抽检每10模抽检2模，被抽模的抽检方法和频率同自检；两层钢筋间距和箍筋间距，均为每模测3点；钢筋长度内外层每模均测2根；钢筋保护层厚度每模测3点。
2. 每个分项工程填写1张记录表，横向每模填写1栏，均填写偏差值。
3. 当最后一模跨2个分项工程时，以分界桩号为界，多余的填写在下一个分项工程的钢筋检查记录表中（2个分项工程合计检查点数不得低于2017验标的频率）。

检查人/现场监理		质检负责人/专业监理工程师	

		公路项目									☐ 施工自检
		混凝土衬砌现场质量检查记录表									☐ 监理抽检

施工单位		监理单位	
单位工程		分部工程	
分项工程		检查依据	2017验标第10.14.2条

每模起止桩号	2★衬砌厚度（mm）						4△☆衬砌背部密实状况（规定值：无空洞，无杂物）					检查日期
	设计厚度	实测值					1	2	3	4	5	
		1	2	3	4	5						
												年　月　日
												年　月　日
												年　月　日
												年　月　日
												年　月　日
												年　月　日
												年　月　日
												年　月　日
												年　月　日
												年　月　日
												年　月　日
												年　月　日
												年　月　日
												年　月　日
												年　月　日
												年　月　日
												年　月　日
												年　月　日
												年　月　日
												年　月　日
												年　月　日
												年　月　日
												年　月　日
												年　月　日
												年　月　日
												年　月　日
												年　月　日
												年　月　日
												年　月　日
												年　月　日

1. 衬砌厚度允许偏差：90%的检查点的厚度≥设计厚度，且最小厚度≥0.5设计厚度；
2. 检查方法及频率：尺量，自检每模检查一个断面，每个断面分别在拱顶、两侧拱腰、两侧边墙测5点；抽检每10模检查2个断面，被抽断面检查方法和频率同自检；
3. 衬砌背部密实状况合格填写"√"，不合格"×"；
4. 具备条件的，衬砌厚度和衬砌背部密实状况可直接采用地质雷达检测资料。

取点示意图

检查人/现场监理		质检负责人/专业监理工程师	

_____公路项目

防水层现场质量检查记录表

□ 施工自检
□ 监理抽检

施工单位		监理单位	
单位工程		分部工程	
分项工程		检查依据	2017验标第10.15.2条

每模起止桩号	检查方法和频率：自检每5环搭接抽查3处，抽检每5环搭接抽查1处。 （防水层每环宽度一般为3 m，每模最多5环，因此也可逐模检测，每模填写1栏）									检查日期
	1△★搭接长度 （允许偏差≧100 mm） （设计搭接长度 ？mm）			2△★缝宽（mm） □焊接（允许偏差：≧10 mm） □粘接（允许偏差：≧50 mm） （设计缝宽？mm）			3★固定点间距 （允许偏差值：满足设计要求） （拱顶设计间距？cm） （边墙设计间距？cm）			
	1	2	3	1	2	3	1	2	3	年　月　日
										年　月　日
										年　月　日
										年　月　日
										年　月　日
										年　月　日
										年　月　日
										年　月　日
										年　月　日
										年　月　日
										年　月　日
										年　月　日
										年　月　日
										年　月　日
										年　月　日
										年　月　日
										年　月　日
										年　月　日
										年　月　日
										年　月　日
										年　月　日
										年　月　日
										年　月　日
										年　月　日
检查人/现场监理					质检负责人/专业监理工程师					

_____公路项目 止水带现场质量检查记录表 □施工自检 □监理抽检

施工单位			监理单位	
单位工程			分部工程	
分项工程			检查依据	2017 验标第 10.16.2 条

每模起止桩号	止水带方向	检查方法和频率： 1. 纵向偏离和偏离衬砌中线，尺量，自检每衬砌台车检查1环每环测3点共检查？点；抽检方法和频率同自检； 2. 固定点间距，尺量，自检每衬砌台车每环止水带检查3点共检查？点；抽检频率和方法同自检共检查？点。									检查日期
		1 纵向偏离 （允许偏差：±50 mm）			2 偏离衬砌中线 （允许偏差：≤30 mm）			3△★固定点间距 （允许偏差：±50 mm）			
		1	2	3	1	2	3	1	2	3	
	环向										年　月　日
	纵向										
	环向										年　月　日
	纵向										
	环向										年　月　日
	纵向										
	环向										年　月　日
	纵向										
	环向										年　月　日
	纵向										
	环向										年　月　日
	纵向										
	环向										年　月　日
	纵向										
	环向										年　月　日
	纵向										
	环向										年　月　日
	纵向										
	环向										年　月　日
	纵向										
	环向										年　月　日
	纵向										
	环向										年　月　日
	纵向										
	环向										年　月　日
	纵向										
	环向										年　月　日
	纵向										
	环向										年　月　日
	纵向										
	环向										年　月　日
	纵向										
	环向										年　月　日
	纵向										
	环向										年　月　日
	纵向										
	环向										年　月　日
	纵向										

检查人/现场监理		质检负责人/专业监理工程师	

_____公路项目

排水沟现场质量检查记录表

☐ 施工自检
☐ 监理抽检

施工单位		监理单位	
单位工程		分部工程	
分项工程		检查依据	2017验标第10.17.2条
段落桩号		检查日期	年 月 日~ 年 月 日

每10m起止桩号	检查法和频率：尺量，自检每10 m测1处；抽检频率同自检			
	3★断面尺寸或管径（允许偏差：±10 mm） （设计宽度×高度=？mm×？mm） （设计管径=？mm）		4△★壁厚 （允许偏差：≥设计值） （设计壁厚？mm）	7 基础厚度 （允许偏差：≥设计值） （设计基础厚度？mm）
	断面尺寸偏差值	管径偏差值	实测偏差值	实测偏差值
0~10 m	( ) × ( )			
10~20 m	( ) × ( )			
20~30 m	( ) × ( )			
30~40 m	( ) × ( )			
40~50 m	( ) × ( )			
50~60 m	( ) × ( )			
60~70 m	( ) × ( )			
70~80 m	( ) × ( )			
80~90 m	( ) × ( )			
90~100 m	( ) × ( )			
100~110 m	( ) × ( )			
110~120 m	( ) × ( )			
120~130 m	( ) × ( )			
130~140 m	( ) × ( )			
140~150 m	( ) × ( )			
150~160 m	( ) × ( )			
160~170 m	( ) × ( )			
170~180 m	( ) × ( )			
180~190 m	( ) × ( )			
190~200 m	( ) × ( )			
	( ) × ( )			
	( ) × ( )			
	( ) × ( )			
	( ) × ( )			
	( ) × ( )			
	( ) × ( )			
	( ) × ( )			
	( ) × ( )			
	( ) × ( )			
	( ) × ( )			
	( ) × ( )			
	( ) × ( )			
	( ) × ( )			
检查人/现场监理		质检负责人/专业监理工程师		

附表 K 绿化工程现场质量检查记录表

绿化工程表格包括绿地整理、树木栽植、草坪草本地被及花卉种植、喷播绿化等 4 个分项工程的现场质量检查记录表。搞好绿化工程现场质量检查记录的重点是各分项工程工程量的统计,包括树木种类和规格的统计,如乔木的株高、冠径、胸径,球类树木株高和冠径的统计,特别是苗木种属的专业分类需查询核对后再确定,设计文件的种属分类也需进一步核实。绿化工程涉及的自然段落数量众多,其中点状和带状绿地需分开统计。

_____公路项目　　□施工自检　□监理抽检

绿地整理有效土层厚度现场质量检查记录表（1/2）

施工单位		监理单位	
单位工程		分部工程	
分项工程		检查依据	2017验标第12.2.2条
段落桩号		检查日期	年 月 日～ 年 月 日

1★有效土层厚度

（规定值或允许偏差：满足设计要求，设计土层厚度？mm、长度？Km、面积？m²）

（检查方法和频率：环刀或挖样洞，带状绿地自检每1 km测5点，抽检每1 km测1点；点状绿地自检每连续种植单元每1000 m² 测2点且不少于3点；抽检每连续种植单元每1000 m² 测1点且不少于3点）

每处带状绿地起止桩号及长度和自检及抽检点数：										
有效土层厚度实测偏差值										

每处带状绿地起止桩号及长度和自检及抽检点数：										
有效土层厚度实测偏差值										

每处带状绿地起止桩号及长度和自检及抽检点数：										
有效土层厚度实测偏差值										

每处带状绿地起止桩号及长度和自检及抽检点数：										
有效土层厚度实测偏差值										

每处点状绿地名称、起止桩号、面积m² 及自检及抽检点数：										
有效土层厚度实测偏差值										

每处点状绿地名称、起止桩号、面积m² 及自检及抽检点数：										
有效土层厚度实测偏差值										

每处点状绿地名称、起止桩号、面积m² 及自检及抽检点数：										
有效土层厚度实测偏差值										

每处点状绿地名称、起止桩号、面积m² 及自检及抽检点数：										
有效土层厚度实测偏差值										

每处点状绿地名称、起止桩号、面积m² 及自检及抽检点数：										
有效土层厚度实测偏差值										

注：一个分项工程填写一套记录表。

检查人/现场监理		质检负责人/专业监理工程师	

_____公路项目　　　　　　　　　　　　　　　　　□施工自检
绿地整理地形相对高程现场质量检查记录表（2/2）　　□监理抽检

施工单位		监理单位	
单位工程		分部工程	
分项工程		检查依据	2017验标第12.2.2条
段落桩号		检查日期	年 月 日～ 年 月 日

2 地形相对高程及允许偏差（mm）			
H≤1000	±50	1000<H≤2000	±100
2000<H≤3000	±150	3000<H≤5000	±200

2 地形相对高程（mm）

（检查方法和频率：尺量，分隔带绿地自检每1 km测5点；互通式立体交叉区与环岛、管理养护设施区及服务设施区绿地自检每个连续种植单元每1000 m² 测2点，且不少于3点；抽检每个连续种植单元每1000 m² 测1点，且不少于3点）

每处带状绿地起止桩号、长度及对应的允许偏差：
实测偏差值										

每处带状绿地起止桩号、长度及对应的允许偏差：
实测偏差值										

每处带状绿地起止桩号、长度及对应的允许偏差：
实测偏差值										

每处带状绿地起止桩号、长度及对应的允许偏差：
实测偏差值										

每处带状绿地起止桩号、长度及对应的允许偏差：
实测偏差值										

每处点状绿地名称、起止桩号、面积 m² 及对应的允许偏差：
有效土层厚度实测偏差值										

每处点状绿地名称、起止桩号、面积 m² 及对应的允许偏差：
有效土层厚度实测偏差值										

每处点状绿地名称、起止桩号、面积 m² 及对应的允许偏差：
有效土层厚度实测偏差值										

每处点状绿地名称、起止桩号、面积 m² 及对应的允许偏差：
有效土层厚度实测偏差值										

每处点状绿地名称、起止桩号、面积 m² 及对应的允许偏差：
有效土层厚度实测偏差值										

每处点状绿地名称、起止桩号、面积 m² 及对应的允许偏差：
有效土层厚度实测偏差值										

注：一个分项工程填写一套记录表；本表适用于检查方法为尺量。采用水准仪测量的不再填写此表。

检查人/现场监理		质检负责人/专业监理工程师	

_____公路项目 □施工自检 □监理抽检

树木栽植现场质量检查记录表（乔木）

施工单位			监理单位		
单位工程			分部工程		
分项工程			检查依据	2017验标第12.3.2-1条	
1 乔木名称数量			检查日期	年 月 日～	年 月 日
苗木设计规格	胸径×高度×冠径		允许偏差	胸径	高度	冠径

1 种植穴（槽）规格（直径×深度）

规定值（直径：d+400～d+600=　　　～　　　）；深度：（3/4～4/5）穴径=　　　～　　　）；种植穴（槽）?个
（自检抽查全部种植穴（槽）5%且不少于10个，少于10个时应全部检查；
抽检自检的20%且不少于10个，少于10株的苗木应全部检查）

3△★苗木成活率

规定值≥95%（自检为目测带状绿地每1 km检查100 m内的苗木；点状绿地每个连续种植单元按苗木数量抽查10%，且不少于10株，少于10株的苗木应全部检查；抽检自检频率的20%且不少于10株，少于10株的苗木应全部检查）

每处带状绿地起止桩号		种植　　株，成活　　株，成活率　　%
		种植　　株，成活　　株，成活率　　%
		种植　　株，成活　　株，成活率　　%
点状绿地名称桩号		种植　　株，成活　　株，成活率　　%
		种植　　株，成活　　株，成活率　　%
		种植　　株，成活　　株，成活率　　%
		种植　　株，成活　　株，成活率　　%

4★苗木规格

（自检频率为尺量带状绿地每1 km检查100 m内的苗木；点状绿地每个连续种植单元按苗木数量抽查10%，且不少于10株，少于10株的应全部检查；抽检频率为自检频率的20%且不少于10株，少于10株的应全部检查）

胸径×高度×冠径（偏差值）	胸径×高度×冠径（偏差值）	胸径×高度×冠径（偏差值）	胸径×高度×冠径（偏差值）
(　)×(　)×(　)	(　)×(　)×(　)	(　)×(　)×(　)	(　)×(　)×(　)
(　)×(　)×(　)	(　)×(　)×(　)	(　)×(　)×(　)	(　)×(　)×(　)
(　)×(　)×(　)	(　)×(　)×(　)	(　)×(　)×(　)	(　)×(　)×(　)
(　)×(　)×(　)	(　)×(　)×(　)	(　)×(　)×(　)	(　)×(　)×(　)
(　)×(　)×(　)	(　)×(　)×(　)	(　)×(　)×(　)	(　)×(　)×(　)
(　)×(　)×(　)	(　)×(　)×(　)	(　)×(　)×(　)	(　)×(　)×(　)
(　)×(　)×(　)	(　)×(　)×(　)	(　)×(　)×(　)	(　)×(　)×(　)
(　)×(　)×(　)	(　)×(　)×(　)	(　)×(　)×(　)	(　)×(　)×(　)
(　)×(　)×(　)	(　)×(　)×(　)	(　)×(　)×(　)	(　)×(　)×(　)
(　)×(　)×(　)	(　)×(　)×(　)	(　)×(　)×(　)	(　)×(　)×(　)

注：同一分项工程名称、规格相同的乔木填写一套记录表；苗木规格填写胸径×高度×冠径；种植穴（槽）规格按照d+400～d+600×（3/4～4/5）计算后填写；胸径、高度、冠径允许偏差按照2017验标结合苗木规格分类填写；项次1填实测值，项次4填偏差值。

检查人/现场监理		质检负责人/专业监理工程师	

_____公路项目

□ 施工自检
□ 监理抽检

树木栽植现场质量检查记录表（灌木）

施工单位			监理单位		
单位工程			分部工程		
分项工程			检查依据	2017验标第12.3.2-2条	
1 灌木名称数量			检查日期	年 月 日~ 年 月 日	
苗木设计规格	高度×冠径		允许偏差	高度	冠径

1 种植穴（槽）规格（直径×深度）

规定值（直径：d+400~d+600=　　~　　）；深度：（3/4~4/5）穴径=　　~　　）；种植穴（槽）?个
（自检抽查全部种植穴（槽）5%且不少于10个，少于10个时应全部检查；
抽检频率为自检频率的20%且不少于10个，少于10株的苗木应全部检查）

3△★苗木成活率

规定值≥95%（自检频率为目测带状绿地每1 km检查100 m内的苗木；点状绿地每个连续种植单元按苗木数量抽查10%且不少于10株，少于10株的应全部检查；抽检频率为自检频率的20%且不少于10株，少于10株的应全部检查）

每处带状绿地起止桩号		种植　　株，成活　　株，成活率　　%
		种植　　株，成活　　株，成活率　　%
		种植　　株，成活　　株，成活率　　%
点状绿地名称桩号		种植　　株，成活　　株，成活率　　%
		种植　　株，成活　　株，成活率　　%
		种植　　株，成活　　株，成活率　　%
		种植　　株，成活　　株，成活率　　%
		种植　　株，成活　　株，成活率　　%

4★苗木规格

（自检频率为尺量带状绿地每1 km检查100 m内的苗木；点状绿地每个连续种植单元按苗木数量抽查10%，且不少于10株，少于10株的应全部检查；抽检频率为自检频率的20%，且不少于10株，少于10株的应全部检查）

高度偏差值×冠径偏差值	高度偏差值×冠径偏差值	高度偏差值×冠径偏差值	高度偏差值×冠径偏差值
(　　)×(　　)	(　　)×(　　)	(　　)×(　　)	(　　)×(　　)
(　　)×(　　)	(　　)×(　　)	(　　)×(　　)	(　　)×(　　)
(　　)×(　　)	(　　)×(　　)	(　　)×(　　)	(　　)×(　　)
(　　)×(　　)	(　　)×(　　)	(　　)×(　　)	(　　)×(　　)
(　　)×(　　)	(　　)×(　　)	(　　)×(　　)	(　　)×(　　)
(　　)×(　　)	(　　)×(　　)	(　　)×(　　)	(　　)×(　　)
(　　)×(　　)	(　　)×(　　)	(　　)×(　　)	(　　)×(　　)
(　　)×(　　)	(　　)×(　　)	(　　)×(　　)	(　　)×(　　)
(　　)×(　　)	(　　)×(　　)	(　　)×(　　)	(　　)×(　　)
(　　)×(　　)	(　　)×(　　)	(　　)×(　　)	(　　)×(　　)

注：同一分项工程名称、规格相同的灌木填写一套记录表；苗木规格填写高度×冠径；种植穴（槽）规格按照d+400~d+600×（3/4~4/5）计算后填写；高度、冠径允许偏差按照2017验标结合苗木规格分类填写；项次1填实测值，项次4填偏差值。

检查人/现场监理		质检负责人/专业监理工程师	

_____公路项目　　□施工自检　□监理抽检

树木栽植现场质量检查记录表（球类）

施工单位		监理单位	
单位工程		分部工程	
分项工程		检查依据	2017验标第12.3.2-3条
1球类名称 数量		检查日期	年 月 日~ 年 月 日
苗木设计规格	冠径×高度	允许偏差	冠径　　　　高度

1 种植穴（槽）规格（直径×深度）

规定值（直径：d+400~d+600=　　~　　）；深度：（3/4~4/5）穴径=　　~　　）；种植穴（槽）数　　个
（自检抽查全部种植穴（槽）5%，且不少于10个，少于10个时应全部检查；
抽检频率为自检频率的20%且不少于10个，少于10株的苗木应全部检查）

3△★苗木成活率

规定值≥95%（自检频率为目测带状绿地每1 km检查100 m内的苗木；点状绿地每个连续种植单元按苗木数量抽查10%，且不少于10株，少于10株的应全部检查；抽检频率为自检频率的20%且不少于10株，少于10株的应全部检查）

每处带状绿地起止桩号		种植　　株，成活　　株，成活率　　%
		种植　　株，成活　　株，成活率　　%
		种植　　株，成活　　株，成活率　　%
点状绿地名称桩号		种植　　株，成活　　株，成活率　　%
		种植　　株，成活　　株，成活率　　%
		种植　　株，成活　　株，成活率　　%
		种植　　株，成活　　株，成活率　　%
		种植　　株，成活　　株，成活率　　%

4★苗木规格

（自检频率为尺量带状绿地每1 km检查100 m内的苗木；点状绿地每个连续种植单元按苗木数量抽查10%，且不少于10株，少于10株的应全部检查；抽检频率为自检频率的20%且不少于10株，少于10株的应全部检查）

冠径偏差值×高度偏差值	冠径偏差值×高度偏差值	冠径偏差值×高度偏差值	冠径偏差值×高度偏差值
(　) × (　)	(　) × (　)	(　) × (　)	(　) × (　)
(　) × (　)	(　) × (　)	(　) × (　)	(　) × (　)
(　) × (　)	(　) × (　)	(　) × (　)	(　) × (　)
(　) × (　)	(　) × (　)	(　) × (　)	(　) × (　)
(　) × (　)	(　) × (　)	(　) × (　)	(　) × (　)
(　) × (　)	(　) × (　)	(　) × (　)	(　) × (　)
(　) × (　)	(　) × (　)	(　) × (　)	(　) × (　)
(　) × (　)	(　) × (　)	(　) × (　)	(　) × (　)
(　) × (　)	(　) × (　)	(　) × (　)	(　) × (　)
(　) × (　)	(　) × (　)	(　) × (　)	(　) × (　)

注：同一分项工程名称、规格相同的球类填写一套记录表；苗木规格填写冠径×高度；种植穴（槽）规格按照d+400~d+600×（3/4~4/5）计算后填写；冠径、高度允许偏差按照2017验标结合苗木规格分类填写；项次1填实测值，项次4填偏差值。

检查人/现场监理		质检负责人/专业监理工程师	

_____公路项目	☐施工自检
树木栽植现场质量检查记录表（藤本）	☐监理抽检

施工单位		监理单位		
单位工程		分部工程		
分项工程		检查依据	2017验标第12.3.2-4条	
1 藤本名称数量		检查日期	年 月 日～ 年 月 日	
苗木设计规格	主蔓长×主蔓径	允许偏差	主蔓长	主蔓径

1 种植穴（槽）规格（直径×深度）

规定值（直径：d+400～d+600＝ ～ ）；深度：（3/4～4/5）穴径＝ ～ ）；种植穴（槽）数 个
（自检抽查全部种植穴（槽）5%，且不少于10个，少于10个时应全部检查；
抽检频率为自检频率的20%且不少于10个，少于10株的苗木应全部检查）

3△★苗木成活率

规定值≥95%（自检频率为目测带状绿地每1 km检查100 m内的苗木；点状绿地每个连续种植单元按苗木数量抽查10%，且不少于10株，少于10株的应全部检查；抽检频率为自检频率的20%且不少于10株，少于10株的应全部检查）

每处带状绿地起止桩号		种植 株，成活 株，成活率 %
		种植 株，成活 株，成活率 %
		种植 株，成活 株，成活率 %
点状绿地名称桩号		种植 株，成活 株，成活率 %
		种植 株，成活 株，成活率 %
		种植 株，成活 株，成活率 %
		种植 株，成活 株，成活率 %

4★苗木规格

（自检频率为尺量带状绿地每1 km检查100 m内的苗木；点状绿地每个连续种植单元按苗木数量抽查10%，且不少于10株，少于10株的应全部检查；抽检频率为自检频率的20%且不少于10株，少于10株的应全部检查）

主蔓长偏差值×主蔓径偏差值	主蔓长偏差值×主蔓径偏差	主蔓长偏差值×主蔓径偏差	主蔓长偏差值×主蔓径偏差
( )×( )	( )×( )	( )×( )	( )×( )
( )×( )	( )×( )	( )×( )	( )×( )
( )×( )	( )×( )	( )×( )	( )×( )
( )×( )	( )×( )	( )×( )	( )×( )
( )×( )	( )×( )	( )×( )	( )×( )
( )×( )	( )×( )	( )×( )	( )×( )
( )×( )	( )×( )	( )×( )	( )×( )
( )×( )	( )×( )	( )×( )	( )×( )
( )×( )	( )×( )	( )×( )	( )×( )
( )×( )	( )×( )	( )×( )	( )×( )

注：同一分项工程名称、规格相同的藤本填写一套记录表；苗木规格填写主蔓长×主蔓径；种植穴（槽）规格按照d+400～d+600×（3/4～4/5）计算后填写；主蔓长、主蔓径允许偏差按照2017验标结合苗木规格分类填写；项次1填实测值，项次4填偏差值。

检查人/现场监理		质检负责人/专业监理工程师	

_____公路项目　☐施工自检 ☐监理抽检

树木栽植现场质量检查记录表（棕榈类植物）

施工单位			监理单位	
单位工程			分部工程	
分项工程			检查依据	2017验标第12.3.2-5条
1 棕榈名称数量			检查日期	年　月　日~　年　月　日
苗木设计规格	株高×地径		允许偏差	株高　　　　地径

1 种植穴（槽）规格（直径×深度）

规定值（直径：d+400~d+600=　　~　　）；深度：（3/4~4/5）穴径=　　~　　）；种植穴（槽）数　　个
（自检抽查全部种植穴（槽）5%，且不少于10个，少于10个时应全部检查；
　抽检频率为自检频率的20%且不少于10个，少于10株的苗木应全部检查）

3 △★ 苗木成活率

规定值≥95%（自检频率为目测带状绿地每1 km检查100 m内的苗木；点状绿地每个连续种植单元按苗木数量抽查10%，且不少于10株，少于10株的应全部检查；抽检频率为自检频率的20%且不少于10株，少于10株的应全部检查）

每处带状绿地起止桩号		种植　　株，成活　　株，成活率　　%
		种植　　株，成活　　株，成活率　　%
		种植　　株，成活　　株，成活率　　%
点状绿地名称桩号		种植　　株，成活　　株，成活率　　%
		种植　　株，成活　　株，成活率　　%
		种植　　株，成活　　株，成活率　　%
		种植　　株，成活　　株，成活率　　%
		种植　　株，成活　　株，成活率　　%

4★ 苗木规格

（自检频率为尺量带状绿地每1 km检查100 m内的苗木；点状绿地每个连续种植单元按苗木数量抽查10%，且不少于10株，少于10株的应全部检查；抽检频率为自检频率的20%且不少于10株，少于10株的应全部检查）

株高偏差值×地径偏差值	株高偏差值×地径偏差值	株高偏差值×地径偏差值	株高偏差值×地径偏差值
(　　)×(　　)	(　　)×(　　)	(　　)×(　　)	(　　)×(　　)
(　　)×(　　)	(　　)×(　　)	(　　)×(　　)	(　　)×(　　)
(　　)×(　　)	(　　)×(　　)	(　　)×(　　)	(　　)×(　　)
(　　)×(　　)	(　　)×(　　)	(　　)×(　　)	(　　)×(　　)
(　　)×(　　)	(　　)×(　　)	(　　)×(　　)	(　　)×(　　)
(　　)×(　　)	(　　)×(　　)	(　　)×(　　)	(　　)×(　　)
(　　)×(　　)	(　　)×(　　)	(　　)×(　　)	(　　)×(　　)
(　　)×(　　)	(　　)×(　　)	(　　)×(　　)	(　　)×(　　)
(　　)×(　　)	(　　)×(　　)	(　　)×(　　)	(　　)×(　　)
(　　)×(　　)	(　　)×(　　)	(　　)×(　　)	(　　)×(　　)

注：同一分项工程名称、规格相同的棕榈类植物填写一套记录表；苗木规格填写株高×地径；种植穴（槽）规格按照d+400~d+600×（3/4~4/5）计算后填写；株高、地径允许偏差按照2017验标结合苗木规格分类填写；项次1填实测值，项次4填偏差值。

检查人/现场监理		质检负责人/专业监理工程师	

_____公路项目　　　□施工自检　□监理抽检

草坪草本地被种植现场质量检查记录表（1/2）

施工单位		监理单位	
单位工程		分部工程	
分项工程		检查依据	2017 验标第 12.4.2 条
每处桩号		检查日期	年 月 日～ 年 月 日

1 草坪、草本地被面积（允许偏差值：不小于设计值，设计？ m^2）
（检查方法和频率：尺量，自检带状绿地每 1 km 检查 100 m，点状绿地每个连续种植单元全部检查；抽检频率同自检）

带状绿地起止桩号	设计面积（m^2）	实际面积（m^2）	实测偏差值

点状绿地名称桩号	设计面积（m^2）	实际面积（m^2）	实测偏差值

2△★ 草坪、草本地被覆盖率（允许偏差值：取弃土场≥90%，其他绿地≥95%）
（检查方法和频率：目测，自检带状绿地每 1 km 检查 100 m；点状绿地每个连续种植单元全部检查；抽检频率同自检）

带状绿地起止桩号	设计面积（m^2）	覆盖面积（m^2）	覆盖率（%）

点状绿地名称桩号	设计面积（m^2）	覆盖面积（m^2）	覆盖率（%）

注：每个分项工程填写 1 套记录表，均填写实测值。

检查人/现场监理		质检负责人/专业监理工程师	

_____公路项目　　☐施工自检　☐监理抽检

花卉种植现场质量检查记录表（2/2）

施工单位			监理单位	
单位工程			分部工程	
分项工程			检查依据	2017 验标第 12.4.2 条
每处桩号			检查日期	年　月　日～　年　月　日

3★花卉数量（允许偏差值：不小于设计数量）

（检查方法和频率：目测，自检带状绿地每 1 km 内的花卉数量，点状绿地每个连续种植单元抽查 5%；抽检自检的 20%）

带状绿地起止桩号	设计数量（株）	实际数量（株）	实测偏差数量

点状绿地名称桩号	设计数量（株）	实际数量（株）	实测偏差数量

4△★花卉成活率（允许偏差值：≥95%）

（检查方法和频率：目测，自检带状绿地每 1 km 检查 100 m 内的花卉数量；点状绿地每个连续种植单元抽查 5%，且不少于 10 株，少于 10 株的花卉应全部检查；抽检频率同自检）

带状绿地起止桩号	设计数量（株）	成活数量（株）	成活率（%）

点状绿地名称桩号	设计数量（株）	成活数量（株）	成活率（%）

检查人/现场监理		质检负责人/专业监理工程师	

_____公路项目　□施工自检　□监理抽检

喷播绿化现场质量检查记录表（1/2）

施工单位		监理单位	
单位工程		分部工程	
分项工程		检查依据	2017验标第12.5.2条
段落桩号		检查日期	年 月 日～ 年 月 日

1△★基材混合物喷射厚度（允许偏差值：设计厚度±10 mm，设计厚度？mm）
（检查方法和频率，尺量，自检带状绿地每1 km测10点；点状绿地每个连续种植单元每1000 m2测2点且不少于5点；抽检带状绿地每1 km测2点；点状绿地每个连续种植单元每1000 m2测1点且不少于5点）

带状绿地起止桩号长度、自检点数、抽检点数：

实测偏差值

带状绿地起止桩号长度、自检点数、抽检点数：

实测偏差值

带状绿地起止桩号长度、自检点数、抽检点数：

实测偏差值

带状绿地起止桩号长度、自检点数、抽检点数：

实测偏差值

带状绿地起止桩号长度、自检点数、抽检点数：

实测偏差值

点状绿地名称桩号面积（m²）自检点数、抽检点数：

实测偏差值

点状绿地名称桩号面积（m²）自检点数、抽检点数：

实测偏差值

点状绿地名称桩号面积（m²）自检点数、抽检点数：

实测偏差值

注：每个分项工程填写1套现场检查记录表。

检查人/现场监理		质检负责人/专业监理工程师	

_____公路项目

喷播绿化现场质量检查记录表（2/2）

□ 施工自检
□ 监理抽检

施工单位		监理单位	
单位工程		分部工程	
分项工程		检查依据	2017验标第12.5.2条
段落桩号		检查日期	年 月 日～ 年 月 日

3 绿化面积（规定值或允许偏差值：满足设计要求）及 4△★植被盖度（规定值或允许偏差值≥95%）
（检查方法和频率：尺量，自检带状绿地每1 km检查100 m；点状绿地每个连续种植单元全部检查；抽检频率同自检）

带状绿地起止桩号长度、面积、自检点数、抽检点数：			
设计值（m²）	实测值（m²）	覆盖率	偏差值

带状绿地起止桩号长度、面积、自检点数、抽检点数：			
设计值（m²）	实测值（m²）	覆盖率	偏差值

带状绿地起止桩号长度、面积、自检点数、抽检点数：			
设计值（m²）	实测值（m²）	覆盖率	偏差值

带状绿地起止桩号长度、面积、自检点数、抽检点数：			
设计值（m²）	实测值（m²）	覆盖率	偏差值

带状绿地起止桩号长度、面积、自检点数、抽检点数：			
设计值（m²）	实测值（m²）	覆盖率	偏差值

带状绿地起止桩号长度、面积、自检点数、抽检点数：			
设计值（m²）	实测值（m²）	覆盖率	偏差值

点状绿地名称起止桩号、面积、自检点数、抽检点数：			
设计值（m²）	实测值（m²）	覆盖率	偏差值

点状绿地名称起止桩号、面积、自检点数、抽检点数：			
设计值（m²）	实测值（m²）	覆盖率	偏差值

点状绿地名称起止桩号、面积、自检点数、抽检点数：			
设计值（m²）	实测值（m²）	覆盖率	偏差值

点状绿地名称起止桩号、面积、自检点数、抽检点数：			
设计值（m²）	实测值（m²）	覆盖率	偏差值

点状绿地名称起止桩号、面积、自检点数、抽检点数：			
设计值（m²）	实测值（m²）	覆盖率	偏差值

点状绿地名称起止桩号、面积、自检点数、抽检点数：			
设计值（m²）	实测值（m²）	覆盖率	偏差值

点状绿地名称起止桩号、面积、自检点数、抽检点数：			
设计值（m²）	实测值（m²）	覆盖率	偏差值

检查人/现场监理		质检负责人/专业监理工程师	

附表 L 声屏障工程现场质量检查记录表

按 2017 验标的规定，声屏障工程分为砌块体声屏障、金属结构声屏障、复合结构声屏障 3 类分项工程，每类分项工程对应 1 张现场质量检查记录表。

_____公路项目

砌块体声屏障现场质量检查记录表

☐ 施工自检
☐ 监理抽检

施工单位		监理单位	
单位工程		分部工程	
分项工程		检查依据	2017 验标第 13.2.2 条
每处桩号及长度		检查日期	年 月 日～ 年 月 日

3△★墙体厚度（mm）（规定值或允许偏差值：不小于设计值，设计厚度？mm）
（检查方法和频率：直尺，自检抽查标准段数的30%，每段测1点；抽检标准段数的20%，每段测1点）

每处标准段数、自检点数、抽检点数：

实测偏差值									

4★基础外露宽度（mm）（规定值或允许偏差值：±20 mm，设计外露宽度？mm）
（检查方法和频率：尺量，自检抽查标准段数的30%，每段测1点；抽检抽查标准段数的20%，每段测1点）

每处标准段数、自检点数、抽检点数：

实测偏差值									

5 墙体竖直度（mm/m）（规定值或允许偏差值：≤3 mm，设计高度？mm）
（检查方法和频率：直尺，自检抽查标准段数的30%，每段测1点；抽检抽查标准段数的20%，每段测1点）

每处标准段数、自检点数、抽检点数：

实测偏差值									

6 顺直度（mm/10m）（规定值或允许偏差值：≤10 mm，设计？m）
（检查方法和频率：10 m 拉线，自检每100 m 测2处且不少于5处；抽检每100 m 测1处且不少于5处）

每处标准段数、自检处数、抽检处数：

实测偏差值									

检查人/现场监理		质检负责人/专业监理工程师	

	_____公路项目	☐ 施工自检
	金属结构声屏障现场质量检查记录表	☐ 监理抽检

施工单位		监理单位	
单位工程		分部工程	
分项工程		检查依据	2017验标第13.3.2条
每处桩号及长度		检查日期	年 月 日～ 年 月 日

3 基础外露宽度（mm）（允许偏差值：±20 mm，设计基础外露宽度？mm）
（检查方法和频率：尺量，自检抽查标准段数的30%，每段测1点；抽检查标准段数的20%，每段测1点）

每处标准段数、自检点数、抽检点数：

实测偏差值											

4 与路肩边线位置偏移（mm）（允许偏差值：±20 mm，设计与路肩边线距离？mm）
（检查方法和频率：尺量，自检抽查标准段数的30%，每段测1点；抽检查标准段数的20%，每段测1点）

每处标准段数、自检点数、抽检点数：

实测偏差值											

5 立柱中距（mm）（允许偏差值：≤10 mm，设计中距？mm）
（检查方法和频率：尺量，自检抽查标准段数的30%，每段测1点；抽检查标准段数的20%，每段测1点）

每处起止桩号长度、标准段数、自检点数、抽检点数：

实测偏差值											

6 立柱竖直度（mm/m）（允许偏差值：≤3 mm/m，设计高度？mm）
（检查方法和频率：垂线法，自检抽查标准段数的30%，每段测1点；抽检查标准段数的20%，每段测1点）

每处标准段数、自检点数、抽检点数：

实测偏差值											

7 立柱镀（涂）层厚度（μm）（允许偏差值：不小于设计值，设计值？μm）
（检查方法和频率：厚度仪，自检抽查标准段数的20%，每段测1点；抽检查标准段数的20%，每段测1点）

每处标准段数、自检点数、抽检点数：

实测偏差值											

8 屏体表面镀（涂）层厚度（μm）（允许偏差值：不小于设计值，设计厚度？μm）
（检查方法和频率：厚度仪，自检抽查标准段数的20%，每段测1点；抽检查标准段数的20%，每段测1点）

每处标准段数、自检点数、抽检点数：

实测偏差值											

9△★屏体背板厚度（mm）（允许偏差值：±0.1 mm，设计厚度？mm、设计总块数？个）
（检查方法和频率：游标卡尺，自检检查屏体总块数的5%；抽检检查屏体总块数的1%）

每处标准段数、自检点数、抽检点数：

实测偏差值											

检查人/现场监理	质检负责人/专业监理工程师

		公路项目	☐施工自检
		复合结构声屏障现场质量检查记录表	☐监理抽检

施工单位		监理单位	
单位工程		分部工程	
分项工程		检查依据	2017验标第13.4.2条
每处桩号及长度		检查日期	年 月 日～ 年 月 日

3△★屏体厚度（mm）（允许偏差值：±3 mm；设计厚度？mm）
（检查方法和频率：钢卷尺，自检抽查标准段数的30%，每段测1点；抽检标准段数的10%，每段测1点）

每处标准段数、自检点数、抽检点数：

实测偏差值										

4△★透明屏体厚度（mm）（允许偏差值：±0.2 mm；设计厚度？mm）
（检查方法和频率：游标卡尺，自检抽查标准段数的30%，每段测1点；抽检标准段数的10%，每段测1点）

每处标准段数、自检点数、抽检点数：

实测偏差值										

5★基础外露宽度（允许偏差值：±20 mm；设计外露宽度？mm）
（检查方法和频率：尺量，自检抽查标准段数的30%，每段测1点；抽检标准段数的10%，每段测1点）

每处标准段数、自检点数、抽检点数：

实测偏差值										

6与路肩边线位置偏移（mm）（允许偏差：±20 mm；标准段数：　　段）
（检查方法和频率：自检抽查标准段数的30%，每段测1点；抽检标准段数的10%，每段测1点）

每处标准段数、自检点数、抽检点数：

实测偏差值										

7★立柱中距（mm）（允许偏差值：≤10 mm；设计中距？mm）
（检查方法和频率：钢卷尺，自检抽查标准段数的30%，每段测1点；抽检标准段数的10%，每段测1点）

每处标准段数、自检点数、抽检点数：

实测偏差值										

8立柱竖直度（mm/m）（允许偏差值：≤3 mm/m，设计高度？m）
（检查方法和频率：垂线法，自检抽查标准段数的30%，每段测1点；抽检标准段数的10%，每段测1点）

每处标准段数、自检点数、抽检点数：

实测偏差值										

9金属立柱镀（涂）层厚度（μm）（允许偏差值：不小于规定值，设计厚度？μm）
（检查方法和频率：测厚仪，自检抽查标准段数的20%，每段测1点；抽检标准段数的10%，每段测1点）

每处标准段数、自检点数、抽检点数：

实测偏差值										

检查人/现场监理		质检负责人/专业监理工程师	

附表 M 交通安全设施现场质量检查记录表

交通安全设施表格包括标志、标线、波形梁护栏、混凝土护栏、缆索护栏、突起路标、轮廓标、防眩设施、隔离栅和防落物网、中央分隔带开口护栏、里程碑和百米桩、避险车道等 12 个分项工程共 10 张现场质量检查记录表。其中，交通标线和波形梁护栏的现场质量主要由材试专业人员检测，无需现场质量检查记录表。

_____公路项目 　　　　　　　　　　　　　　　□施工自检
交通标志现场质量检查记录表 　　　　　　　　　□监理抽检

施工单位		监理单位	
单位工程		分部工程	
分项工程		检查依据	2017验标第11.2.2条
里程桩号		检查日期	年　月　日

标志类型	□立柱式标志板		□悬臂式标志板	□门架式标志板	
项次	检查项目	规定值或允许偏差值	检查方法和频率	检查结果（偏差值）	
2★	标志板下缘至路面净空高度（mm）	允许偏差值：+100，0（设计?mm）	尺量，自检每块板测2点；抽检每块板测1点。		
3★	标志立柱的内边缘距土路肩边缘线距离（mm）	允许偏差值：满足设计要求（设计距离?mm）	尺量，自检每处测点；抽检每处测1点。	立柱式、悬臂式	
				门架式	
4	立柱竖直度（mm/m）	允许偏差值：≤3	垂线法，自检每根柱测2点；抽检每根柱测1点。		
5	基础顶面平整度（mm）	允许偏差值：≤4	尺量，对角线测最大间隙，每个基础测2点；抽检每个基础测1点。		
6★	标志基础尺寸（mm）	允许偏差值：+100，-50（设计长度?mm×宽度?mm）	尺量，自检每个基础长度、宽度各测2点；抽检每个基础长度、宽度各测1点。	长度	
				宽度	
里程桩号			检查日期	年　月　日	
标志类型	□柱式标志板		□悬臂式标志板	□门架式标志板	
2★	标志板下缘至路面净空高度（mm）	允许偏差值：+100，0（设计?mm）	尺量，自检每块板测2点；抽检每块板测1点。		
3★	标志立柱的内边缘距土路肩边缘线距离（mm）	允许偏差值：满足设计要求（设计距离?mm）	尺量，自检每处测点；抽检每处测1点。	立柱式、悬臂式	
				门架式	
4	立柱竖直度（mm/m）	允许偏差值：≤3	垂线法，自检每根柱测2点；抽检每根柱测1点。		
5	基础顶面平整度（mm）	允许偏差值：≤4	尺量，对角线测最大间隙，每个基础测2点；抽检每个基础测1点。		
6★	标志基础尺寸（mm）	允许偏差值：+100，-50（设计长度?mm×宽度?mm）	尺量，自检每个基础长度、宽度各测2点；抽检每个基础长度、宽度各测1点。	长度	
				宽度	
里程桩号			检查日期	年　月　日	
标志类型	□柱式标志板		□悬臂式标志板	□门架式标志板	
2★	标志板下缘至路面净空高度（mm）	允许偏差值：+100，0（设计?mm）	尺量，自检每块板测2点；抽检每块板测1点。		
3★	标志立柱的内边缘距土路肩边缘线距离（mm）	允许偏差值：满足设计要求（设计距离?mm）	尺量，自检每处测点；抽检每处测1点。	立柱式、悬臂式	
				门架式	
4	立柱竖直度（mm/m）	允许偏差值：≤3	垂线法，自检每根柱测2点；抽检每根柱测1点。		
5	基础顶面平整度（mm）	允许偏差值：≤4	尺量，对角线测最大间隙，每个基础测2点；抽检每个基础测1点。		
6★	标志基础尺寸（mm）	允许偏差值：+100，-50（设计长度?mm×宽度?mm）	尺量，自检每个基础长度、宽度各测2点；抽检每个基础长度、宽度各测1点。	长度	
				宽度	

注：立柱内边缘距土路肩边缘线距离：柱式和悬臂式标志每个标志测量1处；门架式标志按最多3根立柱设置表格，每根立柱测1处，只有2根立柱的门架式标志，可将多余的空格打"/"，（如有）多余3根立柱导致空格不够的，可合并拆分有关单元格以满足立柱数量。

检查人/现场监理		质检负责人/专业监理工程师	

_____公路项目 □施工自检
交通标线现场质量检查记录表 □监理抽检

施工单位		监理单位	
单位工程		分部工程	
分项工程		检查依据	2017验标第11.3.2条
左 右 幅		检查日期	年 月 日~ 年 月 日

1★标线线段长度（mm）
（检查方法和频率：尺量，自检每1km测3处，每处测3个线段；抽检每1km测1处，每处测3个线段）
（合计长度？km，自检测？处，抽检测？处）

允许偏差值：±？mm（设计长度？mm）	实测偏差值															

允许偏差值：±？mm（设计长度？mm）	实测偏差值															

2★标线宽度（mm）
（检查方法和频率：尺量，自检每1km测3处，每处测3点；抽检每1km测1处，每处测3点）
（合计长度？km，自检测？处，抽检测？处）

允许偏差值:+5,0 mm	实测偏差值															

4 标线纵向间距（mm）（尺量，自检每1km测3处，每处测3个线段；抽检每1km测1处，每处测3个线段）
（合计长度？km，自检测？处，抽检测？处）

允许偏差值：±？mm（设计长度？mm）	实测偏差值															

允许偏差值：±？mm（设计长度？mm）	实测偏差值															

检查人/现场监理		质检负责人/专业监理工程师	

_____公路项目　　　　　　□施工自检　□监理抽检

波形梁钢护栏现场质量检查记录表

施工单位		监理单位	
单位工程		分部工程	
分项工程		检查依据	2017验标第11.4.2条
设计参数	□左幅左侧长　　m，□左幅右侧长　　m □右幅左侧长　　m，□右幅右侧长　　m	检查日期	年　月　日~　年　月　日

5 立柱竖直度（mm/m）（规定值或允许偏差值：±10）
（检查方法和频率：垂线法，自检每1 km每侧测5处；抽检每1 km每侧测1处）
（合计长度？km，自检测？处，抽检测？处）

左幅左侧实测偏差值

左幅右侧实测偏差值

右幅左侧实测偏差值

右幅右侧实测偏差值

6★立柱外边缘距土路肩边线距离（mm）（规定值或允许偏差值：≥250 mm或不小于设计要求；设计距离？mm）
（检查方法和频率：尺量，自检每1 km每侧测5处；抽检每1 km每侧测1处）
（两侧合计长度？km，自检测？处，抽检测？处）

左幅左侧实测偏差值

左幅右侧实测偏差值

右幅左侧实测偏差值

右幅右侧实测偏差值

注：一个分项工程填写1张记录表。

检查人/现场监理		质检负责人/专业监理工程师	

_____公路项目 ☐施工自检 ☐监理抽检

混凝土护栏现场质量检查记录表

施工单位		监理单位	
单位工程		分部工程	
分项工程		检查依据	2017验标第11.5.2条
每处每侧桩号		检查日期	年 月 日～ 年 月 日

1★护栏断面尺寸高度（mm）
（检查方法和频率：尺量，自检每1km每侧测5处；抽检每1km每侧测1处）
（两侧合计长度？km，自检测？处，抽检测？处）

高度允许偏差值：±10 mm（设计高度？mm）	实测偏差值								
顶宽允许偏差值：±5 mm（设计顶宽？mm）	实测偏差值								
底宽允许偏差值：±5 mm（设计底宽？mm）	实测偏差值								

2★钢筋骨架尺寸（mm）
（检查方法和频率：尺量，自检每1km每侧测5处；抽检每1km每侧测1处）
（两侧合计长度？km，自检测？处，抽检测？处）

允许偏差值：满足设计要求设计值：上宽？mm 下宽？mm 高度？mm	实测偏差值	( )×( )×( ) ( )×( )×( ) ( )×( )×( ) ( )×( )×( ) ( )×( )×( )	( )×( )×( ) ( )×( )×( ) ( )×( )×( ) ( )×( )×( ) ( )×( )×( )	( )×( )×( ) ( )×( )×( ) ( )×( )×( ) ( )×( )×( ) ( )×( )×( )	( )×( )×( ) ( )×( )×( ) ( )×( )×( ) ( )×( )×( ) ( )×( )×( )

3 横向偏位（mm）
（检查方法和频率：尺量，自检每1km每侧测5处；抽检每1km每侧测1处）
（两侧合计长度？km，自检测？处，抽检测？处）

允许偏差值：±20 mm	实测偏差值								

4★基础厚度（mm）（检查方法和频率：尺量，自检每1km每侧测5处；抽检每1km每侧测1处）
（两侧合计长度？km，自检测？处，抽检测？处）

允许偏差值：±10%H（设计厚度H=？mm）（-10%H=？mm）（+10%H=？mm）	实测偏差值								

6 混凝土护栏块件之间错位（mm）
（检查方法和频率：尺量，自检每1km每侧测5处；抽检每1km每侧测1处）
（两侧合计长度？km，自检测？处，抽检测？处）

允许偏差值：≤5 mm	实测偏差值								

注：护栏长度系指一个分项工程护栏的累计长度，当某一段混凝土护栏跨2个分项工程时，可将其列入其中心桩号所在的分项工程计算长度一并检测。

检查人/现场监理		质检负责人/专业监理工程师	

_____公路项目		□施工自检
缆索护栏现场质量检查记录表		□监理抽检

施工单位		监理单位	
单位工程		分部工程	
分项工程		检查依据	2017验标第11.6.2条
每处每侧桩号		检查日期	年 月 日~ 年 月 日

1△★初张力（规定值或允许偏差值：±5%，设计初张力：？；两侧合计设计缆索？根）
（检查方法和频率：张力计，自检逐根检测共检测？根；抽检自检根数的20%共检测？根）

实测偏差值								

2 最下一根缆索的高度（mm）（规定值或允许偏差值：±20mm，设计高度？mm；两侧合计设计长度?km）
（检查方法和频率：尺量，自检每1km每侧测5处共检测？处；抽检每1km每侧测1处共检测？处）

实测偏差值								

3★立柱中距（mm）（规定值剧或允许偏差值：±20mm，设计立柱中距？mm；两侧合计设计长度?km）
（检查方法和频率：尺量，自检每1km每侧测5处共检测？处；抽检每1km每侧测1处共检测？处）

实测偏差值								

4 立柱竖直度（mm/m）（规定值或允许偏差值：±10mm，设计立柱竖直度？；两侧合计设计长度?km）
（检查方法和频率：尺量，自检每1km每侧测5处共检测？处；抽检每1km每侧测1处共检测？处）

实测偏差值								

5★立柱埋置深度（mm）（规定值或允许偏差值：不小于设计值，设计立柱埋置深度？mm；两侧合计设计长度?km）
（检查方法和频率：尺量，自检每1km每侧测5处共检测？处；抽检每1km每侧测1处共检测？处）

实测偏差值								

6★混凝土基础尺寸（长度×宽度×厚度）
（规定值或允许偏差值：不小于设计值，设计混凝土基础尺寸（长×宽×厚=？mm×?mm×?mm）；设计基础合计？个）
（检查方法和频率：尺量，自检每个基础长、宽、厚各测2点；抽检同自检）

实测偏差值	(× ×)	(× ×)	(× ×)	(× ×)	(× ×)
	(× ×)	(× ×)	(× ×)	(× ×)	(× ×)
	(× ×)	(× ×)	(× ×)	(× ×)	(× ×)
	(× ×)	(× ×)	(× ×)	(× ×)	(× ×)
	(× ×)	(× ×)	(× ×)	(× ×)	(× ×)
	(× ×)	(× ×)	(× ×)	(× ×)	(× ×)
	(× ×)	(× ×)	(× ×)	(× ×)	(× ×)
	(× ×)	(× ×)	(× ×)	(× ×)	(× ×)
	(× ×)	(× ×)	(× ×)	(× ×)	(× ×)
	(× ×)	(× ×)	(× ×)	(× ×)	(× ×)
	(× ×)	(× ×)	(× ×)	(× ×)	(× ×)
	(× ×)	(× ×)	(× ×)	(× ×)	(× ×)

注：当某一段缆索护栏跨2个分项工程时，可将其列入其中心桩号所在的分项工程计算长度一并检测。

检查人/现场监理		质检负责人/专业监理工程师	

_____公路项目		☐施工自检
突起路标现场质量检查记录表		☐监理抽检

施工单位		监理单位	
单位工程		分部工程	
分项工程		检查依据	2017验标第11.7.2条
设计数量		检查日期	年 月 日~ 年 月 日

1 安装角度（°）（规定值或允许偏差值：±5 mm；设计安装角度？°；设计共？个）
（检查方法和频率：角尺，自检抽查10%共计检测？个；抽检自检个数的20%共计检测？个）

实测偏差值										

2★纵向间距（mm）（规定值或允许偏差值：±50 mm；设计纵向间距？mm；共计？间距）
（检查方法和频率：尺量，自检抽查10%共计检测？个间距；抽检自检间距数的20%共计检测？个间距）

实测偏差值										

3 横向偏位（mm）（规定或允许偏差值：±30 mm；共计？个）
（检查方法和频率：尺量，自检抽查10%共计检测？个；抽检自检个数的20%共计检测？个）

实测偏差值										

注：一个分项工程填写1张记录表。

检查人/现场监理		质检负责人/专业监理工程师	

_____公路项目 □施工自检
轮廓路标现场质量检查记录表 □监理抽检

施工单位		监理单位	
单位工程		分部工程	
分项工程		检查依据	2017 验标第 11.8.2 条
设计数量		检查日期	年 月 日 ~ 年 月 日

实测偏差值	1 安装角度（°）（规定值或允许偏差值：0°~5°；设计安装角度？°） （检查方法和频率：花杆、十字架、卷尺、万能角尺，自检抽查5%共？个；抽检自检的20%共？个）

实测偏差值	2★反射器中心高度（mm）（规定值或允许偏差值：±20 mm；设计高度？mm） （检查方法和频率：尺量，自检抽查5%共计检测？个；抽检自检的20%共计检测？个）

实测偏差值	3 柱式轮廓标竖直度（mm/m）（规定值或允许偏差值：±10 mm） （检查方法和频率：垂线法，自检抽查5%共计检测？个；抽检自检的20%共计检测？个）

注：一个分项工程填写1张记录表。

检查人/现场监理		质检负责人/专业监理工程师	

_____公路项目　　　　　　　　　　　□施工自检
防眩设施现场质量检查记录表　　　　　□监理抽检

施工单位		监理单位	
单位工程		分部工程	
分项工程		检查依据	2107验标第11.9.2条
设计长度		检查日期	年 月 日～ 年 月 日

1△★安装高度（mm）（规定值或允许偏差值：±10mm，设计高度？mm）
（检查方法和频率：尺量，自检每1km测10处共计检测？处；抽检每1km测2处共计检测？处）

实测偏差值										

2★防眩板设置间距（mm）（规定值或允许偏差至：±10mm，设计间距？mm）
（检查方法和频率：尺量，自检每1km测10处；抽检每1km测2处）

实测偏差值										

3竖直度（mm/m）（规定值或允许偏差值：±5mm，设计高度？mm）
（检查方法和频率：垂线法，自检每1km测10处共计检测？处；抽检每1km测2处共计检测？处）

实测偏差值										

4★防眩网网孔尺寸（规定值或允许偏差值：不大于设计值，
设计网孔尺寸（长度？mm×宽度？mm×对角线？mm））
（检查方法和频率：尺量，自检每1km测5处，每处测3孔；抽检每1km测1处，每处测3孔）
（自检？处？孔，抽检？处？孔）

实测偏差值	(× ×)	(× ×)	(× ×)	(× ×)	(× ×)
	(× ×)	(× ×)	(× ×)	(× ×)	(× ×)
	(× ×)	(× ×)	(× ×)	(× ×)	(× ×)
	(× ×)	(× ×)	(× ×)	(× ×)	(× ×)
	(× ×)	(× ×)	(× ×)	(× ×)	(× ×)
	(× ×)	(× ×)	(× ×)	(× ×)	(× ×)
	(× ×)	(× ×)	(× ×)	(× ×)	(× ×)
	(× ×)	(× ×)	(× ×)	(× ×)	(× ×)
	(× ×)	(× ×)	(× ×)	(× ×)	(× ×)
	(× ×)	(× ×)	(× ×)	(× ×)	(× ×)

1. 每个分项工程填写1张记录表；
2. 防眩设施长度系指一个分项工程内防眩设施的累计长度，当某一段防眩设施跨2个分项工程时，可将其列入其中心桩号所在的分项工程计算长度一并检测。

检查人/现场监理		质检负责人/专业监理工程师	

_____公路项目　　　　　　　　　☐ 施工自检
隔离栅和防落物网现场质量检查记录表　　☐ 监理抽检

施工单位		监理单位	
单位工程		分部工程	
分项工程		检查依据	2017验标第11.10.2条
两侧合计设计长度		检查日期	年 月 日～ 年 月 日

1★高度（mm）（规定值或允许偏差值：±15 mm，设计高度？mm）
（检查方法和频率：尺量，自检每1 km每侧测5处共计检测？处；抽检每1 km每侧测2处共计检测？处）

实测偏差值									

2 刺钢丝的中心垂度（mm）（规定值或允许偏差值：≤15 mm，设计垂度？mm）
（检查方法和频率：尺量，自检每1 km每侧测5处共计检测？处；抽检每1 km每侧测2处共计检测？处）

实测偏差值									

3★立柱中距（mm）（焊接网）（规定值或允许偏差值：±30 mm，设计中距？mm）
（检查方法和频率：尺量，自检每1 km每侧测5处共计检测？处；抽检每1 km每侧测2处共计检测？处）

实测偏差值									

3★立柱中距（mm）（钢板网）（规定值或允许偏差值：±30 mm，设计中距？mm）
（检查方法和频率：尺量，自检每1 km每侧测5处共计检测？处；抽检每1 km每侧测2处共计检测？处）

实测偏差值									

3★立柱中距（mm）（刺钢丝网）（规定值或允许偏差值：±60 mm，设计中距？mm）
（检查方法和频率：尺量，自检每1 km每侧测5处共计检测？处；抽检每1 km每侧测2处共计检测？处）

实测偏差值									

3★立柱中距（mm）（编织网）（规定值或允许偏差值：±60 mm，设计中距？mm）
（检查方法和频率：尺量，自检每1 km每侧测5处共计检测？处；抽检每1 km每侧测2处共计检测？处）

实测偏差值									

4 立柱竖直度（mm/m）（允许偏差：±10 mm/m，设计高度？mmm）
（检查方法和频率：垂线法，自检每1 km每侧测5处共计检测？处；抽检每1 km每侧测2处共计检测？处）

实测偏差值									

5★立柱埋置深度（mm）（规定值或允许偏差值：不小于设计要求，设计深度？mm，两侧共设计？处）
（检查方法和频率：尺量，自检抽查2%共计检测？处；抽检自检的20%共计检测？处）

实测偏差值									

1. 每个分项工程填写1张记录表，均填写偏差值；2. 隔离栅长度系指一个分项工程内隔离栅的累计长度，当某一段隔离栅跨2个分项工程时，可将其列入其中心桩号所在的分项工程计算长度一并检测。

检查人/现场监理		质检负责人/专业监理工程师	

_____公路项目 □施工自检 □监理抽检

中央分隔带开口护栏现场质量检查记录表

施工单位		监理单位	
单位工程		分部工程	
分项工程		检查依据	2017验标第11.11.2条

1★高度（mm）（规定值或允许偏差值：±20 mm）
（检查方法和频率：尺量，自检每处测5点共检测？点；抽检每处测2点共检测？点）

每处桩号		设计高度		检查日期	年 月 日
实测偏差值					

每处桩号		设计高度		检查日期	年 月 日
实测偏差值					

每处桩号		设计高度		检查日期	年 月 日
实测偏差值					

每处桩号		设计高度		检查日期	年 月 日
实测偏差值					

每处桩号		设计高度		检查日期	年 月 日
实测偏差值					

每处桩号		设计高度		检查日期	年 月 日
实测偏差值					

每处桩号		设计高度		检查日期	年 月 日
实测偏差值					

注：当某一个中央分隔带跨2个分项工程时，可将其列入其中心桩号所在的分项工程计算长度一并检测。

检查人/现场监理		质检负责人/专业监理工程师	

_____公路项目 □施工自检
里程碑和百米桩现场质量检查记录表　□监理抽检

施工单位		监理单位	
单位工程		分部工程	
分项工程		检查依据	2017验标第11.12.2条
设计数量		检查日期	年 月 日～ 年 月 日

1★外形尺寸（规定值或允许偏差值：高度±10mm，宽度±5mm，厚度±5mm；设计长度×宽度×厚度=? mm×? mm×? mm；设计共？个。检查方法和频率：尺量，自检抽查10%共检测？处；抽检自检个数的20%共检测？处）

实测偏差值	(× ×)	(× ×)	(× ×)	(× ×)	(× ×)	(× ×)
	(× ×)	(× ×)	(× ×)	(× ×)	(× ×)	(× ×)
	(× ×)	(× ×)	(× ×)	(× ×)	(× ×)	(× ×)
	(× ×)	(× ×)	(× ×)	(× ×)	(× ×)	(× ×)
	(× ×)	(× ×)	(× ×)	(× ×)	(× ×)	(× ×)
	(× ×)	(× ×)	(× ×)	(× ×)	(× ×)	(× ×)
	(× ×)	(× ×)	(× ×)	(× ×)	(× ×)	(× ×)
	(× ×)	(× ×)	(× ×)	(× ×)	(× ×)	(× ×)
	(× ×)	(× ×)	(× ×)	(× ×)	(× ×)	(× ×)
	(× ×)	(× ×)	(× ×)	(× ×)	(× ×)	(× ×)
	(× ×)	(× ×)	(× ×)	(× ×)	(× ×)	(× ×)
	(× ×)	(× ×)	(× ×)	(× ×)	(× ×)	(× ×)
	(× ×)	(× ×)	(× ×)	(× ×)	(× ×)	(× ×)
	(× ×)	(× ×)	(× ×)	(× ×)	(× ×)	(× ×)
	(× ×)	(× ×)	(× ×)	(× ×)	(× ×)	(× ×)
	(× ×)	(× ×)	(× ×)	(× ×)	(× ×)	(× ×)
	(× ×)	(× ×)	(× ×)	(× ×)	(× ×)	(× ×)

2★字体及尺寸（mm）（规定值或允许偏差值：满足设计要求，设计字体长度×高度=? mm×? mm；共设计？个字）
（检查方法和频率：尺量，自检抽查10%共检测？字；抽检自检的20%共检测？字）

实测偏差值						

3 里程碑竖直度（mm/m）（规定值或允许偏差值：±10 mm，设计高度？mm；共设计？处）
（检查方法和频率：尺量，自检抽查10%共检测？处；抽检自检的20%共检测？处）

实测偏差值						

注：每个分项工程填写1张记录表，均填写偏差值。

检查人/现场监理		质检负责人/专业监理工程师	

_____公路项目 避险车道现场质量检查记录表

□ 施工自检 □ 监理抽检

施工单位		监理单位	
单位工程		分部工程	
分项工程		检查依据	2017验标第11.13.2条

1★避险车道宽度（m）（规定值或允许偏差值：不小于设计宽度；设计宽度？m）
（检查方法和频率：尺量，自检每道测5个断面，引道入口处设测点；抽检自检断面数的20%）

2△★制动床长度（m）（规定值或允许偏差值：不短于设计长度；设计长度？m）
（检查方法和频率：尺量，自检每道测3处共检测？处；抽检自检数量的20%共检测？处）

3★制动床集料厚度（m）（规定值或允许偏差值：不小于设计厚度；设计厚度？m）
（检查方法和频率：尺量，自检每道测5处共检测？处；抽检自检数量的20%共检测？处）

每处桩号		检查日期	年 月 日
设计参数		车道数	

1★避险车道宽度偏差值

2△★制动床长度偏差值

3★制动床集料厚度

每处桩号		检查日期	年 月 日
设计参数		车道数	

1★避险车道宽度偏差值

2△★制动床长度偏差值

3★制动床集料厚度

注：某一个避险车道跨2个分项工程时，可将其列入其中心桩号所在的分项工程计算长度一并检测。

检查人/现场监理		质检负责人/专业监理工程师	

附表 N-1 公路机电工程现场质量检查记录表

机电工程分项工程现场质量检查记录表主要指机电设备安装及调试过程中使用的记录用表。鉴于机电工程与土建工程比较的差异性，施工自检和监理抽检使用的机电分项工程现场质量检查记录表使用相同的表格，需要抽检的项目，监理旁站并签字，所签记录表施工、监理共用；无需抽检的项目监理人员无需签字。

现场质量检查记录表主要包括设备及软件安装和调试记录(包括专用表和通用表)，系统调试及运行记录，设备开箱检验记录，电缆及光缆测试记录，消防栓、阀门、管道等试验记录，人手孔检测记录等。

考虑到机电工程设备的复杂和多样性，设计的现场质量检查记录表不可能包罗所有的机电设备，因此专门设置了通用表格。使用时可针对具体项目对通用表格修改后使用。

机电工程施工质量检验记录表参考第 4 部分"公路机电分项工程质量检验评定资料构成"配套使用。其中通用表格："设备安装记录表"、"设备调试记录表"、"软件安装记录表"、"软件调试测试记录表"，在使用时按实际检查项目对应填写，无对应检查项目一栏则用"斜杠"标识；"设备调试记录"调试内容可根据实际进行增删。

现场质量检查记录表可根据每个建设项目的实际情况报总监办批准后适当修改。

记录表中"电力电缆单盘测试记录""光缆单盘测试记录"、"通信电缆单盘测试记录"、"重要设备开箱检验记录"用作材料进场时的检验记录，在材料进场报批时使用。

____公路项目　　　　　　　　　　施工自检监理抽检

设备安装记录表

施工单位			监理单位	
单位工程			分部工程	
分项工程			施工部位	
设备名称			施工日期	
型　号				

外观检查	型号核对		外观质量	
	随机文件		随机附件	

基础安装	检查项目	直线度	水平度	平行度
	允许偏差			
	实测偏差			

设备安装	检查项目	垂直度X方向	垂直度Y方向	平面X方向	平面Y方向	安装高度
	允许偏差					
	实测偏差					

固定方式		设备编号	
接线检查		线缆标牌	
绝缘检查与测试			
接地检查与测试			

简图：

检查人		质检负责人		旁站监理		检查日期	年　月　日

____公路项目　　　　　　　　　　　　　　　　施工自检监理抽检

设备调试记录表

施工单位		监理单位	
单位工程		分部工程	
分项工程		设备部位	
执行标准		设备名称	
设备编号			

测试内容：

调试结果：

测试内容：

| 检查人 | | 质检负责人 | | 旁站监理 | | 检查日期 | 年　月　日 |

____公路项目		软件安装记录		施工自检监理抽检

施工单位		监理单位	
单位工程		分部工程	
分项工程		软件名称	
软件版本号		软件注册号	
软件安装位置		使用设备名称	

项次	功能名称	用途	安装情况

结论：

检查人		质检负责人		旁站监理		检查日期	年 月 日

_____公路项目 | 施工自检监理抽检

软件调试测试记录

施工单位		监理单位		检查日期	
单位工程		分部工程			
分项工程		软件名称			
软件版本号		软件注册号			
软件安装位置		使用设备名称			

项次	功能名称	用途	使用条件	访问途径	调试测试情况

结论：

检查人		质检负责人		旁站监理		检查日期	年 月 日

_____公路项目 施工自检监理抽检

接地装置施工记录表

施工单位			监理单位		
单位工程			分部工程		
分项工程			施工图号		
施工部位					
材 质					
型 号					
数 量					

接地装置安装	检查项目	搭接长度			扁钢搭接焊的棱边数	接地体埋设深度
		扁钢	圆钢	扁钢和圆钢		
	允许偏差	≥2b	≥6d	≥6d	3	≥0.6m
	实测偏差					

接地体与建筑物距离(m)	
接地极间距离(m)	
接地装置安装检查	

简图：

检查人		质检负责人		旁站监理		检查日期	年　月　日

465

_____公路项目			施工自检监理抽检

接地电阻测试记录

施工单位		监理单位	
单位工程		分部工程	
分项工程		接地装置名称	
天气温度		执行标准	

项次	测试部位	接地极材料	接地干线材料	允许值(Ω)	实测值(Ω)	结论
1						
2						
3						
4						
5						
6						
7						
8						
9						
10						
11						
12						
13						
14						
15						

接地装置用途：

安装检查：

简图：

检查人		质检负责人		旁站监理		检查日期	年 月 日

____公路项目 施工自检

电缆敷设记录

施工单位				监理单位				
单位工程				分部工程				
分项工程				施工图号				

线路编号	规格型号	起点	终点	敷设方式	电缆头型式	中间头数量	绝缘电阻			长度(m)
							相间	对零	对地	

检查人		质检负责人		施工日期	年 月 日

____公路项目 施工自检

光缆敷设记录

施工单位				监理单位			
单位工程				分部工程			
分项工程				施工图号			

光缆编号	规格型号	起点	终点	敷设方式	子管编号	光缆中间头数量	中间头位置(桩号)	光缆终端头数量	长度(m)
1	24芯光缆								

检查人		质检负责人		施工日期	年 月 日

_____公路项目 | 施工自检

线缆保护管施工记录

施工单位				监理单位			
单位工程				分部工程			
分项工程				施工部位			
外观检查	保护管规格			保护管数量			
	保护管连接			管口处理			
	保护管接地			防腐情况			
检查项目		接地测试		保护管弯头		埋设深度	
允许偏差			一般弯≤3个	直角弯≤2个	过路管≥0.7m	一般管≥0.5m	
实测偏差							

简图：

检查人		质检负责人		检查日期	年　月　日

469

_____公路项目 人(手)孔基础检测记录

施工自检监理抽检

施工单位			监理单位	
单位工程			分部工程	
分项工程			桩号及部位	
施工日期				

项次		检查项目	规定值或允许偏差	检查结果	备注
基坑	1	基坑位置	符合设计要求		
	2	基坑尺寸	符合设计要求		
	3	坑底标高	符合设计要求		
	4	基底压实	达到路基压实度要求		
	5	垫层	用C10砼、尺寸符合设计要求		
配筋	6	配筋数量	符合设计要求		
	7	配筋规格	符合设计要求		
	8	钢筋笼	捆扎及钢筋搭接长度符合规定要求、整体稳定性好		
模板支撑	9	模板支撑尺寸	内外模间距、尺寸符合人井设计要求		
	10	模板表面平整度、接缝（MM）	平整度<2、接缝严密，缝隙<1mm		
	11	模板钢度	满足施工需要、整体稳固		
	12	纵轴线偏位	与路基平行		
	13	横轴线偏位	与路基垂直		
	14	预埋件位置	符合设计要求		
	15	预留孔洞位置	符合设计要求		

| 检查人 | | 质检负责人 | | 旁站监理 | | 检查日期 | 年 月 日 |

_____公路项目　　　　　施工自检监理抽检

人(手)孔检测记录

施工单位				监理单位	
单位工程				分部工程	
分项工程				桩号及部位	
施工日期					

项次	检查项目	规定值或允许偏差	检查结果	备注
1	砼配比、标号	符合设计要求，按批做试块		
2	混凝土拌合、浇筑、振捣	均匀，按2~3阶段浇筑，振捣完全，确保混凝土密实		
3	轴线偏位(mm)	符合设计要求		
4	硅芯管进孔窗口(mm)	±5		
5	预埋钢管进人孔	管口低于孔壁2~3cm、抹成倒棱、间距3cm(含硅芯管、与墙体)，砂浆砼密实、防渗水性良		
6	孔底标高(距路面2350)(mm)	±15、底部泛水2%		
7	井盖与相邻路面高差50(mm)	+4~0		
8	人(手)孔内外墙体尺寸200(mm)	±15		
9	尺寸(上覆口圈1140)(mm)，安装	上覆口圈<±20，厚长-5安装时，结合面砂浆饱满，与墙体间抹成倒棱		
10	人孔附件	齐全、安装位置正确，		
11	回填、防水处理	刷沥青两遍、涂层均匀、防水性好,墙体外回填土夯实、压实度达到路基要求		
12	试通	拉棒试通顺利,拉棒直径分别为101mm(φ114)78mm(φ89管)65mm(φ75管)		
13	穿缆钢丝及封堵	预埋钢管穿φ3钢丝、管口封堵良好		

检查人		质检负责人		旁站监理		检查日期	年 月 日

_____公路项目 　　施工自检监理抽检

隐蔽工程质量检查记录表

施工单位			监理单位	
单位工程			分部工程	
分项工程			检查部位	

隐蔽工程照片（附检查部位、桩号等简单文字说明）	

检查内容描述（通信管道基础尺寸及验收、结构物基础承载力及处理情况、钢筋验收情况、砼强度及报告等）	检查项目										
	设计要求										
	检查结果										

使用说明：隐蔽工程质量检查记录表按分项工程整理归档（不宜将不同的分项工程的隐蔽工程检查记录放在同一张表格中），施工单位和监理机构各自按职责分工分开填写。

检查结论	□合格　　　　□不合格								
检查人		质检负责人		旁站监理		检查日期	年	月	日

_____公路项目 施工自检监理抽检

车辆检测器安装记录

施工单位					监理单位			
单位工程					分部工程			
分项工程					施工部位			
设备名称					型　　号			
外观检查	型号核对				外观质量			
	随机文件				随机附件			

设备基础	检查项目	平面水平度	垂直度	预埋地脚螺栓		预埋地脚螺栓孔		
				顶部标高	中心距	中心线偏移	深度	垂直度
	允许偏差	10mm/全长	20mm/全高	20mm	±2mm	±10mm	20mm	10mm
	实测偏差							

线圈敷设	检查项目	填充剂厚度	切口深度	切口宽度	线圈尺寸误差
	允许偏差	≥2.5cm	6cm	0.6cm	＋0.6m 以内
	实测偏差				

机箱安装	检查项目	垂直度		水平度	
	允许偏差	≤5mm/m		≤3mm/m	
	实测偏差				

固定方式	
绝缘检查与测试	
接地检查与测试	

简图：

检查人		质检负责人		旁站监理		检查日期	年　月　日

_____公路项目　车辆检测器调试记录

施工单位			监理单位	
单位工程			分部工程	
分项工程			设备部位	
设备编号			设备名称	

序号	调试内容	技术要求	调试结果
1	交通量计数精度	允许误差：±2%	
2	平均车速精度	允许误差：±5%(km/h)	
3	传输性能	24h观察时间内失步现象不大于1次或BER≤10-8	
4	自检功能	自动检测线圈(探头)的开路、短路和损坏情况	
5	逻辑识别线路功能	一辆车作用于两个车道的两个线圈	
6	复原功能	加电后硬件恢复和重新设置时，原存储数据保持不变	
7	本地操作与维护功能	能够接便携机进行维护和测试	
8	接地检查、复测	符合设计要求	

结论：

检查人		质检负责人		旁站监理		检查日期	年　月　日

_____公路项目　　　　　　　　　　　　　　　施工自检监理抽检

气象检测器安装记录

施工单位					监理单位			
单位工程					分部工程			
分项工程					施工部位			
设备名称					型　　号			
外观检查	型号核对				外观质量			
	随机文件				随机附件			
设备基础	检查项目	平面水平度	垂直度	预埋地脚螺栓			基础尺寸	
				顶部标高	中心距	长(mm)	宽(mm)	高(mm)
	允许偏差	10mm/全长	20mm/全高	20mm	±2mm	设计要求		
	实测偏差							
立柱安装	检查项目	竖直度				高度		
	允许偏差	≤5mm/m				符合设计要求		
	实测偏差							
机箱安装	检查项目	垂直度				水平度		
	允许偏差	≤3mm/m				≤3mm/m		
	实测偏差							
探头安装					设备编号			
固定方式					线缆标牌			
绝缘检查与测试								
接地检查与测试								
简图：								

检查人		质检负责人		旁站监理		检查日期	年　月　日

_____公路项目			气象检测器调试记录		施工自检监理抽检	

施工单位				监理单位		
单位工程				分部工程		
分项工程				设备部位		
设备编号				设备名称		

序号	调试内容	技术要求	调试结果
1	温度误差	允许误差：±1.0℃	
2	湿度误差	允许误差：±5%R.H	
3	能见度误差	±10%或符合合同要求	
4	风速误差	±5%或符合合同要求	
5	数据传输性能	24h观察时间内失步现象不大于1次或BER≤10-8	
6	功能验证	能检测到降水天气	
7	接地检查、复测	符合设计要求	

结论：

检查人		质检负责人		旁站监理		检查日期	年　月　日

_____公路项目　　　　　　　　　　　施工自检监理抽检

外场摄像机安装记录

施工单位				监理单位				
单位工程				分部工程				
分项工程				施工部位				
设备名称				型　　号				
外观检查	型号核对			外观质量				
	随机文件			随机附件				
设备基础	检查项目	平面水平度	垂直度	预埋地脚螺栓		基础尺寸		
				顶部标高	中心距	长(mm)	宽(mm)	高(mm)
	允许偏差	10mm/全长	20mm/全高	20mm	±2mm	设计要求		
	实测偏差							
立柱安装	检查项目	竖直度			高度			
	允许偏差	≤5 mm/m			符合设计要求			
	实测偏差							
摄像机安装	检查项目	安装位置		安装高度		视角调整		
	允许偏差	符合监视范围要求		符合设计要求		符合视角要求		
	实测偏差							
固定方式				设备编号				
绝缘检查与测试				线缆标牌				
接地检查与测试								

简图：

检查人		质检负责人		旁站监理		检查日期	年　月　日

_____公路项目				施工自检监理抽检	
<td colspan="6" align="center">**外场摄像机调试记录**</td>

施工单位		监理单位	
单位工程		分部工程	
分项工程		设备部位	
执行标准		设备名称	
设备编号			

序号	调试内容	技术要求	调试结果
1	云台水平转动角	水平：≥350°	
2	云台垂直转动角	上仰：≥15°，下俯：≥90°	
3	监视范围	符合设计要求	
4	自动光圈调节	自动调节	
5	调焦功能	快速自动聚焦	
6	变倍功能	可变倍，变焦倍数符合设计要求	
7	雨刷功能	工作正常	
8	预置位设置	正常	
9	图像质量	主观评价不小于4分	
10	接地检查、复测	符合设计要求	

结论：

检查人		质检负责人		旁站监理		检查日期	年　月　日

_____公路项目 | 施工自检监理抽检

闭路电视监视系统调试记录

施工单位			监理单位		检查日期	
单位工程			分部工程			
分项工程			设备部位			
执行标准			设备名称			
设备编号						

序号	调试内容	技术要求	调试结果
1	视频延迟	≤500ms	
2	宽带占用	单路≤4Mbps（H.265编码）	
3	断网恢复时间	≤30秒	
4	视频实时调阅	多画面无卡顿	
5	PTZ控制	云台响应延迟≤1秒	
6	录像检索	按时间/事件快速定位	
7	报警联动	触发后自动弹出画面	
8			
9			
10			

结论：

检查人		质检负责人		旁站监理		检查日期		年　月　日

_____公路项目 施工自检监理抽检

可变情报板安装记录

施工单位					监理单位				
单位工程					分部工程				
分项工程					施工部位				
设备名称					型　号				

外观检查	型号核对			外观质量		
	随机文件			随机附件		

设备基础	检查项目	平面水平度	垂直度	预埋地脚螺栓		基础尺寸		
				顶部标高	中心距	长(mm)	宽(mm)	高(mm)
	允许偏差	10mm/全长	20mm/全高	20mm	±2mm	设计要求		
	实测偏差							

立柱安装	检查项目	竖直度	高度
	允许偏差	≤5 mm/m	符合设计要求
	实测偏差		

情报板安装	检查项目	垂直度	水平度	拼接缝
	允许偏差	≤3mm/m	≤3mm/m	≤2mm
	实测偏差			

固定方式		设备编号	
绝缘检查与测试		线缆标牌	
接地检查与测试			

简图：

检查人		质检负责人		旁站监理		检查日期		年　月　日

_____公路项目			施工自检监理抽检	
可变情报板调试记录				

施工单位		监理单位	
单位工程		分部工程	
分项工程		设备部位	
执行标准		设备名称	
设备编号			

序号	调试内容	技术要求	调试结果
1	视认距离	静态≥250m，动态≥210m	
2	显示屏平均亮度	最大亮度和最小亮度符合设计要求。无规定时，应不小于8000cd/m2	
3	数据传输性能	24h观察时间内失步现象不大于1次或BER小于10-8	
4	自检功能	能够向中心计算机提供显示内容的确认信息及本机工作状态自检信息，具有报警显示功能。	
5	显示内容	及时、正确地显示中心计算机发送的内容	
6	亮度调节功能	能自动根据环境照度自动调节显示的亮度	
7	接地检查、复测	符合设计要求	

结论：

检查人		质检负责人		旁站监理		检查日期		年　月　日

_____公路项目 | 施工自检监理抽检

可变限速标志安装记录

施工单位					监理单位			
单位工程					分部工程			
分项工程					施工部位			
设备名称					型　　号			
外观检查	型号核对				外观质量			
	随机文件				随机附件			
设备基础	检查项目	平面水平度	垂直度	预埋地脚螺栓		基础尺寸		
				顶部标高	中心距	长(mm)	宽(mm)	高(mm)
	允许偏差	10mm/全长	20mm/全高	20mm	±2mm	设计要求		
	实测偏差							
立柱安装	检查项目	竖直度			高度			
	允许偏差	≤5mm/m			符合设计要求			
	实测偏差							
限速板安装	检查项目	垂直度			安装牢固			
	允许偏差	≤3mm/m						
	实测偏差							
固定方式					设备编号			
绝缘检查与测试					线缆标牌			
接地检查与测试								

简图：

检查人		质检负责人		旁站监理		检查日期	年　月　日

_____公路项目 施工自检监理抽检

可变限速标志调试记录

施工单位		监理单位	
单位工程		分部工程	
分项工程		设备部位	
执行标准		设备名称	
设备编号			

序号	调试内容	技术要求	调试结果
1	视认距离	静态≥250m，动态≥210m	
2	显示屏平均亮度	最大亮度和最小亮度符合设计要求。无规定时，应不小于8000cd/m2	
3	数据传输性能	24h观察时间内失步现象不大于1次或BER小于10^{-8}	
4	自检功能	能够向中心计算机提供显示内容的确认信息及本机工作状态自检信息，具有报警显示功能。	
5	显示内容	及时、正确地显示中心计算机发送的内容	
6	亮度调节功能	能自动根据环境照度自动调节显示的亮度	
7	接地检查、复测	符合设计要求	

结论：

检查人		质检负责人		旁站监理		检查日期		年 月 日

公路项目			施工自检监理抽检

道路视频交通事件检测系统调试记录

施工单位		监理单位	
单位工程		分部工程	
分项工程		设备部位	
执行标准		设备名称	
设备编号			

序号	调试内容	技术要求	调试结果
1	车辆停驶	静止≥30秒即报警	
2	逆行	进入逆行区域即触发	
3	抛洒物	尺寸≥0.5㎡即识别	
4	拥堵	车速≤20Km/h 持续2分钟	
5	行人闯入	检测范围≥车道外5米	
6	声光报警（触发条件：抛洒物事件）	现场警示灯闪烁	
7	情报板发布（触发条件:拥堵事件）	显示"前方拥堵"提示	
8	平台弹窗（触发条件：逆行事件）	中心监控界面自动弹出视频	
9	录像存储	事件前后30秒视频保存	
10			

结论：

检查人		质检负责人		旁站监理		检查日期		年 月 日

公路项目		施工自检监理抽检

交通情况调查设施调试记录

施工单位		监理单位	
单位工程		分部工程	
分项工程		设备部位	
执行标准		设备名称	
设备编号			

序号	调试内容	技术要求	调试结果
1	车流量统计	人工计数测量与采集结果比较,符合设计要求,无要求时：≤5%	
2	车速检测	测速仪测量与采集结果比较,符合设计要求,无要求时：≤8%	
3	传输性能	24小时观察时间内失步现象≤1次或 BER≤10^{-8} 以太网传输丢包率≤0.1%	
4	自检功能	自动检测设备运行状态,故障时实时上传故障信息	
5	复原功能	加电后,设备能自动恢复到正常通信状态,并被上位机或控制系统识别,断电或故障前存储数据保持不变	
6	本地操作与维护功能	能够与便携机连接进行检测和维护	

结论：

检查人		质检负责人		旁站监理		检查日期	年　月　日

_____公路项目　　监控(分)中心设备及软件调试记录　　施工自检监理抽检

施工单位			监理单位	
单位工程			分部工程	
分项工程			设备部位	
执行标准			设备名称	
设备编号				

序号	调试内容	技术要求	调试结果
1	与外场设备的通信轮询周期	符合设计要求	
2	与下端设备数据交换	按设定的系统轮询周期,及时准确地与车辆检测器、气象检测器、可变标志等交换数据	
3	图像监视功能	能够监视路段的运行状况	
4	系统工作状况监视功能	系统外场设备的工作状态在计算机或大屏幕上正确显示	
5	信息发布功能	指令信息通过系统正确地传送到可变信息标志、交通信号灯、车道控制标志等设备	
6	统计、查询、打印报表功能	迅速、正确的统计、查询指令、设备状况、系统故障、交通参数等数据,并打印相关报表	
7	数据备份、存储功能	具有数据备份、存储功能,并带时间记录	
8	加电自诊断功能	可循环检测所有监控(分)中心内、外场设备运行状况,正确及时显示故障位置、类型	

结论:

检查人		质检负责人		旁站监理		检查日期	年　月　日

_____公路项目 | 施工自检监理抽检

配线架安装记录

施工单位		监理单位	
单位工程		分部工程	
分项工程		施工部位	
设备名称		型　　号	

外观检查	型号核对		外观质量	
	随机文件		随机附件	

配线架安装	检查项目	垂直度	水平度
	允许偏差	≤3mm/m	≤3mm/m
	实测偏差		

基础尺寸		设备编号	
固定方式		线缆标牌	
绝缘检查与测试			
接地检查与测试			

简图：

检查人		质检负责人		旁站监理		检查日期	年　月　日

_____公路项目 大屏幕投影安装记录 施工自检监理抽检

施工单位			监理单位			
单位工程			分部工程			
分项工程			施工部位			
设备名称			型　　号			
外观检查	型号核对			外观质量		
	随机文件			随机附件		
屏幕安装	检查项目	垂直度		水平度		拼接缝
	允许偏差	≤5mm/m		≤3mm/m		≤2mm
	实测偏差					
固定方式						
接地检查与测试						

简图：

检查人		质检负责人		旁站监理		检查日期	年　月　日

_____公路项目 | 施工自检监理抽检

大屏幕投影调试记录

施工单位			监理单位		
单位工程			分部工程		
分项工程			设备部位		
执行标准			设备名称		
设备编号					

序号	调试内容	技术要求	调试结果
1	亮度	达到白色平衡时的亮度不小于150cd/m2	
2	亮度不均匀度	不大于10%	
3	图像显示	正确显示监控中心CCTV监视器的切换图像及图形计算机输出信息	
4	窗口缩放	可对所选择的窗口随意缩放控制	
5	多视窗显示	同时显示多个监视断面的窗口	
6	控制软件	功能正常	

结论：

检查人		质检负责人		旁站监理		检查日期	年 月 日

_____公路项目

硅芯管敷设检查记录

施工自检监理抽检

施工单位			监理单位		
单位工程			分部工程		
分项工程			施工部位		
规格型号			施工日期		

项次	检查项目	设计要求及允许偏差	检查结果
1	材料检查	硅芯管管箱、托架、紧固件符合设计要求，与进场报验一致。	
2	定位	整体式路基段位于中央分隔带，与道路中线重合,其它路段按设计要求。	
3	管道埋深	埋深>70cm(距路面，石质路段>58cm,分离式路基>100cm)，管道上下5cm用砂或细土填铺。	
4	孔数、色序	孔数、管群组合符合设计要求,色序排列符合规定。	
5	捆扎固定	10米一个绑扎带(复杂路段<10米，距起、终点3米,管箱内4米)，状态顺直，无蛇形、扭曲、缠绕，路由变化时弯曲半径>5米。	
6	混凝土包封	过特殊地形、桥台时，需用C15混凝土包封，或穿钢管，并用混凝土包封。	
7	过构造物	过通道、桥时,埋深调整后平缓过渡。	
8	回填	素土回填,不得夹杂大于5cm直径的砾石、碎砖。	
9	进人孔	进人孔前，包封长1米，厚度5cm,进窗口间距3cm,细石混凝土填实,确保人孔防水性能良好。	
10	托架、管箱	托架定位准确，高度差不大于1cm，管箱间距2cm,管箱整体线型好(同桥型)，美观协调，外露螺栓涂黄油防锈。	
11	接续、封堵	每公里接头数不大于两个，用专用接头，管口用堵头堵封，密封良好，接头处竖有标石。	
12	贯通及密封	用吹缆机作贯通和密封性检验性能良好。	

结论：

检查人		质检负责人		旁站监理		检查日期		年 月 日

_____公路项目 施工自检监理抽检

电缆桥架施工记录

施工单位			监理单位	
单位工程			分部工程	
分项工程			施工部位	
外观检查	型号核对		外观质量	
	随机文件		随机附件	
检查项目	垂直度		水平度	
允许偏差	≤2mm/m		≤2mm/m	
实测偏差				
桥架支架固定				
桥架固定				
接地检查与测试				

简图：

检查人		质检负责人		旁站监理		检查日期	年 月 日

_____公路项目		施工自检监理抽检
光缆全程衰耗测试记录		

施工单位		监理单位	
单位工程		分部工程	
分项工程		型号规格	
工程地段		测试仪表	
测试温度			

光纤序号	总衰耗值(dB)	每纤芯长度(km)	平均衰耗(dB/km)	备注

备注	

检查人		质检负责人		旁站监理		检查日期	年 月 日

_____公路项目　　　　施工自检监理抽检

光缆接续记录

施工单位			监理单位		
单位工程			分部工程		
分项工程			接续仪器		
光缆型号					

光芯序号	衰减(db) A→B	衰减(db) B→A	备注	光芯序号	衰减(db) A→B	衰减(db) B→A	备注	光芯序号	衰减(db) A→B	衰减(db) B→A	备注
1				41				81			
2				42				82			
3				43				83			
4				44				84			
5				45				85			
6				46				86			
7				47				87			
8				48				88			
9				49				89			
10				50				90			
11				51				91			
12				52				92			
13				53				93			
14				54				94			
15				55				95			
16				56				96			
17				57				97			
18				58				98			
19				59				99			
20				60				100			
21				61				101			
22				62				102			
23				63				103			
24				64				104			
25				65				105			
26				66				106			
27				67				107			
28				68				108			
29				69				109			
30				70				110			
31				71				111			
32				72				112			
33				73				113			
34				74				114			
35				75				115			
36				76				116			
37				77				117			
38				78				118			
39				79				119			
40				80				120			

检查人		质检负责人		旁站监理		检查日期	年　月　日

_____公路项目 | 施工自检监理抽检

不间断电源安装记录

施工单位		监理单位	
单位工程		分部工程	
分项工程		施工部位	
型号		额定容量(KVA)	

外观检查	型号核对		外观质量	
	随机文件		随机附件	

柜体安装	检查项目	竖直度(X方向)	竖直度(Y方向)	水平度
	允许偏差	≤3 mm/m	≤3 mm/m	≤3 mm/m
	实测偏差			

蓄电池安装		设备编号	
固定方式		线缆标牌	
绝缘检查与测试			
接地检查与测试			

简图：

检查人		质检负责人		旁站监理		检查日期	年 月 日

_____公路项目 施工自检监理抽检

UPS 开机调试记录

施工单位			监理单位		
单位工程			分部工程		
分项工程			设备部位		
执行标准			设备名称		
设备编号					

序号	调试内容	技术要求	调试结果
1	交流输入特性测试	符合设计要求	
2	交流输出特性测试	符合设计要求	
3	直流输出特性测试	符合设计要求	
4	开关电源(充电器)	符合设计要求	
5	蓄电池组测试	符合设计要求	
6	报警功能测试	交流故障、充电器故障、高低电压告警、过载、开关位置等告警。	
7	切换功能	主、备用切换正常	
8	噪声	符合设计要求	
9	接地检查、复测	符合设计要求	

结论：

检查人		质检负责人		旁站监理		检查日期	年　月　日

_____公路项目 | 施工自检监理抽检

内部有线对讲及紧急报警系统调试记录

施工单位			监理单位			
单位工程			分部工程			
分项工程			设备部位			
执行标准			设备名称			
设备编号						

序号	调试内容	技术要求	调试结果
1	主机全呼分机	主机能同时向所有分机广播	□合格 □不合格
2	主机单呼某个分机	主机能呼叫系统内任一个分机	□合格 □不合格
3	分机呼叫主机	分机能呼叫主机	□合格 □不合格
4	分机之间的串音	分机之间不能相互通话	□合格 □不合格
5	扬声器音量调节	音量可调	□合格 □不合格
6	话音质量	话音清晰，音量适中，无噪声、断字等缺陷	□合格 □不合格
7	按钮状态指示灯	主机上有可视信号显示呼叫的分机号码	□合格 □不合格
8	语音电话系统	主机与各分机间能呼叫通话，话音清晰，音量适中，无噪音、断字等缺陷	□合格 □不合格
9	语音侦听功能	可实现收费操作过程中的语音录制及侦听	□合格 □不合格
10	手动/脚踏报警功能	按动报警开关可驱动报警器	□合格 □不合格
11	报警信号输出功能	触发报警时，闭路电视监视系统可自动切换到相应摄像机图像	□合格 □不合格

结论：

施工单位	检查人		质检负责人		旁站监理		检查日期		年 月 日

_____公路项目　　施工自检监理抽检

成套配电柜、控制柜及配电箱安装记录

施工单位				监理单位			
单位工程				分部工程			
分项工程				施工部位			
设备名称				型　号			
外观检查	型号核对			外观质量			
	随机文件			随机附件			
基础型钢安　装	检查项目	不直度		水平度		不平行度	
	允许偏差	1mm/m	5mm/全长	1mm/m	5mm/全长	5mm/全长	
	实测偏差						
箱柜安装	检查项目	垂直度		成列盘面偏差		盘间接缝	
	允许偏差	≤3mm/m		≤5mm		≤2mm	
	实测偏差						
	成排屏前后通道宽度			前通道：		后通道：	
固定方式				设备编号			
手车检查				线缆标牌			
绝缘检查与测试							
接地检查与测试							

简图：

检查人		质检负责人		旁站监理		检查日期	年　月　日

_____公路项目　　施工自检监理抽检

成套配电柜、控制柜及配电箱调试记录

施工单位			监理单位		
单位工程			分部工程		
分项工程			设备部位		
执行标准			设备名称		
设备编号					

配电柜名称与编号	回路编号	电压等级	元器件检查	接线检查	标志检查	调试运行时间

运行电压	空载运行24小时	负荷运行24小时	负荷情况	启动电流	运行电流
接地检查、复测					

结论：

检查人		质检负责人		旁站监理		检查日期	年　月　日

_____公路项目 | 变压器安装记录 | 施工自检监理抽检

施工单位			监理单位	
单位工程			分部工程	
分项工程			施工部位	
设备型号			额定容量(KVA)	
额定电压（V）			额定电流（A）	
外观检查	型号核对		外观质量	
	绝缘套管		油箱密封	
	随机文件		随机附件	
部件安装	温度计		气体继电器	
	散热器		吸湿器	
	油枕		呼吸器	
	负荷开关		绝缘套管	
本体安装	中心尺寸		母线安装	
	基础检查		调压开关	
	中性点		注油	
	变压器外廓与变压器室墙壁和门的净距			
固定方式			设备编号	
绝缘检查与测试				
接地检查与测试				
简图：				

| 检查人 | | 质检负责人 | | 旁站监理 | | 检查日期 | | 年　月　日 |

_____公路项目　　　　　施工自检监理抽检

变压器调试记录

施工单位		监理单位	
单位工程		分部工程	
分项工程		设备部位	
执行标准		设备名称	
设备编号			

序号	调试内容	调试结果
1	变压器第一次受电后，持续时间不小于10min	
2	变压器进行3~5次全压冲击合闸，无异常情况，励磁通流不应引起保护装置误动作	
3	变压器空载运行24小时	
4	变压器负荷运行24小时	
5	接地检查、复测	

运行时间	负荷情况	冲击电流	空载电流	一次电压	二次电压	温度

结论：

检查人		质检负责人		旁站监理		检查日期	年　月　日

_____公路项目 　　　　　　　施工自检监理抽检

高、低压开关柜安装检查记录

施工单位				监理单位			
单位工程				分部工程			
分项工程				施工部位			
图　号				台　数			

	检查内容						检查结果
1	基础型钢已共检合格，且有施工记录						
2	柜安装最大偏差(mm)	垂直度≤1.5mm	盘顶部水平偏差		柜面偏差		盘间接缝＜2mm
			相邻两盘	成列盘	相邻两盘	成列盘	
3	外观、漆层完好，安装件、备件、操作专用工具、产品技术文件齐全						
4	柜内电器安装牢固，型号、规格与设计相符						
5	柜内母线规格、材质、对地和相间距离符合设计和规范要求						
6	母线安装、连接符合规范要求，连接螺栓应用炬板手紧固						
7	柜体、抽屉、小车接地齐全，牢固可靠						
8	抽屉、小车推拉灵活，同型号能互换，主触头及二次回路连接插件接触良好						
9	防止电气误操作的"五防"装置齐全，动作灵活可靠						
10	电压切换装饰完好，各分接头与线圈的连接紧固、正确						
11	校验一、二次回路，接线准确，连接可靠，标志齐全						
12	电气测量仪表交接试验						
13	电气设备交接试验记录						
14	电气模拟试验						
15	受电前检查，柜内清扫、擦拭干净						
16	测量绝缘电阻						
17	相序检查及核相						

受电日期：	年　　月　　日　　时　　分				
结论					
备注					
检查人		质检负责人		旁站监理	
检查日期				年　月　日	

_____公路项目 | 施工自检监理抽检

柴油发电机安装记录

施工单位			监理单位	
单位工程			分部工程	
分项工程			施工部位	
型　　号			额定容量(KVA)	
额定电压（V）			额定电流（A）	
外观检查	型号核对		外观质量	
	随机文件		随机附件	
机组安装	基础检查		防震措施	
	垂直度		水平度	
固定方式				
绝缘检查与测试				
接地检查与测试				

简图：

检查人		质检负责人		旁站监理		检查日期	年　月　日

_____公路项目　　　　　　　　　　　　施工自检监理抽检

柴油发电机调试记录

施工单位			监理单位		
单位工程			分部工程		
分项工程			设备部位		
执行标准			设备名称		
设备编号					

序号	调试内容	技术要求	调试结果
1	发电机组启动及启动时间	符合要求	
2	发电机组容量测试	符合设计要求	
3	发电机组相序	与机组输出标志一致	
4	发电机组输出电压稳定性	符合设计要求	
5	自动发电机组自启动转换功能测试	市电掉电后，机组能自动启动，稳定后送入规定的线路上；市电恢复后，	
6	机组功能切换对机电系统的影响	机电系统所有的设备不因受到机组电源切换，而工作出现异常	
7	连续运行12小时无故障		
8	接地检查、复测	符合设计要求	

结论：

检查人		质检负责人		旁站监理		检查日期		年　月　日

503

_____公路项目 | 施工自检监理抽检

低压成套配电柜交接试验记录

施工单位		监理单位	
单位工程		分部工程	
分项工程		施工部位	
测试人员		设备名称	
配电柜位号		测试仪表名称	
型号及编号		检定证号及有效期	

<table>
<tr><td colspan="3" rowspan="2">试验项目</td><td rowspan="2">绝缘电阻测试值(MΩ)</td><td colspan="3">电气装置交流工频耐压试验</td></tr>
<tr><td>电压(V)</td><td>时间(min)</td><td>试验情况</td></tr>
<tr><td rowspan="9">柜屏台箱盘间线路</td><td rowspan="3">相间</td><td>L -L</td><td></td><td></td><td></td><td></td></tr>
<tr><td>L -L</td><td></td><td></td><td></td><td></td></tr>
<tr><td>L -L</td><td></td><td></td><td></td><td></td></tr>
<tr><td rowspan="3">相线与中性线</td><td>L -N</td><td></td><td></td><td></td><td></td></tr>
<tr><td>L -N</td><td></td><td></td><td></td><td></td></tr>
<tr><td>L -N</td><td></td><td></td><td></td><td></td></tr>
<tr><td rowspan="3">相线与地线</td><td>L -PE</td><td></td><td></td><td></td><td></td></tr>
<tr><td>L -PE</td><td></td><td></td><td></td><td></td></tr>
<tr><td>L -PE</td><td></td><td></td><td></td><td></td></tr>
<tr><td rowspan="5">二次回路</td><td colspan="2" rowspan="2">回路编号</td><td rowspan="2">绝缘电阻测试值(MΩ)</td><td colspan="3">交流工频耐压试验</td></tr>
<tr><td>电压(V)</td><td>时间(min)</td><td>试验情况</td></tr>
<tr><td colspan="2"></td><td></td><td></td><td></td><td></td></tr>
<tr><td colspan="2"></td><td></td><td></td><td></td><td></td></tr>
<tr><td colspan="2"></td><td></td><td></td><td></td><td></td></tr>
</table>

测试结论：

检查人		质检负责人		旁站监理		检查日期	年 月 日

_____公路项目

路灯安装记录

施工自检监理抽检

施工单位				监理单位			
单位工程				分部工程			
分项工程				施工部位			
设备名称				型　　号			

外观检查	型号核对		外观质量	
	随机文件		随机附件	
	灯杆壁厚		灯杆防腐	

设备基础	检查项目	平面水平度	垂直度	预埋地脚螺栓		基础尺寸		
				顶部标高	中心距	长(mm)	宽(mm)	高(mm)
	允许偏差	10mm/全长	20mm/全高	20mm	±2mm	设计要求		
	实测偏差							

高杆灯安装	检查项目	灯杆垂直度	灯杆横纵向偏差	灯具高度
	允许偏差	≤5mm/m	符合设计要求	符合设计要求
	实测偏差			

固定方式		路灯编号	
绝缘检查与测试		线缆标牌	
接地检查与测试			

简图：

检查人		质检负责人		旁站监理		检查日期	年　月　日

公路项目			施工自检监理抽检	
\multicolumn{5}{c}{**路灯调试记录**}				

施工单位			监理单位	
单位工程			分部工程	
分项工程			设备部位	
执行标准			设备名称	
设备编号				

序号	调试内容	技术要求	调试结果
1	灯具供电相位	符合设计要求	
2	灯具启动后正常点亮	符合设计要求	
3	时控功能	符合设计要求	
4	接地检查、复测	符合设计要求	
5	灯杆竖直度	符合设计要求（≤5mm/m）	
6	三相电流、电压差	符合设计要求	
7	灯杆镀锌厚度	符合设计要求（≥85um）	
8	灯杆壁厚度	符合设计要求	
9	照度、均匀度测试	符合设计要求	

结论：

检查人		质检负责人		旁站监理		检查日期	年　月　日

_____公路项目 施工自检监理抽检

照度测试记录

施工单位			监理单位		
单位工程			分部工程		
分项工程			测 试 段		
执行的规范编号及条款			设计照度		

纵向点 \ 测试值 \ 横向点								

照度平均值(Lux)			照度均匀度		
检查人		质检负责人		旁站监理		检查日期	年 月 日

_____公路项目 — 施工自检监理抽检

紧急电话与有线广播系统安装记录

施工单位				监理单位				
单位工程				分部工程				
分项工程				施工部位（桩号）				
设备名称				型号				
外观检查	型号核对			外观质量				
	随机文件			随机附件				

设备基础	检查项目	平面水平度	垂直度	预埋地脚螺栓		预埋地脚螺栓孔		
				顶部标高	中心距	中心线偏移	深度	垂直度
	允许偏差	10mm/全长	20mm/全高	20mm	±2mm	±10mm	20 mm	10 mm
	实测偏差							

紧急电话安装	检查项目	竖直度(X、Y方向)		MIC距基础平台高度		喇叭高度	
	允许偏差	≤10mm/m		1450±20		1600±20	
	实测偏差						

固定方式		设备编号	
绝缘检查与测试		线缆标牌	
接地检查与测试			

简图：

检查人		质检负责人		旁站监理		检查日期	年 月 日

公路项目			施工自检监理抽检	
紧急电话与有线广播系统调试记录				

施工单位		监理单位	
单位工程		分部工程	
分项工程		设备部位	
执行标准		设备名称	
设备编号			

序号	调试内容	技术要求	调试结果
1	话音质量	话音要求清晰，音量适中，无噪音，无断字等缺陷	
2	呼叫功能	响应灵敏	
3	按键提示	按键提示简明易懂	
4	噪声抑制	话机在通话过程及静态时，要求无嗡嗡声、沙沙声及自激、哨声等杂音	
5	通话呼叫功能	按下按钮，可呼叫监控中心控制台	
6	呼叫排队功能	同时呼叫或通话时的呼叫，可按优先级处理	
7	地址码显示功能	控制台显示呼叫位置	
8	门开非法、蓄电池低电压报警	主机上有报警显示功能	
9	通话声音强度	符合设计要求	
10	接地检查、复测	符合设计要求	

结论：

检查人		质检负责人		旁站监理		检查日期		年 月 日

____公路项目　施工自检监理抽检

风机安装记录

施工单位			监理单位		
单位工程			分部工程		
分项工程			施工部位		
型　号			功　率		
外观检查	型号核对		外观质量		
	随机文件		随机附件		
风机安装	检查项目	水平度	中心线	净空高度	防腐处理
	允许偏差	0.2/1000 纵向　　0.2/1000 横向	±200mm	≥5.2m	设计要求
	实测偏差				
固定方式					
防震处理					
绝缘检查与测试					
接地检查与测试					

简图：

检查人		质检负责人		旁站监理		检查日期	年　月　日

_____公路项目
风机调试记录
施工自检监理抽检

施工单位			监理单位		
单位工程			分部工程		
分项工程			设备部位		
执行标准			设备名称		
设备编号					

序号	调试内容	技术要求	调试结果
1	风机运转时隧道的断面平均风速	符合设计要求	
2	风机全速运转时隧道内噪声	符合设计要求	
3	响应时间	发送控制命令后至风机启动带动叶轮转动时间≤5s，或符合设计要求	
4	方向可控性	接收手动、自动控制信号改变通风方向	
5	风速可控性	接收手动、自动控制信号，符合设计要求	
6	运行方式	风机具有手动、自动两种运行方式以控制风机的启动、停止、方向和风量	
7	本地控制模式	自动运行方式下，可以接收多路检测器的控制	
8	远程控制模式	自动运行方式下，通过标准串口，接收本地控制器或计算控制系统的控	
9	接地检查、复测	符合设计要求	

结论：

检查人		质检员责人		旁站监理		检查日期	年　月　日

_____公路项目 | 施工自检监理抽检

风机支架安装记录

施工单位			监理单位		
单位工程			分部工程		
分项工程			施工部位		

	检查项目	水平度		中心线	净空高度	防腐处理
支架安装	允许偏差	0.2/1000 纵向	0.2/1000 横向	±200mm	设计要求	设计要求
	实测偏差					

支架尺寸	
固定方式	
焊接方式	
防腐处理	
接地检查与测试	

简图：

检查人		质检负责人		旁站监理		检查日期	年 月 日

_____公路项目 | 施工自检监理抽检

隧道灯安装记录

施工单位			监理单位	
单位工程			分部工程	
分项工程			施工部位	
设备名称			型号	

外观检查	型号核对		外观质量	
	随机文件		随机附件	

隧道灯安装	检查项目	纵向	横向	高度
	允许偏差	≤30mm	≤20mm	≤10mm
	实测偏差			

固定方式	
绝缘检查与测试	
接地检查与测试	

简图：

检查人		质检负责人		旁站监理		检查日期	年　月　日

_____公路项目　　　　　　　　　　　　　　　　施工自检监理抽检

隧道灯调试记录

施工单位			监理单位	
单位工程			分部工程	
分项工程			设备部位	
执行标准			设备名称	
设备编号				

序号	调试内容	技术要求	调试结果
1	照度测试	符合设计要求	
2	启动、停止方式	自动、手动两种方式控制全部或部分照明的启动、停止	
3	远控与联动	符合设计要求	
4	照明回路测试	回路控制符合设计要求，控制正确。	
5	紧急照明	双路供电照明系统，主供电路停电时，应自动切换到备用供电线路上	
6	隧道灯角度	符合设计要求	
7	接地检查	符合设计要求	

结论：

检查人		质检负责人		旁站监理		检查日期	年　月　日

_____公路项目 | 施工自检监理抽检

消防泵安装记录

施工单位			监理单位	
单位工程			分部工程	
分项工程			施工部位	
型　　号			功　　率	

外观检查	型号核对		外观质量	
	随机文件		随机附件	

基础检查	检查项目	平面水平度	垂直度	预埋地脚螺栓		预埋地脚螺栓孔		
				顶部标高	中心距	中心线偏移	深度	垂直度
	允许偏差	10mm/全长	20mm/全高	20mm	±2mm	±10mm	20mm	10mm
	实测偏差							

水泵安装	检查项目	垂直度	水平度
	允许偏差	0.1/1000	0.1/1000
	实测偏差		

固定方式	
防震措施	
绝缘检查与测试	
接地检查与测试	

简图：

检查人		质检负责人		旁站监理		检查日期	年　月　日

_____公路项目		施工自检监理抽检

消防泵调试记录

施工单位		监理单位	
单位工程		分部工程	
分项工程		设备部位	
执行标准		设备名称	
设备编号			

序号	调试内容	调试结果
1	机械系统检查、盘车情况	
2	水泵点动试车	
3	水泵负载运转情况	
4	冷却系统检查情况(如果有)	
5	接地检查、复测	

运行时间	负荷情况	温度(℃)		运行电流(A)	振幅		噪声	水压
		轴承			前	后		
		前	后	电机				

结论：

检查人		质检负责人		旁站监理		检查日期	年 月 日

公路项目			消防箱安装记录			施工自检监理抽检	
施工单位				监理单位			
单位工程				分部工程			
分项工程				施工部位			
施工图号							
外观检查	型号核对			外观质量			
	随机文件			随机附件			
消防箱体安装	检查项目	垂直度		消火栓中心与箱侧面	消火栓中心距离地面	栓口应朝外，并不应安装在门轴侧	
	允许偏差	≤3mm		140±5mm	1100±20mm		
	实测偏差						
	消防箱门结构形式			报警按钮安装高度		嵌缝与装饰	
	设计要求			设计要求		饱满、美观	
固定方式				设备编号			
简图：							

检查人		质检负责人		旁站监理		检查日期	年　月　日

_____公路项目

消防管安装记录

施工自检监理抽检

施工单位				监理单位			
单位工程				分部工程			
分项工程				施工部位			
施工图号							
检查项目	埋地深度(mm)	坐 标(mm)		标 高(mm)		水平管横向顺直弯曲(mm)	水平管纵向顺直弯曲(mm)
		埋地	地沟或架空	埋地	地沟或架空	直段25m以上	直段25m以上
允许偏差	≥500	100	40	±50	±50	25	25
实测偏差							
固定方式							
连接方式							
防腐措施							

简图:

检查人		质检负责人		旁站监理		检查日期	年 月 日

_____公路项目 施工自检监理抽检

防火门安装记录

施工单位			监理单位	
单位工程			分部工程	
分项工程			施工部位	
施工图号				
设备名称			型 号	
外观检查	型号核对		外观质量	
	随机文件		随机附件	
导轨安装	检查项目	垂直度		不平行度
	允许偏差	≤5mm/m		≤5mm/m
	实测偏差			
防火门安装	检查项目	主轴水平度		卷闸门导轨开口与帘厚度之差
	允许偏差	≤8mm		≤15mm
	实测偏差			
电机安装				
接地检查与测试				

简图：

检查人		质检负责人		旁站监理		检查日期	年 月 日

_____公路项目 施工自检监理抽检

防火门调试记录

施工单位			监理单位		
单位工程			分部工程		
分项工程			设备部位		
执行标准			设备名称		
设备编号					

序号	调试内容	调试结果	
1	防火门开启、关闭速度	符合设计要求	
2	防火门运转时声音	符合设计要求	
3	防火门响应时间	符合设计要求	
4	方向可控性	接收手动、自动控制信号改变上下方向	
5	运行方式	防火门具有手动、自动两种运行方式以控制防火门的开启、停止、关闭	
7	本地控制模式	运行方式下，可以控制防火门开启、停止、关闭	
8	远程控制模式	自动运行方式下，通过标准串口，接收本地控制器或计算控制系统的控	
9	与其他设备的联动功能	符合设计要求	

结论：

检查人		质检负责人		旁站监理		检查日期	年 月 日

____公路项目 施工自检监理抽检

阀门试验记录

施工单位					监理单位					
单位工程					分部工程					
分项工程					执行标准					
阀门名称	制造厂名	型号规格	数量(只)	抽查率%	试验介质	试验压力 MPa		试验时间 s		结论
						强度	严密性	强度	严密性	

检查人		质检负责人		旁站监理		检查日期	年 月 日

___公路项目　　　施工自检监理抽检

管道试压记录

施工单位			监理单位	
单位工程			分部工程	
分项工程			施工部位	
执行的规范编号及条款			工作压力(Mpa)	
管道材质			试验介质	
试验仪器型号、精度				

部位	压力	规定值(Mpa)	稳压时间(≥10min)	压力降(Mpa)	试验结论
	试验压力				
	工作压力				
	试验压力				
	工作压力				
	试验压力				
	工作压力				
	试验压力				
	工作压力				
	试验压力				
	工作压力				
	试验压力				
	工作压力				
	试验压力				
	工作压力				
	试验压力				
	工作压力				
	试验压力				
	工作压力				

试验结果：

检查人		质检负责人		旁站监理		检查日期	年　月　日

_____公路项目 消火栓试验记录				施工自检监理抽检		
施工单位			监理单位			
单位工程			分部工程			
分项工程			施工部位			
执行的规范编号及条款						
试验标准内容描述：						
试验过程：						
试验结果：						
检查人		质检负责人		旁站监理	检查日期	年　月　日

水池试水记录

施工单位			监理单位	
单位工程			分部工程	
分项工程			位　置(桩　号)	
执行的规范编号及条款				

序号	时　间	原始水位	试水水位	渗漏检查	水位变化
1					
2					
3					
4					
5					
6					
7					
8					
9					
10					
11					
12					
13					
14					
15					
16					
17					
18					
19					
20					
21					
22					
23					
24					
25					

试水结果：

检查人		质检负责人		旁站监理		检查日期	年　月　日

_____公路项目 | 施工自检监理抽检

本地控制器安装记录

施工单位			监理单位	
单位工程			分部工程	
分项工程			施工部位	
设备名称			型　　号	
外观检查	型号核对		外观质量	
	随机文件		随机附件	
箱柜安装	检查项目	垂直度(X方向)	垂直度(Y方向)	水平度
	允许偏差	≤5mm/m	≤5mm/m	≤3mm/m
	实测偏差			
基础尺寸			设备编号	
固定方式			线缆标牌	
绝缘检查与测试				
接地检查与测试				

简图：

检查人		质检负责人		旁站监理		检查日期	年　月　日

_____公路项目					施工自检监理抽检		
电力电缆单盘测试记录							

施工单位				监理单位			
单位工程				分部工程			
分项工程				测试标准			
天气温度				盘　　号			
型号规格				制造长度			
测试仪表							
绝缘电阻 (MΩ)	合格值	标准值：	MΩ	°C	折算值：	MΩ	°C
	实测值	芯线对地			芯线之间		
		A-铠装		A-B		B-N	
		B-铠装		A-C		C-N	
		C-铠装		A-N			
		N-铠装		B-C			
直流电阻 (Ω)	合格值	标准值：	Ω/Km	°C	折算值：	Ω/Km	°C
	实测值	A					
		B					
		C					
		N					
备注							

检查人		质检负责人		旁站监理		检查日期	年　月　日

_____公路项目 | 施工自检监理抽检

光缆单盘测试记录

施工单位		监理单位		
单位工程		分部工程		
分项工程		盘　号		
制造长度		规　格		
测试仪表		型　号		
规 定 值 (dB/km)		环　境		

序号	套管色标	纤芯色标	实测值(dB/km) 1310nm	实测值(dB/km) 1550nm	备注

备注	

检查人		质检负责人		旁站监理		检查日期	年　月　日

_____公路项目 施工自检监理抽检
通信电缆单盘测试记录

施工单位			监理单位	
单位工程			分部工程	
分项工程			盘 号	
型 号			规 格	
制造长度			测试仪表	
测试温度				

芯线号	直流电阻标准值： Ω/Km 20°C	绝缘电阻标准值： Ω·Km 20°C	
		芯线间	芯线对地

备注	
施工单位	

| 检查人 | | 质检负责人 | | 旁站监理 | | 检查日期 | 年 月 日 |

_____公路项目   施工自检监理抽检

重要设备开箱检验记录

项目名称		合同号	
建设单位		监理单位	
施工单位		供货单位	
设备名称		设备型号	
设备数量		计量单位	
检验地点			

检验内容

检验项目	检验结果
内外包装情况	
运输和装箱单据	
设备铭牌、编号	
随机资料	
随机物品、备件	
随机专用工具	
其他	

结论：

备注	本表一式二份，施工单位、监理单位各一份			
参加单位人员签名	供货单位		年 月 日	
	施工单位		年 月 日	
	监理单位		年 月 日	

附表 N-2　公路机电分项工程质量检验评定资料构成

　　机电工程分项工程质量检验评定资料组成仅限质保资料部分，不包括监理程序用表。每个分项工程涉及的监理程序用表因项目业主和监理机构要求而异，应根据各建设项目的要求增加。机电工程涉及的原材料检验及进场材料报验资料应进入公共卷组卷。

公路机电分项工程质量检验评定资料构成

单位工程	分部工程	分项工程	分项工程质量检验评定资料构成	
			施工自检资料	监理抽检资料
XX标段机电工程	监控设施	4.1 车辆检测器	1. 分项工程质量检验评定表 2. 车辆检测器安装记录 3. 车辆检测器调试记录 4. 接地装置施工记录 5. 接地电阻测试记录 6. 电缆敷设记录 7. 光缆敷设记录 8. 线缆保护管施工记录 9. 人（手）孔基础检测记录 10. 人（手）孔检测记录 11. 隐蔽工程质量检查记录表	1. 车辆检测器抽检记录 2. 车辆检测器安装记录 3. 车辆检测器调试记录 4. 接地装置施工记录 5. 接地电阻测试记录 6. 人（手）孔基础检测记录 7. 人（手）孔检测记录 8. 隐蔽工程质量检查记录表
		4.2 气象检测器	1. 分项工程质量检验评定表 2. 气象检测器安装记录 3. 气象检测器调试记录 4. 接地装置施工记录 5. 接地电阻测试记录 6. 电缆敷设记录 7. 光缆敷设记录 8. 线缆保护管施工记录 9. 人（手）孔基础检测记录 10. 人（手）孔检测记录 11. 隐蔽工程质量检查记录表	1. 气象检测器抽检记录 2. 气象检测器安装记录 3. 气象检测器调试记录 4. 接地装置施工记录 5. 接地电阻测试记录 6. 人（手）孔基础检测记录 7. 人（手）孔检测记录 8. 隐蔽工程质量检查记录表
		4.3 闭路电视监视系统	1. 分项工程质量检验评定表 2. 外场摄像机安装记录 3. 外场摄像机调试记录 4. 闭路电视监视系统调试记录 5. 接地装置施工记录 6. 接地电阻测试记录 7. 电缆敷设记录 8. 光缆敷设记录 9. 线缆保护管施工记录 10. 人（手）孔基础检测记录 11. 人（手）孔检测记录 12. 隐蔽工程质量检查记录表	1. 闭路电视监视系抽检记录 2. 外场摄像机安装记录 3. 外场摄像机调试记录 4. 闭路电视监视系统调试记录 5. 接地装置施工记录 6. 接地电阻测试记录 7. 人（手）孔基础检测记录 8. 人（手）孔检测记录 9. 隐蔽工程质量检查记录表
		4.4 可变标志	1. 分项工程质量检验评定表 2. 可变情报板安装记录 3. 可变情报板调试记录 4. 可变限速标志安装记录 5. 可变限速标志调试记录 6. 接地装置施工记录 7. 接地电阻测试记录 8. 电缆敷设记录 9. 光缆敷设记录 10. 线缆保护管施工记录 11. 人（手）孔基础检测记录 12. 人（手）孔检测记录 13. 隐蔽工程质量检查记录表	1. 可变标志抽检记录 2. 可变情报板安装记录 3. 可变情报板调试记录 4. 可变限速标志安装记录 5. 可变限速标志调试记录 6. 接地装置施工记录 7. 接地电阻测试记录 8. 人（手）孔基础检测记录 9. 人（手）孔检测记录 10. 隐蔽工程质量检查记录表
		4.5 道路视频交通事件检测系统	1. 分项工程质量检验评定表 2. 设备安装记录 3. 道路视频交通事件检测系统调试记录 4. 软件安装记录 5. 软件调试测试记录	1. 道路视频交通事件检测系统抽检记录 2. 设备安装记录 3. 道路视频交通事件检测系统调试记录 4. 软件安装记录 5. 软件调试测试记录
		4.6 交通情况调查设施	1. 分项工程质量检验评定表 2. 设备安装记录 3. 交通情况调查设施调试记录 4. 软件安装记录 5. 软件调试测试记录	1. 交通情况调查设施抽检记录 2. 设备安装记录 3. 交通情况调查设施调试记录 4. 软件安装记录 5. 软件调试测试记录
		4.7 监控（分）中心设备及软件	1. 分项工程质量检验评定表 2. 设备安装记录 3. 监控（分）中心设备及软件调试记录 4. 软件安装记录 5. 软件调试测试记录 6. 配线架安装记录 7. 接地装置施工记录 8. 接地电阻测试记录	1. 监控（分）中心设备及软件抽检记录 2. 设备安装记录 3. 监控（分）中心设备及软件调试记录 4. 软件安装记录 5. 软件调试测试记录 6. 配线架安装记录 7. 接地装置施工记录 8. 接地电阻测试记录
		4.8 大屏幕显示系统	1. 分项工程质量检验评定表 2. 大屏幕投影安装记录 3. 大屏幕投影调试记录 4. 配线架安装记录 5. 接地装置施工记录 6. 接地电阻测试记录	1. 大屏幕显示系统抽检记录 2. 大屏幕投影安装记录 3. 大屏幕投影调试记录 4. 配线架安装记录 5. 接地装置施工记录 6. 接地电阻测试记录

单位工程	分部工程	分项工程	分项工程质量检验评定资料构成	
			施工自检资料	监理抽检资料
XX标段机电工程	监控设施	4.9 监控系统计算机网络	1.分项工程质量检验评定表 2.设备安装记录 3.设备调试记录 4.软件安装记录 5.软件调试测试记录 6.配线架安装记录	1.监控系统计算机网络抽检记录 2.设备安装记录 3.设备调试记录 4.软件安装记录 5.软件调试测试记录 6.配线架安装记录
	通信设施	5.1 通信管道工程	1.分项工程质量检验评定表 2.硅芯管敷设检查记录 3.电缆桥架施工记录 4.人(手)孔基础检测记录 5.人(手)孔检测记录 6.隐蔽工程质量检查记录表	1.通信管道工程抽检记录 2.硅芯管敷设检查记录 3.电缆桥架施工记录 4.人(手)孔基础检测记录 5.人(手)孔检测记录 6.隐蔽工程质量检查记录表
		5.2 通信光缆、电缆线路工程	1.分项工程质量检验评定表 2.硅芯管敷设检查记录 3.电缆敷设记录 4.光缆敷设记录 5.光缆全程衰耗测试记录 6.光缆接续记录 7.配线架安装记录 8.隐蔽工程质量检查记录表	1.通信光缆电缆线路工程抽检记录 2.硅芯管敷设检查记录 3.光缆全程衰耗测试记录 4.光缆接续记录 5.配线架安装记录 6.隐蔽工程质量检查记录表
		5.3 同步数字体系(SDH)光纤传输系统	1.分项工程质量检验评定表 2.设备安装记录 3.设备调试记录 4.软件安装记录 5.软件调试测试记录 6.配线架安装记录 7.光缆全程衰耗测试记录	1.监控系统计算机网络抽检记录 2.设备安装记录 3.设备调试记录 4.软件安装记录 5.软件调试测试记录 6.配线架安装记录 7.光缆全程衰耗测试记录
		5.4 IP 网络系统	1.分项工程质量检验评定表 2.设备安装记录 3.设备调试记录 4.软件安装记录 5.软件调试测试记录 6.配线架安装记录	1.IP网络系统抽检记录 2.设备安装记录 3.设备调试记录 4.软件安装记录 5.软件调试测试记录 6.配线架安装记录
		5.5 波分复用(WDM)光纤传输系统	1.分项工程质量检验评定表 2.设备安装记录 3.设备调试记录 4.软件安装记录 5.软件调试测试记录 6.配线架安装记录	1.波分复用(WDM)光纤传输系统抽检记录 2.设备安装记录 3.设备调试记录 4.软件安装记录 5.软件调试测试记录 6.配线架安装记录
		5.6 固定电话交换系统	1.分项工程质量检验评定表 2.设备安装记录 3.设备调试记录 4.软件安装记录 5.软件调试测试记录	1.固定电话交换系统抽检记录 2.设备安装记录 3.设备调试记录 4.软件安装记录 5.软件调试测试记录
		5.7 通信电源系统	1.分项工程质量检验评定表 2.设备安装记录 3.设备调试记录 4.软件安装记录 5.软件调试测试记录 6.接地装置施工记录 7.接地电阻测试记录	1.通信电源系统抽检记录 2.设备安装记录 3.设备调试记录 4.软件安装记录 5.软件调试测试记录 6.接地装置施工记录 7.接地电阻测试记录
	收费设施	6.1 入口混合车道设备及软件	1.分项工程质量检验评定表 2.设备安装记录 3.设备调试记录 4.软件安装记录 5.软件调试测试记录 6.接地装置施工记录 7.接地电阻测试记录 8.线缆保护管施工记录 9.人(手)孔基础检测记录 10.人(手)孔检测记录 11.隐蔽工程质量检查记录表	1.入口混合车道设备及软件抽检记录 2.设备安装记录 3.设备调试记录 4.软件安装记录 5.软件调试测试记录 6.接地装置施工记录 7.接地电阻测试记录 8.人(手)孔基础检测记录 9.人(手)孔检测记录 10.隐蔽工程质量检查记录表
		6.2 出口混合车道设备及软件	1.分项工程质量检验评定表 2.设备安装记录 3.设备调试记录 4.软件安装记录 5.软件调试测试记录 6.接地装置施工记录 7.接地电阻测试记录 8.线缆保护管施工记录 9.人(手)孔基础检测记录 10.人(手)孔检测记录 11.隐蔽工程质量检查记录表	1.出口混合车道设备及软件抽检记录 2.设备安装记录 3.设备调试记录 4.软件安装记录 5.软件调试测试记录 6.接地装置施工记录 7.接地电阻测试记录 8.人(手)孔基础检测记录 9.人(手)孔检测记录 10.隐蔽工程质量检查记录表

单位工程	分部工程	分项工程	分项工程质量检验评定资料构成	
^	^	^	施工自检资料	监理抽检资料
XX标段机电工程	收费设施	6.3ETC专用车道设备及软件	1.分项工程质量检验评定表 2.设备安装记录 3.设备调试记录 4.软件安装记录 5.软件调试测试记录 6.接地装置施工记录 7.接地电阻测试记录 8.线缆保护管施工记录 9.人(手)孔基础检测记录 10.人(手)孔检测记录 11.隐蔽工程质量检查记录表	1.ETC专用车道设备及软件抽检记录 2.设备安装记录 3.设备调试记录 4.软件安装记录 5.软件调试测试记录 6.接地装置施工记录 7.接地电阻测试记录 8.人(手)孔基础检测记录 9.人(手)孔检测记录 10.隐蔽工程质量检查记录表
^	^	6.4ETC门架系统	1.分项工程质量检验评定表 2.设备安装记录 3.设备调试记录 4.软件安装记录 5.软件调试测试记录 6.接地装置施工记录 7.接地电阻测试记录 8.电缆敷设 9.光缆敷设 10.线缆保护管施工记录 11.人(手)孔基础检测记录 12.人(手)孔检测记录 13.隐蔽工程质量检查记录表	1.ETC门架系统抽检记录 2.设备安装记录 3.设备调试记录 4.软件安装记录 5.软件调试测试记录 6.接地装置施工记录 7.接地电阻测试记录 8.人(手)孔基础检测记录 9.人(手)孔检测记录 10.隐蔽工程质量检查记录表
^	^	6.5收费站设备及软件	1.分项工程质量检验评定表 2.设备安装记录 3.设备调试记录	1.收费站设备及软件抽检记录 2.设备安装记录 3.设备调试记录
^	^	6.6收费分中心设备及软件	1.分项工程质量检验评定表 2.设备安装记录 3.设备调试记录 4.软件安装记录 5.软件调试测试记录 6.接地装置施工记录 7.接地电阻测试记录 8.不间断电源安装记录 9.UPS开机调试记录	1.收费站分中心设备及软件抽检记录 2.设备安装记录 3.设备调试记录 4.软件安装记录 5.软件调试测试记录 6.接地装置施工记录 7.接地电阻测试记录 8.不间断电源安装记录 9.UPS开机调试记录
^	^	6.7联网收费管理中心(收费中心)设备及软件	1.分项工程质量检验评定表 2.设备安装记录 3.设备调试记录 4.软件安装记录 5.软件调试测试记录 6.接地装置施工记录 7.接地电阻测试记录 8.不间断电源安装记录 9.UPS开机调试记录	1.联网收费管理中心(收费中心)设备及软件抽检记录 2.设备安装记录 3.设备调试记录 4.软件安装记录 5.软件调试测试记录 6.接地装置施工记录 7.接地电阻测试记录 8.不间断电源安装记录 9.UPS开机调试记录
^	^	6.8 IC卡发卡编码系统	1.分项工程质量检验评定表 2.设备安装记录 3.设备调试记录 4.软件安装记录 5.软件调试测试记录	1.IC卡发卡编码系统抽检记录 2.设备安装记录 3.设备调试记录 4.软件安装记录 5.软件调试测试记录
^	^	6.9内部有线对讲及紧急报警系统	1.分项工程质量检验评定表 2.设备安装记录 3.内部有线对讲及紧急报警系统调试记录 4.软件安装记录 5.软件调试测试记录	1.内部有线对讲及紧急报警系统抽检记录 2.设备安装记录 3.内部有线对讲及紧急报警系统调试记录 4.软件安装记录 5.软件调试测试记录
^	^	6.10超限检测系统	1.分项工程质量检验评定表 2.设备安装记录 3.设备调试记录 4.软件安装记录 5.软件调试测试记录 6.人(手)孔基础检测记录 7.人(手)孔检测记录 8.隐蔽工程质量检查记录表	1.超限检测系统抽检记录 2.设备安装记录 3.设备调试记录 4.软件安装记录 5.软件调试测试记录 6.人(手)孔基础检测记录 7.人(手)孔检测记录 8.隐蔽工程质量检查记录表
^	^	6.11闭路电视监视系统	1.分项工程质量检验评定表 2.外场摄像机安装记录 3.外场摄像机调试记录 4.闭路电视监视系统调试记录 5.接地装置施工记录 6.接地电阻测试记录 7.电缆敷设记录 8.光缆敷设记录 9.线缆保护管施工记录 10.人（手）孔基础检测记录 11.人（手）孔检测记录 12.隐蔽工程质量检查记录表	1.闭路电视监视系统抽检记录 2.外场摄像机安装记录 3.外场摄像机调试记录 4.闭路电视监视系统调试记录 5.接地装置施工记录 6.接地电阻测试记录 7.人（手）孔基础检测记录 8.人（手）孔检测记录 9.隐蔽工程质量检查记录表

单位工程	分部工程	分项工程	分项工程质量检验评定资料构成	
			施工自检资料	监理抽检资料
XX标段机电工程	收费设施	6.12 收费站区光缆、电缆线路	1.分项工程质量检验评定表 2.电缆敷设记录 3.光缆敷设记录 4.线缆保护管施工记录 5.光缆接续记录 6.人（手）孔基础检测记录 7.人（手）孔检测记录 8.隐蔽工程质量检查记录表	1.收费站区光缆、电缆线路工程抽检记录 2.硅芯管敷设检查记录 3.光缆接续记录 4.人（手）孔基础检测记录 5.人（手）孔检测记录 6.隐蔽工程质量检查记录表
		6.13 收费系统计算机网络	1.分项工程质量检验评定表 2.设备安装记录 3.设备调试记录 4.软件安装记录 5.软件调试测试记录 6.配线架安装记录	1.收费系统计算机网络抽检记录 2.设备安装记录 3.设备调试记录 4.软件安装记录 5.软件调试测试记录 6.配线架安装记录
	供配电设施	7.1 中压配电设备	1.分项工程质量检验评定表 2.成套配电柜、控制柜及配电箱安装记录 3.成套配电柜、控制柜及配电箱调试记录 4.变压器安装记录 5.变压器调试记录 6.接地装置施工记录 7.接地电阻测试记录 8.电缆敷设记录 9.高、低压开关柜安装检查记录 10.隐蔽工程质量检查记录表	1.中压配电设备抽检记录 2.成套配电柜、控制柜及配电箱安装记录 3.成套配电柜、控制柜及配电箱调试记录 4.变压器安装记录 5.变压器调试记录 6.接地装置施工记录 7.接地电阻测试记录 8.高、低压开关柜安装检查记录 9.隐蔽工程质量检查记录表
		7.2 中压设备电力电缆	1.分项工程质量检验评定表 2.电缆敷设记录	1.中压设备电力电缆抽检记录
		7.3 中心（站）内低压配电设备	1.分项工程质量检验评定表 2.成套配电柜、控制柜及配电箱安装记录 3.成套配电柜、控制柜及配电箱调试记录 4.柴油发电机安装记录 5.柴油发电机调试记录 6.接地装置施工记录 7.接地电阻测试记录 8.电缆敷设记录 9.高、低压开关柜安装检查记录 10.低压成套配电柜交接试验记录	1.中心(站)内低压配电设备抽检记录 2.成套配电柜、控制柜及配电箱安装记录 3.成套配电柜、控制柜及配电箱调试记录 4.柴油发电机安装记录 5.柴油发电机调试记录 6.接地装置施工记录 7.接地电阻测试记录 8.高、低压开关柜安装检查记录 9.低压成套配电柜交接试验记录
		7.4 低压设备电力电缆	1.分项工程质量检验评定表 2.电缆敷设记录	1.低压设备电力电缆抽检记录
		7.5 风/光供电系统	1.分项工程质量检验评定表 2.设备安装记录 3.设备调试记录 4.软件安装记录 5.软件调试测试记录 6.电缆敷设记录	1.风光供电系统抽检记录 2.设备安装记录 3.设备调试记录 4.软件安装记录 5.软件调试测试记录
		7.6 电动汽车充电系统	1.分项工程质量检验评定表 2.设备安装记录 3.设备调试记录 4.软件安装记录 5.软件调试测试记录 6.电缆敷设记录	1.电动汽车充电系统抽检记录 2.设备安装记录 3.设备调试记录 4.软件安装记录 5.软件调试测试记录
		7.7 电力监控系统	1.分项工程质量检验评定表 2.设备安装记录 3.设备调试记录 4.软件安装记录 5.软件调试测试记录 6.电缆敷设记录	1.电力监控系统抽检记录 2.设备安装记录 3.设备调试记录 4.软件安装记录 5.软件调试测试记录
	照明设施	8.1 路段照明设施	1.分项工程质量检验评定表 2.路灯安装记录 3.路灯调试记录 4.接地装置施工记录 5.接地电阻测试记录 6.电缆敷设记录 7.照度测试记录 8.人(手)孔基础检测记录 9.人(手)孔检测记录 10.隐蔽工程质量检查记录表	1.路段照明设施抽检记录 2.路灯安装记录 3.路灯调试记录 4.接地装置施工记录 5.接地电阻测试记录 6.照度测试记录 7.人(手)孔基础检测记录 8.人(手)孔检测记录 9.隐蔽工程质量检查记录表

单位工程	分部工程	分项工程	分项工程质量检验评定资料构成	
			施工自检资料	监理抽检资料
XX标段机电工程	照明设施	8.2 收费广场照明设施	1.分项工程质量检验评定表 2.路灯安装记录 3.路灯调试记录 4.接地装置施工记录 5.接地电阻测试记录 6.电缆敷设记录 7.照度测试记录 8.人(手)孔基础检测记录 9.人(手)孔检测记录 10.隐蔽工程质量检查记录表	1.收费广场照明设施抽检记录 2.路灯安装记录 3.路灯调试记录 4.接地装置施工记录 5.接地电阻测试记录 6.电缆敷设记录 7.照度测试记录 8.人(手)孔基础检测记录 9.隐蔽工程质量检查记录表
		8.3 服务区照明设施	1.分项工程质量检验评定表 2.路灯安装记录 3.路灯调试记录 4.接地装置施工记录 5.接地电阻测试记录 6.电缆敷设记录 7.照度测试记录 8.人(手)孔基础检测记录 9.人(手)孔检测记录 10.隐蔽工程质量检查记录表	1.服务区照明设施抽检记录 2.路灯安装记录 3.路灯调试记录 4.接地装置施工记录 5.接地电阻测试记录 6.电缆敷设记录 7.人(手)孔基础检测记录 8.人(手)孔检测记录 9.隐蔽工程质量检查记录表
		8.4 收费天棚照明设施	1.分项工程质量检验评定表 2.路灯安装记录 3.路灯调试记录 4.接地装置施工记录 5.接地电阻测试记录 6.电缆敷设记录 7.照度测试记录 8.人(手)孔基础检测记录 9.人(手)孔检测记录 10.隐蔽工程质量检查记录表	1.收费天棚照明设施抽检记录 2.路灯安装记录 3.路灯调试记录 4.接地装置施工记录 5.接地电阻测试记录 6.电缆敷设记录 7.人(手)孔基础检测记录 8.人(手)孔检测记录 9.隐蔽工程质量检查记录表
	隧道机电设施	9.1 车辆检测器	按4.1执行	按4.1执行
		9.2 闭路电视监视系统	按4.3执行	按4.3执行
		9.3 紧急电话与有线广播系统	1.分项工程质量检验评定表 2.紧急电话与有线广播系统安装记录 3.紧急电话与有线广播系统调试记录 4.接地装置施工记录 5.接地电阻测试记录 6.电缆敷设记录	1.紧急电话与有线广播系统抽检记录 2.紧急电话与有线广播系统安装记录 3.紧急电话与有线广播系统调试记录 4.接地装置施工记录 5.接地电阻测试记录
		9.4 环境检测设备	1.分项工程质量检验评定表 2.设备安装记录 3.设备调试记录 4.接地装置施工记录 5.接地电阻测试记录 6.电缆敷设记录	1.环境检测设备抽检记录 2.设备安装记录 3.设备调试记录 4.接地装置施工记录 5.接地电阻测试记录
		9.5 手动火灾报警系统	1.分项工程质量检验评定表 2.设备安装记录 3.设备调试记录 4.接地装置施工记录 5.接地电阻测试记录 6.电缆敷设记录	1.手动火灾报警系统抽检记录 2.设备安装记录 3.设备调试记录 4.接地装置施工记录 5.接地电阻测试记录
		9.6 自动火灾报警系统	1.分项工程质量检验评定表 2.设备安装记录 3.设备调试记录 4.接地装置施工记录 5.接地电阻测试记录 6.电缆敷设记录	1.自动火灾报警系统抽检记录 2.设备安装记录 3.设备调试记录 4.接地装置施工记录 5.接地电阻测试记录
		9.7 电光标志	1.分项工程质量检验评定表 2.设备安装记录 3.设备调试记录 4.接地装置施工记录 5.接地电阻测试记录 6.电缆敷设记录	1.电光标志抽检记录 2.设备安装记录 3.设备调试记录 4.接地装置施工记录 5.接地电阻测试记录
		9.8 发光诱导设施	1.分项工程质量检验评定表 2.设备安装记录 3.设备调试记录 4.接地装置施工记录 5.接地电阻测试记录 6.电缆敷设记录 7.照度测试记录	1.发光诱导设施抽检记录 2.设备安装记录 3.设备调试记录 4.接地装置施工记录 5.接地电阻测试记录 6.照度测试记录

单位工程	分部工程	分项工程	分项工程质量检验评定资料构成	
			施工自检资料	监理抽检资料
XX标段机电工程	隧道机电设施	9.9 可变标志	按 4.4 执行	按 4.4 执行
		9.10 隧道视频交通事件检测系统	1.分项工程质量检验评定表 2.设备安装记录 3.设备调试记录 4.软件安装记录 5.软件调试测试记录	1.隧道视频交通事件检测系统抽检记录 2.设备安装记录 3.设备调试记录 4.软件安装记录 5.软件调试测试记录
		9.11 射流风机	1.分项工程质量检验评定表 2.风机安装记录 3.风机调试记录 4.风机支架安装记录 5.接地装置施工记录 6.接地电阻测试记录 7.电缆敷设记录	1.射流风机抽检记录 2.风机安装记录 3.风机调试记录 4.风机支架安装记录 5.接地装置施工记录 6.接地电阻测试记录
		9.12 轴流风机	1.分项工程质量检验评定表 2.风机安装记录 3.风机调试记录 4.接地装置施工记录 5.接地电阻测试记录 6.电缆敷设记录	1.轴流风机抽检记录 2.风机安装记录 3.风机调试记录 4.接地装置施工记录 5.接地电阻测试记录
		9.13 照明设施	1.分项工程质量检验评定表 2.隧道灯安装记录 3.隧道灯调试记录 4.电缆桥架施工记录 5.接地装置施工记录 6.接地电阻测试记录 7.电缆敷设记录 8.照度测试记录	1.照明设施抽检记录 2.隧道灯安装记录 3.隧道灯调试记录 4.电缆桥架施工记录 5.接地装置施工记录 6.接地电阻测试记录 7.照度测试记录
		9.14 消防设施	1.分项工程质量检验评定表 2.消防泵安装记录 3.消防泵调试记录 4.消防箱安装记录 5.消防管安装记录 6.防火门安装记录 7.防火门调试记录 8.阀门试验记录 9.管道试压记录 10.消火栓试验记录 11.水池试水记录 12.接地电阻测试记录 13.电缆敷设记录 14.人(手)孔基础检测记录 15.人(手)孔检测记录 16.隐蔽工程质量检查记录表	1.消防设施抽检记录 2.消防泵安装记录 3.消防泵调试记录 4.消防箱安装记录 5.消防管安装记录 6.防火门安装记录 7.防火门调试记录 8.阀门试验记录 9.管道试压记录 10.消火栓试验记录 11.水池试水记录 12.接地电阻测试记录 13.人(手)孔基础检测记录 14.人(手)孔检测记录 15.隐蔽工程质量检查记录表
		9.15 本地控制器	1.分项工程质量检验评定表 2.本地控制器安装记录 3.设备调试记录 4.配线架安装记录 5.接地装置施工记录 6.接地电阻测试记录	1.本地控制器抽检记录 2.本地控制器安装记录 3.设备调试记录 4.配线架安装记录 5.接地装置施工记录 6.接地电阻测试记录
		9.16 隧道管理站设备及软件	1.分项工程质量检验评定表 2.设备安装记录 3.设备调试记录 4.软件安装记录 5.软件调试测试记录	1.隧道管理站设备及软件抽检记录 2.设备安装记录 3.设备调试记录 4.软件安装记录 5.软件调试测试记录
		9.17 隧道管理站计算机网络	按 4.9 执行	按 4.9 执行
		9.18.1 中压配电设备	按 7.1 执行	按 7.1 执行
		9.18.2 中压设备电力电缆	按 7.2 执行	按 7.2 执行
		9.18.3 中心(站)内低压配电设备	按 7.3 执行	按 7.3 执行
		9.18.4 低压设备电力电缆	按 7.4 执行	按 7.4 执行
		9.18.7 电力监控系统	按 7.7 执行	按 7.7 执行